dictionnaire de la civilisation grecque

RÉFÉRENCES
LAROUSSE

dictionnaire de la civilisation grecque

Guy Rachet

LAROUSSE

17 Rue du Montparnasse 75298 Paris cedex 06

Responsable de la collection
Emmanuel de Waresquiel

Conseil éditorial
Marie-Pascale Widemann

Correction-révision
Bernard Dauphin
Hugues Gerhards

Mise en page
Gudrun Fricke

Fabrication
Michel Paré

Distributeur exclusif au Canada : les Éditions Françaises Inc.

ISBN 2-03-720314-4

Avant-propos

Cet ouvrage embrasse d'une manière succincte les faits et les personnages qui constituent la civilisation grecque. On y trouvera les mots clefs des institutions civiles et religieuses et de la vie quotidienne, car tel est bien le propos d'un dictionnaire traitant de la civilisation. L'originalité de notre travail consiste dans le fait que nous avons aussi voulu y intégrer des hommes qui ont participé le plus activement à la création de cette civilisation, hommes politiques, artistes et savants, ainsi que les lieux géographiques qui ont eu une importance capitale dans l'élaboration de cette culture. L'étendue d'un tel sujet en regard de l'exiguïté de l'ouvrage nous justifiera d'avoir dû souvent nous restreindre et d'avoir dû choisir ce qui nous a paru essentiel dans l'ampleur de la matière, au détriment de détails qu'on pourrait toujours nous reprocher d'avoir négligés. Dans une semblable occurrence, le choix est toujours difficile et prête aisément flanc à la critique.

L'aspect mythologique de la civilisation grecque a été traité dans un autre dictionnaire de cette collection. On trouvera dans le Dictionnaire de la mythologie grecque et romaine, *qui nous apparaît comme un complément indispensable du présent ouvrage, divers mots traités ici; nous les avons considérés sous un jour différent et ils se complètent mutuellement, tandis que nous avons jugé inutile de reprendre certains mots déjà définis dans le* Dictionnaire de la mythologie grecque et romaine, *mais qui pourraient ressortir à notre ouvrage. On trouvera aussi quelques rubriques concernant la littérature, mais celle-ci faisant plus fréquemment l'objet de publications et certains personnages qui appartiennent à l'histoire littéraire méritant bien plus de lignes que ne pourrait leur accorder ce dictionnaire, il nous a semblé opportun de privilégier, outre l'histoire, la société et les institutions grecques, le monde des artistes, souvent plus difficilement accessible.*

Ce dictionnaire s'adresse à toutes les personnes s'intéressant aux civilisations antiques, mais nous sommes convaincus qu'il se révélera aussi de la plus haute utilité pour les étudiants et pour les voyageurs qui veulent visiter, en touristes humanistes et curieux du passé, les pays de culture grecque.

Pour la bonne utilisation de ce dictionnaire, nous avons marqué d'un astérisque les mots utilisés dans le cours d'un article et faisant l'objet d'une rubrique particulière.

GUY RACHET

* **les appels en** * dans le texte renvoient à l'entrée correspondante du mot désigné, selon l'ordre alphabétique de l'ouvrage.

Tableaux chronologiques

Dates	Événements historiques	Faits politiques	Économie et société	Arts et sciences
av. J.-C. 1120	Destruction des palais de Pylos et de Mycènes par les Doriens.		Fin de la civilisation mycénienne.	
XIe s.	L'Argien Althoeménès conduit les Doriens en Crète. Les Doriens attaquent l'Attique.	Fondation de Sparte. Institution de l'archontat à Athènes.	Introduction du fer.	
XIe-Xe s.	Début de l'émigration en Asie Mineure des Ioniens, Éoliens et Doriens.	Régimes monarchiques dans les cités grecques.	Apparition de l'incinération à côté de l'inhumation.	Débuts du style géométrique dans la poterie.
IXe s.	Ayant soumis Amyclées, les Spartiates érigent le premier trophée.	Lutte des monarchies et des aristocraties. Lycurgue.	Correspond à l'époque dite « homérique ». Panégyries de Délos.	Premier temple d'Artémis Orthia à Sparte.
début VIIIe s.	Première expansion coloniale de Milet.	Triomphe des régimes oligarchiques.	Premiers jeux Olympiques (776).	Homère. Premiers éléments sculptés.
milieu VIIe s.	Début de la colonisation occidentale.	Institution des éphores à Sparte.	Invention de la trière à Corinthe.	Hésiode : *Des travaux et des jours*.
fin VIIIe s.	733, fondation de Syracuse. Première guerre de Messénie.		Apparition des premières monnaies en Ionie.	Boularchos, premier peintre connu, peint pour le roi de Lydie.
VIIe s. première moitié	Aristocratès tente de constituer un royaume arcadien.	Orthagoras établit à Sicyone la première tyrannie (v. 670).	Phidon d'Argos introduit la monnaie en Grèce (ateliers d'Égine).	Diboutade de Sicyone, modeleur.
VIIe s. milieu	Guerre lélantine en Eubée. Deuxième guerre de Messénie. Colonisation de la mer Noire par Milet.	Clisthène succède à Orthagoras (v. 642). Cypsélos établit la tyrannie à Corinthe (657-627).	Introduction de l'orphisme. Terpandre, père de la musique grecque à Sparte.	Début du style orientalisant en céramique. Poteries ioniennes...

Dates	**Événements historiques**	**Faits politiques**	**Économie et société**	**Arts et sciences**
fin VIIe s.	Athènes annexe Éleusis. Naucratis, premier emporion grec en Égypte (620).	Dracon législateur d'Athènes. Charondas donne des lois à Catane.		Premières statues archaïques. Épanouissement du style protocorinthien.
début VIe s.		Lois de Solon (v. 594). Mort de Périandre (585). Pittacos, aisymnète de Mytilène.	Les jeux Pythiques deviennent Panhelléniques (582). Les Panathénées deviennent une fète panhellénique.	Premier Artémision d'Éphèse. Vases attiques à figures noires. Ergotimos et Clitias.
561		Pisistrate, tyran d'Athènes.		
534-533		Polycrate, tyran de Samos.	Premier concours de tragédie à Athènes.	Vases à figures noires d'Amasis et d'Exékias.
v. 530	Symmachie spartiate.		Pythagore s'installe à Crotone.	Invention des vases à figures rouges par Nicosthène ou Andokidês.
514		Harmodios et Aristogiton tuent Hipparque.		
506	Première clérouquie athénienne en Eubée.	Réformes de Clisthène.		Cachrylion initiateur du style sévère.
début Ve s.	Les Perses maîtres de l'Ionie. Début des guerres médiques.		Comédie introduite aux Dionysies (486).	Perfection de la figure rouge avec Brygos, Douris, Euphronios, Hiéron et Euthymidês.
490	Bataille de Marathon.		Eschyle couronné en 484.	
480-479	Thermopyles. Salamine.			
479	Batailles de Platées et de Mycale.	Érection des Longs Murs d'Athènes.		Polygnote.

Dates	Événements historiques	Faits politiques	Économie et société	Arts et sciences
477		Aristide et Cimon forment la ligue de Délos.		
470	Bataille de l'Eurymédon.	Débuts de Périclès.	Sophocle couronné pour sa première trilogie (468).	Peintures d'Apollodore le Skiagraphe.
457	Athènes occupe Égine.	Zeugites et thêtes accèdent à l'archontat.		Panainos et Micon, peintres. Calamis, sculpteur.
455-454		Transport du trésor de Délos à Athènes.	Construction de l'Odéon à Athènes.	
447	Athéniens vaincus à Coronée.	Périclès maître incontesté d'Athènes.		
446	Paix de Trente ans entre Sparte et Athènes.		Naissance d'Aristophane (445).	Ictinos et Callicratès, architectes du Parthénon.
441			Euripide couronné.	Activités de Phidias et de son école.
431-430	Début des guerres du Péloponnèse.	Grande peste d'Athènes.		Myron et Polyclète.
429-428	Soulèvement de Mytilène contre Athènes.	Mort de Périclès.	Naissance de Platon.	Mnésiclès construit les propylées de l'Acropole.
425-424	Défaite des Athéniens à Délion.		*Les Acarniens*, d'Aristophane.	Agoracrite et Alcamène, élèves de Phidias.
421	Paix de Nicias.		Pleine activité d'Hippocrate.	
415-412	Expédition des Athéniens en Sicile.			Callimaque et Paionios, sculpteurs.
406	Bataille des îles Arginuses.	Denys, tyran de Syracuse.		

Dates	Événements historiques	Faits politiques	Économie et société	Arts et sciences
405	Bataille de l'Ægos-Potamos.		Prise d'Athènes par Lysandre.	Meidias, maître de la figure rouge de style fleuri.
403		Rétablissement de la démocratie à Athènes. ARCHONTAT D'EUCLIDE : redressement d'Athènes.		Acmé de Parrhasios et Zeuxis.
401-399	Expédition des Dix Mille.		Mort de Socrate (399)	
388-387	Hégémonie spartiate.		Platon fonde l'Académie.	Timanthe, peintre.
386	Paix d'Antalcidas.		Mort d'Aristophane.	Scopas élève le temple d'Athéna Aléa à Tégée, premier temple de style corinthien.
379	Pélopidas établit la démocratie à Thèbes.		Naissance d'Aristote.	
378-377	Nouvelle confédération athénienne.			
371	Bataille de Leuctres. Hégémonie thébaine			
367		Mort de Denys, tyran de Syracuse.		Scopas, Céphisodote.
362	Bataille de Mantinée.	Mort d'Épaminondas.		Euphranor, peintre.
359		Philippe II, roi de Macédoine.		Praxitèle. Nicias et Pausias, peintres.
357	Guerre des alliés dite « sociale ».			

Dates	Événements historiques	Faits politiques	Économie et société	Arts et sciences
351	Impérialisme macédonien.	Démosthène entre dans la vie politique. Eschine, chef du parti macédonien à Athènes.		Bryaxis, Léocharès, Timothée et Scopas sculptent le Mausolée. Aristide et Nicomaque, peintres ; Lysippe, sculpteur. Eudoxe de Cnide.
338	Bataille de Chéronée.		Aristote fonde le Lycée.	
336-335	Destruction de Thèbes.	Alexandre, roi de Macédoine.		Apelle, peintre d'Alexandre.
334	Alexandre passe en Asie ; le Granique.	Hypéride et Démosthène, chefs du parti antimacédonien.		
333	Bataille d'Issos ; siège de Tyr.	Phocion, chef du parti de la paix.		
331	Batailles d'Arbèles.		Fondation d'Alexandrie.	
330	Alexandre, maître de la Perse.	Exil d'Eschine.	Destruction de Persépolis.	
326	Parvenu au-delà de l'Indus, Alexandre retourne à Babylone.	Lycurgue gouverne Athènes.	Création de l'institution de l'éphébie.	Antiphile, peintre et caricaturiste.
324-323	Formation de la ligue Étolienne.	Mort d'Alexandre.	Voyage de Néarque, de l'Indus au Tigre.	
322	Guerre lamiaque.	Mort d'Hypéride et de Démosthène.	Mort d'Aristote.	Protogène, peintre.
317	Agathocle, tyran de Syracuse.	Mort de Phocion.		

Dates	Événements historiques	Faits politiques	Économie et société	Arts et sciences
312	Séleucos reprend Babylone à Antigonos.	Démétrios de Phalère gouverne Athènes.	Début de l'ère des Séleucides.	Aétion, peintre.
307-306	Victoire de Démétrios Poliorcète sur Ptolémée près de Chyptre.	Antigonos prend le titre de roi, suivi par les autres diadoques. Agathocle, roi de Sicile.	Démétrios de Phalère à Alexandrie : fondation de la Bibliothèque.	Ctésibios à Alexandrie.
301	Bataille d'Ipsos.		Fondation d'Antioche. Ambassade de Mégasthène aux Indes.	Euclide publie à Alexandrie ses *Éléments*.
v. 280	Formation de la ligue Achéienne contre la Macédoine.	Antigone Gonatas, roi de Macédoine.		Sostrate de Cnide élève le phare d'Alexandrie.
245	Aratos, stratège de la ligue Achéenne	Fondation du royaume de Pergame.		Aristarque de Samos, astronome. Érasistrate et Hérophile, médecins. Ératosthène, géographe. Archimède à Syracuse.
227		Cléomène III rétablit la constitution de Lycurgue.	Eudoxe de Cyzique fait le périple de l'Afrique.	
222	Aratos et Antigone battent Cléomène à Sellasie.			
212	Début des campagnes d'Antiochos III en Asie centrale.	Prise de Syracuse par les Romains.		Mort d'Archimède.
197	Bataille de Cynoscéphales.	Début du règne d'Eumène II.	Fondation de la bibliothèque de Pergame.	
188	Philopœmen fait entrer Sparte dans la ligue Achéenne.	Antiochos, vaincu, signe la paix d'Apamée.		

Dates	Événements historiques	Faits politiques	Économie et société	Arts et sciences
147	Macédoine province romaine.			
146	Dissolution de la ligue Achéenne. FIN THÉORIQUE DE LA GRÈCE INDÉPENDANTE.	Destruction de Corinthe par Mummius.		Hipparque, astronome à Rhodes et à Alexandrie.
130		Pergame, province romaine.		
69	La Syrie, province romaine.			Héron d'Alexandrie.
67	La Crète est soumise par les Romains.			Début de la sculpture gréco-bouddhique du Gandhara.
30	Rattachement à Rome de l'Égypte des Lagides.			
IIe s. apr. J.-C.			Renouveau littéraire avec Arrien, Plutarque et Lucien.	Galien, médecin à Rome. Ptolémée, astronome et géographe à Alexandrie.

a

Abaque, **table, plateau.**

— 1. Tablette à calcul. (L'abaque était rempli de sable fin nivelé, sur lequel on écrivait avec un stylet. D'autres tables portaient des divisions grâce auxquelles, avec un jeu de jetons, on parvenait à opérer des calculs compliqués.) — **2.** Table portant des dessins, souvent en forme de damiers, et utilisées pour divers jeux. — **3.** Console où l'on plaçait des offrandes aux divinités dans les temples, et où l'on exposait la vaisselle dans les maisons.

Académie, **jardin des faubourgs d'Athènes, sur les bords du Céphise, où le héros Akadêmos avait son tombeau.**

Un gymnase y fut installé, et Cimon* l'embellit de plantations d'arbres, d'autels et de statues. En 388 av. J.-C., Platon* s'y établit pour enseigner sa doctrine. Ses successeurs continuèrent à professer en ce lieu, et le nom d'« Académie » fut conservé à leur secte.

accusation publique → graphé.

Achéens. On classe sous ce nom les premières peuplades indo-européennes qui s'établirent en Grèce au début du XIe millénaire. Ils y trouvèrent des populations d'une civilisation plus élaborée que la leur, de race totalement différente, et parlant un idiome qui leur était complètement étranger. Leur installation ne se fit pas sans violence : la destruction et l'incendie marquèrent leur passage ; à la suite de leur installation en maîtres parmi les anciens habitants, une nouvelle forme de la civilisation du bronze va fleurir, dénommée par les archéologues « helladique moyen ». Peuple de pasteurs et de nomades, ils possèdent des troupeaux de bœufs et introduisent en Grèce le cheval ; leurs mœurs sont rudes et ils se distinguent par le port de la barbe, par leur costume, composé d'un pagne et d'un chiton* a manches courtes, descendant en plis raides à mi-cuisses, par leurs maisons rectangulaires à mégaron, salle commune à foyer fixe, aux étroites ouvertures pour se protéger du froid, par leur goût pour la symétrie, qui apparaît dans leur céramique. Comme les autres bandes indo-européennes qui vont les suivre, Ioniens*, Éoliens*, Doriens*, ils parlent une langue apparentée au grec des époques historiques. Quelques siècles plus tard, la civilisation crétoise va les toucher profondément, et ce syncrétisme fera naître la civilisation appelée « mycénienne », qui nous est connue par l'archéologie et l'épopée homérique.

Les Achéens firent déborder leur culture sur les côtes égéennes de l'Asie Mineure, à Chypre, en Syrie, eurent des relations avec l'Égypte, tandis qu'un de leurs groupes soumettait la Crète. S'ils ne furent pas toujours pacifiques, leurs contacts avec les autres peuples cousins, Ioniens et Éoliens, établis en général au nord du Péloponnèse à une époque ultérieure, semblent avoir été peu belliqueux ; en tout cas, ils n'eurent pas de conséquences graves pour le développement de la civilisation mycénienne, dont les Achéens étaient les artisans. D'ailleurs, ils étaient sans doute eux-mêmes divisés en tribus*, et le génos* restait la cellule de base de leur société. Les rois achéens que nous montre l'épopée homérique sont des égaux qui règnent sur un génos étendu, qui dominent les populations indigènes, soumises, mais non réduites en servage comme il apparaîtra à la suite de l'invasion dorienne. Même si les Ioniens entrent parfois en lutte contre les Achéens, qui les chassent de l'Ægialée, les trois peuples, Achéens, Ioniens et Éoliens, ont connu des entreprises communes et ont conduit ensemble la civilisation mycénienne à cet apogée qu'elle atteignit quelques décennies avant l'arrivée en masse des Doriens. Ceux-ci, s'infiltrant sans doute depuis de nombreuses années en Grèce, détruisirent la civilisation des Achéens, qui, unis aux Ioniens, émigreront par-delà les mers, ou seront, dans le Péloponnèse, réduits à l'état de serfs en même temps que les populations qu'ils avaient soumises, mais qui les avaient, par ailleurs, en partie assimilés. Le nom d'Achaïe sera conservé à l'époque historique pour désigner la bande côtière du golfe de Corinthe, au nord du Péloponnèse, où s'étaient réfugiées des bandes d'Ioniens et d'Achéens.

Achéenne (ligue). Son origine remonte au ve s. av. J.-C. Douze bourgades de l'Achaïe (région au nord du Péloponnèse), dont les principales étaient Patras, Dymé, Aigai, Aigion et Pallène, célébraient à Héliké le culte de Zeus Hermaios. Après la destruction de Bura et d'Héliké par un tremblement de terre au IVe s., le sanctuaire fut administré par Aigion. Cette confédération religieuse prit, au IIIe s., un aspect politique et s'opposa aux visées impérialistes des Macédoniens. Au milieu du siècle, Aratos de Scyône en fit la puissance prépondérante de la Grèce.

À l'apogée de sa puissance, la ligue Achéenne, à laquelle s'étaient ralliées un grand nombre de cités, groupait une soixantaine d'États. Elle était régie par deux assemblées, la *synodos*, qui réunissait les délégués de chaque cité* et s'occupait des affaires courantes, la *synkletos*, ouverte à tout Achéen de plus de trente ans, et qui traitait de la politique extérieure. Le pouvoir exécutif appartenait à deux stratèges élus, réduits à un seul après 255 av. J.-C. Les membres de la ligue adoptèrent un système commun de monnaie* et de poids* et mesures.

acropole (« ville haute »). Aux époques préhistoriques, les établissements humains étaient souvent situés sur des hauteurs faciles à défendre. Pendant la période mycénienne, les souverains locaux fortifièrent ces hauteurs à l'aide de puissants remparts et y élevèrent leurs palais. À l'époque historique, les villes se développèrent sur les flancs de ces collines et à leurs pieds, et les acropoles devinrent les demeures des dieux, où on leur éleva des temples*. Cependant, les acropoles servirent parfois de refuge lors de la prise de la ville basse par des ennemis, à moins que les tyrans ne s'y fortifiassent contre leurs propres sujets, comme on le vit, par exemple, à Athènes sous Pisistrate*. La plupart des cités de la Grèce classique étaient pourvues d'une acropole, celles d'Athènes et d'Argos* étant les plus célèbres, avec l'Acrocorinthe et la Cadmée de Thèbes*.

L'acropole d'Athènes peut être considérée comme l'un des meilleurs modèles d'une acropole grecque. Les fouilles archéologiques ont permis de retrouver quelques éléments de l'acropole mycénienne. Elle était alors enfermée dans une épaisse muraille (entre 4,50 et 6 m d'épaisseur) constituée par deux parements faits de gros blocs de type cyclopéen renferment des pierres de petite taille liées par un mortier de terre (*emplekton*). L'entrée principale était aménagée à l'ouest, du côté des propylées de l'époque classique, tandis qu'une entrée secondaire à laquelle on accédait par une quinzaine de degrés taillés dans le roc, était aménagée du côté nord-est. Elle se trouvait à proximité du palais royal dont on a retrouvé quelques traces (pense-t-on), vers l'Erechtheion, peut-être à l'emplacement du temple primitif d'Athéna. Au nord-ouest, une poterne permettait de parvenir, par une suite de marches, à la source connue à l'époque historique sous le nom de Clepsydre. À la suite de l'invasion dorienne, sans doute dans le courant du xe s., une nouvelle enceinte, à l'ouest, enferma les pentes de l'acropole et la source Clepsydre. Ce nouvel ouvrage reçut le nom d'*Ennéapylon* (« Neuf portes »), et il est resté populairement connu sous le nom de *Pélasgicon* ou *Pélargicon*. Des fondations de demeures de l'époque mycénienne révèlent que l'acropole était habitée en permanence, et elle continua de l'être durant les périodes obscures et troublées qui précèdent la naissance de la polis, au VIIIe s. À cette époque existait, au sud de l'emplacement du futur Erechthéion, un petit temple d'Athéna, mentionné par Homère. Cette acropole ainsi fortifiée servit de forteresse aux Pisistratides*, de sorte que, lors de leur chute, en 510, les restes des murailles furent démantelés. C'est dans ce haut lieu que les vieillards d'Athènes se réfugièrent lors de l'invasion perse en 480, remplaçant les parties détruites des remparts par une enceinte en bois. Ce qui n'empêcha pas les envahisseurs de prendre l'Acropole et de l'incendier.

Au Ve s., l'acropole prend son aspect définitif. Cimon* et Thémistocle* font reconstruire les murs sud et nord après la victoire de l'Eurymédon (468) et Périclès* confie à Ictinos et Phidias* la construction du Parthénon*. En 437 Mnésiclès entreprit la construction des Propylées, porte monumentale à colonnades en marbre du Pentélique, construites partiellement sur les anciennes propylées de Pisistrate ; elles étaient à peu près terminées en 432, et pourvues de leurs deux ailes, celle du nord constituant la pinacothèque*. Parallèlement fut entreprise, au sud des Propylées, la construction du petit temple ionique → ordres d'Athéna Niké (appelé aussi, à tort, de la Victoire aptère, sans ailes), mais les travaux furent arrêtés par la guerre du Péloponnèse*, en 431 et terminés, sans doute, pendant la paix de Nicias*, entre 421 et 415. C'est aussi à cette époque que fut entreprise la construction de l'Erechthéion, en réalité temple d'Athéna Polias et de Poseidon-Erechthée, avec son portique des Korés (ou balcon des Caryatides*). Entre le temple d'Athéna Niké et le Parthénon se trouvait le téménos d'Artémis Brauronia, déesse représentée sous la forme d'une ourse et adorée dans le dème de Brauron ; son culte était propre aux vierges (il était desservi par de toutes jeunes filles) et aux femmes*. Dans le sanctuaire était dressé le *xoanon* archaïque de la déesse auquel fut adjoint, au IVe s., une statue due au ciseau de Praxitèle*. Et, dominant l'ensemble, derrière les Propylées, se dressait la statue colossale en bronze d'Athéna Promachos (« celle qui combat au premier rang ») érigée entre 450 et 448 par Phidias. Elle s'élevait sur une base de 1,50 m de haut et atteignait ainsi 9 m. Elle tenait d'une main une lance et sur son flanc gauche un immense bouclier décoré de reliefs représentant le combat des Centaures et des Lapithes, dû au ciseau de Mys. Citons encore quelques autres monuments dont il ne subsiste quasiment rien : chalcothèque, Pandroseion, sanctuaire de Pandion, autel d'Athéna, sanctuaire de Zeus Polieus et, d'époque romaine, le temple circulaire d'Auguste et de Rome.

Certaines acropoles n'étaient que de petites hauteurs qui abritaient des temples, mais aussi des quartiers d'habitations, comme à Sélinonte, en Sicile. Certaines villes étaient aussi construites sur des hauteurs constituant ainsi de véritables acropoles, en particulier en Asie Mineure, comme Pergame et surtout Priène ; l'acropole de cette dernière ville n'a d'ailleurs plus qu'un rôle défensif : aucun temple ne s'y trouve. Il en va de même pour Orchomène de Béotie. Les villes nouvelles à partir du IVe s. av. J.-C. sont d'ailleurs souvent dépourvues d'acropole, comme Mantinée ou Mégalopolis.

L'acrocorinthe, éloignée de Corinthe et particulièrement haute, abritait un temple dédié à Aphrodite et des bâtiments où logeaient des prostituées sacrées (elles étaient plus de mille à l'époque de Strabon, au Ier s. av. J.-C.) qui vendaient si cher leurs caresses aux nombreux marins et marchands de passage, qu'un proverbe avait cours déclarant que : « ne va pas à Corinthe qui veut ».

acteur. On connaît mal la condition des acteurs à Athènes à l'époque classique. Durant la période hellénistique, on sait que les acteurs se constituaient en corporations d'artistes dionysiaques. La plus connue est la confrérie des artistes bachiques de l'Ionie et de l'Hellespont, dont le siège était à Téos, en Asie Mineure, et qui semble avoir eu l'exploitation exclusive de l'Ionie. Ses membres étaient dispersés à travers toute la région et ils se retrouvaient chaque année à Téos, où était leur centre. Ils possédaient de grandes richesses et il semble que les Attalides* les aient tenus en haute estime. On connaît, par les inscriptions, d'autres troupes d'acteurs dont une athénienne. À côté de ces compagnies fixées dans une cité* ou une province, il existait aussi des troupes ambulantes, « *peripolistikai* ». Ces sociétés rassemblaient des acteurs de théâtre, des danseurs et des musiciens. À Athènes, lors des représentations tragiques, le poète demandait un chœur que l'archonte désignait. Ce dernier choisissait ensuite le protagoniste, acteur principal, qui nommait les autres acteurs. Si elles pouvaient être musiciennes ou danseuses dans certaines représentations, les femmes* ne pouvaient se produire sur les scènes des théâtres et leurs rôles étaient tenus par des hommes. Dans la tragédie* les acteurs étaient à l'origine deux puis trois et enfin quatre, un acteur tenant plusieurs rôles. Les acteurs de la tragédie portaient des masques, des cothurnes, d'amples vêtements et des signes par lesquels on reconnaissait leur condition. Les personnages de la comédie* portaient aussi des masques mais leurs costumes étaient plus proches de la réalité.

action judiciaire privée → diké.

adoption. L'adoption découlait, chez les Grecs, de deux nécessités, religieuse et juridique : une famille ne doit pas s'éteindre avec son foyer et son culte domestique ; les biens ne peuvent être transmis qu'à un descendant direct. Ainsi adoptait-on un étranger qui devenait enfant légitime ; celui-ci perpétuait alors la tradition religieuse et continuait de gérer les biens familiaux tout en représentant une famille qui était considérée comme une partie constituante de la cité* formée par une réunion de familles. Pour adopter il fallait être mâle, majeur (avoir plus de dix-huit ans) et sans enfants. Si on avait déjà des enfants, on devait les dépouiller de leur qualité par l'*apokeryxis*, qui était un véritable reniement. Cependant s'il venait des enfants légitimes après une adoption, la succession était partagée entre ceux-ci et les enfants adoptifs. L'adoption se faisait sans difficultés par acte entre vifs ou par acte testamentaire. L'adopté devait être citoyen de naissance ou par naturalisation ; il perdait ses droits du côté de son père légitime mais les conservait du côté maternel. Il arrivait couramment que les adoptés soient déjà des adultes au moment de l'adoption ; dans ce cas il leur incombait la tutelle des enfants mineurs de leur père adoptif et de ses filles légitimes qu'il devait doter et marier. L'adopté pouvait contracter mariage avec l'une d'elles. Il arrivait souvent que l'union avec la fille unique de l'adoptant fût stipulée dans le contrat d'adoption.

aède, poète qui, à l'époque homérique et sans doute aux périodes géométrique et archaïque, allait de cité* en cité dans les fêtes et auprès des princes chanter des poèmes épiques en s'accompagnant d'une cithare. (Il semble que cette institution remonte à la période mycénienne.)

Ægos-Potamos (« fleuve de la Chèvre »), petit cours d'eau de la Thrace célèbre par la défaite navale qui fut infligée aux Athéniens au large de son embouchure (près de l'actuelle Galata), par la flotte lacédémonienne sous les ordres de Lysandre, en 405 av. J.-C. Cette défaite causa la perte d'Athènes et mit fin à la guerre du Péloponnèse*.

Ætion, peintre du IVe s. av. J.-C.

Il peignit notamment les *Noces d'Alexandre et de Roxane* (apr. 327), où il représenta pour la première fois des Amours voletant dans la chambre ; il inaugurait ainsi une mode qui marqua toute la période alexandrine. Ce tableau fut présenté par son auteur lors des jeux Olympiques. Il y remporta un tel succès que le président des jeux lui donna sa fille en mariage.

Agathocle, tyran de Syracuse (Thermae, Sicile, v. 361-Syracuse 289 av. J.-C.).

Erginus, son père, était un potier exilé de Rhégium à Thermae, ville sujette de Carthage. Il suivit son père à Syracuse, où il travailla dans un atelier de potier avant d'entrer dans l'armée. Remarqué par Damas, noble syracusain, pour sa force et sa beauté, il entra à son service, épousa sa veuve à sa mort et devint ainsi un des plus riches citoyens de Syracuse. Ayant rassemblé une armée, en 317 il se fit déclarer roi de la cité* et soumit ensuite la Sicile grecque. Hamilcar, général des Carthaginois, le vainquit à Himère en 310 et vint l'assiéger dans Syracuse. Agathocle, avec audace, alla porter la guerre en Afrique, obligeant ainsi Hamilcar à lever le siège. Il remporta de brillantes victoires et menaçait Carthage lorsqu'il fut rappelé en Sicile en 307 par la révolte de plusieurs villes qu'il ramena à l'obéissance. En 306, il prit le titre de roi de Sicile. Il débarqua ensuite en Italie où il se rendit maître, en particulier, de Crotone. Il mourut peut-être empoisonné.

Agéladas d'Argos, **sculpteur (515-460 env. av. J.-C.).**

Il fut le maître de Phidias*, Polyclète* et Myron*. On ne sait presque rien de ce sculpteur, qui paraît être souvent confondu avec un autre Agéladas qui vécut vers 430. On ne possède de lui aucune œuvre ni copie.

Agésilas, général spartiate (Sparte 442-360 av. J.-C.), fils d'Archidamos, de la famille royale des Proclides.

Après une jeunesse vertueuse, il succéda sur le trône de Sparte à son demi-frère Agis* II, en 398, au détriment de son neveu Léotychidès, que Lysandre* avait évincé sous prétexte de naissance illégitime. En 396, il passa en Asie Mineure où, pendant deux ans, il remporta des victoires contre les Perses, libérant les Grecs d'Asie. Rappelé en Grèce pour lutter contre Thèbes, Athènes, Corinthe et Argos, il battit les confédérés à Coronée, en Béotie, en 394. Pendant plus de vingt ans, il maintint la suprématie spartiate sur la Grèce jusqu'à ce qu'en 370 les forces de Lacédémone fussent défaites à Leuctres*. À nouveau vaincu par les Thébains à Mantinée* (362), il passa en Égypte, appelé par le pharaon Téos, qu'il suivit avec sa troupe de mercenaires en Asie (361-360). Le neveu de Téos, Nectanébo, s'étant révolté, Agésilas passa au service de ce dernier qui, finalement, sortit victorieux de cette querelle et prit le pouvoir sous le nom de Nectanébo II. Agésilas mourut au retour de cette expédition. Ce fut un des plus grands capitaines de Sparte, que Xénophon* et Plutarque* peignent courageux, vertueux et généreux, mais il ne put empêcher le déclin de Sparte après lui avoir donné son plus grand lustre.

Agides, nom d'une des deux dynasties royales de Sparte* avec les Eurypontides*.

Voici la liste de cette dynastie :

Anaxandridras	v. 560-520
Cléomène I	v. 520-490
Léonidas I	490-480
Pleistarchos	480-459
Pleistonax	459-409
Pausanias	409-395
Agésipolis I	395-380
Cléombrote I	380-371
Agésipolis II	371-370
Cléomène II	370-309
Areus I	309-265
Acrotatos	265-262
Areus II	262-254
Léonidas II	254-235
Cléomène III	235-222
Agésipolis III	219-215

Agis. On connaît quatre rois de Sparte* ayant porté ce nom.

— 1. le fils d'Eurysthénès, qui passe pour le fondateur de la dynastie des Agides. Il aurait régné dans la seconde moitié du xe s. av. J.-C. et aurait soumis les anciens habitants de la Laconie. Selon Strabon, c'est lui qui aurait retiré aux périèques* le privilège de l'*isotimie,* c'est-à-dire la jouissance des mêmes droits que les Spartiates, les réduisant à l'état de simples tributaires. — **2.** Agis II, fils d'Archidamos II et demi-frère d'Agésilas* ; il régna de 427 à 400 av. J.-C., prit une part active aux guerres du Péloponnèse* en envahissant l'Attique à plusieurs reprises et, en 418, remporta sur Argos la bataille de Mantinée. Alcibiade*, réfugié à Sparte, fut son hôte et séduisit sa femme, alors qu'Agis combattait les Athéniens à Décélie, ce qui autorisa l'exclusion du trône de son fils Léotychidès comme fruit de l'adultère. — **3.** Agis III, fils d'Archidamos III et petit-fils d'Agésilas ; il régna de 338 à 331 av. J.-C. Lorsque Alexandre* le Grand fut passé en Asie, il tenta de chasser les Macédoniens de Grèce, en 331. Il marcha sur Mégalopolis mais fut vaincu par Antipatros* et tué dans le combat, avec 5 300 Lacédémoniens. — **4.** Agis IV, fils d'Eudamidas II ; il régna de 244 à 241 av. J.-C. Il voulut tout d'abord rétablir dans toute leur rigueur les lois de Lycurgue*. Aidé par son oncle Agésilas, il proposa d'abolir les dettes et de procéder à une réforme agraire, en redistribuant les terres de la Laconie en 4 500 lots pour les citoyens et 15 000 lots dans le domaine des périèques. Agésilas, devenu éphore*, et qui était l'un des plus riches propriétaires fonciers, se tourna alors contre lui et fit rappeler le roi de la lignée des Agides, Léonidas*, jusqu'alors exilé. Ce dernier obtint la condamnation d'Agis qui se réfugia dans le temple d'Athéna. Mais, contraint par la faim d'en sortir, il fut jeté en prison et étranglé.

agôn, concours, jeux publics.

Les jeux occupaient une grande place dans la vie publique des Grecs ; ils revêtaient toujours un caractère funèbre ou religieux à l'époque classique, mais on voit dans l'*Odyssée* des jeux organisés chez les Phéaciens, où le concours n'est qu'un spectacle ; il en sera de même à l'époque hellénistique où l'on instituera des jeux en l'honneur de souverains ; Alexandrie*, Antioche* et Pergame* connaîtront des jeux brillants où domineront les concours musicaux et les courses hippiques. Les jeux se présentaient sous deux formes : ils étaient soit panhelléniques, soit réservés à une cité*. Les jeux panhelléniques étaient les jeux Olympiques*, Isthmiques*, Pythiques* et Néméens*. Même s'ils furent postérieurement consacrés à une divinité, les grands jeux possédaient un caractère funèbre, et il semble que l'institution d'agôn, lors de funérailles importantes, représente une substitution à des sacrifices humains. On trouve cependant dans l'*Iliade* l'union de jeux et de sacrifices, lors des funérailles que fit Achille pour Patrocle, premier témoignage que nous possédions des jeux antiques. Les jeux de cités étaient consacrés à diverses divinités et se déroulaient lors des fêtes qui leur étaient dédiées. Alors que les jeux panhelléniques étaient ouverts à tous les Grecs qui avaient rang de citoyens, les jeux de cités étaient réservés aux citoyens de la cité, bien qu'il arrivât que des villes invitasent à y participer des citoyens de cités amies. Lors des Panathénées*, des Carneia*, des Héraia* d'Argos, des Dionysies*, avaient lieu des jeux, et les Erotia, fêtes d'Éros à Thespies, en Béotie, étaient uniquement composées de concours, athlétiques, hippiques et peut-être musicaux. Parmi les jeux de cités, on peut compter les jeux fédéraux, auxquels pouvaient prendre part les États membres de la fédération : ainsi, les fêtes d'Apollon à Délos, ouvertes aux cités de la ligue de Délos, et les jeux sacrés d'Artémis à Éphèse. Ces jeux avaient tous un caractère de périodicité ; ils se renouvelaient soit annuellement, soit tous les deux, trois, quatre ou cinq ans. Les concours étaient divisés en trois catégories : jeux hippiques *(agônes hippikoi)*, jeux musicaux *(agônes mousikoi)*, comprenant des concours de danse, de musique et de chant, jeux gymniques *(agônes gymnikoi)* ; ces derniers étaient constitués par le pentathlon, qui comprenait le saut (en longueur), la course à pied (de fond ou de demi-fond), le lancement du disque, le lancement du javelot, la lutte, auxquels il faut ajouter le pugilat, qui est une forme de boxe, et le pancrace qui tient de la lutte et du pugilat à poings nus. Les récompenses étaient des couronnes ou des objets de valeur.

agonothète, président de concours. (Ce nom était donné à ceux qui instituaient des jeux ou des concours publics, ainsi qu'à ceux aux noms desquels une fête était établie et qui en payaient les frais.)

1. portique de Zeus ; 2. Thêseion ; 3. temple d'Apollon Patrôos ; 4. Metrôon ; 5. Bouleutérion ; 6. Tholos ; 7. portique central ; 8. tribunal des héliastes ; 9. portique Sud ; 10. portique Est ; 11. librairie de Pantainos ; 12. portique d'Attalos ; 13. portique Poikilé ; 14. autel des Douzes Dieux ; 15. temple d'Arès ; 16. Odéon ; 17. chemin des Panathénées.

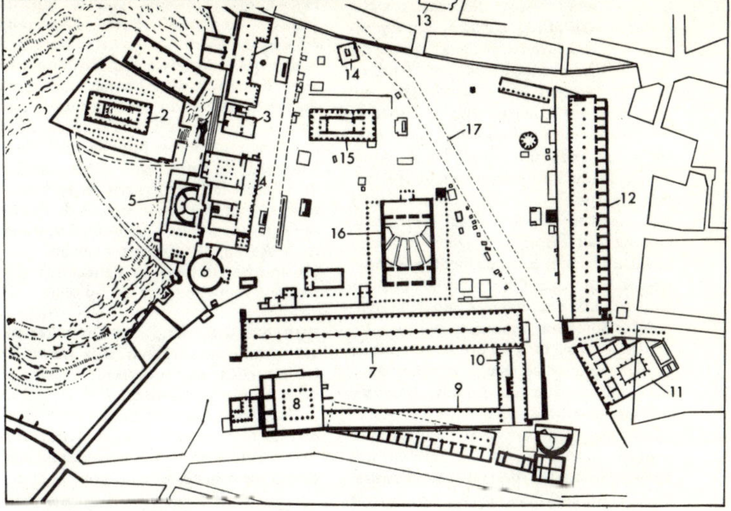

Plan de l'Agora d'Athènes.

agora, place où se tenaient les marchés et où les citoyens se réunissaient pour traiter des affaires publiques lorsqu'un lieu n'était pas réservé à cet effet.

On trouve, dans la Grèce préhellénique, des agoras qui préfigurent l'agora grecque. En Crète, les remaniements de la villa royale de Haghia Triada incluent une place bordée de portiques sur lesquels s'ouvraient des boutiques. Elle est datée du Minoen Récent III, c'est-à-dire de l'époque de l'occupation mycénienne. Néanmoins, il est possible que cette place ait existé dès l'édification du palais, au Minoen Récent I, au XVIe s. av. J.-C. Plus ancien encore serait même le complexe voisin du palais de Mallia, où une salle hypostyle est aménagée près d'une place dans laquelle on peut reconnaître une place publique. L'édifice souterrain serait une salle où se serait réuni le conseil des anciens. Dans le monde mycénien lui-même, on trouve, dans l'île de Glâ, en Béotie, identifiée avec l'homérique Arnè, une agora fermée par une enceinte et bordée d'un portique s'ouvrant sur des ateliers et des magasins. On découvre ainsi déjà, dans ces places, les deux fonctions de l'agora classique : marché et lieu de réunion des citoyens. Ce dernier aspect ressort de l'étymologie même du terme d'« agora », nom d'action du verbe *ageiro*, « rassembler ».

L'agora serait, d'abord, le lieu où s'assemble le peuple. Ainsi, dans l'Odyssée, on voit les Phéaciens se rassembler sur l'agora pour rencontrer Ulysse, l'hôte du roi Alcinoos.

Dans la cité* -État grecque, l'agora est, avant tout, le lieu où se réunit le peuple pour délibérer. Elle s'impose comme le centre administratif, entouré d'édifices publics abritant les divers services : bouleuterion → **Boulê**, prytanée*, métrôon (à Athènes), tribunaux, etc. L'agora était aussi un centre religieux et revêtait un caractère sacré au point qu'une personne censée souillée, un homicide, voire simplement un accusé, ne pouvaient y pénétrer. Lors de certaines fêtes on disposait dans ses voies d'accès des vases remplis d'eau lustrale afin que chacun put s'y purifier avant de s'avancer dans l'espace sacré. Les dieux et les héros protecteurs de la cité y avaient leur chapelle *(Hérôon)*, leurs temples* et leurs autels*. À Athènes, la « voie sacrée » que suivaient les processions (en particulier lors des Panathénées*) jusqu'à l'Acropole et au Parthénon, traversait l'agora. Certaines fêtes religieuses se déroulaient sur cette place, comme les fêtes de Dionysos à Athènes. L'agora revêtait, parallèlement, une fonction économique. On s'y retrouvait pour traiter d'affaires diverses, pour se rencontrer librement, mais aussi pour vendre et acheter aussi bien les produits venus de la campagne et servant à la subsistance quotidienne, que les produits importés ou manufacturés. Ces marchés se tenaient en plein air, mais on bâtissait souvent, autour des édifices formant des halles, des *stoa* (portiques) et des temples. Dans certaines villes d'Asie, on trouvait près des agoras de véritables bazars. Les places étaient surtout animées le matin, mais l'après-midi on y rencontrait les oisifs, qui se retrouvaient chez les barbiers ou les parfumeurs pour converser. Il arrivait, d'ailleurs, que ces marchés fussent installés aux portes des villes, mais, en général, ils partageaient l'agora avec les dieux et les administrateurs de la cité. Platon en était choqué et préconisait l'installation des marchés aux portes des villes afin que les citoyens ne soient pas détournés de leurs nobles occupations par les attraits du négoce. Aristote, de son côté, suggère la création d'agoras marchandes, réservées aux artisans, aux agriculteurs et aux négociants, faciles d'accès, loin de l'agora « pure », où se réunissent les hommes libres ; tel était le cas, selon lui, des villes de Thessalie. Par ailleurs, dans certaines cités, comme Priène ou Corinthe, il existait déjà des marchés spécialisés, préfigurant les « rues » aux poissons ou aux viandes des villes d'Orient. (Ainsi en fut-il aussi de la Rome impériale avec ses divers *fora*).

Agoracrite, sculpteur de Paros (ve s. av. J.-C.).

Disciple préféré de Phidias, on a pu penser que plusieurs statues qui lui étaient attribuées dans l'Antiquité étaient, en réalité, des œuvres du grand maître qui avait laissé son disciple les signer. Il travailla avec Phidias* aux frises du Parthénon* et on peut lui faire l'honneur de l'invention, avec Paionios*, de la draperie transparente dont les nikés de la balustrade du petit temple d'Athéna Niké de l'Acropole* témoignent de la perfection. Il sculpta, pour le temple de Rhamnonte (côte nord de l'Attique), une statue de *Némésis* particulièrement célèbre. Il est possible que la *Cérès* du Vatican soit une réplique romaine de ce chef-d'œuvre.

agoranome, magistrat élu et renouvelé chaque année, chargé de surveiller les marchés, d'y maintenir l'ordre et de prévenir les fraudes.

L'existence des agoranomes est attestée dans de nombreuses cités grecques et surtout à Athènes, où on en comptait dix, cinq pour Athènes et cinq pour le Pirée.

agriculture. Pour les Anciens, l'agriculture est le plus sûr fondement de la richesse d'un État. Pendant toute l'histoire grecque, les agriculteurs formèrent la classe la plus importante dans les cités. À l'époque homérique, la puissance se mesurait aux champs qu'on possédait. On cultivait le froment, l'orge, l'épeautre, qui servait de fourrage, la vigne et l'olivier, le poirier, le pommier, le grenadier, les pois, les fèves et les oignons. Cette tradition se poursuivit, et à l'époque archaïque se constituèrent de vastes domaines fonciers entre les mains de quelques familles. Dans ce pays, pauvre en terres arables, on défricha la moindre parcelle de terrain, on pratiqua la culture en terrasses, pour utiliser les flancs des collines.

L'agriculture resta prépondérante dans les régions de plaines fertiles : la Macédoine*, la Thessalie, la Béotie*, l'Argolide*, l'Arcadie*, la Messénie* et la Laconie*, les deux dernières provinces constituant le domaine de Sparte, et la Crète*. Dans ces régions, les aristocraties terriennes tinrent longtemps le pouvoir sur le petit peuple, vivant des richesses dont ils étaient propriétaires. L'Attique* possédait quatre petites plaines, qui ne pouvaient nourrir sa population croissante ; l'économie se tourne alors vers le commerce* et l'industrie*. Le petit peuple se libère ainsi de la domination des aristocraties foncières, et une bourgeoisie se forme parallèlement à toute une population vivant dans la pauvreté. La conséquence de cette révolution économique fut l'avènement de la démocratie, tandis que les régions agricoles conservèrent un régime oligarchique ou monarchique, celles qui se donnèrent un régime démocratique n'y étant parvenues que par suite de révolutions et longtemps après l'exemple athénien.

Les colonies* de l'époque archaïque des rives de la mer Noire, la Cyrénaïque ou la Grande-Grèce* et la Sicile* furent des colonies agricoles plus que des comptoirs commerciaux. Au IVe s. av. J.-C., le perfectionnement de l'outillage et l'usage généralisé des engrais n'empêchent pas le déclin de l'agriculture, et Athènes dut toujours importer son blé de ses colonies de Thrace et de Tauride (Crimée). En Grèce continentale, aux IIIe et IIe s., les petits propriétaires émigrent et les terres restent en friche, tandis que la Crète continue de cultiver ce qui a fait sa richesse depuis le début de son histoire : figuier, palmier-dattier, cognassier, lin, safran, utilisé pour les teintures, pavot et sésame (pour les huiles), menthe, absinthe.

Dans les nouveaux États hellénistiques, les meilleurs champs de Syrie, qui appartiennent au domaine royal, n'ont qu'un faible rendement, en revanche l'agriculture est la grande richesse de l'Égypte, où l'irrigation est perfectionnée par des ingénieurs grecs. Le blé est sa principale ressource, mais on cultive aussi le lin, la vigne et l'olivier ; les jardins sont consacrés aux arbres fruitiers et aux cultures maraîchères. En principe, la terre est partagée entre le roi et les dieux ; les domaines royaux et ceux des temples sont exploités par des paysans, qui jouissent du produit de la terre en payant des redevances ; par ailleurs, les Ptolémées louent la terre aux colons grecs, tandis que, sur les points stratégiques, vers les marches de ces royaumes, sont installés des colons militaires, qui cultivent des terres qui deviendront des tenures héréditaires.

aisymnètes → arbitrage, législateurs, tyrannie.

Alcamène, **statuaire athénien (VIe s. av. J.-C.).**

Élève de Phidias*, il était considéré comme le plus grand après son maître, avec qui il a sans doute travaillé à la ciselure des frises du Parthénon*. Athènes possédait dans ses temples plusieurs de ses œuvres : pour le sanctuaire d'Héphaïstos (qui subsiste sous le nom de Théséion), il sculpta un Héphaïstos et une Athéna, une statue chryséléphantine* de Dionysos pour un temple nouvellement construit près du théâtre et un Arès pour le temple de ce dieu. Seul son *Hermès Propylaios,* majestueuse tête barbue posée sur un socle à l'entrée de l'Acropole*, nous est connu par des répliques. Néanmoins, le *Procné,* maintenant exposé au musée de l'Acropole, pourrait être une œuvre sortie de son atelier (elle proviendrait du groupe de *Procné et Itys* mentionné par Pausanias, qui nous apprend qu'il avait été dédié par Alcamène et se trouvait dans les environs du Parthénon). L'*Athlète au disque* du Vatican et l'*Arès Borghèse* pourraient aussi être des copies romaines d'œuvres de ce sculpteur. D'après ce qu'on peut savoir de lui à travers les œuvres qui lui sont attribuées (il a peut-être aussi participé à l'exécution des caryatides de l'Erechthéion et du groupe de Déméter et Coré de la frise est du temple d'Athéna Niké), il a su parfaitement allier à la tradition de rigueur propre à la statuaire, l'élégance de la sculpture décorative.

Alcibiade, **homme d'État athénien (Athènes 450-en Phrygie 404 av. J.-C.).**

Il était fils de Clinias, de la famille noble des Alcméonides. Sa naissance, sa beauté, son esprit, ses dons et le crédit de son tuteur, Périclès*, le conduisirent très tôt à la notoriété. Disciple et ami de Socrate*, ce dernier lui sauva la vie lors de la bataille de Potidée (432) et ils participèrent ensemble à la bataille de Délion (424). Après la mort de Cléon* (422), il entra dans la politique et devint l'un des chefs du parti de la guerre. Ainsi réussit-il à faire rompre la trêve que Nicias* avait signée en 421 avec les Spartiates et qui avait terminé la première partie de la guerre du Péloponnèse*. Il parcourut le Péloponnèse pour trouver à Athènes des alliés, puis il fit décréter par les Athéniens l'expédition de Sicile* (415). Avec Nicias et Lamachos, il dirigea la flotte athénienne qui débarqua à Catane, en Sicile, mais, à peine fut-il arrivé que la galère sacrée envoyée par les Athéniens venait le chercher afin qu'il se justifie de l'accusation d'avoir mutilé les hermès, statues de carrefours à Athènes, et d'avoir parodié les mystères d'Éleusis, peu avant son départ pour la Sicile. Il parvint à fuir lors d'une relâche du vaisseau à Thurium, en Grande-Grèce*, et se réfugia à Sparte où il fut l'hôte du roi Agis* II, dont il séduisit l'épouse. Il dût encore s'enfuir et se rendit auprès de Tissapherne, satrape perse d'Asie Mineure (412). Il convainquit alors ce dernier d'abandonner les Spartiates et de s'allier aux Athéniens, qui le rappelèrent de son exil (411). Sans rentrer dans sa patrie, il prit le commandement de la flotte athénienne, vainquit ses ennemis à Cynossema, Abydos, Cyzique, et prit les villes de Chalcidon et de Byzance. Il rentra à Athènes en 407 en triomphateur, mais sa prospérité fut de courte durée. En son absence son lieutenant Antiochos fut battu à Notion, et, en 406, les Athéniens lui retirèrent le commandement suprême, qu'ils lui avaient donné l'année précédente. Il se retira dans son domaine de Bisanthion, en Thrace, et, après la chute d'Athènes en 404, il se réfugia auprès du satrape Pharnabase. Il avait l'intention de se rendre auprès du roi de Perse lorsque, une nuit, sa demeure fut incendiée ; il en sortit l'épée à la main et fut percé de traits par des gens armés qui l'attendaient, délégués sans doute par Pharnabase, que poussait Lysandre*.

Alcméonides, grande famille athénienne, qui faisait remonter son origine à Alcméon, petit-fils de Nestor, se rattachant ainsi aux Néléides qui, chassés de Messénie lors de l'arrivée des Doriens, auraient trouvé refuge à Athènes*.

Ils exercèrent des charges importantes ; l'un deux fut le dernier archonte* perpétuel (v. 754 av. J.-C.). À la fin du VIIe s., l'un d'entre eux, Mégaclès, alors archonte, s'étant rendu parjure lors de la révolte de Cylon*, fit porter à la famille le poids de ce sacrilège et les Alcméonides furent chassés d'Athènes vers 595. Ils purent rentrer d'exil en 560, mais à nouveau Pisistrate les bannit. Ils réussirent à acquérir une grande réputation parmi les Grecs pour avoir, après 548, reconstruit magnifiquement le temple de Delphes et, en 510, lorsque fut chassé le dernier des Pisistratides* et qu'ils purent rentrer à Athènes, le chef de leur famille, Clisthène*, se lia au parti populaire et donna une nouvelle constitution à la cité*. Un autre Alcméon, qui vécut sous Solon, commanda les Athéniens dans la guerre sacrée de Cirrha. Périclès* et Alcibiade* appartenaient à cette famille.

Alexandre le Grand (Pella 356-Babylone 323 av. J.-C.), fils de Philippe II* de Macédoine et d'Olympias.

Il reçut une éducation soignée et eut même Aristote pour précepteur. Il excellait dans les exercices du corps et se montra un élève brillant et passionné de savoir. À seize ans, son père lui confia la régence du royaume, et deux ans après il participait à la victoire de Chéronée*. En 336, il succéda à son père, assassiné. En une année il commença par étouffer les rébellions qui avaient éclaté dans le royaume, se rendit en Grèce où Thèbes avait pris la tête d'une coalition, imposa son autorité par sa seule présence et, à Corinthe, se fit nommer général des Grecs. Après une campagne jusqu'au Danube (335), il revint dans la Grèce à nouveau révoltée, rasa Thèbes encore une fois à la tête des insurgés. Au printemps de 334, il passa en Asie Mineure avec une armée de 35 000 hommes. En mai 334, il défit l'armée des satrapes perses sur le Granique, puis soumit les côtes de l'Asie Mineure. Pénétrant à l'intérieur des terres, il traversa l'Anatolie jusqu'à Tarse en passant par Gordion et Ancyre (Ankara), puis se porta en Syrie. Darios III, roi des Perses, l'attendait avec une grande armée à Issos. Les Perses furent défaits et Darios s'enfuit, laissant sa famille aux mains du vainqueur. Alexandre longea alors les côtes syriennes, assiégea Tyr qu'il n'enleva qu'après sept mois de siège (août 332). Il gagna ensuite l'Égypte, où il fonda Alexandrie, et se rendit au célèbre temple de Zeus-Amon (dans l'actuelle oasis de Kharga), où il se fit reconnaître fils du dieu. En 331 il repassa en Asie, traversa l'Euphrate et le Tigre et défit, à Gaugamèle (près d'Arbèle, l'actuelle Erbil), la nouvelle armée que Darios lui opposait. Le roi, vaincu, s'enfuit en Perse, et Alexandre entra dans Babylone. Il partit ensuite à la poursuite de Darios, prit Suse et Persépolis, résidences royales, incendia peut-être cette dernière et monta vers le nord. Darios fut assassiné en Médie en 330 par Bessos, satrape de Bactriane, qui se fit nommer roi. Alexandre le poursuivit jusqu'aux monts Paropamises (Hindou Kouch), le captura et le fit mettre à mort (329).

Pendant les deux années suivantes, il soumit les peuples de l'Asie centrale et porta ses armes jusqu'au Iaxarte (actuellement Syr-Daria). En Bactriane (nord de l'Afghanistan) il épousa Roxane, fille d'un prince bactrien, Oxyartes. Un complot fut tramé contre lui par des jeunes gens que dirigeait Philotas, fils de Parménion. Ils furent condamnés par l'armée et mis à mort; Parménion, impliqué peut-être à tort dans cette trahison, fut assassiné sur l'ordre d'Alexandre. En 327, Alexandre passa en Inde, franchit l'Indus, défit sur l'Hydaspe Porus, puissant souverain indigène, auquel il rendit ses États, tandis que Taxila, autre roi indien, s'était soumis sans combattre. Il poussa son avance jusqu'à l'Hyphase, dernier fleuve avant de s'élancer à travers les territoires le séparant du Gange. Son armée refusant de le suivre plus avant, il dut se résigner à mettre un terme à ses conquêtes. Il embarqua une partie de son armée sur l'Indus, soumit après de rudes combats les peuples riverains et parvint à l'océan Indien dans l'été de 326. Tandis qu'une flotte, aux ordres du Crétois Néarque, rentrait en Perse en longeant les côtes, Alexandre prit le chemin du retour avec son armée par les déserts de Gédrosie (Balouchistan), où il perdit plus d'hommes que dans mainte bataille. Il parvint à Suse pendant l'hiver de 325.

À la suite de sa conquête de la Perse, Alexandre avait inauguré une politique de fusion avec les Perses ; son désir étant de réunir sous son sceptre l'humanité en un seul grand peuple. Pour marquer cette volonté, il organisa les noces de Suse au cours desquelles un grand nombre de Macédoniens s'unirent à des femmes perses et lui-même épousa Barsine, la fille de Darios. En 325, à Ecbatane, il perdit son ami Héphestion. Revenu à Babylone, dont il voulait faire la capitale de son empire, il prépara des plans gigantesques de conquête du monde. La mort le surprit au milieu de ces préparatifs au cours de l'été 323 ; on ne sait s'il fut empoisonné ou s'il mourut de la malaria. Il n'avait pas désigné son successeur, laissant son anneau à l'un de ses officiers, Perdiccas*. On attribue à Alexandre la fondation de soixante villes, dont certaines prirent son nom.

Alexandrie, ville d'Égypte, sur la Méditerranée, fondée par Alexandre* le Grand en 331 av. J.-C., près du village égyptien de Rhacotis et face à l'îlot de Pharos.

Elle fut bâtie par Dinocratès, sur un plan orthogonal. Devenue la plus opulente cité de l'Antiquité et un des plus riches entrepôts de la Méditerranée, elle compta jusqu'à 600 000 habitants. L'île de Pharos, située à peu de distance du rivage, et déjà mentionnée dans l'*Odyssée*, fut rattachée à la ville par une jetée, l'*Heptastadion*, formant ainsi deux ports : à l'est le Grand Port, à l'ouest la darse appelée Eunostos (« la bonne navigation »). Les Lagides* se firent construire une suite de magnifiques palais au-dessus de la mer, le Brouchion, qui dominait le Grand Port. Le corps d'Alexandre le Grand, embaumé, fut transporté de Babylone à Alexandrie et conservé dans un monument, le *Soma*. Les Lagides, et en particulier les deux premiers souverains de la dynastie, en firent un brillant centre de culture où se brassèrent les idées venues de toutes les parties du monde antique, apportant une révolution dans les conceptions de l'hellénisme, au point que la période qui suivit la mort d'Alexandre le Grand est souvent appelée « alexandrine ». Le long de la grande avenue longitudinale qui traversait la ville d'est en ouest, se déployaient les façades des temples et des monuments publics. Parmi ces derniers, le plus important était le Musée*, qui devint une pépinière de savants et de poètes, qui firent évoluer d'une manière spectaculaire la science* grecque, avec sa Bibliothèque* où étaient réunis tous les ouvrages connus du monde antique. Par ailleurs, en relation par des canaux et les bras du Nil avec les ports de la mer Rouge, Alexandrie devint l'un des plus importants centres de commerce* de l'Antiquité, les vaisseaux marchands des Lagides allant jusqu'en Inde drainer les richesses de l'Asie. Les ateliers des artisans alexandrins faisaient preuve d'une intense activité et d'une grande originalité, exportant vers le monde hellénique et la Méditerranée occidentale toutes leurs richesses : vases en pierres rares, bijoux, tissus, armes, camées, un monde nouveau d'objets d'art, qui vont fortement influencer l'art impérial romain. En 30 av. J.-C., les Romains se rendirent maîtres de l'Égypte, ce qui n'empêcha pas la ville de continuer de s'enrichir et de rester un vivant foyer intellectuel jusqu'à la fin de l'Antiquité, produisant l'une des plus grandes écoles de philosophie de l'Antiquité, le néo-platonisme.

Amasis, **potier athénien (v. 555-525 av. J.-C.).**

Son nom, d'origine égyptienne, laisse penser qu'il venait du comptoir gréco-égyptien de Naucratis, dans le delta du Nil. Son atelier, avec celui d'Exékias, était le plus renommé au Céramique*. Nous possédons huit vases à figures noires signés de lui qu'il semblerait avoir aussi bien façonnés que peints, et une coupe à figures rouges dont il n'est pas le peintre. Lorsqu'il ne peignait pas lui-même, il travaillait avec des peintres auxquels il donnait des conseils extrêmement précis, au point qu'on peut définir une « poterie d'Amasis », caractérisée par ses sujets et par leur exécution : ainsi les deux vases peints par Lydos. Il introduisit dans la poterie attique à figures noires des éléments personnels : mouvement, pittoresque, paysage. Ses sujets sont surtout mythiques et héroïques *(Armement d'Achille, Hercule disputant le trépied delphique à Apollon...)*. Il est l'un des meilleurs représentants de la peinture religieuse et épique sur vase.

amphictyonie, **confédération religieuse ou politique groupant des cités voisines.**

On connait six amphictyonies (on écrivait jadis *amphictionie*) : de Béotie*, réunissant des cités de cette province autour du sanctuaire de Poseidon à Onchestos ; de l'île de Calaurie, dont le centre était le temple de Poseidon de cette île (actuellement Poros), et unissant Égine, Athènes*, Orchomène, Épidaure, Hermioné, Nauplie et Prasiae, ces deux dernières cités ayant été remplacées par Argos* et Sparte* après leur annexion par ces deux villes (cette amphictyonie disparaît dès la fin de l'époque archaïque) ; d'Argos, autour du sanctuaire d'Apollon Pythien et recrutant des États doriens ; de l'isthme de Corinthe, où entraient peut-être Corinthe*, Argos, Athènes, Mégare* et Scyône* ; enfin, les deux plus célèbres amphictyonies, et les seules dont on connaît le fonctionnement, celles de Delphes* et de Délos* (pour cette dernière → **Ligue**).

La fondation de l'amphictyonie de Delphes était attribuée à Amphictyon. Elle réunissait presque tous les peuples de la Grèce classique : Thessaliens, Béotiens, Doriens avec Sparte, Ioniens avec Athènes, Phthiotes, Phocidiens, Maliens, Locriens, Dolopes, Magnètes, Perrhèbes, Ænianes ; à ces douze peuples de l'assemblée originelle s'ajoutèrent, après 343 av. J.-C., les Achéens et les Macédoniens. L'assemblée était constituée par les représentants de chaque cité*, les *hiéromnémons*, nommés pour une année ; ce sont eux qui votaient, et chaque peuple, quelle que soit sa puissance, n'avait droit qu'à deux *hiéromnémons*. Les pylagores étaient les ambassadeurs envoyés par la cité pour défendre leurs intérêts devant l'assemblée, et leur nombre n'était pas limité. Les délégués se réunissaient au printemps à Delphes et à l'automne à Anthéla, près des Thermopyles* ; les cultes communs étaient ceux d'Apollon Pythien à Delphes et de Déméter aux Thermopyles. Les charges primitives du conseil étaient l'organisation des jeux Pythiques*, la gestion des biens du temple de Delphes et la défense des intérêts du dieu. C'est dans le cadre de ces attributions que le conseil décréta plusieurs guerres sacrées contre les peuples voisins qui avaient attenté aux biens du sanctuaire. Par ailleurs, cette assemblée panhellénique essaya parfois de tempérer les querelles entre les cités et de résoudre pacifiquement les litiges. Après la bataille de Chéronée*, l'amphictyonie émit une monnaie, la première qui eût un caractère international, symbole d'union entre les Grecs.

amphidromies, fête à l'occasion de la naissance* d'un enfant.

Elle avait lieu le cinquième jour après la naissance, et consistait en une purification. L'enfant, frotté d'huile et tenu en général par son aïeule, était promené en courant, autour du foyer domestique ; on répandait sur lui de l'eau lustrale en récitant des prières. Un repas solennel terminait la cérémonie. Le nom* n'était donné à l'enfant que le septième jour.

Anaxagore, philosophe (Clazomène, en Ilonie, v. 500-Lampsaque 428 av. J.-C.).

Fils d'Hégésiboulos, il vint à vingt ans étudier la philosophie à Athènes. Influencé par les doctrines de l'école ionienne, et en particulier d'Anaximène*, il cherchait la cause de toutes choses en un être suprême, ou, plutôt, une intelligence première, le *Nous*, qui meut toutes choses, ce qui préfigure le premier moteur d'Aristote*. Fixé à Athènes, il fut le maître et l'ami de Périclès*. Platon*, qui témoigne de ces relations, fait dire à Socrate, dans le *Phèdre*, qu'il était un « homme de science » et que, « après avoir acquis la connaissance de la vraie nature de l'intelligence et de la folie », sujets de la plupart de ses discours, « il tira de cette source tout ce qui était de nature à le faire progresser dans l'art de la parole. » En astronomie, il enseignait que le Soleil était une énorme boule de feu et que la Lune était de même nature que la Terre. C'est sur cette doctrine que Cléon lui intenta un procès* d'impiété, et Thucydide, fils de Mélésias (à ne pas confondre avec l'historien) y ajouta le grief de « médisme ». On a pu supposer que sans l'intervention de Périclès, il aurait risqué d'être condamné à mort. Soumis à une amende de cinq talents, ce qui n'est tout de même pas peu, il dut quitter Athènes. Il se retira à Lampsaque, en Ionie, où il semble qu'il ait ouvert une école. Après sa mort et en mémoire de lui, les gens de Lampsaque dressèrent sur l'agora* un autel dédié à l'Esprit et à la Vérité, et, suivant le désir qu'il avait exprimé, le jour anniversaire de sa mort fut férié pour les enfants des écoles. Il ne nous reste de ses écrits que quelques fragments.

Anaximandre, philosophe (Milet v. 610-v. 546 av. J.-C.).

Fils de Praxiadès, il fut le disciple et le successeur de Thalès*. On lui attribuait l'invention du gnomon* et l'établissement de la première carte de géographie*. Suivant sa doctrine, la cause matérielle du monde était une substance infinie, éternelle, différente des quatre éléments. La naissance et la fin des mondes, qui retournent à leur forme originelle, est due à un mouvement éternel. Les mondes sont innombrables dans l'infini, mais périssables et, selon les interprétations, ils se succèdent dans le temps ou il en existe un nombre illimité dans le temps. Quant à la nature des corps célestes, ce sont des anneaux de feu qui peuvent être beaucoup plus grands que la Terre, tel le Soleil, 28 fois plus grand que notre planète. Il ne nous reste que de courts fragments de ses écrits rédigés dans une prose poétique.

Anaximène, philosophe (Milet, v. milieu du VIᵉ s. av. J.-C.).

On ne sait rien de lui, sinon qu'il est le troisième des grands philosophes et savants milésiens et qu'il était fils d'Eurystratos. Selon sa théorie, la substance primordiale est une et infinie, mais déterminée, car il l'assimilait à l'air. De cette substance sont nées toutes choses, aussi bien les choses spirituelles, les dieux, l'âme (qui est un souffle), que les choses matérielles. Les différences entre les étants sont donc, non pas qualitatives, mais quantitatives. Ainsi, lorsque l'air se dilate, il devient feu, tandis que sa condensation crée les nuages et lorsqu'elle augmente encore, elle donne l'eau, la terre étant issue d'une nouvelle contraction de ce dernier élément. Les corps célestes, qui sont ignés, donc plus légers que l'air, sont soutenus dans l'espace par l'air. Ainsi, à partir de cette théorie de la raréfaction et de la condensation, il explique tous les différents phénomènes observables dans la nature (par exemple, les vents sont produits quand l'air condensé se précipite sous l'effet d'un choc...).

Andokidès, potier (Athènes, seconde moitié du VIᵉ s. av. J.-C.)

On lui a attribué l'invention des vases à figures rouges, mais il semble plutôt avoir perfectionné ce procédé nouveau. Il était potier, mais il n'a pas peint ; c'est lui qui a dirigé le (ou les ?) peintre(s) de son atelier. Utilisant encore le procédé de la figure noire, il a mêlé les deux techniques, et se révèle l'un des meilleurs représentants du style mixte. On a de lui une quinzaine d'amphores et deux coupes. Six amphores présentent ce style mixte, c'est-à-dire qu'un côté présente des figures noires et l'autre des figures rouges. Dans une coupe la technique de la figure noire est utilisée à l'intérieur et celle de la figure rouge à l'extérieur. L'influence ionienne est chez lui un élément de grâce et sa technique est sûre et soignée. Il a traité avec ingéniosité des sujets traditionnels et mythologiques (amazones, guerriers, Héraclès et Cerbère, bacchantes et silènes) qu'il a su rendre vivants, surtout grâce à l'emploi des deux procédés.

andron, partie des maisons* grecques réservée aux hommes. (Elle consistait en une cour découverte entourée de colonnades ; les appartements du maître et de ceux qui constituaient son service étaient disposés autour de ces portiques.)

animaux. Ils avaient une grande importance dans la vie religieuse et familiale. Certaines espèces d'animaux appartenaient aux dieux ou leur étaient consacrés. À Apollonia, des troupeaux de moutons étaient la propriété d'Hélios, dieu-soleil ; chez les Argiens, des chevaux étaient consacrés à Héra, et, à Samos, cette déesse possédait dans ses bois sacrés des troupes de paons. Une biche était élevée dans le sanctuaire de Despoïna à Lycosura, en Arcadie* ; dans la même région, des tortues étaient consacrées à Pan. Le chien était l'animal d'Asclépios, l'aigle celui de Zeus, la colombe celui d'Aphrodite. Par ailleurs les animaux comptaient parmi les sacrifices les plus agréables aux dieux. Des chevaux étaient sacrifiés à Poseidon chez les Argiens, et dans l'île de Calaurie, à Hélios, chez les Rhodiens. On immolait des ânes à Priape chez les gens de Lampsaque, en Asie Mineure. Les chiens étaient destinés à Hécate, mais, à Sparte*, on les sacrifiait sur l'autel d'Arès. Les volatiles (coqs à Asclépios), le gibier, les animaux sauvages étaient égorgés ou brûlés à certaines occasions ou lors de diverses fêtes. On connaît les sacrifices* d'animaux domestiques qui étaient les plus couramment pratiqués, et plus particulièrement les hécatombes, à l'origine le sacrifice de cent bœufs comme l'indique son nom. Les animaux étaient aussi utilisés pour la divination : l'aigle, messager de Zeus, indiquait selon la direction de son vol la volonté du dieu. Les présages donnés par les volatiles — hérons, faucons, vautours — étaient interprétés d'après leur position à droite ou à gauche de l'observateur, le côté droit étant heureux et le gauche néfaste. Les corbeaux, les roitelets révèlent l'avenir par leurs chants, et, à Dodone*, ce seraient des colombes qui auraient servi d'oracles*. En dehors de ces caractères sacrés, les animaux sont aussi des compagnons de l'homme. Le chien et le cheval ont droit à tous les égards. Les Athéniens, et surtout les Thébains, soignaient leurs chevaux avec amour. Thèbes* a fourni un grand nombre de stèles figurant des chevaux et des cavaliers, et on sait qu'Alexandre le Grand portait une telle passion à son cheval Bucéphale qu'il fonda, aux Indes, une ville à l'endroit où il mourut. Les chiens sont encore plus prisés. Leur histoire commence avec Argos, le chien fidèle d'Ulysse. On les retrouve ensuite sans cesse sur les stèles comme compagnons de l'homme, tandis qu'à l'époque classique les petits chiens de Mélite font fureur chez les Grecques, comme le teckel ou le bichon de nos jours. Le chat est à peu près ignoré des Grecs, et son nom se confond avec celui de la belette. À l'époque hellénistique, les enfants et les jeunes gens se plaisent à choyer les bêtes les plus curieuses : la chèvre, avec laquelle joue une jeune femme sur une stèle, le lapin, auquel on dresse une tombe, et aussi la sauterelle ou le grillon, pour lesquels on tresse des petites cages en joncs.

Antalcidas, général (navarque, chef de flotte) spartiate, fils de Léon.

Il est connu surtout pour le traité qu'il conclut avec la Perse en 386 av. J.-C. (paix d'Antalcidas). Il se rendit à Suse afin d'obtenir un accord avec le roi Artaxerxès, a la suite duquel toutes les villes grecques d'Asie Mineure étaient données au roi de Perse, à l'exception de Lemnos, Imbros et Scyros, possessions athéniennes. En échange, toutes les autres villes grecques devenaient indépendantes. Ce traité, passé avec Sparte, alors cité* prépondérante en Grèce, fut signifié par le satrape de Lydie aux ambassadeurs de Thèbes, Corinthe, Argos et Athènes, convoqués à Sardes. Les cités hostiles aux termes du traité étaient menacées d'être attaquées sur terre et sur mer par les Perses alliés aux Lacédémoniens et aux autres signataires du traité. Il semble bien que cet Antalcidas soit le même que celui dont parle Plutarque : reçu à la cour d'Artaxerxès, le roi de Perse, celui-ci aurait particulièrement honoré le Spartiate, au cours d'un banquet, en lui offrant, après l'avoir trempée dans des parfums, la couronne qu'il avait sur la tête. Il n'empêche qu'après ce traité humiliant, signé pourtant avec l'accord de presque toutes les cités grecques, Antalcidas, méprisé de tous, se laissa mourir de faim.

anthestéries, fêtes dionysiaques célébrées dans l'ancienne Grèce.

Ces fêtes de la fin février où l'on célébrait le réveil de la nature après l'hiver et la complète fermentation du vin, duraient trois jours. Pendant le premier, appelé *pithigie*, on goûtait le vin de la dernière récolte, conservé dans les *pithoi*. Au second jour avait lieu la fête des pots *(choès)* ; on formait des cortèges dionysiaques, et un prix était donné aux meilleurs buveurs ; on allait aussi faire des libations de vin sur les tombeaux. On pensait que, pendant ces jours, les âmes des morts erraient hors des Enfers. Des cérémonies avaient encore lieu dans un temple qu'on n'ouvrait qu'à cette occasion. On appelait « *Chytres* », ou fête des Marmites, le troisième jour, car on offrait à Hermès Chthonien des vases *(chytroi)* remplis de nourriture bouillie. Ce jour-là avaient lieu des jeux et des concours.

Antigonos. — 1. Cyclops, roi d'Asie († 301 av. J.-C.), fils de Philippe d'Élymi. Il fut l'un des lieutenants d'Alexandre*.

Après la mort de ce dernier, il reçut en partage les provinces de Lycie, de Phrygie et de Pamphylie. Il entra en lutte contre Perdiccas*, qui fut tué en 321, puis défit Eumênês* après trois ans de lutte. Avec son fils Démétrios* Poliorcète, il combattit Lysimaque*, Cassandre*, Séleucos* et Ptolémée*. Après avoir vaincu la flotte de ce dernier en 306, près de Chypre, il prit le titre de roi. Mais il fut tué à la bataille d'Ipsos*. — 2. **Gonatas**, roi de Macédoine (Gonnoi, Thessalie, 320-† 240-239 av. J.-C.), fils de Démétrios Poliorcète. Il prit le titre de roi en 283 mais n'entra en possession du trône qu'en 277. Chassé par Pyrrhos, roi d'Épire, puis par son fils Alexandre, il reconquit son trône en 272. Démétrios II lui succéda. — 3. **Doson**, roi de Macédoine (280-220 av. J.-C.), fils de Démétrios de Cyrène et petit-fils de Démétrios Poliorcète. Il prit le trône à la mort de son frère Démétrios II, à la place du fils de ce dernier, Philippe. Par la victoire de Sellasie en 221, remportée sur Cléomène*, roi de Sparte, il défendit la ligue Achéenne*, s'empara de Sparte et rétablit la suprématie macédonienne.

Antioche, ville de Syrie, située sur la rive gauche de l'Oronte, dans une plaine fertile.

Elle fut fondée en 301 av. J.-C. par Séleucos* Nicator, qui l'appela ainsi en l'honneur de son frère Antiochos*. Il la peupla en partie avec les habitants d'une ville voisine nommée Antigonia, du nom de son fondateur, Antigonos* Cyclops. Située au croisement des routes reliant l'Asie Mineure à la Syrie, elle devint la capitale du royaume des Séleucides qui y élevèrent de nombreux monuments et en firent la rivale d'Alexandrie* d'Égypte. Comme Alexandrie, et la plupart des villes hellénistiques, elle fut érigée sur un plan orthogonal et peu à peu agrandie par les divers rois de la dynastie, débordant chaque fois ses remparts et gagnant même les bas flancs du mont Silpos qui la dominait. Elle était traversée par une longue rue bordée de portiques, qui allait de la porte d'Alep à la porte de Daphné (Daphné, à peu de distance, était un îlot de verdure au milieu de sources et de cascades où s'élevait un célèbre sanctuaire d'Apollon). Des aqueducs lui apportaient l'eau des montagnes voisines. Prise par les Romains en 64 av. J.-C., elle devint la résidence du légat de Syrie. Sous l'occupation romaine elle ne cessa de s'embellir, se couvrant encore de temples, de fontaines, de places publiques (deux agoras grecques et un forum), de palais, de basiliques, sans oublier théâtre et amphithéâtre, et de s'agrandir, malgré de nombreux séismes qui mirent à plusieurs reprises à bas ses monuments qui étaient aussitôt reconstruits. Les rues principales furent pavées au IIIe s. C'est de cette période (IIIe et IVe s.) que datent la plupart des belles mosaïques qui servaient de pavements à de riches demeures retrouvées dans la ville ou dans les environs de Daphné. C'est là que fut employé pour la première fois le nom de chrétien.

Antiochos, nom porté par treize rois de la dynastie des Séleucides* et par quatre rois de Commagène, région au nord de la Syrie, qui vivaient dans l'orbite romaine aux environs de notre ère.

Antipatros, général macédonien (390-319 av. J.-C.).

Homme de confiance de Philippe et d'Alexandre le Grand, ce dernier lui confia la régence du royaume de Macédoine lorsqu'il partit pour l'Asie en 334. Antipatros pacifia la Thrace et combattit avec succès Lacédémone, ce qui n'empêcha pas Olympias, mère d'Alexandre, de mettre à sa place Cratère*. À la mort d'Alexandre, il entra en guerre contre les Grecs qui cherchaient à reprendre leur indépendance (guerre lamiaque) et fut assiégé dans Lamia. Grâce à l'aide de Léonnatos et de Cratère il put s'échapper et triompher des Grecs à Crannon (322). Il entra ensuite en lutte contre Perdiccas* et fut nommé tuteur de la famille d'Alexandre. Sur son lit de mort, il confia à Polysperchon* la régence du royaume de Macédoine et la tutelle des enfants d'Alexandre, au détriment de son propre fils Cassandre*.

Antiphile, peintre grec (Naucratis, Égypte, seconde moitié du IVe s.)

Rival d'Apelle*, qu'il calomnia auprès du roi d'Égypte Ptolémée* Sôter, il introduisit l'art de la caricature en ridiculisant un certain Gryllos, de là vint le nom de « grylles » donné aux portraits satiriques. Il excella dans le clair-obscur ; on cite à ce propos une peinture représentant un enfant soufflant sur un feu, la lumière éclaire un très bel appartement et le visage de l'enfant.

Apaturies, fête principale des phratries*.

Elles duraient trois jours, pendant le mois de Pyanepsion (octobre) et réunissaient tous les pères de famille existant dans les phratries*. L'enfant né dans l'année était introduit dans la phratrie du père, le troisième jour des Apaturies ; ce jour était appelé *kouréotis*.

apella, assemblée consultative du peuple à Sparte*.

Tous les Spartiates âgés de plus de trente ans y participaient. Ils se réunissaient tous les mois à la pleine lune dans un bâtiment appelé « Skias » (à l'origine, cette assemblée se tenait en plein air). Ils élisaient les magistrats et les sénateurs et, en théorie, réglaient les questions concernant la guerre et la paix. Le peuple manifestait son opinion par des acclamations. En fait, son action se limitait à accepter ou à refuser sans discussion les propositions qui lui étaient faites.

Apelle, peintre (Cos, ou Colophon, seconde moitié du IVe s. av. J.-C.).

Il fut l'un des plus célèbres peintres grecs et le contemporain d'Alexandre le Grand, qui ne voulait être peint que par lui. Quoique déjà connu, il alla travailler sous la direction des maîtres de Sicyône*, de sorte qu'on l'inclut dans l'école de peinture de cette ville. On connaît de lui plusieurs portraits d'Alexandre, dont le plus renommé représentait le conquérant brandissant la foudre à l'instar de Zeus, un Héraclès, une Artémis, une Aphrodite Anadyomène sortant de l'onde qui lui aurait été inspirée par la célèbre courtisane Phryné ; selon Pline l'Ancien, la déesse tordait sa chevelure et l'eau qui en jaillissait formait autour d'elle une nuée argentée. Il a surtout développé dans ses sujets le sens de la grâce. Il était le peintre le plus renommé de son temps, et ses toiles s'achetaient fort cher ; il les soumettait à l'opinion publique et acceptait de corriger les erreurs que lui faisaient remarquer les passants (ainsi l'anecdote célèbre du cordonnier qui, expliquant la forme d'une chaussure, prétendit ensuite modifier les autres parties du tableau exposé ; le peintre l'arrêta en lui disant : « Cordonnier, pas plus haut que la chaussure »). Son œuvre la plus connue est la Calomnie, une allégorie que nous a décrite Lucien. Dessinateur remarquable, il travaillait sans cesse son style et ses méthodes et, après diverses recherches, il ne peignit plus qu'avec quatre couleurs : le blanc, le rouge, le jaune et le noir, teintes fondamentales utilisées dans la peinture des vases. Après avoir achevé ses tableaux, il les recouvrait d'une sorte de verni qui donnait plus de reflet aux teintes et les protégeait de la poussière.

Apollodore dit le Skiagraphe, **peintre (Athènes, fin du ve s. av. J.-C.).**

Il amorça une révolution capitale, celle de savoir tourner les corps à l'imitation de la nature, alors que, jusqu'à lui, on représentait certaines parties (yeux, buste) toujours de face. Il inventa aussi l'art de dégrader les tons et de noyer les contours, et utilisa habilement les jeux d'ombre, d'où son surnom de Skiagraphe. Ses tableaux tranchent nettement sur ceux de son époque par leur naturel et leur nouveauté.

Apollonios de Perga, **mathématicien (Perga, Asie Mineure, v. 262-† v. 180 av. J.-C.).**

Il fut l'un des plus grands mathématiciens de l'Antiquité, et on le surnommait « le Grand Géomètre ». Il professa à Alexandrie* puis à Pergame* avant de revenir à Alexandrie. Nous ne connaissons ses ouvrages que par leurs titres ou quelques courtes notices (laissées par Pappus d'Alexandrie, IVe s.). *Sur les tangentes, Sur la détermination d'une section, sur le Cochlias,* etc. Il nous reste cependant une grande partie de son traité sur les *Sections coniques.* C'est à cet ouvrage qu'il doit de passer pour l'un des inventeurs de la trigonométrie.

Aratos, **stratège de la ligue Achéenne (Sicyône 271-Ægion 213 av. J.-C.).**

Il était encore enfant lorsque son père, Clinias, fut assassiné. Élevé à Argos, il rentra à Sicyône* à vingt ans et en chassa son tyran. Il fit entrer sa patrie dans la ligue Achéenne*, dont il fut nommé stratège (245). Pendant dix ans, il resta le maître de la ligue ; il s'allia avec Ptolémée II d'Égypte et s'attacha à libérer le Péloponnèse du joug étranger. En 243, il chassa la garnison macédonienne de l'Acrocorinthe et fit entrer Corinthe* dans la ligue. Il lutta contre les Étoliens, puis s'allia avec eux contre Démétrios II de Macédoine (238), mais fut vaincu en 233 à Phylakia, près de Tégée. Les Étoliens l'ayant abandonné, il rétablit la situation par la diplomatie et en 229, il fit entrer dans la ligue Argos et Hermioné. Il se heurta bientôt à Cléomène* de Sparte et appela contre lui Antigonos* Doson ; la victoire de celui-ci à Sellasie (222) rétablit l'influence macédonienne dans le Péloponnèse. En 220, battu par les Étoliens à Caphies, il se retira à la cour de Philippe V, successeur d'Antigonos ; mais il semblait si gênant au nouveau roi que celui-ci le fit empoisonner alors qu'il était retourné dans le Péloponnèse.

arbitrage entre cités (pour les arbitres publics ou privés à Athènes → **diactètes**). Avant d'entreprendre une guerre ou lorsqu'une guerre traînait en longueur, il arrivait que les parties s'accordassent pour porter leur différend devant un arbitre. Celui-ci pouvait être un oracle, un tribunal, plusieurs personnes désignées ou un personnage de grand prestige. L'arbitre fixait le jour et le lieu du jugement ; les parties en cause désignaient des mandataires (syndics), qui venaient soutenir leurs prétentions. L'arbitre rendait son jugement, qui était parfois inscrit sur des colonnes ou des tables de marbre, et les adversaires pouvaient prêter serment d'exécuter la sentence. Avant d'entreprendre la première guerre contre Sparte*, les Messéniens proposèrent de porter le litige devant l'aréopage* d'Athènes* ou l'amphictyonie* argienne. En Asie Mineure et dans les îles voisines, les *aisymnètes* étaient des tyrans → **tyrannie** et des législateurs, en général désignés par les parties à la suite d'un compromis et chargés de régler équitablement les droits et de servir d'arbitres entre les factions. Ainsi, Pittacos* fut appelé au gouvernement de Mytilène, dans l'île de Lesbos, et nommé *aisymnète* pour être l'arbitre entre les partis. Les Milésiens, quoique tombés sous le joug des Perses, demandèrent aux Pariens leur arbitrage pour mettre un terme aux luttes de partis qui avaient perdu la cité*. Périandre de Corinthe* fut appelé par Thrasybule, tyran de Milet*, pour régler avec Alyatte, roi de Lydie, le différend entre Milet et ce dernier ; il fut aussi choisi par Pittacos et par les Athéniens pour régler le litige entre ces derniers et les Mityléniens au sujet de Sigée. Thémistocle* arbitra aussi le conflit entre Corinthe et Corcyre à propos du promontoire de Leucade. Il arrivait cependant qu'une des parties refusât l'arbitrage ; ainsi les Corinthiens qui refusèrent que fût remise à l'oracle* de Delphes la décision dans le conflit qui les séparait des Corcyréens à propos de la colonie d'Épidamne. On a aussi des exemples où, ayant accepté un arbitre, une des parties n'en applique pas les décisions ; ce fut le cas pour les Thébains qui, mécontents du jugement de Corinthe dans leur querelle avec les Athéniens à propos de Platées, firent quand même la guerre et furent vaincus par les Athéniens.

Arcadie, région du Péloponnèse*.

Elle est couverte de montagnes dans sa plus grande partie. Limitée au nord par l'Achaie, à l'est par l'Argolide*, elle n'est fertile qu'au sud, vers la Messénie* et la Laconie*, et à l'ouest, du côté de l'Élide. Protégés par des montagnes, les Arcadiens subirent peu de changements et échappèrent à l'invasion dorienne. Ils prirent parti pour les Messéniens contre Sparte lors des guerres de Messénie. Pendant une longue période, les Arcadiens vécurent en petits bourgs autonomes, les dèmes* (chacun avait ses démiurges*) qui se trouvèrent souvent en lutte les uns contre les autres. Des groupements de hameaux formèrent des cités indépendantes et rivales, Cleitor, Mantinée*, Tégée, Orchomène. Au VIIe s. av. J.-C., Aristocratès tenta de constituer un royaume arcadien avec Orchomène pour capitale, mais il échoua. Cependant, le culte de Zeus Lycaios, près de Lycosura, formait un lien religieux entre les Arcadiens, qui se réunissaient en son honneur. Après la bataille de Leuctres*, Épaminondas* tenta d'unir la province et fonda Mégalopolis pour en faire la capitale. Annexée par la ligue Achéenne*, elle devint ensuite province romaine.

L'Arcadie était un pays d'élevage, de culture de céréales dans les vallées, et on y pratiquait beaucoup la chasse. Pan, Artémis, Zeus Lycaios étaient les divinités les plus célébrées. Ses habitants, nommés Pélasges ou indigènes par les autres Grecs, descendaient directement des occupants préhistoriques et des Achéens* réfugiés là lors de l'invasion dorienne, et ils se considéraient à juste titre comme le peuple le plus ancien de la Grèce.

Archimède, mathématicien (Syracuse 287-*id.* 212 av. J.-C.).

Il fut initié à l'astronomie par son père Pheidias et eut Conon de Samos (astronome et mathématicien dont on a perdu les ouvrages) pour compagnon d'études. Resté en relation avec lui, Archimède nous apprend, dans la préface de son ouvrage sur la *Quadrature de la parabole*, adressée à Dosithée, qu'il le tenait en haute estime et lui soumettait certains théorèmes avant de les publier. Il se rendit à Alexandrie*, où il publia plusieurs ouvrages et inventa la vis sans fin. Pendant le siège de Syracuse* par le général romain Marcellus, il inventa de nombreux engins qui tinrent en échec la flotte romaine, mais il fut tué par un soldat romain lors de la prise de la ville. Il est le fondateur de la mécanique rationnelle et, suivant la tradition qui distinguait les savants syracusains et qu'avait déjà critiquée Platon*, il utilisait sur le plan pratique ses découvertes théoriques. Il fit des travaux célèbres sur l'hydrostatique, la catoptrique et l'astronomie*. Il construisit deux planétaires, dans l'un desquels, avec

un seul moteur, il transmettait le mouvement au cours inégal de certains astres. De ses ouvrages il nous reste : *De la mesure du cercle, Des conoïdes et des spiroïdes, Des spirales, De l'équilibre des plans, De la quadrature de la parabole, De la méthode relative aux théorèmes mécaniques, Des corps flottants* et *l'Arénaire,* ouvrage le plus utile que nous possédions sur l'astronomie.

architecte. Théoricien, l'architecte était aussi entrepreneur. C'est lui qui dirigeait les ouvriers commis aux diverses constructions, et il semble souvent ne pas s'être distingué d'eux. On ne sait comment il était formé, mais il apparaît que souvent on eut à se plaindre de son ignorance. Il paraît n'avoir joui d'une grande réputation que lorsqu'il s'était distingué par de grands travaux, et encore n'est-il jamais parvenu à la notoriété des peintres ou des sculpteurs. L'architecte était en général payé par son commanditaire à la journée de travail, mais parfois il recevait de fortes sommes à la commande ou à la fin des travaux, comme ce fut le cas pour

Euphorbe au IVᵉ s. av. J.-C.. Les architectes étaient aussi souvent sculpteurs ou mécaniciens ; ils travaillaient toujours en étroite collaboration avec les peintres et les sculpteurs désignés pour décorer les monuments publics et religieux.

À moins qu'ils ne se soient distingués dans un autre art, on connaît fort mal la vie des architectes dont la Grèce nous a laissé les noms ; ceux-ci sont cependant assez nombreux, et certains noms restent attachés à quelques œuvres de grande importance. L'époque préhellénique a laissé la légende de Dédale, constructeur du labyrinthe de Cnossos, et les noms de Trophonios et Agamède, auxquels on attribue les constructions du temple* de Delphes*, du Trésor de Minyas à Orchomène, et de celui d'Hyriée. Mais ces personnages ne paraissent pas avoir de réalité historique. Il faut attendre le VIᵉ s. av. J.-C.. pour retrouver des noms d'architectes.

Rhœcos de Samos, fondeur et architecte, bâtit l'Héraion de Samos, et son concitoyen Théodore, qui était aussi fondeur et graveur, fut appelé pour élever le temple « B » d'Éphèse. La tradition leur attribue, en collaboration avec Smilis d'Égine, la construction du labyrinthe de Lemnos. Chersiphron de Cnossos et son fils Métagène construisirent aux alentours de 580 le premier Artémision d'Éphèse, utilisant pour la première fois l'ordre* ionique. Polycrate, tyran de Samos et grand bâtisseur, appela auprès de lui Eupalinos de Mégare pour concevoir l'un des plus grands aqueducs souterrains de l'Antiquité. Le siècle suivant est d'une fécondité incomparable. Hippodamos de Milet rebâtit Le Pirée, vulgarisant ainsi le plan orthogonal dans le monde grec. Corœbos commença la construction du temple d'Éleusis, que terminèrent Xénoclès d'Athènes et Métagène de Xypète (Attique). Callicrate et Ictinos se partagèrent la gloire de la construction du Parthénon*, chef-d'œuvre de subtilité, où le jeu des lignes courbes rétablit les déformations de la lumière. C'est encore Ictinos qui fut appelé en Arcadie pour élever le temple d'Apollon à Phigalie (temple de Bassae), tandis que les artistes athéniens allèrent terminer le temple de Zeus à Olympie, commencé par un architecte de l'Élide, Libon. Cleætas travailla à l'hippodrome d'Olympie, et Mnésiclès dota l'entrée de l'Acropole* d'Athènes de splendides Propylées. C'est Polyclète* d'Argos qui construisit le théâtre d'Épidaure et la tholos voisine, tandis qu'au siècle suivant un autre statuaire non moins célèbre, Scopas*, éleva pour les tégéates le temple d'Athéna Aléa, où il employa l'ordre corinthien, récemment imaginé par Callimaque*. Pæonios d'Éphèse et Daphnis de Milet* construisirent au IVᵉ s. le temple de Didyme, et Pythios, le temple d'Athéna à Priène (v. 334). Le Macédonien Dinocrate traça le plan d'Alexandrie* et en commença la construction à la fin du siècle, tandis que Philon dressait une colonnade près du temple d'Éleusis* et bâtissait au Pirée un arsenal pour 1 000 vaisseaux, que brûla Sylla au Iᵉʳ s. av. J.-C. La période hellénistique nous a laissé les noms d'architectes mécaniciens comme Diognète de Rhodes, Épimaque d'Athènes. Sostrate de Cnide éleva le phare d'Alexandrie pour Ptolémée Sôter ; sur la demande de Ptolémée Philadelphe, Phœnix creusa un canal pour transporter par voie d'eau un obélisque à Alexandrie. Hermogène bâtit des temples à Téos et à Magnésie, et Thargélios de Tralles a vulgarisé l'ordre corinthien, qui allait régner en maître. Pendant la période romaine, on connaît encore Batrachos de Lacédémone, qui éleva avec Sauras les temples du portique d'Octavie (Iᵉʳ s. av. J.-C.), et surtout Apollodore de Damas, qui construisit à Rome le Forum de Trajan et lança sur le Danube un immense pont.

Alors que les peintres touchaient parfois des sommes exorbitantes pour certaines de leurs œuvres, les architectes étaient mal payés, à peine plus que les ouvriers qui travaillaient sous leurs ordres. Vers la fin du Vᵉ s. av. J.-C., l'architecte de l'Erechthéion reçoit une drachme attique par jour, ce qui est, à la même époque, le salaire des ouvriers. Au début du siècle suivant, les architectes travaillant à Éleusis touchent quotidiennement 2 drachmes attiques. Moins d'un demi-siècle plus tard, l'architecte de l'Asclêpieion* d'Épidaure est payé 1,5 drachme par jour, ce qui fut aussi, à la même époque, la somme allouée pendant huit années à Xénodore qui travaillait à Delphes ; par la suite, cette somme quotidienne lui fut doublée. Les divers autres témoignages de salaires que nous possédons tournent autour de ces sommes. On ne trouve que quelques exceptions, tel cet Euphorbe qui, toujours vers la même époque, toucha 4 drachmes par jour sur un espace de trois années de travail. Il semble même que, au siècle suivant, les salaires aient été plus bas encore ; tel fut le cas pour cet Antigonos qui, vers 250, touchait 1, 5 drachme par jour, soit un salaire annuel de 540 drachmes.

archonte, **nom porté à Athènes par les magistrats suprêmes.**

À l'origine (sans doute à partir du xe s. av. J.-C.), il y avait un seul archonte, et la charge, héréditaire, restait dans la famille des Codrides*. Réduite par la suite à dix ans, cette magistrature devint accessible à tous les eupatrides*, jusqu'à ce qu'une révolution, antérieure à Clisthène*, remplaçât l'archonte unique par un collège de neuf membres, renouvelés annuellement, qui subsista à l'époque classique. Le président du collège fut l'archonte-éponyme ; le second archonte prit le nom de basileus* ; le troisième était le polémarque* ; les six autres furent les thesmothètes*, et on leur ajouta un secrétaire, ce qui fit correspondre les membres du collège à chacune des dix tribus. L'archonte-éponyme donnait son nom à l'année civile, le premier en date ayant été un certain Créon (686 ou 683 av. J.-C.).

Le collège eut d'abord en main l'administration de l'État ; mais, à l'époque classique, ses attributions se bornaient presque à la justice. L'éponyme* jugeait les litiges familiaux et les questions d'héritages, et s'occupait des fêtes religieuses comme les Grandes Dionysies. L'archonte-roi, ou basileus, avait conservé les attributions religieuses de l'ancien monarque et avait en charge les jugements portant sur les meurtres et les sacrilèges.

Le polémarque*, à l'origine chef de l'armée, exerçait son autorité sur les métèques et sur les étrangers lors des procès*, s'occupait du droit « international » et organisait les funérailles de caractère national. Les six thesmothètes étaient les gardiens des lois. Ces magistrats étaient choisis par la voie du sort dans chacune des dix tribus*, chaque année une tribu différente étant exclue du tirage. L'éponyme siégeait sur l'agora*, près des statues des dix éponymes qui avaient donné leur nom à chacune des dix tribus ; le basileus était installé près du Prytanée ; on trouvait le polémarque hors des murs, près du Lycée ; les thesmothètes occupaient le Thesmothésion. En entrant dans leur charge, les archontes prêtaient serment et ils devaient rendre des comptes à l'expiration de leur mandat.

Archytas de Tarente, **philosophe, mathématicien, homme d'État (Tarente v. 430-† av. 360 av. J.-C.).**

Philosophe pythagoricien, il gouverna Tarente pendant de nombreuses années et fut l'ami de Platon* qu'il sauva de Denys, tyran de Syracuse, qui voulait mettre à mort l'Athénien. Peut-être périt-il au cours d'un naufrage dans l'Adriatique. Il est un des fondateurs de la mécanique scientifique, le premier à avoir écrit sur ce sujet. Il a aussi rédigé un traité *Sur les mathématiques*. Il ne nous reste rien de ses œuvres, sinon quelques brèves analyses données par Porphyre et Boèce. Il construisit plusieurs automates, dont une colombe qui volait.

Aréopage. Ce tribunal, qui tirait son nom de la colline d'Arès, où il siégeait à Athènes, était à l'origine chargé de veiller sur l'administration des hommes publics et sur les mœurs des particuliers. Solon* étendit ses attributions ; sa haute surveillance s'exerçait sur l'administration de l'État autant que sur les délibérations des assemblées, et il avait encore à charge la police de l'éducation. Au ve s. av. J.-C., Éphialte, en accord avec Périclès*, lui retira son droit de surveillance sur la gestion des affaires publiques et ne lui conserva que sa juridiction en matière criminelle. Au siècle suivant, sous Euclide, le tribunal fut réintégré dans ses anciennes attributions. Cependant, son pouvoir était limité, et il déférait les cas difficiles à l'ecclésia* ou aux héliastes, en se réservant le rôle d'accusateur. Il lui arrivait aussi d'ouvrir des enquêtes contre des particuliers, soit sur sa propre initiative soit sur accusation. Son action s'étendait aussi contre les oisifs et les dissipateurs. Enfin, une de ses principales attributions était de défendre la religion de l'État et il se partageait avec l'héliée* les procès* d'impiété. Ce conseil resta célèbre pour sa haute tenue morale qui ne faiblit pas au cours des périodes de corruption des mœurs. À l'origine il était composé d'eupatrides* et Solon voulut que ses membres fussent recrutés parmi les archontes* sortis de leur fonction. Lorsque l'archontat fut devenu une institution démocratique, les membres du collège étaient issus de toutes les couches de la société ; mais l'Aréopage conserva son prestige moral d'autant que, gardant à vie leur charge, les aréopagites étaient en majorité des vieillards.

Arginuses, petites îles sur la côte de l'Éolide (Asie Mineure) en face de Mitylène.

Elles sont célèbres par la victoire navale que les Athéniens remportèrent sur les Spartiates en 406 av. J.-C. au large de leurs côtes. Cependant les généraux athéniens, de retour dans leur patrie, furent accusés et condamnés à mort pour n'avoir pas rempli ce devoir sacré qui consistait à recueillir les corps des morts et des blessés qui parsemaient la mer.

Argolide, région au nord-est du Péloponnèse* limitée au nord par le territoire de Corinthe*, à l'ouest par l'Arcadie*, au sud par la Laconie*.

Cette région maritime offre des côtes rocheuses et découpées très étendues et l'intérieur est très montagneux (monts Arachnæus, Artémisius, Parthénius). La région de Lerne et d'Argos*, arrosée par l'Inacchos, était marécageuse mais elle fut aménagée dès l'époque préhistorique pour la culture et l'élevage. Ce fut un centre d'élevage des chevaux. Peuplée dès l'époque néolithique, les rois achéens* de Mycènes y établirent un royaume puissant dont Agamemnon a été le plus célèbre souverain. Occupée par les Doriens*, elle fut à l'époque historique divisée en quatre régions : l'Argis, l'Épidaurie, la Trœzénie et l'Hermionis. Argos, qui dominait l'Argis, s'étendit au détriment de Mycènes, Nauplie, dont elle fit son port, et Asiné. Épidaure, bâtie sur le golfe Saronique, colonisa Égine, s'allia à Sparte pendant la guerre du Péloponnèse* et ne fut rattachée à l'Argolide que par les Romains. Ses chevaux étaient célèbres par la beauté de leur race. Elle administrait le sanctuaire voisin, dédié à Asclépios. Trœzène, patrie de Thésée, fut alliée d'Athènes longtemps avant de passer au parti de Sparte* et d'être soumise par les Macédoniens puis par les Romains. Elle était consacrée à Poseidon tandis qu'Hermioné possédait un sanctuaire célèbre de Déméter Chthonia. Occupée par les Doriens, puis par les Argiens, Hermioné fut incorporée à la ligue Achéenne* par Aratos* avant de devenir romaine.

Argos, ville du Péloponnèse*, la plus importante après Sparte*.

Fondée, selon la légende, par Inacchos, roi des Pélasges, elle passait pour la plus ancienne cité* de la Grèce. Intégrée à l'empire achéen* de Mycènes, elle fut gouvernée par des rois héraclides après l'invasion dorienne. À l'époque archaïque elle prit la tête de la ligue des cités doriennes du Péloponnèse dont le centre était dans son temple d'Apollon Pythaios. Elle parvint à son apogée au VIIIe s. av. J.-C. sous Phidon, son roi. Une oligarchie* la gouverna ensuite et disputa à Sparte la domination du Péloponnèse. Alliée d'Athènes pendant la guerre du Péloponnèse*, elle fut battue par les Spartiates à Mantinée* (418). Au début du siècle suivant elle fut absorbée dans des luttes intestines entre oligarques et démocrates puis soumise à des tyrans. Elle entra dans la ligue Achéenne* au IIIe s., et sera conquise par Rome en 146. Sur sa haute acropole s'élevait le temple de Zeus Larissaios ; à côté du sanctuaire d'Apollon, Athéna avait aussi un culte, mais la grande divinité protectrice d'Argos était Héra, dont le temple célèbre, l'Héraion, était situé entre Argos et Mycènes.

Aristarque de Samos, astronome et mathématicien (Samos v. 310-† 230 av. J.-C.).

On ne sait rien de sa vie sinon qu'il fut l'élève du philosophe péripatéticien Straton de Lampsaque et qu'il travailla à l'observatoire d'Alexandrie. Jetant les fondements de la trigonométrie, il s'efforça de mesurer la grandeur du Soleil (Archimède* inventera un appareil à cet effet), de la Lune et leur distance de la Terre ; ses calculs sont proches de la réalité pour ce qui concerne la Lune. Sa gloire fut d'imaginer le système héliocentrique que reprit Copernic. Le Soleil immobile est placé au centre de l'univers qui est fini. La Terre est animée d'un mouvement de rotation sur elle-même et effectue une révolution annuelle autour du Soleil. Elle est une planète parmi les autres, toutes animées de mouvements identiques. Cette conception n'eut que peu d'échos dans l'Antiquité.

Aristarque de Samothrace, grammairien (Samothrace 229-Chypre 157 av. J.-C.).

Il fut l'élève d'Aristophane* de Byzance et s'installa à Alexandrie où professait son maître. Il y fonda une école de grammaire et de critique et Ptolémée VI Philométor lui confia l'éducation de ses fils. Atteint d'hydropisie, il se retira dans l'île de Chypre où il se laissa mourir de faim. Il est considéré comme le fondateur de la critique littéraire et rédigea plus de huit cents commentaires sur différents auteurs. Il est surtout resté célèbre pour ses travaux sur les poèmes homériques dont il fit une critique sévère, frappant de l'obel nombre de vers qu'il considérait comme interpolés.

Aristide, homme politique (Athènes v. 540-v. 468 av. J.-C.) dit le Juste en raison de son intégrité.

Fils de Lysimaque, il appartenait à une vieille famille. Il participa en 490 à la bataille de Marathon* à titre de stratège* de sa tribu* et il fut archonte* l'année suivante. Il s'opposa à Thémistocle* qui le fit frapper d'ostracisme* (v. 484). Quoiqu'en exil, il continua de rendre des services à sa patrie et aida Thémistocle de ses conseils au moment de la bataille de Salamine* (480). Rappelé de son exil, il commanda les Athéniens à Platées* l'année suivante. Il apaisa les conflits qui opposaient les Athéniens à Pausanias* et aux Spartiates, puis obtint pour Athènes avec Cimon* (477), le commandement de la Confédération maritime → **Ligues de Délos**. Il devint l'âme de la lutte contre les Perses et détermina les alliés à se joindre aux Athéniens dans ce combat. Son dernier acte politique fut de fixer avec équité la contribution que les membres de la ligue auraient à fournir pour l'entretien de la flotte commune. Il mourut si misérable qu'il ne laissa pas assez d'argent pour payer ses obsèques et ses enfants durent être aidés par l'État dans leur établissement.

Aristide, peintre (Thèbes, milieu du IVe s. av. J.-C.).

Il fut le premier à peindre l'homme moral. Ses sujets représentaient généralement les troubles de l'âme mais il s'y ajoutait quelque chose d'un pathétique assez morbide. On cite de lui un tableau représentant, dans le sac d'une ville, une mère mourante dont l'enfant essaie d'atteindre le sein ; cette œuvre émut tellement Alexandre le Grand qu'il la fit transporter dans son palais de Pella. Sa réputation était immense et ses toiles s'achetaient fort cher. Attale* de Pergame offrit ainsi 100 talents pour l'une de ses œuvres, le *Malade*. Il peignit pour Mnason, tyran d'Élatée, un tableau représentant un combat entre les Grecs et les Perses qui ne comportait pas moins de cent personnes, le prix convenu pour chaque figure étant de 10 mines !

Aristogiton → Harmodios.

Aristophane, poète comique (Athènes v. 445-v. 386 av. J.-C.).

On ne sait rien de sa vie sinon qu'il eut trois fils et que son père Philippe avait des propriétés dans l'île d'Égine. Il composa une quarantaine de comédies dont onze ont été conservées. Critique de son temps, il parodia et attaqua des hommes célèbres (Cléon*, Socrate*), des dieux (Dionysos, Héraclès). Conservateur, il lutta contre les idées nouvelles (l'éducation sophistique représentée par Socrate, les conceptions de la tragédie d'un Euripide*). Il ridiculisa la passion des Athéniens pour les procès* et s'attaqua même à la démocratie, sujet sur lequel les Athéniens étaient très ombrageux. Écrivant au milieu de l'interminable guerre du Péloponnèse*, il consacra la plus grande partie de son vaste talent à la cause de la paix et à la réforme des mœurs et des institutions d'Athènes.

Aristophane de Byzance, **grammairien (milieu du IIIe s. av. J.-C.).**

Disciple d'Ératosthène* et de Zénodote d'Éphèse, grammairien et conservateur de la bibliothèque* d'Alexandrie* sous Ptolémée II Philadelphe, il devint à son tour conservateur de la célèbre bibliothèque et fut le maître d'Aristarque* de Samothrace. Il travailla sur les textes homériques et écrivit un ouvrage sur les *Courtisanes de l'Attique*. On lui attribue l'introduction de l'usage des accents dans l'écriture grecque.

Aristote, **philosophe (Stagire, Macédoine, 384-Chalcis, Eubée, 322 av. J.-C.).**

Son père Nicomaque était médecin du roi de Macédoine. À dix-sept ans il vint à Athènes* et devint l'élève d'Isocrate* puis de Platon*. En 347, à la mort de son maître, il quitta Athènes pour Atarnée en Asie Mineure, dont le souverain, Hermias, lui donna en mariage sa fille Pythias. En 342, il fut chargé par Philippe* II de Macédoine de l'éducation de son fils Alexandre* (le Grand). Il resta sept ans en Macédoine et, en 335, il revint s'établir à Athènes où il fonda une nouvelle école philosophique, le Lycée*. Il resta à Athènes jusqu'à la mort d'Alexandre (323) puis, accusé d'impiété par le parti anti-macédonien, il se retira à Chalcis. À côté de son œuvre philosophique, où il pose les fondements d'une métaphysique rationnelle et réaliste, par opposition à l'idéalisme platonicien, son activité embrasse tous les domaines. Alexandre le Grand n'oublia pas son maître, et de ses lointaines campagnes, il lui envoyait des spécimens de plantes nouvelles et d'animaux inconnus. Aristote fonda la zoologie (*Histoire des animaux, Parties des animaux*) et sans doute la botanique*, bien que les travaux du Lycée en ce domaine nous soit parvenus par son disciple Théophraste. L'influence d'Aristote, à partir du Ier s. av. J.-C., sera considérable sur le développement de la pensée occidentale et se fait encore sentir à notre époque.

armée. À l'époque homérique, les armées étaient constituées par des fantassins aux ordres d'un prince, qui allait en char. On ne sait comment les guerriers étaient recrutés, mais, dans les mêlées, seuls avaient de l'importance les chefs qui, descendant de leur char, combattaient au corps à corps, chacun cherchant à se distinguer par des exploits individuels.

À l'époque classique, les institutions militaires variaient selon les cités. À Sparte*, l'éducation* était tournée vers la guerre. De seize à vingt ans, les jeunes citoyens apprenaient le métier des armes, instruits par leurs aînés, les « irènes », avant d'entrer dans l'armée active, où le service durait jusqu'à l'âge de soixante ans. Les Spartiates allaient en campagne commandés par l'un des deux rois ; ils étaient vêtus d'un manteau rouge afin qu'on ne vît par leur sang couler, et portaient la chevelure longue, contrairement aux autres Grecs. L'armée, composée de citoyens *(homoioi)* et de périèques* servis par les hilotes*, était constituée par un seul corps d'importance, les hoplites, fantassins lourds répartis en cinq *mores*, divisées en *loches, pentékosties, énomoties* : cette cellule de base était composée de 25, 32 ou 36 guerriers, et les *mores* comprenaient de 400 à 900 hommes. La cavalerie* formait une sixième *more*. Le corps des hoplites était, au combat, organisé en phalange*, formant, face à l'adversaire, un mur de boucliers.

À Athènes*, le citoyen adolescent faisait à dix-huit ans deux ans de service militaire (éphébie*) dans les postes frontières de l'Attique, puis il restait mobilisable pendant quarante ans, cependant qu'à cinquante ans, en tant que vétéran, il ne quittait plus le territoire de l'Attique. L'armée était composée d'hoplites, chaque tribu* recrutant un corps distinct, et d'un millier de cavaliers pris en nombre égal dans chaque tribu. Dès le Ve s. av. J.-C., Athènes disposa en outre d'un corps d'archers, recrutés parmi les thètes*, et d'un corps d'archers à cheval. Au siècle suivant, Iphicrate* créa un corps de fantassins légers, les peltastes. L'armée athénienne était placée sous le commandement de l'archonte polémarque* et, à l'époque classique, des stratèges*. Chacune des unités fournies par les dix tribus était commandée par un taxiarque élu, et chaque taxiarque nommait les lochages, commandants de compagnies. L'armée thébaine se distingua plus particulièrement par la création du bataillon* sacré. Au IVe s., Philippe* II de Macédoine réforma son armée ; il créa la phalange* macédonienne en partant des principes d'organisation des troupes de Sparte et de Thèbes.

Ces armées de l'époque classique, formées de citoyens, vont connaître, avec le développement considérable du mercenariat au moment de la guerre du Péloponnèse*, des modifications profondes, tant dans la composition que dans l'organisation et la stratégie. Les mercenaires deviendront finalement l'élément dominant des armées hellénistiques*.

armes. Dans l'ensemble, les armes n'ont que peu varié depuis l'époque préhellénique. Déjà les guerriers de l'époque mycénienne étaient armés de lances, d'un bouclier rond ou échancré, d'une épée, d'un casque, de jambières. Toutes ces armes étaient en bronze, le bouclier étant en cuir et le casque en cuir renforcé de métal ou même fait de dents de sanglier cousues sur une âme en cuir, selon la description du célèbre casque d'Ulysse. On a aussi retrouvé des armures, elles aussi en bronze. Ces armes vont se retrouver dès l'époque géométrique, mais le fer a, dans certains cas, remplacé le bronze. Néanmoins, la grande innovation est l'*antilabé*, la seconde poignée du bouclier, qui apparaît au cours de la première moitié du VIIe s. av. J.-C.. Dès lors le bouclier, solidement maintenu contre le corps, va permettre le combat en rangs serrés, présentant ainsi une muraille de boucliers formée par les premiers rangs de combattants.

Les armes défensives de l'hoplite à l'époque classique étaient : le casque *(cranos, corys)*, en peau ou en metal ; la cuirasse *(thorax)*, en général en bronze, qui s'arrêtait au-dessus de la taille ; les jambières *(cnémides)* ; le bouclier *(aspis)*, rond ou latéralement échancré en Béotie. Les armes offensives étaient la lance *(dory)*, de 2 m de long, et l'épée *(xiphos)* à double tranchant. Les peltastes portaient un bouclier léger *(pelté)* en osier, une tunique de lin, la lance et l'épée. Les fantassins de la phalange* macédonienne furent armés de la sarisse, lance longue de plus de 5 m. Les cavaliers, à Athènes*, étaient armés de deux lances et d'une épée recourbée *(copis)* ; les cavaliers macédoniens portaient une sarisse moins longue que celle des fantassins, et une épée. Les javelots *(acontion)*, munis de propulseurs, équipaient un corps léger spécial, les acontistes. Il existait aussi des corps d'archers, mais dès l'époque homérique c'étaient les Crétois les plus réputés dans le maniement de l'arc. La fronde *(sphendoné)* était aussi utilisée, surtout par les Acarnaniens et les Rhodiens. La massue *(rhopalon)*, arme favorite d'Héraclès, n'était guère en usage que chez les peuples barbares. → **armée.**

artisanat. → industrie.

Asclêpieion, **sanctuaire d'Asclépios.**

Il existait plusieurs centres du culte d'Asclépios, dont les plus célèbres étaient à Orchomène de Béotie, Trikka, en Thessalie, l'île de Cos et Épidaure, en Argolide et, à l'époque hellénistique, à Pergame, en Asie Mineure. Installés dans des sites salubres, près de sources et entourés de bois, ces sanctuaires étaient en même temps des hôpitaux. Des prêtres, qui se transmettaient de père en fils ou de maître à disciple les traditions médicales, sans cesse perfectionnées par l'expérience, donnaient des consultations sous forme d'oracles. Cependant, ces caractères religieux et divinatoires, où l'inspiration du dieu avait une part prépondérante, s'effacèrent au profit d'une médecine plus rationnelle, qui triompha dans la famille des Asclépiades de Cos avec Hippocrate*. Mais, déjà, les purifications, les bains, les jeûnes ordonnés par le dieu revêtaient un efficace caractère hygiénique. Après ces cérémonies préliminaires, les malades se couchaient sous un portique attenant au temple et attendaient dans leur sommeil l'apparition du dieu guérisseur. On ne quittait le sanctuaire et on ne rétribuait les prêtres que si l'on se croyait guéri.

asile **(droit d')**. À l'origine tous les temples étaient *asyloi*, c'est-à-dire inviolables, et ceux qui venaient se réfugier en suppliants dans un temple, au pied d'un autel ou d'une statue d'un dieu, jouissaient de cette inviolabilité. Cependant, afin d'éviter un abus qui aurait permis à tout condamné d'échapper à sa peine, on réglementa ce droit qui, à l'époque classique, ne fut absolu et reconnu que dans certains temples, à la suite d'un décret des amphictyons*, de la décision d'un prince ou d'une vieille tradition qui faisait remonter ce privilège à des temps très anciens. Parmi ces temples privilégiés on peut citer : le Parthénon*, le temple d'Asclépios à Épidaure, l'Héraion d'Argos*, le temple de Poseidon dans l'île de Calaurie où se réfugia Démosthène*, ceux d'Athéna Aléa à Tégée et d'Athéna Chalciœkos à Sparte où se réfugia Pausanias*, ceux d'Apollon à Délos*, Claros et Didyme, près de Milet*. Les fugitifs (accusé, condamné, esclave fuyant les mauvais traitements de son maître, soldats talonnés par leurs ennemis vainqueurs) pouvaient vivre ainsi dans le temple et le territoire sacré lui appartenant, autant que leurs moyens le leur permettaient. Dans le temple de Ganymède à Phlionte (Péloponnèse*), on suspendait aux arbres du bois* sacré les chaînes des suppliants, qui y trouvaient un asile sûr. Après la bataille de Coronée, des vaincus ayant cherché un asile dans le sanctuaire d'Athéna Itonia, Agésilas* leur accorda la liberté. Cependant, si toute tentative de violence sur un suppliant était considérée comme un sacrilège et unanimement condamnée, il arrivait que, dans la passion des luttes de partis, on passât outre, comme ce fut le cas à Corcyre lors des combats civils, pendant la guerre du Péloponnèse*. En général, on préférait user de ruse ou de patience ; ainsi, à Sparte, Agis*, fils d'Eudamidas II, s'étant réfugié dans le temple d'Athéna, ses ennemis parvinrent à l'en faire sortir par des promesses fallacieuses et le firent mettre à mort. Lors de la tentative de révolution de Cylon*, les conjurés s'étant placés sous la protection des Érinyes, auprès de leur autel sur l'Acropole*, on leur promit la vie sauve, mais une fois sortis du territoire sacré, ils furent mis à mort ; considérée comme sacrilège, cette ruse causa l'exil des Alcméonides*. Démosthène, poursuivi par les Macédoniens, s'étant réfugié dans le temple de Poseidon à Calaurie, sachant qu'il devrait en sortir poussé par la faim et ne voulant pas tomber entre les mains de ses ennemis, préféra s'empoisonner. Quant aux esclaves, si leurs réclamations paraissaient fondées, on leur permettait de changer de maître.

astronomie. À l'origine, l'astronomie grecque restait l'héritière des connaissances élémentaires de l'Égypte et des Mésopotamiens ; mais, très rapidement, elle prit un caractère rationnel et scientifique. Pythagore* fut le premier à entrevoir la sphéricité de la Terre, que Parménide reconnut comme un fait établi. Empédocle d'Agrigente connaissait la raison des éclipses de Soleil, et Anaxagore* donna l'explication juste des éclipses de Lune. Philolaüs, pythagoricien du ve s. av. J.-C., résumait ainsi le système de sa secte : l'univers est sphérique ; un feu de ceinture donne la lumière des étoiles ; un feu central diffuse la lumière du jour. La région intermédiaire est divisée en trois sphères : celle des étoiles fixes, ou Olympe ; le Kosmos, sphère du Soleil, des planètes et de la Lune ; l'Ouranos, région sublunaire, monde des changements, c'est-à-dire celui de la Terre et de son opposé, l'Antiterre, qui tournent autour du feu central. Par la suite, deux autres pythagoriciens, Hicétas et Écphante, rejetèrent l'Antiterre et firent tourner la Terre sur elle-même. Platon* retient certains éléments de cette astronomie, et surtout l'opposition entre les mouvements apparents et les mouvements réels. Après lui, on sait que la nuit n'a plus été regardée comme une réalité matérielle, mais comme une ombre, et que la lumière de la Lune est empruntée au Soleil. Eudoxe* de Cnide conçut un système de sphères homocentriques, dont s'inspira Aristote*, et dressa un catalogue d'étoiles. Le système d'Eudoxe ne rendant pas compte du voisinage des planètes Mercure et Vénus, par rapport au Soleil, Héraclide de Pont, disciple de Platon, admit que ces deux planètes tournaient autour du Soleil, tandis que cet astre et les autres planètes se mouvaient autour de la Terre. À Alexandrie*, Conon et Dosithée, amis d'Archimède*, découvrirent de nouveaux groupes d'étoiles, et plus particulièrement la chevelure de Bérénice, reconnue par Conon tandis qu'Ératosthène* parvenait à calculer la circonférence de la Terre. Aristarque* de Samos avança l'hypothèse du système héliocentrique, qui fut admis par Séleucos de Séleucie (IIe s. av. J.-C.) ; cet astronome fut le premier à donner une explication réelle des marées en démontrant la liaison de ces phénomènes avec les positions de la Lune. À la même époque, Hipparque*, en inventant la trigonométrie, donna l'instrument indispensable aux mesures astronomiques. Il découvrit la précession des équinoxes et dressa un catalogue de plus de 850 étoiles. Claude Ptolémée*, au IIe s., résuma les travaux des astronomes de l'Antiquité ; il mentionne 48 constellations, 104 étoiles et 5 planètes (Mercure, Vénus, Mars, Jupiter, Saturne), la Lune étant exceptée. Il a manqué aux Anciens la lunette astronomique pour pouvoir aller plus loin dans la connaissance de l'univers, mais nous ne pouvons qu'admirer tant de découvertes justes avec les moyens élémentaires dont ils disposaient.

astynome, magistrat responsable de la police de la cité* et de l'entretien des rues, à Athènes.

Ils étaient au nombre de dix, cinq pour la ville et cinq pour Le Pirée. Chargés de la police des mœurs (contrôle des joueuses de flûte, des danseuses, des courtisanes), ils présidaient aussi à l'enlèvement des ordures dans les rues et veillaient à ce que les éboueurs (coprologues) déposent les ordures aux lieux qui leur étaient destinés. Ils s'assuraient aussi que les riverains n'empiètent pas sur le domaine public, et ils étaient chargés de la police pendant les fêtes.

Athènes, ville de Grèce, capitale de l'Attique, située entre deux rivières, le Céphise et l'Ilissos, à 5 km de la mer au bord de laquelle se trouvait son port, Le Pirée.

Selon la légende, les Pélasges auraient occupé l'Acropole*, qui fut fortifiée par Cécrops. Au XIIe s. av. J.-C., Thésée aurait réuni en une seule cité* *(Asty)* les douze bourgades se partageant l'Attique et, par ce synœcisme*, aurait fondé Athènes. En réalité, l'Attique était divisée en petits bourgs autonomes dès l'époque préhellénique ; au nord-est se forma la tétrapole de Marathon*, Tricorynthos, Oiné et Probalinthos, unifiant ainsi l'essentiel des territoires constituant l'Attique, après que les confédérés eurent occupé l'Acropole ; Cécrops paraît avoir été une divinité-serpent à laquelle fut consacrée l'Acropole. D'après la tradition, la ville était gouvernée par des rois ; on en connaît une trentaine, répartis entre deux dynasties, les Érechthéides et les Médontides*. Au moment de l'arrivée des Doriens* qui menaçaient l'Attique, Cordos, un Néléide venu de Pylos, avait reçu la dignité royale de l'Attique à la suite de sa victoire dans un combat singulier contre le roi béotien Xanthos ; un oracle ayant déclaré que les Doriens seraient victorieux s'ils épargnaient le roi d'Athènes, Codros se déguisa, pénétra dans le camp des assiégeants doriens, se prit de querelle avec des soldats et se laissa tuer. Lorsqu'ils découvrirent qui était le mort, les Doriens se retirèrent. Les Athéniens décidèrent alors que personne n'était désormais plus digne d'occuper le trône après Codros et ils abolirent la dignité royale. Médon, le fils de Codros, reçut en échange l'archontat à la vie → **Cordides**

Après lui, le gouvernement fut partagé entre trois archontes* et il s'établit un gouvernement aristocratique au profit des eupatrides*, qui étendirent leur puissance durant la période dite « géométrique » (fin XIIe-fin VIIIe s.). Cependant, à mesure que les eupatrides étendaient leurs pouvoirs, les classes pauvres croissaient en nombre et, au milieu du VIIe s., le conflit social éclata, en suite de quoi les eupatrides furent contraints à des concessions renouvelées, d'autant qu'ils étaient eux-mêmes déchirés par des querelles de clans. Après l'échec de la conspiration de Cylon* et l'exil des Alcméonides*, Dracon* dota Athènes d'un code où seule la société avait en charge la justice et non plus les familles et les particuliers, entre lesquels régnait la loi du talion.

Au début du VIe s., un eupatride, Solon*, donna à la cité son organisation politique de caractère démocratique et, par ses réformes sociales et économiques, modela le destin d'Athènes. Son œuvre fut menacée par la tyrannie* de Pisistrate et de ses fils quelques années après, ce-

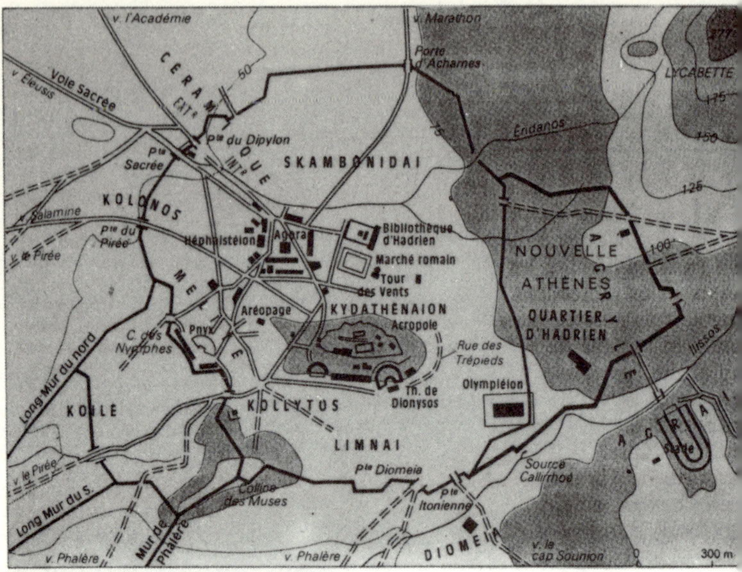

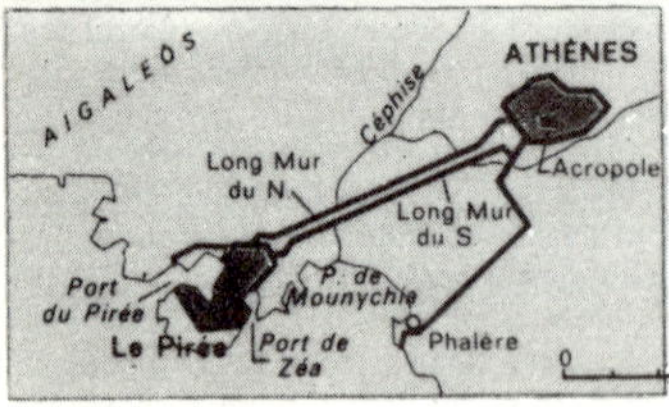

Athènes et Le Pirée

pendant que, sous leur règne, la cité commença à s'ouvrir aux arts et aux lettres. Après la chute des Pisistratides* à la fin du VIe s., Clisthène* conféra à la constitution* son aspect démocratique définitif. Les Perses, venant châtier Athènes, qui était intervenue dans leurs affaires en Asie Mineure, furent défaits une première fois à Marathon, puis leur puissance fut définitivement mise en échec après la bataille de Salamine* (480). Le roi des Perses Xerxès ayant incendié l'Acropole au cours de cette guerre, Thémistocle* commença par fortifier Athènes en l'entourant de murs puissants après l'avoir dotée d'une flotte qui fut son premier rempart ; Cimon* et Périclès* couvrirent l'Acropole de temples magnifiques. Athènes se substitua alors à Sparte* dans la lutte contre les Perses et pour la libération des cités grecques d'Asie. Elle constitua une ligue* maritime et finit par faire des alliés de la ligne ses tributaires soumis. Les richesses affluèrent dans la cité victorieuse, où les créations humaines parvinrent à un sommet de perfection jamais atteint. L'impérialisme d'Athènes lui créa un grand nombre d'ennemis qui se liguèrent autour de Sparte, et les deux cités s'engagèrent dans une longue lutte de près de trente ans, où chacun connut des revers et des triomphes, la guerre du Péloponnèse*. Cette guerre se termina en 404 avec la prise d'Athènes par Lysandre* et avec l'institution d'un gouvernement oligarchique éphémère. L'année suivante, Thrasybule* rétablit la démocratie et, bientôt, Athènes reconstitua une nouvelle ligue et se dota d'une nouvelle flotte. Alliée ou ennemie de Sparte, elle ne joua cependant qu'un rôle secondaire devant l'hégémonie lacédémonienne et le soleil montant de Thèbes*.

Lorsque au milieu du IVe s., la Macédoine* révéla ses ambitions, elle se partagea avec Thèbes la tâche de s'opposer à cette force nouvelle, mais sa puissance fut définitivement abaissée à Chéronée*. Libre, mais surveillée par les Macédoniens, elle vit son rôle politique s'effacer devant son rôle culturel. Elle eut à souffrir sous Philippe V de Macédoine (200 av. J.-C.) et sous Sylla, qui, en 86 av. J.-C., la mit à sac. Intégrée à l'Empire romain, elle en suivit les destinées. L'empereur Hadrien la dota de monuments nouveaux (IIe s.); sous les règnes suivants, Hérode Atticus y fit bâtir un magnifique théâtre*, qu'on peut encore admirer. Les Goths l'occupèrent en 267 et en 396. Justinien la fortifia à nouveau, mais elle ne cessa plus de décliner jusqu'à son renouveau moderne.

Malgré les pertes qu'elle avait éprouvées, vers la fin de la guerre du Péloponnèse, Athènes possédait une population de 120 000 à 180 000 âmes, et elle ne resta pas moins florissante par la suite, malgré son abaissement politique. Son amour des arts et des lettres attira dans ses murs les hommes les plus brillants de l'Antiquité, tandis que son sol fécond produisait un nombre impressionnant d'esprits créateurs, parmi lesquels on trouve quelques-uns des plus beaux génies de l'humanité. Il est peu aisé de savoir à quelle cité revient l'honneur d'avoir inventé la tragédie*, mais ce genre littéraire ne fleurit dans l'Antiquité qu'en ce lieu privilégié et, avec Eschyle*, Sophocle* et Euripide*, elle donna trois des plus grands tragiques; elle n'inventa ni la comédie* ni la philosophie, mais la comédie lui appartient en propre, et c'est Athènes qui a engendré Socrate* et Platon*. Son régime démocratique lui a donné les plus grands orateurs de la Grèce et, parmi ses historiens, Thucydide* a porté l'art d'écrire l'histoire* à un sommet. Dans le domaine de l'architecture, elle nous a laissé quelques-uns des plus prestigieux monuments de l'Antiquité et le seul nom de Phidias* suffirait à illustrer sa sculpture*. Elle a brillé tout autant dans la peinture* et dans les arts mineurs; elle a inventé une céramique qui a élevé cet artisanat au rang de grand art. Cet ensemble unique dans l'histoire fait que les Romains envoyaient leurs enfants étudier et polir leur esprit dans cette ville, que Périclès a appelée l'école de la Grèce, et Isocrate* l'Hellade de l'Hellade.

atimie, **privation des droits de citoyen.**

Il existait plusieurs degrés dans cette peine. On pouvait être dépouillé d'un seul droit, comme celui d'introduire de nouvelles motions devant l'Assemblée du peuple → **ecclésia** lorsqu'on avait été condamné en vertu de la graphê* paranomon. L'atimie totale entraînait l'incapacité de prendre part aux affaires publiques, de se porter demandeur dans des affaires privées, de pénétrer dans l'Agora* et dans les sanctuaires publics. On était frappé d'atimie pour des affaires privées comme la non-répudiation d'une épouse adultère, pour ne pas avoir porté assistance à ses parents âgés. Pour certains crimes, l'atimie s'exerçait à vie; pour d'autres, elle était soit temporaire soit appliquée seulement s'il y avait récidive. Étaient encore frappés d'atimie la débauche, l'oisiveté, la corruption de fonctionnaires, les faux témoignages, l'outrage à magistrat, la désertion de l'armée... Les archontes qui se laissaient corrompre étaient semblablement punis, et les fermiers de l'État qui négligeaient les termes sans régler leurs comptes étaient frappés d'atimie jusqu'à paiement de leurs dettes. À Sparte*, l'atimie frappait plus particulièrement ceux qu'on considérait comme ayant failli au combat; la gérousia* prononçait alors la sentence, et non seulement le malheureux ne participait plus à la vie de la cité*, mais il était voué aux outrages de ses concitoyens, il portait des signes qui le faisaient reconnaître et on ne lui accordait même plus le droit d'allumer sa lampe au foyer d'autrui.

Attalides, dynastie des rois de Pergame fondée vers 283 av. J.-C. par Philétairos, commandant de la ville, pour Lysimaque*.

Il laissa son royaume à son neveu Euménês (263-241) auquel succéda Attalos Ier Sôter (241-197), fils d'Attalos, frère de Philétairos. Prince juste et protecteur des lettres, il prit parti pour les Romains contre les Macédoniens et la ligue Achéenne*. Son fils Eumènês II Sôter (197-160), poursuivit la politique proromaine de son père, porta le royaume à son apogée de prospérité et dota Pergame d'une bibliothèque. Attalos II Philadelphe (160-139) régna après son frère Eumènês II et poursuivit la même politique. Enfin, Attalos III Philométor (139-133), fils d'Eumènês II et de Stratonice, succéda à son oncle et institua les Romains ses héritiers. Son demi-frère Aristonikos réclama la couronne et défit l'armée du consul Licinius Crassus (131 av. J.-C.) ; mais, l'année suivante, il fut battu et capturé par M. Perpenna. Conduit à Rome, il y fut mis à mort (129).

Attique, région de la Grèce, limitée à l'ouest par la Béotie* et la Mégaride, au sud par le golfe Saronique et au nord par le bras de mer qui la sépare de l'île d'Eubée*.

Elle était divisée en trois régions naturelles : au nord la Diacrie*, au centre la Mésogée*, au sud la Paralie*. Malgré sa sécheresse, son sol offrait des ressources agricoles (figues, vigne, laurier, olivier, élevage de moutons et de chèvres, miel de l'Hymette, où poussaient en abondance des plantes sauvages) et industrielles (mines de plomb argentifère du Laurion ; marbre du Brilessos, connu plus communément sous le nom de Pentélique). Ses habitants se disaient autochtones et descendants des anciens Pélasges. Après le synœcisme*, la population fut divisée en quatre tribus*, puis en dix tribus territoriales par Clisthène*. À partir de cette époque l'histoire de l'Attique se confond avec celle d'Athènes*.

aulê, à l'époque homérique, cour découverte devant une maison, qu'entourent les écuries, les étables et les dépendances de la ferme.

Par la suite, ce mot désigna une cour découverte à l'intérieur d'une maison, ou plutôt deux, l'une à l'usage des hommes et l'autre à celui des femmes*, toutes deux pourvues d'un couloir circulaire et séparées par un vestibule. Ce mot désigne parfois le centre de la scène d'un théâtre, représentant généralement un palais où se déroule la tragédie.

aurige (mot latin correspondant au grec *heniokhos*), conducteur de char.

À l'époque homérique, le cocher dirigeait le char de combat monté par un guerrier, qui était un chef ou un prince ; ce dernier descendait du char pour combattre à pied. Aux périodes ultérieures, les auriges étaient les conducteurs des chars dans les grands jeux. Pindare a chanté les triomphes lors de ces courses ; cependant celui qui retirait la gloire de la victoire n'était pas le cocher mais le propriétaire de l'attelage. Libre au propriétaire de faire élever une statue à son cocher, comme on le vit parfois. Il pouvait cependant arriver, et tel fut le cas de Damonon de Laconie connu par une inscription, que le propriétaire lui-même conduisît son attelage. Nous ne connaissons le vêtement du cocher que par une célèbre représentation, l'*Aurige* de Delphes*, dont on suppose qu'il faisait partie d'un groupe de bronze avec le quadrige, dédié sans doute par Arcésilas IV, roi de Cyrène, dont le cocher remporta la course lors des jeux Pythiques de 466 av. J.-C.. Alors que les athlètes se présentaient nus pour participer aux épreuves, cet aurige est vêtu d'une longue tunique tombant en plis jusque sur ses chevilles, à manches courtes et sa chevelure est maintenue par un bandeau. Il est à remarquer qu'il tient les rênes à la main, et non liées aux reins comme chez les auriges romains.

autel. Il existait deux sortes d'autels : le *bomos* et l'*eschara*. Le bomos est un exhaussement du sol : il pouvait être constitué par un amoncellement de terre, des branchages entassés ou un amas de pierres. Pour les Dédalia, les Béotiens formaient un bomos en bûches, qui brûlaient avec les victimes. Les cendres des sacrifices, en s'amoncelant, constituaient des autels. Cependant, les bomos étaient surtout taillés dans la pierre, en carrés, ronds ou rectangles, et souvent pourvus à chaque angle d'appendices semblables à des cornes trapues. Sur les faces latérales étaient sculptés des ornements (guirlandes, bandelettes, voire personnages). Il y avait des autels de toutes tailles, et ils reposaient en général sur un socle disposé en gradins. Certains édifices offraient des proportions gigantesques, tels l'autel d'Hiéron à Syracuse, celui de Zeus à Olympie et surtout l'autel d'Eumène à Pergame*, monument haut de plus de 12 m et orné de nombreuses sculptures. Les autels étaient placés dans les campagnes, dans les rues, sur les places, dans les cours des maisons, aussi bien que dans l'aire sacrée des temples. Sur ceux qui se trouvaient dans les édifices, on n'offrait que des sacrifices exécutés sans l'aide de feu. Les autels où l'on consumait les victimes étaient situés dans l'enceinte sacrée, mais hors de l'édifice. Un mur bas ou une chaîne limitait l'espace sacré, qu'il séparait des profanes. Ces autels étaient souvent dressés au-dessus de fosses qui recevaient le sang des victimes et des foyers (c'est un sens du mot eschara) étaient entretenus pour brûler les animaux sacrifiés. Ce nom est aussi donné aux autels domestiques et aux autels qui servaient de refuge aux suppliants. Enfin les *agyies* étaient des autels en forme de stèles, placées aux portes des maisons en l'honneur d'Apollon, protecteur des rues.

b

Bannis → ostracisme.

banque → trapézites.

banquet → symposion.

Barathre ou **Orygma, ancienne carrière située à Athènes*, à l'ouest de l'Acropole*, où l'on précipitait certains condamnés à mort pour crime politique ou sacrilège. (Ainsi, le premier métragyrte* qui vint à Athènes injuria les dieux nationaux et fut précipité dans ce gouffre.)**

Barbares. Ce mot, employé par Homère pour désigner le parler rude ou incompréhensible des Cariens, avait le sens général d'« étrangers à la race grecque », c'est-à-dire tous ceux qui parlaient un langage qui n'était pas hellénique. Il diffère du mot « étranger » *(xenos)* en ce sens qu'un étranger était un Grec qui n'appartenait pas à la cité*. Entre Hellène et Barbare, il y a une opposition culturelle et ethnique, et, bien souvent, le mot « Barbare » pouvait se teindre d'un sens péjoratif. Cette nuance apparaît nettement chez Aristote*, lorsque, pensant aux régimes de monarchies absolues des peuples asiatiques, il souligne que les Barbares sont faits pour obéir, tandis que les Hellènes sont des hommes libres. Cependant, ces différences s'atténuèrent aux yeux des Grecs à l'époque hellénistique* par suite de contacts approfondis avec les peuples barbares, qu'ils imprégnaient de leur culture et avec lesquels leurs relations étaient le plus souvent amicales. Ce sentiment est marqué dès la fin de l'époque classique par les théories égalitaires des Cyniques ou d'un Alcidamas (sophiste, disciple de Gorgias, qui vivait au milieu du IVe s. av. J.-C.), qui considérait que tous les hommes étaient égaux devant les dieux, la société les rendant esclaves et créant les inégalités.

barbe, barbier. À l'époque archaïque (VIIe et VIe s. av. J.-C.), les Grecs soignaient particulièrement leur barbe et leur moustache. Ils laissaient pousser un épais collier, qu'ils taillaient en pointe de lance, et dessinaient les bourrelets de la moustache autour des lèvres. Parfois, la moustache était coupée au milieu ou même entièrement rasée. On conservait aussi la barbe fort longue, tout en la taillant en pointe, ou on la divisait en masses bouclées. La barbe et la moustache continuèrent d'être portées pendant l'époque classique, bien que ce ne fût sans doute pas une pratique généralisée. Peut-être le poète Agathon se rasait-il parce qu'il avait des mœurs efféminées, mais on a, dans la sculpture de la fin du Ve et du début du IVe s. av. J.-C., de nombreuses représentations d'athlètes et de guerriers qui ne sont plus des éphèbes et qui, cependant, ont le visage glabre. À partir de l'époque d'Alexandre, on se fera généralement raser la barbe et la moustache. Il était rare que les particuliers se rasent eux-mêmes. C'était le travail des barbiers, qui prenaient soin de la barbe et des cheveux, mais aussi des ongles des mains et des pieds. Ils étaient ambulants ou établis dans des boutiques, souvent situées sur l'Agora*. C'était un lieu où l'on se retrouvait entre amis pour converser, où se colportaient les nouvelles, en attendant le moment où l'on allait s'asseoir sur le siège bas et s'envelopper d'une ample serviette pour confier sa tête aux mains habiles du barbier. Les gens riches avaient souvent pour barbier l'un de leurs esclaves, et les princes possédaient toujours leur barbier personnel. Les instruments utilisés étaient le miroir, le peigne, la brosse, et des rasoirs de formes diverses.

basileus, roi ou chef.
À l'époque homérique, ce mot désigne les souverains dont les fonctions sont politiques, religieuses et militaires. Le basileus, roi de droit divin, voit cependant son pouvoir limité par le conseil des anciens et par le droit des gens. C'est lui qui rend la justice et préside aux sacrifices publics, bien qu'il semble que ce ne soit pas toujours lui le sacrificateur. À la guerre, c'est le basileus qui commande son armée. Cependant, employé au pluriel, ce mot désigne encore, chez Homère, les chefs de famille qui se partagent les grands domaines ruraux, sens peut-être originel qu'on semble devoir retrouver dans les tablettes de Pylos, d'époque mycénienne. Dans la Grèce archaïque, ce titre fut porté par les souverains des États monarchiques et, à Athènes*, c'est le nom du roi et aussi des chefs des *genē* → **genos** lors de l'établissement du gouvernement aristocratique. A Sparte*, les deux rois portaient le titre de basileus, aussi bien que le roi de Macédoine*, tandis que, à Athènes, ce titre ne fut plus porté que par l'archonte*-roi, aux fonctions religieuses, comme à Éphèse, où c'était une dignité sacerdotale conférée aux descendants des anciens rois. Ce titre était encore donné aux rois des banquets* ou à ceux qui brillaient singulièrement dans leur profession, avant d'être remis en honneur dans le domaine politique par les grandes dynasties gréco-macédoniennes de l'Hellade et du Proche-Orient. → **monarchie, royauté spartiate.**

bataillon sacré. Institué par Gorgidas à Thèbes*, au début du IVe s. av. J.-C., il comportait 300 hommes. Demeurant dans la Cadmée, citadelle de Thèbes, et entretenus aux frais de la ville, les soldats de ce bataillon, tous hommes d'élite, étaient unis par une étroite amitié, de sorte que, dans les combats, si l'un des combattants était tué, son compagnon redoublait d'ardeur afin de le venger. Ils étaient d'abord dispersés sur tous les premiers rangs de l'infanterie, mais Pélopidas* les groupa en un corps uni, ce qui renforça son action. Brillants vainqueurs des Lacédémoniens à Leuctres*, jamais battus en aucun combat, ils furent finalement écrasés à Chéronée* par l'aile de l'armée macédonienne commandée par Alexandre*. Les 300 hommes périrent les uns à côté des autres, face à l'ennemi.

Ce bataillon thébain est resté le plus célèbre de ces petits groupes de combattants d'élite. Néanmoins, nombre de cités créèrent ainsi des bataillons. Nous connaissons ainsi les Mille à Argos*, les Trois cents qui, à Sparte*, se sont distingués dans les guerres contre les Perses, les Messéniens, les Argiens. Ces Trois cents *Hippeis* spartiates, soigneusement sélectionnés et spécialement entraînés, étaient commandés par trois *hippagrètes* (rassembleurs). Outre leur rôle dans les combats, ils étaient aussi chargés de missions de police.

béotarques, premiers magistrats de la ligue Béotienne → Béotie.
Chaque cité* élisait un béotarque, renouvelé annuellement, mais qui était rééligible. Thèbes*, en tant que capitale de la ligue, présentait deux béotarques. Ils se partageaient la gestion des affaires civiles et le commandement des armées* de la ligue. À l'époque de la guerre du Péloponnèse* il y avait onze béotarques, deux pour Thèbes et un pour chacune des neuf autres villes de la ligue.

Béotie, région de la Grèce centrale, limitée au nord par la Locride opontienne et le golfe d'Eubée, à l'est par l'Attique* et la Mégaride, au sud par le

golfe de Corinthe*, à l'ouest par la Phocide.

Elle est constituée par deux belles plaines, celle du Céphise (région de Thèbes) et celle du lac Copaïs (région d'Orchomène et de Chéronée*), entourées de montagnes : les monts Opontiens, le Parnès et le Cithéron, le Parnasse et l'Hélicon. C'était une région agricole et d'élevage, dont les habitants étaient de solides paysans. Occupée dès une période fort ancienne, elle fut, avec Orchomène, le centre de la civilisation minyenne et, avec Thèbes, un des plus brillants foyers de culture mycénienne (IIe millénaire av. J.-C.). Les Béotiens, qui donnèrent leur nom à la province, étaient des Étoliens* venus de la région d'Arnè, en Thessalie (env. 1100 av. J.-C.).

Les cités ainsi occupées par les Béotiens se constituèrent en une ligue, dont les liens politiques restèrent assez lâches. On croit qu'il y avait quatorze cités composant la ligue dans ses débuts, mais le chiffre varia. Éleuthère, dans le Cithéron, se joignit très tôt à Athènes*, et Platées* resta l'alliée fidèle d'Athènes. Au moment où la ligue prit une grande importance, aux ve et ive s., elle ne comptait plus que dix cités. Thèbes tenta toujours de constituer cette ligue à son profit, mais elle eut sans cesse à se heurter à la résistance des autres villes, et plus particulièrement à Orchomène, qui rivalisa avec elle de puissance — les autres cités de la ligue, parmi les plus importantes, étaient Haliarte, Copæ, Coronée, Thespies, Lébadée, Oropos, Anthédon, Tanagra, Acræphiæ. Ces cités vivaient sous un régime aristocratique de grands propriétaires fonciers, descendants de rois ou d'anciens chefs, éleveurs de chevaux et de gros bétail. Indépendantes pour leurs affaires intérieures et souvent en lutte les unes contre les autres, elles abandonnèrent parfois une partie de leur souveraineté à la ligue Béotienne, souvent contraintes par Thèbes, qui se présenta comme une sorte de capitale à la fin du ve et au début du ive s. L'unité économique fut symbolisée à la fin de la période archaïque par l'émission d'une monnaie* unique portant le bouclier échancré, symbole d'entente défensive. La ligue était régie par les béotarques* et par un conseil fédéral constitué par les députés alliés. Ce conseil se divisa en quatre sénats pendant la guerre du Péloponnèse*, mais nous sommes mal renseignés sur leurs fonctions. L'Assemblée se réunissait auprès du temple d'Athéna Itonia, entre Coronée et Alalcomène, et la ligue fêtait les Pamboiotia près du temple de Poseidon à Onchestos. Après l'éclat que lui donna Thèbes au ive s. av. J.-C., la Béotie perdit toute importance politique.

bibliothèque. Jusqu'à l'époque alexandrine, les particuliers possédaient des bibliothèques privées et ils allaient se fournir en livres sur l'Agora*, ou se les faisaient prêter par des amis puis copier par des esclaves spécialisés. La première bibliothèque publique fut fondée à Alexandrie* par Ptolémée Ier Sôter. Il semble que cette initiative soit due à Démétrios* de Phalère, qui, exilé d'Athènes*, après l'avoir brillamment gouvernée pendant dix ans, se réfugia en 307 av. J.-C. à la cour des Lagides*. Démétrios commença à rassembler des ouvrages, qui furent réunis dans un monument destiné à les abriter, la Bibliothèque. Démétrios mourut en 283 av. J.-C., la même année que Ptolémée Ier, mais Ptolémée II poursuivit l'œuvre culturelle de son père, et la bibliothèque d'Alexandrie devint le plus grand centre intellectuel du monde hellénique. La Bibliothèque réunit jusqu'à 800 000 volumes et on dut établir une annexe dans le temple de Sérapis, où on entreposa les doubles. La charge de bibliothécaire était l'une des plus enviées, et on choisissait toujours les plus éminents personnages pour l'occuper. Ce merveilleux instrument de travail, mis à la disposition des savants, ne contribua pas peu à la floraison scientifique et littéraire de la période alexandrine. La Bibliothèque fut endommagée par le feu lors de la guerre que César soutint contre les Alexandrins (47 av. J.-C.) puis elle fut en partie détruite volontairement sur l'ordre de l'archevêque Théophile (289). On attribue aux Arabes d'Amrou (651) sa destruction définitive, mais il n'y restait sans doute que peu d'ouvrages.

La seconde bibliothèque fut celle de Pergame*, fondée par Eumène II. Elle réunit plus de 200 000 volumes, qui représentaient un capital intellectuel presque aussi précieux que la Bibliothèque d'Alexandrie. Après la destruction partielle de cette dernière sous César, Antoine lui donna les livres de la bibliothèque de Pergame, qui semble avoir ainsi disparu. Antioche* possédait aussi une bibliothèque, fondée par les Séleucides, mais elle ne put rivaliser avec celles d'Alexandrie et de Pergame.

bijoux. À l'époque classique (Vᵉ-IVᵉ s. av. J.-C.), les hommes ne portaient de bijoux que dans certaines circonstances, bien que les jeunes élégants continuassent d'arborer la cigale d'or dans les cheveux et des anneaux d'or aux chevilles. Le seul bijou porté par les hommes était une bague *(sphragis)*, dont le chaton servait de cachet et avec lequel ils imprimaient leur sceau sur des documents. Les couronnes* des vainqueurs aux jeux *(stephanos)* étaient souvent d'or ; la nécropole de Tarente nous en a rendu de beaux spécimens. Lors des fêtes, les femmes* portaient des couronnes ou des diadèmes d'or ; mais elles se paraient aussi les jours ordinaires.

Les colliers *(chlidon)* étaient, encore à l'époque archaïque, de lourds bijoux à pendentifs. Par la suite, ils seront abandonnés au profit de chaînettes, auxquelles sont attachés parfois des pendentifs légers ou des amulettes. Leurs lobes étaient percés pour recevoir des boucles d'oreille *(ellobion, enodion)*. Les plus simples étaient constituées par de petites rondelles ciselées d'or, où l'on suspendait parfois des figurines d'animaux. Elles étaient aussi ornées de pierres précieuses et surtout de perles. Il est possible que les jeunes garçons aient porté un anneau à une seule oreille.

C'est seulement chez les Barbares que les hommes ornaient leurs poignets de bracelets *(psellion)*. En Grèce les femmes s'en paraient communément. Simples anneaux de largeur variable ou spirales représentant souvent un serpent, ils étaient généralement en or ou en argent. On les mettait au poignet, au coude ou en haut du bras. Le *perisphyrion*, bracelet porté à la cheville ou au mollet possédait, peut-être, une valeur magique. Les femmes ornaient aussi leurs doigts d'une ou plusieurs bagues *(dactylios)*, dont certaines servaient d'amulettes.

bois sacré (*alsos*). La partie du téménos → **sanctuaire** la plus sacrée, réservée au temple* ou à l'autel*, était souvent délimitée par une plantation d'arbres, appelée *alsos*. L'*alsos* du temple de Dionysos à Mégalopolis était interdit aux mortels, mais, en général, la consécration n'entraînait pas une aussi rigoureuse défense. L'accès de l'*alsos* d'Olympie était ouvert une fois par an aux femmes* qui voulaient sacrifier à Hippodamie. La tradition des bois sacrés remonte à la préhistoire grecque. C'est dans un bois consacré à Arès que les Argonautes vont chercher la Toison d'or ; à côté du bois de Poseidon à Onchestos, Homère* signale celui d'Apollon à Ismaros et décrit le bois de peupliers qui, à Ithaque, entoure le rocher où se dresse l'autel des nymphes. Des bois avoisinaient des sanctuaires prophétiques, tels ceux d'Apollon à Claros et à Didyme, et celui de Zeus à Dodone* ; dans ce dernier, un chêne avait un caractère oraculaire. Dans le bois sacré du Mégaron, en Arcadie*, on célébrait les mystères de Déméter. Aphrodite possédait ses bois sacrés à Paphos et à Idalie, dans l'île de Chypre. Pan avait son bois sacré en Arcadie. Il y en avait un consacré aux Euménides à Colone, près d'Athènes*. En Attique*, des bois d'oliviers étaient consacrés à Athéna ; l'Aréopage* en avait la garde, et l'huile des olives était réservée aux fêtes publiques ; dans le dème de Lakiadæ, les figuiers appartenaient à Déméter, et la récolte de ce fruit était réglementée.

boissons. La plus répandue des boissons était le vin. La difficulté de la conservation du vin, sans doute mal fermenté, obligeait à y mêler certains ingrédients comme de l'eau salée ou des aromates (miel, cannelle, menthe, thym). Les méthodes de fabrication variaient selon les régions, dont certaines produisaient des crus réputés ; ainsi ceux de Rhodes, de Lesbos, de Chios, de Thasos. Les vins destinés à l'exportation étaient placés dans des amphores enduites de poix, dont les anses portaient des estampilles au nom du négociant, garantissant leur provenance. Ces vins étaient contrôlés et des lois sanctionnaient les fraudes. Les vins réservés à la consommation locale étaient conservés dans des outres en peau de chèvre. Le vin était rarement bu pur ; on le mêlait avec de l'eau dans un cratère avant de le consommer. On le buvait durant le repas et surtout au cours du symposion*, après avoir mangé.

Les autres boissons étaient l'eau, dont le goût et la fraîcheur variaient selon les origines, le lait, en particulier de chèvre et de brebis, enfin l'hydromel, mélange d'eau et de miel fermenté. Naturellement, les anciens Grecs ignoraient la plupart de nos boissons modernes, le thé, le café et, a fortiori, le chocolat. Quoique les divers peuples aient connu certaines sortes de bières (comme le *zython* des Égyptiens), les Grecs ne semblent pas en avoir consommés.

botanique. Il faut attendre Aristote* avant de voir l'étude des plantes envisagée sous un jour purement scientifique. Sous la direction du maître, les disciples du Lycée entreprirent une œuvre de classification, et si l'on a perdu les travaux d'Aristote dans ce domaine, il nous reste les deux ouvrages que son successeur, Théophraste, composa. Théophraste a décrit avec soin les plantes les plus diverses, déterminant les flores des principales contrées (Égypte, Europe, Afrique, Asie), distinguant les flores fluviales et lacustres. Il établit la différence entre les cotylédons et les feuilles ordinaires. Il étudia aussi la longévité des plantes et les maladies auxquelles elles sont sujettes. Dans ses deux traités *(Histoire des plantes,* et *Sur les causes des plantes),* Théophraste classifie environ six cents plantes, parmi lesquelles des espèces nouvellement connues grâce aux envois qu'avait faits Alexandre* le Grand au cours de son expédition dans l'Inde. Après Théophraste, les connaissances botaniques ne furent que peu perfectionnées. Phanias fit une distinction intéressante entre les plantes à fleurs et les plantes sans fleurs (fougères, mousses, champignons). À Alexandrie* les plaines cultivées dans les jardins du Musée* permettaient une vulgarisation de la science, mais on étudia les plantes dans des vues pratiques : perfectionnement des cultures maraîchères et de la connaissance des plantes médicinales. Dans ce dernier domaine, les Latins nous ont laissé un certain nombre d'ouvrages. Chez les Grecs, Dioscoride écrivit au Ier siècle un traité sur les *Matériaux de la médecine* où il passe en revue un grand nombre de plantes médicinales.

boulê, sénat d'une cité* grecque, tout particulièrement sénat d'Athènes*.

Ce sénat est aussi appelé gérousia* dans les États oligarchiques. À l'époque homérique, ce mot désigne le conseil du roi*, formé par les chefs des maisons nobles et des princes vassaux. Les rois s'appuyaient sur eux, prenaient leurs conseils et n'étaient souvent que les exécutants de leurs décisions. Aux époques ultérieures, ces assemblées restreintes furent l'organe principal de la puissance délibérante ; on trouve ce nom appliqué aux sénats de certains États, comme en Crète*, mais il est synonyme de gérousia. On le retrouve aussi à Argos*, pendant la guerre du Péloponnèse*, où il désigne un conseil à côté du conseil des Quatre-Vingts, qui est une gérousia. Olbia, en Scythie (sur la mer Noire), possédait aussi sa boulê, sans doute à l'imitation de celle d'Athènes, tandis que celle qui fonctionnait à Chios, au VIIe s. av. J.-C., a peut-être servi de modèle à Solon* lorsqu'il institua le conseil des Quatre-Cents. Avant la réforme de Solon, la boulê d'Athènes était un conseil qui incarnait la tradition et dont les fonctions étaient surtout judiciaires ; il était constitué par les archontes sortant de charge, qui continuaient ainsi de mettre leur expérience au service de la patrie. Solon fit de la boulê un conseil de quatre cents membres, dont les quatre tribus de son époque fournissaient chacune le quart des membres. Ils étaient choisis dans les trois premières classes et représentaient directement le peuple. Aux anciens pouvoirs judiciaires furent ajoutés des pouvoirs administratifs et politiques dont on ignore l'étendue.

Ce n'est qu'après la réforme de Clisthène que la boulê va prendre son aspect historique et démocratique. Le conseil fut porté à cinq cents membres, à raison de cinquante par tribu, tirés au sort parmi les candidats présentés par chaque tribu. Leur mandat était d'un an et on ne pouvait se représenter qu'une seule fois. La boulê était ouverte à tout citoyen âgé de plus de trente ans et jouissant de ses droits. La fonction n'étant, au début, pas rétribuée, seuls se présentaient les citoyens des classes aisées, mais, à partir de Périclès, une indemnité d'une drachme par jour étant attribuée aux bouleutes (membres de ce conseil), elle devint accessible à tous.

La boulê préparait les affaires présentées devant l'assemblée (ecclésia*), et plus spécialement les décrets. Elle disposait aussi du pouvoir exécutif, procédait à la docimasie*, recevait les comptes des magistrats sortis de leur charge, enfin, sa juridiction s'étendait sur les relations extérieures, la guerre*, les finances*, le culte et même la justice*. Lors de leur entrée en fonction, les bouleutes prêtaient serment ; ils avaient une place d'honneur dans les réunions publiques et, lorsqu'ils siégeaient, ils portaient une couronne de myrte. Ils se rassemblaient dans le bouleutérion, construit sur l'Agora*, et siégeaient tous les jours sauf les jours de fête. La présence des bouleutes n'étant pas obligatoire, afin qu'on pût disposer en permanence d'un conseil restreint complet, il fut créé, au sein de la boulê, la prytanie*.

Brasidas, **général spartiate (Sparte*** ?-Amphipolis, en Thrace, 422 av. J.-C.).

Au cours de la guerre du Péloponnèse*, il contraignit les Athéniens à lever le siège de Méthone (431), mais fut blessé lors du siège de Pylos (425). L'année suivante, il passa en Thessalie, où il s'ouvrit un chemin à travers un pays hostile et détacha la plupart des villes de la Chalcidique de l'alliance d'Athènes*, dont Amphipolis. Les Athéniens envoyèrent des troupes sous les ordres de Cléon* ; Brasidas les vainquit devant cette dernière ville. Cléon fut tué dans sa fuite, mais Brasidas mourut au cours du combat. Il fut enseveli dans Amphipolis, et les habitants l'élevèrent au rang des héros comme un second fondateur de leur cité*, l'honorant par des sacrifices* et des jeux* annuels.

Bryaxis, sculpteur et statuaire (seconde moitié du IVe s. av. J.-C.).

Il fut le contemporain et le rival de Scopas*. Il travailla au Mausolée d'Halicarnasse avec Scopas, Timothée et Léocharès, lui-même étant chargé d'œuvrer au côté nord du monument. On lui attribue les deux statues qui subsistent de ce monument, représentant le roi Mausole et son épouse Artémise, laquelle avait fait construire ce magnifique tombeau. On connaissait de lui dans l'Antiquité cinq statues colossales de dieux et diverses œuvres, dont un portrait de Séleucos Nikator. L'Apollon au chiton du musée des Thermes, à Rome, serait une copie d'une de ses œuvres.

Brygos, potier (Athènes, env. 500 av. J.-C.).

Avec lui, la poterie à figure rouge de style sévère parvint à sa perfection. Chef d'atelier, on ne sait s'il peignait lui-même ses vases ou plutôt s'il travaillait avec un peintre, à qui revient alors une partie de la gloire de Brygos. Il est possible que ce peintre soit Onésimos, qui travailla aussi dans l'atelier d'Euphronios*. Sur le plan de la technique, Brygos apporta des nouveautés, comme l'emploi de la dorure, l'utilisation de teintes blondissantes pour la chevelure et le rendu des modelés par des hachures. Nous possédons surtout de lui des coupes où il a traité des sujets traditionnels, comme la prise de Troie et des sujets familiers : éphèbes luttant, hommes dansant, joueurs de flûtes, jeunes garçons et petites filles... On trouve aussi chez lui la composition en métopes par groupe de deux personnages, l'habileté de l'enchaînement des groupes et des scènes rend le tout harmonieux et équilibré. Avec tout l'art d'un tragique sachant porter l'émotion à un sommet dans sa coupe de la *Prise de Troie*, il donne un tableau paisible dans un registre pour mettre en relief dans les deux autres la violence de la guerre : ici, toutes les passions, toutes les souffrances sont exprimées dans cette peinture géniale qui rend l'artiste digne de ses grands contemporains, Eschyle* et Polygnote*.

C

Calamis ou **Kalamis, sculpteur statuaire et graveur (Ve s. av. J.-C.).**

On sait qu'il travailla environ de 472 à 429 et qu'Athènes fut sa patrie adoptive. C'était un artiste complet et très habile. Il était le second graveur sur argent, après Mentor*. Son renom en tant que sculpteur était éclatant ; personne ne l'égalait pour représenter les chevaux. Il sculpta dans le marbre, le bronze, l'or et l'ivoire. Parmi les œuvres que nous possédons, on lui attribue, peut-être à tort, un Apollon (de Choiseul-Gouffier), et une stèle représentant un Hermès porteur de bélier, d'un style encore archaïsant, mais d'une grande élégance. Il pourrait être caractéristique du style de Calamis, qui a refusé, s'il l'a connue, l'influence du classicisme de Phidias.

calendrier. Les Grecs divisaient le temps en années solaires, en mois d'origine lunaire, en décades, en journées et en heures. Les années étaient comptées d'après les noms des magistrats éponymes* : l'archonte-éponyme à Athènes*, le président du collège des éphores* à Sparte*, la prêtresse d'Héra à Argos*. Dans les États monarchiques, on comptait depuis l'avènement du roi régnant. On disait, par exemple : sous l'archontat de X, l'éphorat de Y ou la Ve année du règne de tel souverain. Dans la Syrie et l'Égypte grecques, on inaugura des ères dynastiques : ère des Séleucides* en Syrie (312 av. J.-C.) et des Lagides* en Égypte (323 av. J.-C.). Au IVe siècle, à partir de Timée de Tauroménion, les historiens comptèrent à dater de la première olympiade (776 av. J.-C.), une olympiade représentant l'espace de quatre ans qui séparait chaque fête où se célébraient les jeux Olympiques* ; le compte se faisait en précisant l'année de l'olympiade (ainsi, la 4e année de la 87e olympiade, soit 429 av. J.-C., vit la mort de Périclès* et la naissance de Platon*).

L'année était divisée en mois lunaires de 29 ou 30 jours, formant une année de 354 jours ; afin de la faire correspondre à l'année solaire, on ajouta un mois intercalaire chaque trois ans (cycle triatérique), puis un mois dans les 3e, 5e et 8e années sur un cycle de huit ans (octaétérique). Ce mois intercalaire était placé après le sixième mois dont il prenait le nom avec le numéro II. L'année commençait à la nouvelle lune après le solstice d'été à Athènes, et vers l'équinoxe d'automne à Sparte. Les débuts des mois variaient aussi selon les cités, ainsi que leurs noms, qui leur étaient donnés d'après la fête la plus marquante du mois. Les mois étaient divisés en trois décades, nommées d'après leur position : mois débutant, milieu du mois, mois finissant *(menos istamenou, mesoutos, phthinontos).* Le premier jour du mois était appelé néoménie, correspondant à la nouvelle lune ; les jours suivants portaient un numéro (deuxième, troisième, etc.) suivi du nom de la décade. Cependant, pour la troisième décade, correspondant à la phase de décroissance finale de la lune, on notait les jours en partant de la future néoménie par un compte à rebours : le 21e jour du mois est le 10e avant la fin, le 22e le 9e avant la fin, etc. Les jours étaient l'espace de temps compris entre deux couchers de soleil. On désignait les moments de la journée d'une manière assez vague (heure du marché, après-midi, ...) ; au Ve s., Méton* installa à Athènes un gnomon*, et cet appareil portatif fut plus communément utilisé. On mesurait l'heure d'après la longueur de l'ombre portée par l'aiguille du gnomon. La journée fut divisée en douze heures, qui variaient de longueur selon l'époque de l'année, mais les Grecs semblent, dans la vie courante, s'être peu préoccupés de ces divisions précises.

Callimaque d'Athènes*, sculpteur et graveur.

Sa patrie est inconnue ainsi que les dates de son existence. Cependant, ses œuvres principales sont à situer dans les vingt dernières années du Ve s. av. J.-C. et on sait qu'il travailla à Athènes. Utilisant une technique d'un archaïsme finissant, mais classique par bien des aspects, il soignait ses œuvres dans les plus menus détails au point que, jamais content de lui-même, il en arrivait à dépasser son propos par un travail excessif. C'est par là qu'il mérita le surnom de *catatexitechnos* (qui épuise son art). Il s'est distingué surtout par la finesse et la grâce de l'exécution. Il travailla particulièrement les draperies. On le dit aussi l'inventeur d'un nouvel ordre* de colonne, le corinthien. En tant que graveur, il cisela une lampe d'or surmontée d'un palmier de bronze, qui jouit de la plus grande réputation. Parmi les œuvres qui nous restent, on lui attribue des fragments de la frise de l'Erechthéion, les « Niké », l'une détachant sa sandale et l'autre ornant un trophée devant Athéna. On lui attribue des « Ménades » et des Lacédémoniennes dansantes (celles du musée de Berlin en seraient des copies.) Il est possible que la *Venus Genitrix* du Louvre soit une copie d'une de ses sculptures les plus célèbres, l'Aphrodite des Jardins que nous connaissons par l'apologie qu'en fit Lucien de Samosate (IIe s.), qui y voyait un modèle de perfection pour la beauté du visage et des mains.

canéphore (« porteuse de corbeille »), nom donné à celles qui portaient des corbeilles dans les cérémonies, et plus particulièrement aux jeunes filles qui, aux Panathénées* et dans les processions de Dionysos et de Déméter, tenaient sur leur tête une corbeille dans laquelle étaient placés les objets sacrificiels (bandelettes et couteau pour le sacrifice de la victime, gâteau sacré et encens).

carneia, fête agraire d'Apollon Carneios, protecteur des troupeaux.

Cette fête dorienne était célébrée dans tout le Péloponnèse*, et plus particulièrement à Sparte*. Elle durait neuf jours, du 7 au 15 du mois carneios (juillet-août). Une trêve sacrée marquait cette période et les Spartiates ne partaient jamais en guerre avant la fin des fêtes. On dressait des tentes de branchages *(skiades)* sur neuf emplacements différents, chacune de ces tentes pouvant contenir neuf personnes. Un prêtre *(agôtes)* était chargé d'officier ; il était assisté de carnéates, commissaires choisis au nombre de cinq par tribu et restant quatre ans en fonction. Des sacrifices et des banquets avaient lieu, et une course où un coureur, parti en avant, était poursuivi par des staphylodromes, c'est-à-dire par des jeunes gens porteurs de grappes de raisins ; s'ils le rattrapaient, c'était un bon augure pour les récoltes. Vers la XXVIe Olympiade, on ajouta un concours auquel prenaient part les poètes et les artistes de toute la Grèce.

caryatide, statue de femme debout, utilisée comme colonne.

Selon une tradition rapportée par Vitruve, l'origine du nom viendrait de Caryes, bourgade de Laconie*, qui, ayant fait cause commune avec les Perses lors des guerres médiques*, fut prise par les Grecs ; ses habitants réduits en esclavage, les femmes* eurent à porter de lourds fardeaux sur leur tête. L'origine de ce motif vient sans doute du Proche-Orient, mais il n'apparaît qu'au VIe s. av. J.-C. dans les quatre caryatides des trésors des Siph-

MOTS ANTIQUES AVEC LEUR CORRESPONDANCE APPROXIMATIVE

Modernes	Attiques	Macédoniens	Delphiques
Juillet	Hécatombéon	Loios	Apellaios
Août	Métageitnon		
Septembre	Boédromion	Gorpiaios	Boukatios
Octobre	Pyanepsion	Hyperbérétaios	Boathoos
Novembre	Maimactérion	Dios	Héraios
Décembre	Poseidon I	Apellaios	Dadophorios
Intercalaire	Poseidon II	Audnaios	Poïtropios
Janvier	Gamélion	Péritios	Amalios
Février	Anthestérion	Dystros	Bysios
Mars	Elaphébolion	Xandicos	Theoxénios
Avril	Munychion	Artémisios	Endyspoïtropios
Mai	Thargélion	Daisios	Héracleios
Juin	Skirophorion	Panémos	Ilaios

niens et des Cnidiens à Delphes. Les caryatides les plus connues sont celles du balcon de l'Érechthéion de l'acropole* d'Athènes*. Cependant, on les nommait alors *korai* (jeunes filles), car le mot de « caryatide » n'apparut qu'à la fin du IVe s. av. J.-C. pour désigner ces colonnes anthropomorphes.

Cassandre, **roi* de Macédoine* (v. 355-297 av. J.-C.).**

Fils d'Antipatros*, à la mort de son père, en 319, il disputa la régence de la Macédoine à Polysperchon* et, dans ce but, s'allia à Eumènês* et Ptolémée → **Lagides**. Bientôt victorieux, il s'empara d'Athènes dont il confia le gouvernement à Démétrios* de Phalère. Olympias, la mère d'Alexandre* le Grand, étant rentrée d'Épire en Macédoine, à la requête de Polysperchon, se dressa contre Cassandre qui la vainquit et la captura à Pydna, en 317. Il la fit mettre à mort, soi-disant pour venger Philippe Arrhidée, demi-frère d'Alexandre, et sa femme Eurydice, qu'Olympias avait fait assassiner. En 316 il épousa Thessalonice, sœur du conquérant. C'était un nouveau pas vers l'usurpation du trône de Macédoine. Il fit ensuite exécuter Roxane, princesse iranienne et l'une des épouses d'Alexandre, avec le fils qu'elle avait eu du conquérant, Alexandre Aigos. Il poussa Polysperchon, avec qui il s'était réconcilié, à se débarrasser des derniers héritiers d'Alexandre, Barsine, son épouse perse, et leur fils Héraclès. Ainsi, en 306, put-il ceindre la couronne de Macédoine. Allié à Lysimaque*, Ptolémée Ier et Séleucos Ier → **Séleucides**, la victoire d'Ipsos* (301) légitima définitivement son accession au trône de Macédoine et lui donna l'hégémonie sur la plus grande partie de la Grèce. Il mourut d'hydropisie. Son fils Philippe lui succéda.

cavalerie. À Sparte*, la cavalerie n'eut jamais d'importance, et ce n'est que pendant la guerre du Péloponnèse* qu'y fut constitué un corps de 400 cavaliers. Chaque more → **armée** placée sous le commandement général des polémarques*, disposait sans doute de deux escadrons de cavaliers (chaque escadron, *oulamos,* comprenait 50 hommes). Les chevaux étaient équipés par les riches, mais sans doute montés par des périèques, qui n'étaient guère entraînés ; seul le commandant d'escadron *(hipparmoste)* était spartiate.

À Athènes*, les corps de cavalerie semblent avoir été créés au VIe s. av. J.-C. ; auparavant, comme ce fut le cas pour Pisistrate, les Athéniens utilisèrent des cavaliers thessaliens. Ce n'est qu'après les guerres médiques* qu'on donna quelque importance aux cavaliers, dont le nombre fut fixé à 1 000. Les cavaliers étaient levés parmi les deux classes les plus riches, chaque cavalier devant pourvoir à son équipement, ce qui était une liturgie*. Deux hipparques commandaient ces 1 000 cavaliers fournis par les tribus*. À cela s'ajoutaient 200 archers montés, recrutés parmi les esclaves.

Les Béotiens furent les premiers Grecs à utiliser couramment la cavalerie. Chaque cité* de la confédération fournissait un contingent de cavaliers, commandés par un hipparque. Épaminondas*, lui, employa le premier la cavalerie comme arme stratégique dans les combats. Les Thessaliens disposèrent d'une puissante cavalerie, de près de 8 000 hommes sous Jason de Phères (début du IVe s. av. J.-C.). Cependant, ce sont les Macédoniens, Philippe* II et Alexandre* le Grand, qui ont utilisé la cavalerie sur une grande échelle. L'annexion de la Thessalie permit à la Macédoine* de se créer un vaste corps de cavalerie (1 cavalier pour 6 hoplites, le rapport étant de 1 à 10 dans la Grèce classique). Alexandre dota son armée d'une cavalerie lourde, chargée de disloquer l'aile adverse, et d'une cavalerie légère, destinée à poursuivre les fuyards. L'ensemble macédonien fera école dans les armées hellénistiques.

Céphisodote l'Ancien, sculpteur (Athènes, première moitié du IVe s. av. J.-C.).

Il fut le fils de Praxitèle l'Ancien, le père du célèbre Praxitèle* et l'aïeul de Céphisodote le jeune, tous sculpteurs. Son style sobre, pur, sans surcharge se différencie très nettement de celui de son époque. Son œuvre la plus célèbre qui nous soit parvenue porte en elle l'expression d'un sentiment nouveau : l'amour maternel. Il s'agit du groupe représentant Eirênê (la Paix) portant dans ses bras Ploutos (la Richesse) sous l'aspect d'un petit enfant. Cet ouvrage officiel, qui marque dans la technique un retour à une simplicité et une sobriété monumentales, rejetées par les raffinements des sculpteurs de l'Acropole, fut sans doute exécuté à l'occasion du traité signé entre Sparte* et Athènes* en 374. Les Anciens connaissaient aussi de ce sculpteur, dans le port d'Athènes, une admirable Athéna et un autel* à Zeus Sôter, un groupe des Muses et un Hermès nourrissant Dionysos enfant.

Céramique (le), dème* de l'Attique* formant un faubourg d'Athènes.

Une partie en était située à l'intérieur des murs et offrait une grande place de réunion, tandis que la partie extérieure, parcourue par la voie sacrée, près de la porte du Dipylon, était une nécropole*. Son nom lui vient de ce que, à l'origine, ce fut le quartier des potiers et des tuiliers, bien qu'une tradition (Pline l'Ancien) veuille qu'il n'y ait eu qu'un seul atelier, celui de Chalcosthène, qui y faisait des ouvrages en terre crue, ce qui lui aurait valu son nom. (Le terme grec *kéramos* signifie terre à potier, et ce qui s'y rapporte : vase, tuile, toit, cette dernière acception se fondant sur le fait que les toitures étaient faites de tuiles en terre cuite).

céréales. Les Grecs n'ont, en général, utilisé que l'orge et le froment. Le mil était connu en Campanie, mais la consommation semble en avoir été laissée aux Barbares, tels les Sarmates. L'avoine était considérée comme une maladie du blé ; le seigle était aussi classé comme un mauvais blé et cultivé dans les Alpes ; les Grecs ne l'ont connu qu'à une époque tardive et ne l'ont point utilisé. Le riz * *(oryza)*, cité par Théophraste*, était connu, mais non importé. L'orge était couramment consommée ; utilisée dans les cérémonies religieuses, on la grillait ou on en faisait des gâteaux. Elle servait surtout à faire la *maza*, bouillie de farine d'orge et de lait ou de vin, base de l'alimentation jusqu'à l'époque classique, le pain de blé étant réservé aux jours de fêtes. Les Grecs ont connu plusieurs sortes de blé, mais il est difficile de les identifier. Homère cite l'*olyra* et la *zeia*, dont Hérodote* dit qu'elles étaient identiques. La *zeia (Triticum spelta)* était réservée aux chevaux, si l'on en croit l'*Odyssée*. Le blé le plus estimé était ce que Pline appelle le *siligo (Triticum hibernum)*, fragile et tendre, dont le grain tombait dès la maturité ; il poussait en Laconie*.

La Grèce ne produisant pas suffisamment de blé pour la consommation, on en importait de Sicile*, de Syrie, d'Égypte, de Cyrénaïque, de Thrace et des régions riveraines de la mer Noire. Athènes*, où une population nombreuse vivait sur une terre pauvre, pratiqua une véritable politique du blé. Les colonies* de la mer Noire étaient les meilleurs fournisseurs de blé, et ses navires surveillaient les convois et conservaient la maîtrise des détroits du Bosphore et de l'Hellespont. Des greniers à blé étaient constitués par les *sitones*, commissaires chargés d'acheter et d'entreposer le blé, avec des sommes du Trésor ou perçues par emprunts et d'en faire la distribution lors des disettes ou aux citoyens nécessiteux. Le prix du blé, celui du pain et son poids étaient surveillés par les « sitophylaques », au nombre de 10, à l'origine, puis 35 au IVe s. av. J.-C.. Afin de préserver sa production, la loi athénienne interdisait à tout marchand installé en Attique de vendre du blé à l'étranger. Lorsqu'un bateau chargé de blé relâchait au Pirée, il devait vendre sur place les deux tiers de son fret, seul le dernier tiers pouvant être réexporté. Deux épimélètes* étaient chargés de faire appliquer cette loi. D'autres cités grecques avaient édicté des lois similaires pour réserver aux habitants cette denrée essentielle. Il en est d'autres, comme à Samos, qui faisaient parfois des distributions gratuites de céréales.

Chabrias, stratège athénien **(Athènes* ? -Chios 357 av. J.-C.).**

Il se distingua lorsque, envoyé par les Athéniens au secours des Thébains contre les Lacédémoniens d'Agésilas*, et alors que ce roi semblait remporter la victoire, Chabrias rassembla ses hommes et les fit mettre un genou à terre, la lance en avant, le corps entièrement caché sous le bouclier, pour attendre l'ennemi, lequel n'osa se lancer sur cette muraille de fer et de piques. En 376, il triompha de la flotte péloponnésienne envoyée pour bloquer l'Attique ; cette victoire, remportée entre Paros et Naxos, fut la première de la marine athénienne après la défaite de l'Ægos-Potamos*. L'année suivante, il ramena dans l'alliance d'Athènes les cités de la Chalcidique et Thasos, et, avec l'aide de Phocion*, il organisa la seconde ligue Athénienne.

Chachrylion, potier (Athènes, env. 500 av. J.-C.).

Il est l'un des initiateurs de la figure rouge de style dit sévère. Il pourrait être le maître d'Euphronios*, qui a peint pour lui une coupe. Les poteries (en majorité des coupes) sorties de son atelier se rattachent quant au sujet au groupe d'Épictétos*. Cependant, à côté de ces thèmes d'un genre familier, il traite aussi de sujets mythologique, annonçant la peinture historique, qui fleurira sous ses successeurs.

Charondas de Catane, sage et législateur (Catane, Sicile v. 600 av. J.-C.).

On le croit disciple de Pythagore*. Il donna des lois de caractère aristocratique à Catane et à d'autres cités de la Sicile* (Naxos, Léontinoi, Himère). Il avait sélectionné ce qui lui avait paru le meilleur dans diverses législations, et, selon Aristote*, l'originalité de son œuvre consistait dans l'introduction de la plainte en faux témoignage. Selon Strabon*, ses lois étaient même appliquées à Mazaca, en Cappadoce (Asie Mineure).

chasse. La chasse fut pratiquée de tout temps en Grèce. La période légendaire nous a laissé de nombreuses traditions de chasse. Héraclès, le chasseur par excellence, utilisait la massue et l'arc. La chasse au sanglier était souvent défensive, ainsi la chasse de Calydon, où se distingua Méléagre. On chassait pour utiliser certaines parties des animaux, comme les cornes, qui servaient à fabriquer les arcs, tel celui que nous décrit Homère*. Enfin, on chassait pour se procurer de la nourriture : ainsi Philoctète, abandonné à Lemnos avec l'arc d'Héraclès. La chasse était encore une distraction, lorsqu'elle n'était pas une unique passion, comme on le vit pour Hippolyte.

Aux époques historiques, la chasse ne conserva plus, en général, qu'un caractère de distraction et d'éducation. On recommande ainsi la chasse au gros gibier ou celle des bêtes rapides, parce qu'elle développe les facultés physiques et morales. Les Spartiates furent les plus grands chasseurs, encouragés par leurs lois à pratiquer un exercice qui entretenait leur formation guerrière. Les forêts du Taygète abondaient en gibier et en sangliers, et les chiens de Laconie* étaient dressés à leur poursuite. La participation active aux affaires publiques, la gestion des intérêts privés et les distractions offertes par la ville firent que les Athéniens ne s'adonnèrent guère à la chasse, d'autant plus que l'Attique était pauvre en gibier. Les Thessaliens et les Macédoniens goûtaient aussi la chasse, Philippe et son fils Alexandre étaient grands chasseurs. On chassait en général le sanglier, l'ours, le loup, le cerf et le lièvre. La chasse se faisait à pied, surtout à Sparte, ou à cheval. Le chien était encore utilisé pour lever les lièvres, les cerfs et les faons, qu'on prenait souvent au filet. La chasse se pratiquait à l'arc et au javelot comme armes de jet, à l'épieu, au poignard et à la hache.

chaussures. Les Grecs restaient sans doute assez souvent nu-pieds dans leurs maisons, mais ils se chaussaient pour sortir. Si certains allaient pieds nus, c'était sans doute rare ; Socrate était célèbre pour sortir, hiver comme été, sans chaussures. Les hommes portaient soit des chaussures composées d'une semelle de liège, de bois ou de cuir, retenue sur le pied par des courroies, soit la chaussure montant à mi-mollet et lacée sur le devant ; cette chaussure était assez semblable à l'*endromis*, brodequin qui, souvent, laissait nus les orteils ; c'était, à l'origine, la chaussure des chasseurs crétois qui est attribuée aussi à la déesse chasseresse Artémis par les artistes et les poètes. Les femmes* portaient des chaussures de formes variées et elles mettaient parfois du liège à l'intérieur pour se grandir. Leurs chaussures étaient en cuir aux couleurs souvent vives (jaune, vert, rouge), et si l'on s'en rapporte à un mime d'Hérondas on voit qu'il en existait de toutes sortes : montantes décolletées, pour le saut-de-lit, pour la marche. Citons encore : la *crépide*, qui est soit la botte de soldat, soit une épaisse semelle bordée d'une forte bande de cuir qui entoure le pied, laissant nue sa partie supérieure, sur laquelle se croisent les courroies de maintien ; le *sandalon*, d'origine crétoise ou persane, sorte de pantoufle laissant nus le talon et le cou-de-pied ; l'*embos*, chaussure des Béotiens et des vieillards, dont le nom restera par la suite à une chaussure de luxe imitée du cothurne* ; enfin, le *phaikasion*, luxueuse chaussure portée par certains prêtres, par les femmes et par les hommes efféminés.

Chéronée, ville de Béotie* occidentale dominée par une puissante acropole.

Les fleurs de la campagne environnante étaient utilisées pour la fabrication d'une huile parfumée. C'est là qu'en 338 av. J.-C. Philippe* de Macédoine et son fils Alexandre* vainquirent les Athéniens et les Béotiens, ce qui leur soumit la Grèce. Ce fut la patrie de Plutarque.

chiliarque, commandant d'une troupe d'un millier d'hommes. (Les Grecs employaient aussi ce mot pour traduire le titre du vizir du roi des Perses et, chez les Macédoniens, il désigna par la suite le second personnage du royaume après le souverain.)

Chilon, homme d'État (Sparte, milieu du VIe s. av. J.-C.), fils de Démagète.

Il fut éphore* de Sparte*. Il affermit les anciennes institutions doriennes de Sparte et c'est à lui que revient en grande partie l'honneur de la constitution attribuée à Lycurgue*. Il mit fin à la politique impérialiste spartiate, voyant le danger que faisait courir à l'aristocratie militaire un nombre sans cesse croissant de périèques* à la suite d'annexions qui mettaient au rang de serfs les populations vaincues. Il fit de l'éphorat la magistrature suprême, qui s'arrogeait le droit d'admonester les rois et de les déposer. À la double monarchie de caractère presque absolu, il substitua le gouvernement aristocratique des égaux et inaugura la politique spartiate classique, qui consistait à favoriser les aristocraties au détriment des démocraties et à dominer le Péloponnèse* et la Grèce par un système d'alliances avec des États voisins dont Sparte soutenait les gouvernements oligarchiques. Il fut rangé parmi les Sept Sages* de la Grèce, et les Spartiates lui dédièrent un sanctuaire. Une tradition voudrait qu'il mourût de joie entre les bras de son fils en apprenant sa victoire aux jeux Olympiques*.

chimie. Le terme de « chimie » apparaît à la fin du IVe s. av. J.-C. chez Zosime de Panopolis (Égypte), qui le fait dériver du nom du prophète juif Chémès ; il semblerait plutôt venir du grec « chyma » (fusion). Dès la plus haute Antiquité, on connaissait la fonte des métaux et leur mélange (bronze), la céramique, le verre, pour lesquels la cuisson d'un mélange donnait des corps d'apparence et de consistance différentes, impliquait des connaissances élémentaires et empiriques de la chimie, ainsi que la préparation des teintures et des couleurs. À l'époque classique, les techniques des peintres et des potiers exigeaient des connaissances déjà complexes. D'autre part, les Grecs fabriquaient des sels de potassium, de sodium et de cuivre, et du carbonate de sodium, encore utilisé de nos jours sous le nom de « cristaux ». Enfin, dans la préparation des poisons et des médicaments, on recourait à divers mélanges, où les prescriptions magiques se mêlaient à des recettes valables. Cependant, les Anciens n'ont jamais cherché à ériger la chimie en science rationnelle comme ils l'ont fait dans d'autres domaines, bien qu'à l'époque alexandrine (entre 250 et 200 av. J.-C.) ait été publiée en Égypte une sorte de somme résumée des connaissances de cette époque en chimie et en métallurgie ; cet ouvrage était mis sous le nom de Démocrite, mais il a été écrit par un certain Botos. Un peu postérieur est le traité intitulé *Physique et mystique*, attribué à Démocrite, où l'on traite de l'or, de l'argent, des perles, des pierres précieuses et de la fabrication de la pourpre. C'est sans doute de cette époque que datent les premiers traités d'alchimie, qui vont pulluler dans l'Égypte romaine. Il est remarquable que ce soit à Démocrite qu'on ait fait alors remonter ces écrits. C'est en effet vers la philosophie* présocratique qu'il faut se tourner pour trouver les éléments théoriques sur lesquels sera fondée la chimie, et plus particulièrement l'alchimie, qui, partant de la prémisse de l'unité de la matière composant la nature, cherchait le moyen de transmuter les métaux. Parménide est le théoricien de l'unité ; Empédocle oppose les deux forces d'attraction et de dissociation qui agissent sur les éléments constitutifs de la matière ; Héraclite montre l'unité du tout sous les apparences du changement et du devenir ; Anaxagore* pose le principe de la transformation des choses, qui ne sont créées qu'à partir de la destruction d'autres corps ; enfin, Démocrite réduit le monde à une composition d'atomes matériels qui, en se combinant et en se désagrégeant, confèrent leur forme aux choses. Ces données étaient trop subtiles et théoriques, trop éloignées des apparences immédiates pour que la chimie antique ait pu les utiliser. Dès les derniers siècles de l'Antiquité, la chimie se confondit avec l'alchimie, qui, malgré l'utopie de son propos, préluda à la chimie moderne, qui est venue confirmer les vues philosophiques des VIe et Ve s. av. J.-C., bien que l'atome, contrairement à l'étymologie du mot, ait été reconnu divisible.

chiton, l'un des principaux vêtements des Grecs des deux sexes.

Il se portait seul ou sous d'autres vêtements, selon l'espèce de chiton ou selon la classe à laquelle appartenait la personne qui le portait. Le plus souvent, le chiton était en laine et court, tombant jusqu'à mi-cuisses ou au-dessus des genoux, et serré tantôt aux hanches et tantôt à la taille. On en connaît plusieurs variétés, parmi lesquelles le chiton *amphimaschalos*, vêtement ordinaire des hommes ; il était fermé sur les deux épaules et à manches courtes, et porté seul par ceux qui travaillaient dehors (paysans, artisans) ; il servait de vêtement de dessous aux classes supérieures, et à tout le monde les jours de fêtes. Le chiton *heteromoschalos* n'avait qu'une seule manche courte et était réservé aux esclaves. L'*exomis*, souvent en peau, était porté par les artistes, les ouvriers, les chasseurs, les guerriers, et même par les femmes* se livrant aux mêmes occupations ; il était sans manches et ne couvrait qu'une épaule.

Les femmes mettaient en général sous leurs vêtements l'*epomis*, sans manches, et attaché sur chaque épaule par une agrafe ; c'était l'ancien chiton dorien. Les femmes et les jeunes filles spartiates portaient le *schistos* chiton, ouvert entièrement sur le coté droit et agrafé sur les deux épaules ; c'était aussi le vêtement des jeunes enfants. Le chiton avait parfois des manches longues. Les Grecs connaissaient aussi le chiton *poderês*, de lin, qui tombait jusqu'aux chevilles et possédait souvent de longues manches flottantes ; d'origine ionienne, il fut introduit à Athènes* à l'époque archaïque et resta en usage jusque sous Périclès*.

chlamyde, manteau léger et court.

Sans doute originaire de Thessalie ou de Macédoine*, il devint un vêtement national des Grecs, porté par les cavaliers* et les éphèbes*. Il consistait en un carré d'étoffe tenu sur l'épaule par une agrafe ; on le portait de diverses manières : ou bien il pendait dans le dos, laissant le buste dégagé, ou bien il enveloppait au contraire le haut du corps, ou encore on le drapait en laissant libre une épaule et le bras. Ce vêtement était en général de teinte foncée et bordé d'une bande de couleur différente dans le bas. Les éphèbes athéniens préféraient les chlamydes noires et ce n'est qu'à l'époque d'Hérode Atticus (IIe s.) qu'un édit ordonna qu'elles fussent blanches. Alexandre* le Grand en fit le manteau royal macédonien, et elles furent alors ornées de bandes pourpres.

chœur. Le *choros* était primitivement la place aménagée pour la danse accompagnée de chant, avant de devenir l'union des personnes qui chantaient tout en dansant. Les poèmes épiques étaient chantés, mais tous les poèmes lyriques étaient dansés et chantés par un chœur telles les *Odes* de Pindare. Cependant c'est dans la poésie dramatique que le chœur avait la plus grande importance. Il avait sa place dans l'espace circulaire voisin de la scène du théâtre*, qu'on appelait l'« orchestra ». Les poésies dramatiques auxquelles participait le chœur étaient le dithyrambe*, la tragédie*, le drame satyrique, la comédie*. Le chœur dithyrambique, ou cyclique, était composé à l'origine de cinquante choreutes, mais ce nombre était variable ; ce chœur trouvait sa place non seulement dans les dithyrambes, mais encore dans des fêtes comme les Thargélies*. Les parties chantées de la tragédie grecque étaient tenues par un chœur de douze personnes, dont le nombre fut porté à quinze à l'époque de Sophocle*. Il était, en général, divisé en deux demi-chœurs, dirigés par le coryphée. Dans le drame satyrique représenté à la suite des trois tragédies, le chœur était composé pareillement ; cependant alors que, dans la tragédie, le chœur représentait des personnages ordinaires (guerriers, vieillards, femmes*...), dans le drame satyrique, il était toujours composé de satyres et de silènes. Le chœur comique ne fut utilisé que dans la comédie ancienne ; il était composé de vingt-quatre choreutes, divisés en deux demi-chœurs. Seuls les citoyens étaient admis dans les chœurs. Ils étaient recrutés par le chorège* et instruits par le chorodidascalos.

chorège, chorégie. Les personnes chargées de cette liturgie* devaient organiser les chœurs*, recruter les choreutes, les instruire et les habiller pour les concours et les fêtes publiques athéniennes, où avaient lieu des représentations musicales. Une année avant la fête, les chorèges étaient désignés dans chaque tribu* par les épimélètes*. Aidé par le protagoniste → **acteur**, le chorège recrute les choreutes et se charge des dépenses occasionnées par leur préparation. Ces dépenses étaient variables, mais toujours élevées, et s'il arrivait parfois qu'un chœur dithyrambique n'ait coûté que 300 drachmes, on cite des chorégies tragiques ayant coûté jusqu'à 5 000 drachmes, la moyenne se situant entre les deux chiffres. Ces dépenses trouvaient leur compensation dans l'honneur et la considération qu'on retirait de cette charge ; en outre pendant l'exercice de sa charge, le chorège avait un caractère sacré. Enfin celui qui avait organisé le chœur d'une œuvre couronnée recevait aussi un prix, et avait le droit d'élever un monument commémorant sa victoire, connu sous le nom de monument choragique. Cependant, à la fin du IVe s. av. J.-C., les fortunes des citoyens athéniens ayant sensiblement baissé à la suite du déclin de la cité*, Démétrios* de Phalère abolit la chorégie sous son archontat, et l'État prit en charge la préparation des chœurs, qui fut confiée à un agonothète*.

chresmologues, devins qui disaient l'avenir soit d'après des livres, soit par une inspiration directe de la divinité.

Les diseurs de bonne aventure allaient de cité en cité ou s'installaient dans une ville, où ils parvenaient à acquérir une grande réputation. La plupart d'entre eux offraient aux gens de leur prédire l'avenir pour quelques oboles, en général en interprétant leurs songes ; certains, ventriloques, prétendaient qu'un être divin les habitait et parlait en eux *(engastromythoi)*. Pendant la guerre du Péloponnèse*, des prédictions issues de ces charlatans couraient à travers toute la Grèce. Des hommes comme Xénophon* et Nicias* s'entouraient de chresmologues, cependant que la plupart des esprits éclairés les jugeaient sous un jour bien différent ; Thucydide ne cache pas son mépris pour eux, Aristophane* les met en scène pour les railler, Eschyle* les montre comme des prophètes menteurs, et Sophocle* parle de cette race de devins toujours avide d'argent.

chryséléphantine, qualificatif donné aux statues faites avec de l'or et de l'ivoire.

Jusqu'au Ve s. av. J.-C., les Grecs ont souvent sculpté avec ces deux matières des statues de caractère officiel et religieux, mais, à partir du siècle suivant, on ne fit plus guère que des œuvres en marbre ou en bronze. Les statues chryséléphantines les plus célèbres sont l'Athéna que Phidias* sculpta pour le Parthénon* et le Zeus qu'il fit pour le temple de ce dieu à Olympie.

chthonien, qualificatif donné aux divinités souterraines.

Cette distinction entre les divinités de la terre et les dieux du ciel était déjà faite dans l'Antiquité et a été reprise par les mythologues modernes. Les Grecs, à une époque tardive, semblent avoir, en outre, divisé les dieux chthoniens en *epichthonioi* et *hypochthonioi*, c'est-à-dire ceux qui règnent sur la terre et ceux qui dominent sous la terre. Hadès, Perséphone, Déméter, Koré sont les grandes divinités chthoniennes. Les cultes agraires, les cultes des héros, ceux des morts sont aussi comptés parmi les cultes chthoniens.

Cimon, général athénien (Athènes 504-Citium, île de Chypre, 449 av. J.-C.).

Il était le fils de Miltiade* et d'Hégésipyle, fille d'Olorus, roi thrace. Dans sa première jeunesse, il acquit une réputation de buveur et de débauché, mais il se distingua bientôt en entraînant avec lui les Athéniens à la suite de Thémistocle*, qui voulait livrer sur mer la bataille de Salamine* (480). Poussé par Aristide*, désireux de l'opposer à Thémistocle, il parvint bientôt aux plus hautes charges de l'État et reçut avec Aristide le commandement de la flotte athénienne contre les Perses. En 471, il fut désigné par les alliés pour remplacer Pausanias*, alors à Byzance, au commandement suprême des armées grecques chargées de mener la guerre contre les Perses. Il s'empara de l'île de Skyros et en rapporta en grande pompe à Athènes* des ossements dont on croyait qu'ils étaient ceux de Thésée. Pour perpétuer la mémoire de cet événement, les Athéniens instituèrent des concours, et ce fut lors de cette première fête que Sophocle* présenta sa première œuvre, qui remporta la victoire devant Eschyle*, Cimon ayant été désigné comme juge par l'archonte*. En 468, il soumit la plus grande partie du littoral de l'Asie Mineure et infligea une double défaite aux Perses : à l'embouchure de l'Eurymédon, il détruisit la flotte commandée par Tithraustès en capturant deux cents vaisseaux, puis ayant débarqué son infanterie, il défit complètement l'armée commandée par Phérendatès ; ayant appris ensuite l'arrivée d'une flotte de renfort, il alla au-devant d'elle et captura tous les bateaux ennemis. À la suite de ces victoires éclatantes, il imposa au roi des Perses Artaxerxès un traité qui reconnaissait l'indépendance des Grecs d'Asie Mineure et interdisait l'accès des eaux de cette région à tout vaisseau perse. Avec le butin rapporté de toutes ses campagnes, il embellit Athènes, fit construire des aqueducs, acheva les Longs Murs, commencés par Thémistocle et la citadelle, planta de beaux arbres et orna de statues l'Académie*. Chef de l'aristocratie, il favorisa une politique d'alliance avec les Spartiates et s'opposa d'abord à Thémistocle, puis à Périclès* et à Éphialte. Organisateur de la ligue* Athénienne, il sut se faire céder par les alliés leurs vaisseaux et obtint la levée de tributs, Athènes se chargeant de leur défense contre toute entreprise. Les Spartiates ayant appelé les Athéniens à leur secours, à la suite de la révolte des hilotes* et des Messéniens, Cimon fit voter l'envoi d'une armée, dont il prit le commandement; mais, quand les troupes arrivèrent sur place, les Lacédémoniens, qui avaient arrangé leurs affaires et qui craignaient les entreprises des Athéniens, les renvoyèrent; à la suite de quoi les Athéniens, irrités contre tous ceux qui favorisaient les Lacédémoniens, frappèrent Cimon d'ostracisme* (461). Cependant une guerre se déclencha, les Athéniens, vaincus à Tanagra et craignant d'être envahis par les Spartiates, rappelèrent Cimon, qui rétablit la paix. Toujours tendu vers la destruction de la puissance perse, Cimon fit décréter une levée pour une campagne contre l'Égypte, soumise aux Perses, et contre l'île de Chypre. Après avoir défait une flotte perse au sud de l'Asie Mineure, il enleva les villes chypriotes, excepté Citium, et prépara la conquête de l'Egypte. Il mourut au cours du siège de Citium, soit en combattant, soit de maladie.

cité *(polis)*. La cité grecque est un fait moral et religieux, politique et juridique. Le terme recouvre aussi bien l'ensemble architectural que constitue la ville que le territoire qui l'entoure où vivent une partie des citoyens. Ainsi par exemple, le territoire d'Athènes englobera presque tout l'Attique mais c'est la ville d'Athènes qui en constitue le centre politique. Les demeures des particuliers et les monuments publics ne sont que les manifestations nécessaires de cette construction spirituelle qu'est la structure profonde et permanente de la cité. La naissance de la polis peut être datée du VIIIe s. av. J.-C. Son évolution varie selon les régions et les circonstances économiques et sociales dans lesquelles elle s'inscrit. Au VIIe s., on assiste à un effort de codification, fondé sur la notion de justice *(dikê)* qui devient une affaire publique (et non plus de *genê*, → **Dracon**) et de *nomos*, au sens d'une loi commune pour tous. Cette codification est souvent le fait de législateurs*; ils semblent être apparus là où existait une importante paysannerie libre qui pouvaient les soutenir. Les tyrans de l'époque archaïque, qui sont contemporains de ces législateurs, paraissent s'être imposés dans les régions où l'importance de l'aristocratie a nécessité le recours à la violence afin de parvenir à un changement social. L'affirmation de la cité comme centre politique d'une communauté territoriale est liée à l'affirmation de l'individu en tant que membre d'une communauté civique, le citoyen, seul détenteur des droits politiques. C'est par rapport au citoyen que vont pouvoir se définir, de façon claire dans la cité classique, les différents statuts légaux des non-citoyens, métèques et esclaves à Athènes par exemple. Et c'est encore par rapport au citoyen que peuvent se définir, dans la société grecque, la femme ou l'enfant, le vieillard ou l'éphèbe.

Athènes*, la cité que nous connaissons le mieux, est l'exemple type de la cité grecque. À l'origine, l'Attique était divisée entre de grandes familles qui vivaient dans des bourgades sans doute indépendantes; chaque famille, avec ses branches cadettes et collatérales, avait sa divinité et il semble qu'elles aient constitué des tribus, avec leur culte particulier et leur chef, peut-être le doyen de la branche aînée : ainsi, à Éleusis* régnaient les Eumolpides, et Déméter était leur divinité protectrice, et sur l'Acropole* étaient établis les Cécropides, qui adoraient soit un dieu-serpent soit un Poseidon primitif. Les tribus se réunirent, ne formant plus que douze petits États, possédant chacun son dieu, son feu sacré, ses autels et son chef. Thésée, en réalisant le synœcisme*, qui faisait d'Athènes le centre religieux et politique de l'Attique, d'Athéna Polias la divinité commune à tous, et des Panathénées* leur fête nationale, se révèle comme le fondateur de la cité. Celle-ci apparaît ainsi comme une union de tribus*, constituées par un nombre inamovible de phratries* et de familles, solidement liées par le culte d'une divinité protectrice et par des fêtes communes. La religion* est une des dimensions essentielles de la cité antique ; son importance en tant que facteur de cohésion nous permet de comprendre que, à côté d'une liberté religieuse, qui autorisait Aristophane* à railler Dionysos et Héraclès, et laissait les philosophes spéculer sur la nature des dieux ou mettre en doute leur existence, il y avait à Athènes des tribunaux qui jugeaient les crimes d'impiété ; c'est sous ce chef d'accusation qu'Anaxagore* et Aristote* durent s'exiler et que Socrate* fut condamné à mort. Chaque cité possédait ainsi ses cultes particuliers, ses cultes de héros ou de fondateurs, ses cérémonies religieuses — les fêtes communes, les concours, les jeux* revêtaient toujours un caractère religieux et s'accomplissaient en l'honneur d'une divinité —, ses lois*, ses tribunaux*, son calendrier*, avec ses mois particuliers nommés en fonction d'une fête religieuse, sa monnaie*, gravée parfois à l'image de l'animal symbolique du dieu ou à l'image du dieu lui-même (la chouette d'Athéna à Athènes, la tortue à Égine, Héraclès pour diverses villes qui portaient son nom), ses poids* et ses mesures*. Ce particularisme s'accentua au cours de l'histoire, où les rivalités politiques, les besoins économiques et les antagonismes ethniques devinrent plus sensibles par les contacts renouvelés entre les cités, et on doit trouver là une des raisons profondes qui empêchèrent la Grèce de réaliser son unité politique, jusqu'au jour où Rome la lui imposa dans la servitude. Athènes nous a laissé le modèle de la cité démocratique, et Sparte celui de la cité aristocratique.

La société athénienne était constituée par les citoyens répartis dans les quatre classes censitaires établies par Solon (pentacosiomédimnes*, hippeis* ou chevaliers, zeugites* et thètes*), les métèques* et les esclaves*. Cependant, seuls les citoyens participaient au gouvernement. Ils étaient inscrits dans les phratries* et les tribus*, et répartis à travers les trittyes* et les dèmes* constituant l'Attique. Le pouvoir législatif revenait à l'ecclésia* et à la boulê*, qui déléguaient à des magistrats le pouvoir exécutif. Ces magistrats étaient élus ou tirés au sort et, avant d'entrer en charge, ils étaient soumis à une enquête, la docimasie*. Ils étaient très nombreux ; les principaux étaient les stratèges* et les officiers de l'armée*, les épimélètes*, les hiéropes*, les astynomes*, les agoranomes*, les sitophylaques*, le conseil* des Onze, les archontes* et les magistrats chargés de la justice*, enfin les magistrats préposés aux finances. Ils étaient en général groupés en collèges de dix membres pour que chaque tribu ait son représentant. Ils étaient soit élus à main levée, soit tirés au sort ; dans ce dernier cas, le tirage au sort était fait non pas dans toute la population, mais parmi un certain nombre de candidats présentés par les tribus. Ils entraient en charge le premier Hécatombéon → **calendrier** cependant que l'année financière s'étendait entre deux Panathénées*. Avant de prendre leur poste, ils prêtaient serment et offraient des sacrifices. La population de la Laconie* était constituée par les citoyens, les périèques*, les hilotes* et les esclaves*. Le sol était partagé en trois parties : Sparte, où résidaient en principe les citoyens ; la terre civique *(politikê khora)* qui entourait Sparte, divisée en lots *(kléros)* inaliénables, partagés entre les familles spartiates, complétés par un lot en Messénie* ; la *périoikis*, qui occupait le reste du domaine de Sparte et où la propriété était libre et partagée entre les périèques et les citoyens, qui avaient le droit d'y acquérir des terres et de les faire exploiter. Seuls les citoyens participaient en principe à la gestion de l'État, mais ils se divisaient en hypomeiones* et en homoioi*, et seuls ces derniers possédaient les pleins droits civiques. L'éducation* des jeunes Spartiates était entièrement tournée vers la guerre et vers le bien de l'ensemble des citoyens. La constitution était d'une grande simplicité : le pouvoir était partagé en proportions variables, selon les époques, entre la double royauté*, les éphores* et la gérousia*. L'apella*, assemblée de citoyens qui, d'après la constitution de Lycurgue*, aurait dû posséder tous les pouvoirs, n'avait qu'une puissance théorique. Les magistratures inférieures nous sont peu connues et n'ont eu qu'une importance secondaire dans la mesure où les éphores intervenaient dans tous les domaines. → **cité [droit de], constitution, Crète.**

cité (droit de). Le droit de cité s'obtenait d'abord par la naissance, lorsque le jeune garçon atteignait sa majorité. À Athènes, à trois ans, l'enfant* était inscrit au registre de la phratrie, et à dix-huit ans à celui du dème* à la suite d'une enquête qui démontrait son origine athénienne. En effet, le droit se transmettait par le père, et nous savons, d'après une loi de Périclès* qui date de 451 av. J.-C., qu'avant cette époque un enfant né de père athénien et de mère étrangère jouissait du droit de cité, tandis que, si seule la mère était athénienne, il était considéré comme un étranger; après cette loi, au contraire, seul était citoyen un enfant dont le père et la mère étaient athéniens. Si l'un des parents n'était pas citoyen, l'enfant était considéré comme un métèque*. Cependant, le droit de cité pouvait s'acquérir par la naturalisation. Il semble que des individus isolés aient rarement reçu le droit de cité; c'est de préférence à des groupes que les Athéniens l'accordaient : ainsi, aux Platéens, qui se réfugièrent à Athènes après la prise de leur cité par les Spartiates et les Béotiens. Il fut accordé aussi aux Samiens, qui conservèrent cependant leur autonomie. Après la bataille des Arginuses*, ce furent les esclaves qui s'étaient distingués qui obtinrent ce droit. À Sparte*, où le nombre des « homoioi »* était fixe, on n'obtenait le droit de cité que par une naissance parfaitement légitime, et la naturalisation, tant que les lois de Lycurgue eurent toute leur force, était impossible de par la constitution* même.

Cléomène. On connaît sous ce nom trois rois de Sparte* appartenant à la famille des Agides. — **1. Cléomène I,** fils d'Anaxandride. Il régna de 520 env. à 490 av. J.-C.. Il était à la tête de la troupe spartiate qui, en 510, aida à chasser Hippias d'Athènes. Il soutint ensuite le parti aristocratique d'Athènes, dirigé par Isagoras, contre Clisthène*. En guerre contre Argos, il fit périr par le feu 5 000 Argiens qui s'étaient réfugiés dans un bois. Prétextant un oracle, il déclara son collègue Démarate (v. 515-491) illégitime pour avoir refusé de punir les Éginètes qui s'étaient désolidarisés des Grecs. Peu après, pris d'un accès de folie, il se suicida. — **2. Cléomène II,** fils de Cléombrote, il succéda à son frère Agésipolis II et régna de 370 à 309. C'est le roi de Sparte qui connut le plus long règne. Il n'eut cependant pas l'importance de ses collègues de la dynastie des Eurypontides, et en particulier d'Agésilas*. — **3. Cléomène III,** fils de Léonidas II, il devint roi en 235. Il épousa la veuve d'Agis IV et poursuivit l'entreprise de ce dernier, qui avait tenté de rétablir les anciennes lois de Lycurgue dans toute leur rigueur. Il réprima le luxe, commença à instaurer une sévère discipline et mit à mort les éphores*. Ensuite de quoi il fit empoisonner son collègue Eurydamidas III (qui régna de 241 à 228) et mit à sa place son frère Euclidas, malgré la loi qui interdisait que le double trône fût occupé par deux rois appartenant à la même famille. Il entra en conflit avec les Achéens, dans le dessein de détruire leur ligue. Afin de s'opposer à ses ambitions, Aratos* fit appel à Antigonos* Doson, roi de Macédoine. Les Spartiates furent vaincus à la bataille de Sellasie (222) et Cléomène se réfugia avec sa femme et ses enfants en Égypte où il fut accueilli à la cour de Ptolémée III Évergète. Mais cette même année le Lagide* mourut et son successeur Ptolémée IV Philopator fit emprisonner son hôte. Cléomène se résolut à se suicider et son corps fut exposé sur une croix (220).

Cléon, homme d'État (Athènes, ?-Amphipolis 422 av. J.-C.).

Tanneur de son métier, il entra dans la politique à la mort de Périclès* (429). Éloquent et intrigant, il devint le chef du parti de la guerre lors de la guerre du Péloponnèse*. En 427 il fut partisan de la mise à mort des Mityléniens, membres de la ligue* de Délos soulevés contre Athènes. Sa notoriété parvint à son comble lorsque, en 426, ayant été mis à la tête d'une troupe athénienne, il captura les Spartiates retranchés dans l'îlot de Sphactérie (côte ouest du Péloponnèse). Sa popularité était telle que, lorsque Aristophane* voulut le mettre en scène dans sa comédie des *Chevaliers* (424), pour le présenter comme un démagogue sans scrupules, nul n'osa jouer le rôle et Aristophane en personne se chargea de le représenter. Ayant obtenu le commandement de l'armée athénienne dont il avait fait voter l'envoi en Thrace, Cléon prit Toron, mais il fut tué sous les murs d'Amphipolis dans la bataille qui opposa les Athéniens aux Spartiates de Brasidas*. Malgré les traits satiriques d'Aristophane et le triste portrait que fait de lui Thucydide, il ne semble pas que Cléon ait mérité la mésestime dans laquelle il a été tenu.

clepsydre, instrument pour mesurer le temps.

C'était un vase (amphore, hydrie, etc.) dont le fond était percé d'un ou de plusieurs trous, et qui laissait échapper dans un temps donné l'eau ou l'huile dont il était rempli (ainsi, la clepsydre d'Hérode Atticus se vidait dans le temps de cent lignes d'écriture). Elle était surtout utilisée dans les réunions publiques ou les audiences judiciaires. On mesurait par ce moyen le temps qui était donné aux orateurs pour développer leurs discours ; on divisait les audiences en trois parties égales, mesurées à l'aide d'une clepsydre vidée une ou plusieurs fois : la première partie était réservée à l'accusation, la seconde à la défense, la troisième à la délibération des juges. Par la suite, on conçut pour les particuliers des clepsydres semblables à nos sabliers, mais toujours remplies de liquide.

clérouque, colon qui restait citoyen de la mère patrie → clérouquies.

clérouquies, colonies qui se distinguaient par le fait que le clérouque conservait toujours sa citoyenneté d'origine et que la clérouquie restait toujours rattachée à la métropole.

On connaît seulement les clérouquies athéniennes, bien que d'autres cités aient pratiqué la clérouquie. La terre coloniale était divisée en un certain nombre de lots qui étaient attribués par tirage au sort *(kleros)* aux citoyens candidats. Le clérouque avait la charge de mettre en valeur, en général par ses esclaves, le lot de terre qui lui était attribué et dont il devenait propriétaire. Cependant, il arrivait souvent que le clérouque restât à Athènes, en surveillant de loin son domaine colonial. C'est en Eubée*, après la conquête de Chalcis (506 av. J.-C.), que les Athéniens établirent leur première clérouquie, constituant cinq cents lots qui furent distribués aux citoyens pauvres. D'autres clérouquies furent ensuite établies dans les îles (Skyros, Lemnos, Imbros). En général, on laissait les anciens habitants en place comme à Lesbos, où ils conservèrent le droit de cultiver leurs champs distribués aux clérouques, à la condition de leur payer une redevance annuelle de deux mines. Mais parfois on expulsait la population en masse, comme à Égine ou à Potidée. Il pouvait arriver, quoiqu'on connaisse peu de cas, comme dans l'île de Mélos, que les hommes fussent mis à mort, et les femmes* et les enfants* réduits en esclavage. Les clérouquies d'Athènes furent abolies après la bataille de l'Ægos-Potamos*, mais quelques-unes furent rétablies lorsque Athènes retrouva sa prépondérance maritime.

Clisthène, législateur (Athènes*, fin du VIe s. av. J.-C.).

Il était le fils de Mégaclès et d'Agarista, fille de Clisthène, tyran de Sicyône, et il était le chef de la famille des Alcméonides*. Après l'expulsion des fils de Pisistrate, il devint le chef du parti démocratique constitué par les Paraliens → **Paralie** enrichis dans le commerce, et s'opposa à Isagoras, chef du parti oligarchique, qui espérait restaurer les pouvoirs de la noblesse, abolis à la suite des réformes de Solon*. Isagoras ayant été nommé archonte* (508), il entreprit de réviser la liste des citoyens ; Clisthène forma contre lui une coalition des Paraliens, des divers mécontents, et des paysans de la Diacrie*, et fit voter un programme de réformes démocratiques. Isagoras appela son hôte Cléomène, roi de Sparte*, qui entra dans Athènes avec une petite troupe, fit décréter l'exil perpétuel des Alcméonides et voulut dissoudre la boulê* établie par Solon, au profit d'un conseil aristocratique de trois cents membres. Le peuple prit les armes et contraignit Cléomène, Isagoras et leurs partisans à s'enfermer dans l'Acropole*. On négocia, les Spartiates rentrèrent chez eux, Isagoras s'enfuit, quelques-uns de ses partisans furent mis à mort, et Clisthène, qui avait dû partir, fut rappelé afin de réaliser son programme de réformes. Il supprima les quatre tribus* de Solon et institua les dix tribus classiques, puis, afin de briser l'ancien particularisme, il attribua à chaque tribu dix dèmes*, formés de l'union d'anciennes bourgades ou de la scission de certaines localités. Cette réforme communale est à la base de la constitution de Clisthène. Sa conséquence fut la réforme de la boulê, portée à cinq cents membres, et l'augmentation du nombre des héliastes → **héliée**. Il est possible que ce soit à lui qu'on doive la réforme de l'archontat, à la suite de laquelle, afin de déjouer les intrigues et d'en faire une institution parfaitement démocratique, cette magistrature fut accessible par la voie du sort et non plus par l'élection. Sa dernière innovation fut l'invention de l'ostracisme*. La démocratie athénienne parvint avec Clisthène à son achèvement dans ses institutions. On ne sait ni quand il naquit ni quand il mourut.

Clitias, peintre de vases → Ergotimos.

Codrides, célèbre famille ionienne apparentée aux Néléides.

Elle tirait son nom de Codros, fils de Mélanthos ; ce dernier, un Néléide, roi de Messénie*, émigra en Attique* avec des compagnons lors de l'arrivée des Doriens dans le Péloponnèse ; il vainquit en combat singulier le roi béotien Xanthos, à la suite de quoi il fut élu roi par les Ioniens de l'Attique. Son fils Codros lui succéda. Venant du Péloponnèse*, les Doriens* marchèrent sur l'Attique ; un oracle ayant déclaré qu'ils seraient victorieux s'ils épargnaient Codros, celui-ci se déguisa, pénétra dans le camp ennemi et se fit tuer en se querellant avec des soldats. Ayant découvert sa mort, les Doriens se retirèrent. Il eut plusieurs fils naturels, Cydrélos, Nauclos, Cnopos, et un fils légitime, Androclos, qui est peut-être le même que Médon, qui fut nommé archonte* à vie par les Athéniens, car ils pensaient que nul ne pouvait être digne de porter le titre de roi, qui avait été celui de Codros. Ne voulant pas obéir à un « frère boiteux », les Codrides émigrèrent vers l'Ionie, tandis que les descendants de Médon continuaient d'assurer la lignée des archontes d'Athènes pendant encore trois siècles sous le nom de Médontides, jusqu'à ce que le dernier d'entre eux, Hippoménès, fût déposé à la suite de ses cruautés. On retrouve des Codrides à la tête de plusieurs cités d'Asie Mineure ; ce sont eux qui fondèrent Phocée à la tête de Phocidiens et qui y régnèrent jusqu'à l'établissement de la démocratie. Lébédos, fondée par les gens de Lébadia, en Béotie*, fut dirigée par un Codride. Autoclos, un autre Codride, à la tête de ses guerriers, s'établit à Éphèse.

coiffure. Les Grecs ont coiffé leurs cheveux des manières les plus diverses. À l'époque archaïque, les hommes, aussi bien que les femmes*, les portaient longs et souvent les coiffaient en longues mèches ondulées qui tombaient bas dans le dos ; on les portait aussi en nombreuses torsades sur la nuque, et coiffés sur le front en mèches bouclées au fer et rangées symétriquement. Les hommes arboraient aussi à Athènes le « *crobylos* », touffe de cheveux relevée sur la tête et maintenue par un bandeau orné d'une cigale d'or. À l'époque classique et aux périodes suivantes, les hommes portaient en général les cheveux plus courts ; parvenus à l'âge des éphèbes*, les enfants coupaient leurs cheveux et les consacraient à Apollon ou à Artémis ; quelques élégants les gardaient longs, mais, en revanche, personne ne les rasait partiellement ou complètement comme chez nous : c'était la marque des esclaves que de les avoir tondus. Chez les Spartiates, au contraire, les enfants coupaient leurs cheveux et les adultes les laissaient pousser.

Les coiffures des femmes étaient très variées ; elles laissaient pendre leur chevelure en boucles, mais assez rarement, elles la nouaient avec des bandeaux ou la tressaient ; elles se coiffaient aussi en arrière par un chignon, ou les cheveux relevés sur la tête de manières diverses. Les bandeaux serrant la tête ou entourant la chevelure étaient couramment utilisés aussi bien par les hommes que par les femmes. On se teignait souvent, en général pour se blondir, cette teinte étant la plus appréciée. Les perruques et les tresses postiches

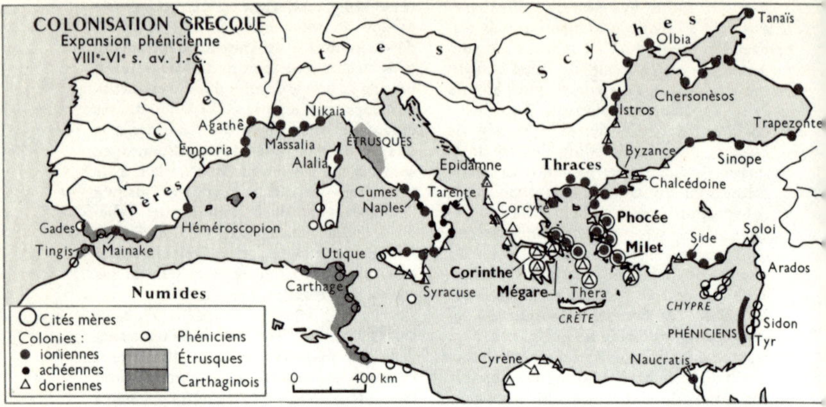

étaient aussi connues. Des fers et des peignes à double rangée de dents d'épaisseurs différentes, en os, en écaille, en bronze ou en ivoire, souvent admirablement décorés, servaient à la coiffure.

colonies. La colonie *(apoikia)* est un établissement autonome, seulement uni à la métropole par un lien religieux ; elle se différencie donc complètement de la clérouquie*.

La véritable colonisation grecque débute au VIIIe s. Les guerres entre les cités et les luttes de partis, conduisant à l'exil de groupes, furent, à côté de raisons économiques (famines, recherche de nouvelles terres à cultiver, de mines à exploiter), les causes principales d'émigrations qui se terminèrent par la fondation de colonies. Les Messéniens, chassés de leur pays par les Spartiates, allèrent s'établir en Italie ; les Parthéniens, issus de femmes* spartiates et d'hilotes* affranchis, essayèrent de soulever ceux-ci, mais, ayant échoué dans leur tentative, ils durent s'exiler et allèrent fonder Tarente. À Corinthe*, le Bacchiade Archias quitta la cité avec ses partisans et s'installa en Sicile*, sur l'îlot d'Ortygie, qui allait devenir Syracuse. À Chalcis, en Eubée, c'est à la suite d'une disette que fut décidé le départ de colons pour l'Italie. La recherche de débouchés commerciaux et de terres nouvelles à mettre en valeur reste cependant le facteur le plus important de colonisation : ainsi furent fondés Cyrène et les établissements du golfe de Tarente, et c'est pour atteindre les terres à blé du sud de l'actuelle Ukraine que furent établis les comptoirs des rivages de la mer Noire.

S'étant rendues autonomes, des cités coloniales devinrent à leur tour les métropoles de nombreux établissements : Syracuse fonda Camarine, Acræ, Héloros ; Corcyre, autre colonie de Corinthe, fonda Épidamne et Apollonie, et on attribuait à Milet* la fondation de quatre-vingt-quinze villes coloniales. Ces colonies diffèrent aussi bien par leur statut que par leur raison d'être du comptoir commercial, emporion*, établi dans un territoire étranger, souvent à proximité d'une ville indigène, et destiné à servir d'entrepôt et de point de transit entre des régions présentant un intérêt commercial (mines, richesses agricoles) et la métropole.

Enfin, au VIe s. av. J.-C., la conquête perse fut cause de l'émigration de Grecs des côtes d'Asie Mineure : les plus célèbres sont les Phocéens, qui allèrent s'établir en Corse et à Massilia, où ils avaient déjà des comptoirs commerciaux (emporia).

Avant de décider d'émigrer, on allait consulter un oracle*, en général celui de Delphes*, parfois celui de Dodone, voire celui de Zeus-Amon en Égypte, et c'est pour avoir négligé de prendre conseil auprès des dieux que le Spartiate Dorieus échoua dans une tentative d'établissement colonial. L'oracle désignait la contrée où devaient se rendre les colons, et l'emplacement où il fallait établir la cité. Si l'émigration était décidée par l'État, on réunissait alors les volontaires : gens nécessiteux, étrangers domiciliés qui, dans le nouvel établissement, deviendraient citoyens à droits égaux — dans les systèmes oligarchiques, le gouvernement désignait souvent ses adversaires afin de les évincer ; quelquefois, on tirait au sort un enfant mâle dans des familles qui en possédaient plusieurs. Un chef de l'expédition, l'œciste, était nommé, auquel on adjoignait des auxiliaires chargés du partage des terres et de l'arpentage, et un ou plusieurs devins. Les émigrants emportaient leur autel* domestique et le feu sacré, allumé au feu du prytanée* de la cité mère, et qui allait servir à allumer le feu dans le prytanée de la nouvelle cité. Chaque cité avait sa charte particulière, où étaient prescrites les règles de son établissement et les rapports avec la métropole, et peut-être sa constitution. Les circonstances de départ ont sans doute influé sur les caractères de la cité coloniale. Si, dans le cas des départs volontaires, l'œciste reproduit les institutions de la métropole et s'appuie sur une conception aristocratique de la cité, les départs d'exilés ou de bannis ont poussé ceux-ci à rechercher de nouvelles voies politiques. La tradition antique a ainsi souvent retenu les noms de législatures issues de cités coloniales, et dont les lois auraient survi de modèle aux autres Grecs.

Les colonies entretenaient en général de bonnes relations avec la cité mère ; elles y envoyaient des théores* lors des solennités et accordaient des privilèges aux citoyens de la métropole établis chez eux ou envoyés comme ambassadeurs. Ces liens inclinaient à des alliances naturelles, et c'est une des raisons pour lesquelles Syracuse, attaquée par les Athéniens, appela Corinthe à son secours. Cependant on vit Corcyre, trouvant abusive l'intervention de Corinthe, sa cité mère, dans ses affaires, appeler à son secours Athènes et s'engager dans une guerre qui allait épuiser les forces vives de la Grèce. En fait, les rapports entre métropole et colonie ont été très variés. Les cités établies dans des régions barbares eurent souvent à lutter contre les indigènes. En Sicile, en Italie, malgré des révoltes et parfois l'asservissement des premiers occupants, les relations entre colons et indigènes ont été en général pacifiques, et ces peuples furent gagnés à l'hellénisme. Massilia, en Gaule, fut sans cesse en lutte contre les Ligures et dut se résoudre enfin à appeler les Romains à son aide. Byzance et les cités de l'Hellespont durent se défendre contre les attaques des Thraces, et les relations des cités du Pont-Euxin avec les Scythes ne furent pas toujours pacifiques. En Asie Mineure, en lutte contre de grands États organisés (la Lydie, puis la Perse), les cités grecques se virent soumises et ne furent libérées que par les Grecs d'Europe et par les Macédoniens. Cependant, les établissements coloniaux des Grecs ont été les instruments les plus efficaces de la pénétration sur toutes les côtes du nord de la Méditerranée de l'hellénisme, qui va élaborer toute la culture occidentale.

comédie. L'origine en est obscure ; peut-être vient-elle de la transformation des chœurs phalliques. Son nom (*cômôidia*) signifie « chant de banquet » et il a prévalu sur d'autres noms comme celui des chants des vendanges en automne, les *trygédies* (de *trygê*, vendange, et *ôdê*, chants). La comédie dorienne, en partie issue de la farce dorienne, vit son plus grand représentant dans Épicharme de Cos, qui passa sa vie à Mégare de Sicile* et à Syracuse (v. 540-490 av. J.-C.) ; poète pythagoricien, il donna au genre sa structure ; ses comédies semblent avoir été surtout des satires des dieux anthropomorphisés et des parodies des cultes populaires. La comédie attique est celle que nous connaissons le mieux. Il semble que ce soit un poète venu de Mégare*, Susarion, qui introduisit au début du VIe s. av. J.-C. la comédie mégarienne à Athènes*, en en faisant une satire dialoguée et chantée. Ce n'est cependant qu'au cours des Dionysies* de 486 et aux Lénéennes*, vers 422 av. J.-C., que la comédie fut officialisée et admise dans les concours dramatiques à Athènes. Les concurrents, au nombre de trois puis de cinq, présentaient une comédie, dont le chorège* organisait la mise en scène. En 339 av. J.-C., on ajouta une sixième comédie, déjà jouée, pour être comparée aux cinq pièces inédites. → **Aristophane.**

commerce. Les Grecs ont, de tout temps, été des commerçants habiles et audacieux. À base de troc pendant la période archaïque, c'est avec l'invention de la monnaie*, la colonisation → **colonie** et la formation de riches États aux besoins complexes, que le commerce va prendre, sur les plans les plus divers, une prodigieuse extension à partir du VIe s. av. J.-C. Les petits marchands étaient établis dans des boutiques le long des rues ou près des marchés, ou ils s'installaient sur l'agora* dans des cabanes de roseaux ou de toile ; il existait aussi des camelots ambulants qui étalaient leur marchandise aux carrefours ou dans les campagnes. À côté de ces commerçants en contact immédiat avec les chalands, il y avait les grands négociants, qui correspondaient à nos grossistes. Ils passaient leur journée sous les portiques voisins des ports, qui constituaient des sortes de Bourses de commerce ; suivant les cours de cette Bourse, ils acquièrent sur échantillon n'importe quel produit, vendent ou achètent la cargaison d'un navire. Selon Aristote*, ce grand commerce maritime se divisait en trois branches : la *nauclérie,* armement des navires ; la *phortégie,* affrètement des bateaux pour des expéditions outre-mer ; la *parastasis,* exposition et vente en gros des marchandises. Ces négociants se constituaient en sociétés dans les cités maritimes, et notamment à Athènes*, où la loi autorisait la libre association, et, par la suite, à Délos*.

Les citoyens pouvaient rarement se livrer au commerce ; à Sparte*, cette pratique leur était interdite ; à Athènes, ils étaient propriétaires terriens et vivaient de leurs revenus, ou ils étaient artisans ; les pauvres (thètes*) faisaient du commerce pour s'enrichir et devenir propriétaires, afin de pouvoir consacrer tout leur temps aux affaires de l'État, comme les citoyens plus fortunés. Le grand commerce était donc entre les mains des métèques*, des affranchis* et des artisans, qui se groupaient en corporations ou en confréries (thiases*), dont le caractère religieux ne cachait pas les intérêts corporatifs. Ce développement du commerce vit prospérer les banques* et les prêts*. L'État intervient dans le négoce soit pour le réglementer, soit pour y participer. À Épidamne, le commerce avec les Illyriens était confié à un *polète,* renouvelé chaque année et chargé de passer les marchés au nom de ses concitoyens. Byzance et Clazomène se réservèrent le monopole d'État des grains. Les États passèrent aussi des conventions commerciales. Athènes se fit concéder le monopole du vermillon de Céos et elle conclut des accords avec les souverains du Bosphore Cimmérien (Crimée). Les Chalcidiens se firent accorder par Amyntas III le privilège d'achats de bois de construction et de poix à la Macédoine*. Souvent aussi, les nationaux d'une cité établis dans une autre étaient protégés dans leurs activités commerciales par des accords bilatéraux. Les États réglementaient encore les rapports entre commerçants et consommateurs.

Les agoranomes* vérifiaient la qualité des produits, dont certains étaient taxés, comme les céréales ; on fit même des tentatives pour interdire le marchandage... mais en vain. Les commerçants se devaient de tenir une comptabilité, et le droit commercial prévoyait la signature de contrats et la répression des fraudes, des non-paiements des obligations, des faillites et des banqueroutes. Profitant de l'expansion commerciale qu'il favorisait, l'État percevait des taxes sur les tractations commerciales et des droits de douane. Les biens d'exportation étaient des denrées et surtout des produits manufacturés ou des objets d'art : amphores pleines d'huile de l'Attique*, du Péloponnèse* et des îles ; vins de Chios, Thasos, Lesbos, Icaria, Cos, Sicyône*, Trézène, et le célèbre vin de Mendé, en Chalcidique ; poteries de l'Attique, de Corinthe*, de Samos et de Rhodes ; manteaux de laine du Péloponnèse, étoffes d'Ionie et de Milet*, bijoux précieux, objets de bronze, instruments de toilette, meubles, œuvres d'art. Par contre, certaines exportations étaient interdites : à Athènes le blé, le bois de construction et les cordages. Les produits d'importation variaient à l'infini : ambre de la Baltique, corail et perles de la mer

Érythrée, ivoire de Cyrène et d'Éthiopie, animaux et papyrus d'Égypte, métaux, tissus, fourrures, etc. Le bois de construction, les bestiaux et les esclaves* venaient de toutes les régions d'Europe et d'Asie. Les cités maritimes, qui constituaient de véritables thalassocraties, étaient les fourriers de toutes ces richesses, qui contribuèrent à l'éclat de la civilisation hellénique.

confédération → ligues de Délos, Corinthe.

confréries. Les membres d'une confrérie (thiase) se réunissaient soit pour le culte commun d'une divinité, soit par intérêt professionnel. Cependant, les confréries professionnelles étaient toujours placées sous la protection d'une divinité et il est souvent difficile de les distinguer des associations religieuses (pour celles-ci → **thiase**). Les artisans et les commerçants étaient en général des hommes libres, citoyens ou métèques*, et ils s'unissaient en confréries, en principe dans un but d'entraide quoique chez les marchands les thiases pussent être encore des lieux d'affaires. Ces confréries étaient placées sous la protection d'une divinité ou d'un héros et elles avaient leurs règlements, leur trésor, leurs présidents, leurs prêtres et leurs assemblées. On connaît des confréries de pêcheurs de thon à Byzance, Sinope et Trébizonde, de pêcheurs d'éponges dans l'île d'Amorgos, de plongeurs qui recueillaient les coquillages et la pourpre sur les côtes de l'Eubée* et de l'Asie Mineure. Dans les cités maritimes existaient des confréries de marins et de constructeurs de navires. Des négociants étrangers se réunissaient aussi, formant des thiases de marchands et d'armateurs comme les hermaïstes de Délos et, toujours dans la même île, les hiéronautes et les héracléistes de Tyr, les poséidoniastes de Béryte, tous des Phéniciens. Il existait un peu partout des confréries de brodeurs, de tanneurs, de cordonniers, de teinturiers, de parfumeurs, de bijoutiers, d'armuriers, de potiers, de charcutiers, de cuisiniers à gages... Les artistes se groupaient aussi en thiases et on en connaît pour les sculpteurs, les peintres, les architectes, les graveurs et ciseleurs et même pour les copistes (écrivains publics).

Conon, général athénien (Athènes* ? v. 444-Chypre ou en Asie Mineure 390 av. J.-C.).

Il fut à la tête d'une flotte en 413 et eut plusieurs commandements pendant la guerre du Péloponnèse*, en particulier avec Alcibiade*. Il était un des commandants des Athéniens lors de la bataille de l'Ægos-Potamos* (405) où, voyant l'impossibilité de combattre, il réunit huit vaisseaux avec lesquels il se réfugia à Chypre auprès du roi Évagoras. De là il chercha l'occasion favorable de rentrer en grâce auprès des Athéniens. Profitant des querelles qui opposèrent Sparte* et les Perses, il intrigua auprès d'Artaxerxès le roi des Perses, et obtint avec le satrape Pharnabaze le commandement d'une flotte, avec laquelle il défit la flotte spartiate au large de Cnide (394), chassa les Lacédémoniens de la mer Égée et prit Cythère. De retour à Athènes en triomphateur, il en releva les Longs Murs abattus par les Spartiates. Son action força les Spartiates à signer avec le roi des Perses le fameux traité d'Antalcidas*. Selon certains auteurs il fut envoyé en ambassade à Sardes où il fut mis à mort sur l'ordre du satrape Tiribaze, ennemi de Pharnabaze, mais il semblerait plutôt qu'il soit mort à Chypre, étant revenu auprès d'Évagoras.

conseil. Ce terme recouvre les diverses assemblées de citoyens qui, à la tête de cités grecques, possédèrent un pouvoir délibératif auquel se joignait souvent un pouvoir exécutif. (Pour le conseil des Quatre-Cents et celui des Cinq-Cents à Athènes → **boulê**. Pour le conseil des anciens ou des Vingt-Huit à Sparte → **gérousia**). On connaît mal les constitutions* des cités autres qu'Athènes* et Sparte*, mais il nous est resté la mémoire de conseils qui portaient en grec des noms divers et souvent ceux de boulê et de gérousia : en principe, cependant, la boulê désigne une assemblée nombreuse de caractère démocratique et la gérousia un conseil restreint conforme aux principes oligarchiques ou aristocratiques. On connaît ainsi la gérousia des Quatre-Vingt-Dix en Élide ; le conseil des

Soixante à Cnide était appelé des « amnamones » parce que ceux-ci n'avaient aucun compte à rendre. Il y avait à Épidaure un conseil de 180 membres où étaient choisis ceux de la commission des *artynoi*. À Marseille, 15 magistrats étaient à la tête du conseil des 600 timouques (conseillers locaux) et c'était aussi de 600 membres qu'était composé le conseil d'Héraclée de Pont. D'autres cités comme Agrigente, Crotone, Rhégion, Cymé, possédaient des conseils de 1 000 membres. En général les conseillers (bouleutes, gérontes, timouques...) étaient choisis parmi les plus riches citoyens.

À la suite du désastre de l'expédition de Sicile*, il se fit à Athènes une réaction aristocratique, et un conseil des Quatre-Cents fut établi, chargé de nommer les magistrats et de gouverner l'État, appuyé sur une assemblée de 5 000 citoyens, choisis parmi les plus riches. Ce conseil fut dissous après quatre mois et on rétablit les institutions démocratiques. Le conseil des Trentes fut institué à Athènes par les Lacédémoniens à la suite de la défaite de l'Ægos-Potamos*. Les membres étaient recrutés parmi les oligarques les plus extrémistes et ils entreprirent d'abolir les institutions démocratiques en s'appuyant sur des troupes spartiates. Pendant huit mois, ils gouvernèrent en se livrant à tous les excès, avant d'être renversés par Thrasybule*, qui restaura la démocratie.

Toujours à Athènes, le conseil des Onze *(oi endéka)* était chargé de la surveillance des prisons et de faire appliquer les sentences de mort ; devant lui étaient portées les accusations contre ceux qui avaient détourné des biens confisqués. Les membres étaient tirés au sort dans chaque tribu*, le onzième étant le greffier, qui complétait ce conseil, érigé en tribunal.

constitution. La Grèce est la première civilisation qui ait établi des constitutions qui, même lorsqu'elles n'étaient pas écrites, témoignent de la forte structure de la cité*. À partir de la crise sociale du VIIIe s. av. J.-C. où l'on va assister au déclin des oligarchies* bientôt remplacées par les tyrannies* auxquelles vont enfin succéder les démocraties*, les cités vont se doter d'institutions qui, modifiées à diverses reprises, donneront les constitutions demeurées classiques. Chaque cité possédait sa constitution propre, dont les caractères étaient soit aristocratiques, soit démocratiques. Athènes* est le modèle des institutions démocratiques et Sparte* celui des institutions aristocratiques. Malgré le travail d'Aristote* et de ses élèves, qui avaient recueilli l'histoire et le fonctionnement de cinquante-huit cités (toutes grecques excepté Carthage), ouvrage dont on a que quelques fragments et la *Constitution d'Athènes* retrouvée sur papyrus, nous ne connaissons vraiment que les constitutions d'Athènes et de Sparte et quelques éléments de celle de la Crète.

La constitution d'Athènes, connue grâce au traité d'Aristote, cité plus haut, et à la *Politique des Athéniens* attribuée à Xénophon, n'a cessé d'être affinée ; après avoir été démocratisée par Dracon* à la fin du VIIe s., Solon au début du siècle suivant, Clisthène à la fin du même siècle, Périclès au milieu du Ve s. lui donnera le caractère classique qu'on lui connaît. Sur Sparte, nous disposons d'un traité sur le gouvernement des Lacédémoniens attribué au même Xénophon, et de quelques éléments fournis par les *Vies parallèles* de Plutarque (celle de Lycurgue surtout, et celles d'Agésilas*, Agis* et Cléomène*). Ces ensembles sont complétés ou corrigés par un nombre considérable d'allusions plus ou moins développées chez divers auteurs anciens, notamment Platon*, de fragments de constitutions qui nous ont été conservés, et par de très nombreuses inscriptions, décrets, rhètres*, y compris les lois de Gortyne. → **Crète**.

Corinthe, considérée comme la troisième ville de la Grèce après Athènes* et Sparte*, située à l'entrée du Péloponnèse*, entre le golfe de Corinthe (ouvert vers l'Occident) et le golfe Saronique (tourné vers l'Asie), au pied d'une formidable acropole*, l'Acrocorinthe.

Elle fut fondée, selon la légende, par Phoronée, roi d'Argos, et ses murailles auraient été élevées par Sisyphe, fils d'Éole et petit-fils d'Hellen. Cité* puissante à l'époque préhellénique, l'archéologie a révélé qu'elle a été précédée par plusieurs établissements remontant au néolithique (VIe millénaire). Elle était, selon la tradition légendaire, rattachée au territoire de Mycènes au moment de la guerre de Troie.

Après l'invasion dorienne, le roi héraclide, Alétès, y fonda une dynastie ; elle semble s'être alors appelée « Éphyra » (la Guette ?) et les rois doriens s'établirent sur l'Acrocorinthe. Vers 747 av. J.-C. une puissante famille d'armateurs, les Bacchiades, s'empara du pouvoir et substitua à la monarchie* un régime oligarchique. Corinthe bâtit alors ses deux ports, le Kenkhrée vers le levant, le Léchaion vers le couchant, et elle construit le diolcos*. Elle s'enrichit des droits que lui paient les autres cités pour utiliser le diolcos et elle s'allie avec Chalcis. Elle intervient dans les affaires grecques en luttant avec Chalcis contre Érétrie, arme Samos contre Milet*, entre en guerre contre Mégare* et Égine. Dans le même temps, elle colonise Corcyre et l'Acarnanie, exploite les côtes d'Épire et d'Illyrie, fonde Syracuse en Sicile*. Cependant, Corcyre se dresse en concurrente et, en 664, les marines de la cité mère et de sa colonie s'affrontent dans la première bataille navale enregistrée par les Grecs. Cette rupture, qui portait un coup au commerce corinthien, créa de nouveaux mécontentements. Peut-être Phidon d'Argos tenta-t-il alors une invasion de la Corinthe. Les Bacchiades, qui s'unissaient entre eux et qui nommaient chaque année celui des leurs qui gouvernerait la ville avec le titre de prytane*, furent renversés en 657 av. J.-C. par Cypsélos, qui établit la tyrannie à son profit et à celui de son fils Périandre. Sous les Cypsélides*, Corinthe resta puissante, fonda vers l'ouest Ambracie et Anactorion, soumit Corcyre et Épidamne ; dans la mer Égée, elle fonda Potidée. L'oligarchie* fut rétablie en 582 av. J.-C., mais non plus au profit d'une seule famille. Cette oligarchie tempérée fit régner la paix et la justice, mais l'expansion coloniale et économique de Corinthe se ralentit. Alliée de Sparte, elle participa aux guerres Médiques*, puis ses démêlés avec Corcyre furent à l'origine de la guerre du Péloponnèse*, où elle resta l'alliée de Sparte jusqu'à ce que l'impérialisme lacédémonien provoquât la guerre de Corinthe (395-387), où elle s'unit à Athènes contre Sparte. Elle se trouva à côté des Athéniens et des Thébains à Chéronée*, puis reçut une garnison macédonienne. Elle devint alors le centre de la ligue panhellénique dite de Corinthe, instituée par Philippe* de Macédoine, qui se proclama son hégémon. La plupart des cités de la Grèce propre, Sparte excepté, y entrèrent de force. À Corinthe siégea le *Synédrion*, assemblée des délégués des États membres. La Macédoine n'en faisait pas partie, mais Philippe, outre son titre d'hégémon, y avait la majorité grâce aux vingt-six voix accordées aux cités membres qui lui étaient totalement soumises ; ainsi l'assemblée n'avait-elle que l'apparence d'une institution démocratique. Les membres de la ligue ne devaient plus régler leurs conflits que d'une manière pacifique par l'intermédiaire du Synédrion, et chaque cité était tenue de fournir à leur alliée, la Macédoine, troupes et vaisseaux destinés à combattre le Perse, ennemi héréditaire des Grecs.

Aratos* incorpora Corinthe à la ligue Achéenne en 243 av. J.-C. Sur son territoire, au sud, se trouvait Ténéa, où Œdipe aurait passé son enfance et où existait un célèbre temple d'Apollon. La ville avait fourni nombre de colons à Corinthe, en particulier lors de la fondation de Syracuse. Puis, devenue indépendante à l'époque hellénistique, elle entra en lutte contre elle et se trouva alliée aux Romains, qui, sous les ordres de Mummius, rasèrent Corinthe (146 av. J.-C.). César et Auguste la rebâtirent et la peuplèrent de vétérans romains et d'affranchis, Hadrien l'embellit avant qu'elle ne fût pillée au IIIe s. par les Hérules.

Corinthe possédait des fontaines célèbres et de beaux monuments, dont le temple d'Apollon, le plus ancien temple dorique de la Grèce. Entrepôt de l'Occident et de l'Orient grâce à sa situation géographique privilégiée, elle était aussi une cité industrielle, le bronze et la céramique étant pour elle une importante source de richesses. Elle donna des peintres et des sculpteurs, et surtout la richesse et le goût raffiné de ses citoyens lui avaient permis de réunir dans ses murs le plus grand nombre d'œuvres d'art de la

Grèce. Lors de sa destruction, les soldats romains jouaient aux dés sur les tableaux les plus précieux et c'est de Corinthe que vinrent à Rome la plupart des œuvres d'art qu'on y voyait. À l'époque archaïque elle produisit une belle poterie* originale, connue sous le nom de vases corinthiens.

cothurne, brodequin montant de cuir, qui fut d'abord porté par les chasseurs.

Il est attribué aussi à certaines divinités (Artémis, Hermès), mais il est alors plus orné. En général, il est entièrement lacé et possède une semelle de liège épaisse, qui est la même pour les deux pieds, de sorte que le mot « cothurne » a pu désigner proverbialement un individu qui changeait facilement d'idée ou de parti. D'origine peut-être lydienne, les cothurnes auraient été adaptés au théâtre par Eschyle*. On les pourvut de semelles très hautes afin de grandir les acteurs, qui portaient alors de longues robes pour les cacher.

couronne. À l'origine, la couronne possédait un caractère religieux et elle était un signe de consécration à la divinité; c'est pourquoi l'animal consacré avait le front ceint de bandelettes et le sacrificateur portait une couronne. Ces couronnes étaient souvent faites de branches tressées avec des plantes consacrées aux divinités : chêne à Zeus, laurier à Apollon, vigne ou lierre à Dionysos, noyer ou cèdre à Artémis, olivier à Athéna, myrte à Aphrodite, blé à Déméter. Les couronnes utilisées dans d'autres occasions conservaient ce caractère religieux : les archontes*, dans l'exercice de leurs fonctions, portaient une couronne rappelant le caractère sacré de leur magistrature ; on se couronnait dans les banquets, parce qu'ils étaient, à l'origine, un repas pris en commun à la suite d'un sacrifice. Les athlètes vainqueurs dans les grands jeux* recevaient des couronnes, ainsi que les poètes et les acteurs lors des concours dramatiques : ces concours *(agôn)* revêtaient toujours un caractère religieux, et c'étaient encore des couronnes que l'on remettait aux vainqueurs des nombreux concours analogues, à côté d'autres prix d'une plus grande valeur matérielle, comme les trépieds. Les cités et des communautés distribuaient aussi des couronnes honorifiques. Enfin, les époux se couronnaient de myrte le jour de leurs noces, et on ornait de couronnes le front des morts. Les gens délicats et qui se voulaient raffinés s'ornaient la tête de couronnes de fleurs, généralement des roses, de même les danseuses et les musiciennes. Dans les villes, il y avait des marchés aux couronnes. Par la suite, on en confectionna en or ou en feuillages artificiels.

Cratère, lieutenant d'Alexandre le Grand (en Macédoine ?-† en Phrygie ? 321 av. J.-C.).

L'un des principaux généraux d'Alexandre* et son ami, il se vit chargé de tâches importantes pendant l'expédition d'Asie. À la mort d'Alexandre, il fut nommé, grâce à sa popularité et sa valeur, intendant avec Antipatros* et gouverna la Macédoine, la Grèce et l'Illyrie. Il réprima la révolte des Grecs et fut victorieux des Athéniens et des Étoliens à Crannon (Thessalie) en 322. Il fut tué en Cappadoce en combattant Eumènês*.

Crète, grande île de la Méditerranée orientale, au sud du Péloponnèse, auquel Strabon la rattachait géographiquement.

Cette île, aux côtes découpées, est dominée par trois massifs montagneux : le Lassithi à l'est, l'Ida au centre, les montagnes Blanches à l'ouest. On n'y trouve qu'une vaste plaine, la Messara, au sud, et des petites plaines comme celle de Cnossos. Le sol en est modérément riche ; on y cultive les céréales et les légumineuses, la vigne et l'olivier ; les montagnes sont couvertes en partie de bois de pins et de cyprès, laissant la place à des herbages propices à l'élevage de moutons, de chèvres, de taureaux et de vaches. Sa position entre la Grèce et l'Afrique, l'Asie et l'Occident sera favorable au développement d'une marine. La Crète fut peuplée dès l'époque néolithique et donna naissance à une civilisation puissante et originale, qui fleurit aux IIIe et IIe millénaires. De cette civilisation, dite Minoenne, qui pénétra les frustes cultures de la Grèce continentale, les Grecs ont conservé une importante tradition mythique. Ce carrefour de la Méditerranée était un creuset où se mêlaient les peuples les plus divers.

Les Achéens* semblent être les premiers Indo-Européens qui l'occupèrent, avant qu'elle ne fût envahie par les Doriens* (tradition de la colonie conduite par l'Argien Althœménès). Lyctos, première ville soumise, fut le point de départ de la conquête dorienne de l'île. À l'époque historique, la Crète, terre dorienne, ne joua qu'un rôle effacé dans les affaires grecques. Elle se contenta de donner deux sculpteurs, Dipoinos et Skyllis, qui, au VIe s. av. J.-C., parcoururent le Péloponnèse* et furent les maîtres des sculpteurs qui allaient être à l'origine des écoles archaïques de la Grèce et des îles de l'Égée. La Grèce lui doit encore des purificateurs comme Épiménide et c'est à Thalétas de Gortyne que Sparte doit ses péans et ses hyporchèmes. Elle donna aussi des mercenaires, archers réputés, et Néarque, à qui Alexandre le Grand confia la flotte qui explora les côtes de la Perse. Dans la période coloniale, les Crétois s'unirent aussi aux Rhodiens pour fonder Géla en Sicile*, et Strabon* leur attribue en partie la fondation de Tarente, Hyria, en Iapygie, et Brindisi. Les cités, nombreuses, mais qui, souvent, n'étaient que des bourgades, constituaient des États autonomes, au nombre de dix-sept au moins, sans cesse en guerre entre eux, cependant que les deux grandes cités ennemies, Cnossos et Gortyne, intriguaient pour chercher l'alliance de Cydonie, dont l'appui leur permettait de se dominer mutuellement.

Cependant, les institutions crétoises étaient considérées comme un modèle qui servit à Lycurgue* pour établir celles de Sparte et c'est d'elles que Platon aurait voulu s'inspirer dans ses *Lois*. Comme en Grèce et surtout comme en Laconie*, l'ancienne population avait été asservie. Les *mnôitês* étaient les serfs appartenant à l'État ; les *clarotes* et les *aphamiotes* étaient attachés aux domaines ou aux lots des particuliers ; ils étaient identiques aux hilotes*. À côté de ces serfs → **servage**, il y avait une classe de périèques* appelés *hypêkooi*. Les *apetairoi* étaient les étrangers domiciliés et les affranchis, qui possédaient leurs quartiers réservés dans les villes. Les citoyens étaient assez peu nombreux et, comme à Sparte, ils recevaient dès leur enfance une éducation militaire. À dix-huit ans, devenus adultes, ils prêtaient un serment civique ; ils avaient alors accès aux gymnases où se pratiquait plus particulièrement la course, d'où le nom de *dromoi*, donné aux gymnases, et celui de *dromeus* que portaient les citoyens. Ils étaient alors tenus de se marier, mais la jeune épousée restait chez ses parents jusqu'à ce qu'elle fût capable de tenir son ménage. Les citoyens étaient répartis en hétairies* au sein desquelles ils prenaient en commun leurs repas, appelés andreia, semblables aux syssities* spartiates. Dans le réfectoire des hétairies, une table était réservée aux étrangers sous l'égide de Zeus hospitalier. Les trois tribus* doriennes étaient conservées, constituant l'état civil ; les femmes* y étaient inscrites, et les familles privilégiées y formaient les *startos*. C'est parmi cette aristocratie qu'étaient choisis les chefs de cités, les cosmes *(cosmoï)*, formés en collèges de dix membres renouvelés annuellement ; le président *(protocosmos)* était le magistrat éponyme*. Leurs pouvoirs étaient semblables à ceux des éphores* de Sparte, et ils étaient aussi chefs militaires et juges. L'un d'entre eux, le xénios, s'occupait des étrangers. Les cosmes en fonction et ceux qui étaient sortis de charge formaient la gérousia, conseil délibératif. L'assemblée des citoyens, semblable à l'apella*, se réunissait sur l'agora* et avait le droit de rejeter les propositions de la gérousia. Nous connaissons par ailleurs le droit et la justice des cités crétoises par les inscriptions découvertes sur les murs d'un édifice public de Gortyne. Comme à Sparte, ces institutions se corrompirent et les cités se tournèrent franchement vers la démocratie avant d'être soumises en 67 av. J.-C. par les Romains, qui rattachèrent la Crète à la Cyrénaïque.

cryptie, service de maréchaussée confié aux jeunes Spartiates ayant atteint dix-huit ans (melliranes), et jusqu'à leur vingtième année.

C'était un corps d'armée qui participa même à des batailles. Chaque année, dès l'entrée en fonction des éphores*, la patrouille était organisée : les jeunes gens étaient envoyés hors de Sparte pendant deux ans avec diverses missions, mais surtout celle de se poster dans des lieux favorables en surveillant les alentours et de signaler ce qui leur semblait suspect ; il leur arrivait aussi de mettre eux-mêmes bon ordre aux troubles qui pouvaient s'élever. Sans doute leur surveillance s'exerçait-elle surtout sur les hilotes*, mais on ne peut admettre avec Plutarque que la cryptie ait été uniquement une embuscade destinée à les massacrer.

Ctésibios, mécanicien et ingénieur (Alexandrie, IIIe s. av. J.-C.).

Il est le créateur de la mécanique pratique. Utilisant l'air comprimé et la pression de la vapeur, il inventa des armes et surtout des automates qui sont restés en général comme des curiosités. Il construisit des sortes de canons et des machines de jet où l'air comprimé était le principal agent moteur, d'une grande précision de tir et d'une portée qui surpassait grandement celle des armes de son époque. Ses automates étaient des fontaines avec des animaux qui buvaient et des oiseaux qui chantaient, des arrosoirs versant les liquides qu'on désirait, des systèmes à pression de vapeur permettant de laver automatiquement les parvis des temples, d'ouvrir les portes d'un temple lorsqu'on allumait un feu sur l'autel... Ses ouvrages ont été perdus, mais une grande partie en a été conservée dans la *Mécanique* de Philon de Byzance, et c'est plusieurs de ses inventions qu'a décrites Hiéron d'Alexandrie dans ses ouvrages.

cuisine, cuisiniers. Les Grecs, surtout les Spartiates et les Athéniens, étaient réputés pour leur sobriété ; cependant la nourriture a varié selon les époques, les villes et les classes de la société. Dans leurs syssities*, les Spartiates se contentaient du brouet *(aimatia ou bapha)*, composé de viande de porc ou de sanglier cuite dans du sang et assaisonnée de vinaigre et de sel ; ce mets était accompagné de pain d'orge et suivi de fromage d'olives, de figues et de miel. Les Béotiens, réputés gros mangeurs, consommaient beaucoup de viande, tandis que les Athéniens du petit peuple mangeaient des poissons : anchois et sardines surtout. L'aliment national de base était la maza, galette d'orge cuite dans du vin, du lait ou de l'eau. Cependant, les riches à l'époque archaïque et, par la suite, les Grecs des villes, pour le moins, lui préféraient le pain de froment *(artos)*, présenté en miches rondes. Les légumes courants étaient l'ail, l'oignon, les olives, les poireaux, le cresson, les champignons, les pois, les fèves et les lentilles, dont on faisait une purée. La viande la plus courante était celle du porc, que les pauvres mangeaient à certaines occasions ; la table des gens aisés était agrémentée par des viandes variées, surtout en Italie du Sud et, à partir de l'époque hellénistique, dans tout le monde grec : c'était le bœuf, le mouton, le chevreau, les volailles, les grives, les cailles, les lièvres et tout le gibier procuré par la chasse*. Les Athéniens étaient friands de poissons d'eau douce, et plus particulièrement des anguilles du lac Copaïs, qui furent plus tard recherchées par tous les gourmets. À côté des poissons de mer consommés frais ou en saumure, les fruits de mer étaient goûtés pour ouvrir les repas : huîtres, coquillages, seiches, calmars. Les poissons, les viandes étaient rôtis ou bouillis, ou encore fumés, et mangés en sauce ou à l'huile, ainsi que les légumes. Les fromages étaient en général confectionnés avec du lait de chèvre ou de brebis. Les desserts consistaient en fruits frais et secs (figues, raisins, pommes, poires, dattes, châtaignes, amandes, noix) et en gâteaux sucrés avec du miel, au pavot, au sésame, au fromage blanc...

La cuisine familiale était faite par les femmes* de la maison ou par les esclaves chez les gens aisés. Cependant, à Sybaris, où la cuisine fut de bonne heure érigée en art, on avait des cuisiniers très prisés, tandis qu'à Sparte on chassait les cuisiniers trop habiles, même si deux héros y étaient honorés comme patrons des cuisiniers, Kéaron et Matton. Dès le IVe s. av. J.-C., les cuisiniers étaient une profession des plus honorables ; le mageiros, sans doute à l'origine sacrificateur et boucher — le caractère religieux du boucher primitif vient du fait que, à l'origine, la seule viande consommée était celle de l'animal sacrifié — était une sorte de chef cuisinier. Ces cuisiniers étaient des hommes libres attachés à de riches maisons ou qui se louaient pour préparer des festins ; lorsque l'un d'entre eux était esclave dans une maison, il était en général le chef de la domesticité. Les cuisiniers étaient souvent siciliens, cette île étant réputée pour la bonne chère qu'on y faisait. Platon* cite un certain Mithæcos qui avait écrit un traité sur la cuisine sicilienne, et de nombreux ouvrages semblables furent publiés durant la période hellénistique, qui montrent qu'à cette époque les Grecs prisaient les cuisines élaborées.

Cylon, Athénien (seconde moitié du VIIe s. av. J.-C.).

De famille aristocratique, il remporta, en 630, une victoire aux jeux Olympiques* et épousa la fille de Théagène, tyran de Mégare*. Étant allé consulter l'oracle de Delphes, le dieu lui aurait conseillé de s'emparer de l'Acropole* au cours de la plus grande fête de Zeus et d'instaurer la tyrannie à Athènes. Cylon attendit les prochains jeux* Olympiques, considérant que c'était là la plus importante des fêtes du dieu suprême et, ayant emprunté des soldats à son beau-père et mis dans le complot de jeunes Athéniens, il s'empara de l'Acropole* (612). Mais aussitôt les Athéniens vinrent l'y assiéger et bientôt, les conspirateurs commencèrent à souffrir de la soif et de la faim. Cylon et son frère parvinrent à fuir, mais les autres, restés sur place, s'assirent en suppliants près de l'autel de l'Acropole. Afin qu'ils ne meurent pas dans un lieu sacré, les assiégeants leur promirent la vie sauve s'ils se rendaient. Mais le premier archonte* *(éponyme)*, l'Alcméonide* Mégaclès, rompant sa promesse, les fit massacrer. Pour ce sacrilège, les Alcméonides furent chassés d'Athènes.

Cynoscéphales, petites hauteurs de Thessalie, près de Pharsale, où eurent lieu deux célèbres batailles.

L'une, en 364 av. J.-C., vit la victoire de Pélopidas* sur Alexandre de Phères ; l'autre, en 197 av. J.-C., marque un événement capital pour la Grèce puisque, par la victoire de Flamininus, général romain, sur Philippe V de Macédoine*, elle libéra les Grecs du joug macédonien. Philippe fut contraint d'abandonner les citadelles qu'il possédait en Grèce propre, et la liberté des cités fut proclamée par Flaminius. Il est vrai qu'ainsi introduit dans les affaires des Grecs, il n'allait pas tarder à soumettre la Grèce dans son ensemble.

Cypsélides, dynastie de tyrans de Corinthe.

Cypsélos, fondateur de la lignée, était fils d'une Bacchiade boiteuse, Labda, et d'un Thessalien, Aétion. Parvenu aux fonctions de polémarque*, il profita du mécontentement populaire contre les Bacchiades pour prendre la tête du peuple et chasser cette famille régnante. Il confisqua les biens des bannis, qu'il distribua aux paysans et aux pauvres, et gouverna Corinthe pendant trente ans sans avoir besoin de s'entourer d'une garde (657-627 av. J.-C.).

Son fils Périandre lui succéda. Il conçut une politique brillante de prestige et d'expansion coloniale et territoriale. Il soumit Épidaure et fit de l'Acarnanie un domaine corinthien ; il occupa la rebelle Corcyre, où il exila son fils Lycophron, qui alla fonder Apollonia sur la côte illyrienne tandis que son autre fils, Évagoras, s'installait en Chalcidique, où il fonda Potidée. Arbitre de la politique des Grecs, il réconcilia Athènes* avec Lesbos, Milet* avec la Lydie, et entretint des relations d'amitié avec les autres tyrans grecs et les rois étrangers : Pittacos*, Thrasybule*, Alyattes, roi de Lydie, Psammétique, roi d'Égypte. Protecteur des arts, des lettres et du commerce, il favorisa tout ce qui put enrichir et embellir Corinthe, qui lui dut de nombreux monuments. Il donna un éclat nouveau aux Dionysies* en appelant à sa cour Arion de Méthymne, poète et musicien, et fit des jeux* Isthmiques une assemblée panhellénique.

Son neveu Psammétique, nommé ainsi sans doute en hommage au roi d'Égypte, lui succéda en 585 av. J.-C. ; il ne régna que trois ans. Le parti oligarchique le fit assassiner, et ayant repris en main les rênes du gouvernement, fit jeter hors des frontières les cendres exhumées des deux grands Cypsélides.

d

Danse. Cet art, considéré par les Grecs comme un des plus élevés et d'origine divine, a revêtu la plus grande importance dans les manifestations de la vie grecque. Différente de la danse moderne, elle n'était pas une recherche de perfection plastique ou une simple distraction. Elle représentait un véritable langage, elle était une expression totale d'émotions et de sentiments profonds.

On peut grossièrement diviser les danses grecques en trois catégories : guerrières, religieuses (dans lesquelles on peut classer les danses accompagnant les représentations dramatiques) et profanes, c'est-à-dire les danses de la vie privée. Parmi les danses guerrières, la plus connue est la *pyrrhique,* qui se dansait au son de la flûte et se rythmait souvent au bruit des boucliers ; cette danse imitait les luttes guerrières et s'exécutait à deux ou plusieurs danseurs armés. Lors des Gymnopédies*, les jeunes Spartiates exécutaient aussi une danse guerrière sans armes.

Les danses religieuses étaient intégrées à des cérémonies religieuses ou aux représentations théâtrales de caractère religieux. La *géranos* et l'*hyporchème,* danses d'origine crétoise, étaient en général consacrées au culte d'Apollon. La *géranos* imitait le vol des grues ou la marche de Thésée dans le Labyrinthe crétois ; les hommes et les femmes*, se tenant par la main, formaient une chaîne qui avançait en ondulant ; cette danse était propre aux cultes apolliniens de Délos*. L'*hyporchème* était aussi exécuté à Délos, mais plus encore à Sparte* et dans les tragédies. Dans ces dernières le chœur se divisait en deux groupes : l'un chantait en esquissant une ronde tandis que l'autre illustrait le chant par une danse gracieuse et expressive. L'*hyporchème* fut introduit par Thalétas de Gortyne chez les Spartiates, qui goûtaient extrêmement les chants et les danses avant la sombre réforme guerrière du VIe s. av. J.-C., au point que Terpandre (VIIe s. av. J.-C.) les proclama les meilleurs guerriers et les meilleurs danseurs. Ils dansaient en chantant le *péan* et, dans les fêtes d'Artémis, les jeunes filles dansaient portant sur leur tête le calathos, coiffe en forme de corbeille. L'*oclasma* était une danse exécutée par les femmes lors des Thesmophories*, consacrées à Déméter. Les danses dionysiaques, rythmées au son des instruments à percussion, étaient des danses frénétiques de satyres et de ménades. Les chœurs tragiques exécutaient l'*hyporchème,* comme nous venons de le dire, et surtout l'*emmélie,* danse exécutée d'un pas lent et solennel. Le *cordax* était la danse de la comédie ancienne ; elle avait un caractère lascif et fut tardivement dansée ailleurs que sur la scène. La danse du drame satyrique était la *skinnis.* Des danses accompagnaient les manifestations religieuses de la vie privée et plus particulièrement lors des mariages et lors des enterrements, où le *thrène*, chant funèbre, était accompagné d'une mimique.

Dans les banquets se montraient des danseurs et des danseuses, et il arrivait souvent que les convives s'y joignent, ce que ne dédaignaient ni un poète comme Anacréon ni un philosophe comme Socrate. Les adolescents dansaient à diverses occasions, ainsi Sophocle*, qui, à Salamine*, devant les Grecs vainqueurs, dansa nu, le corps oint et la chevelure couronnée, au son de la lyre. Il existait aussi de nombreuses danses populaires, qui variaient selon les régions et selon les occasions auxquelles on les exécutait. Danses guerrières et religieuses étaient exécutées par des hommes et des femmes qui ne faisaient pas de la danse une profession. Il y avait à côté de ceux-là des danseurs sacrés, qui constituaient une sorte de confrérie, tels les bétarmons homériques ou les corybantes. Enfin, il existait de nombreux danseurs professionnels, dont certains étaient comptés parmi les artistes bachiques, tandis que les autres se produisaient dans les banquets et sur les places publiques. Quoique de condition libre, ces derniers étaient peu considérés, cependant qu'à l'époque romaine des danseurs grecs parvinrent à une grande notoriété, tel ce Bathylle d'Alexandrie qui vint à Rome sous Auguste et fut le rival d'un autre mime célèbre, Pylade, de Cilicie.

déification. Alexandre le Grand est le premier Grec qui se soit fait déifier en allant au temple d'Amon-Zeus en Libye pour s'entendre déclarer fils du dieu par les prêtres. Ce ne fut là qu'un acte politique qui lui permettait, d'une part, de mieux asseoir son autorité auprès des peuples orientaux conquis en conférant un caractère divin à sa monarchie, et, d'autre part, de présenter sa conquête comme ordonnée par les dieux. C'est dans les croyances en l'origine divine de la monarchie* et en la filiation divine des rois, profondément enracinées parmi leurs sujets orientaux, que les rois grecs d'Asie et d'Égypte puisèrent l'idée de la déification. Les Lagides*, héritiers des pharaons et de leur culte en tant que fils d'Horus, n'ont eu que peu de mal à imposer le culte monarchique aux Égyptiens. Il en fut de même des Séleucides en Syrie, qui n'eurent de démêlés qu'avec les Juifs lorsqu'ils voulurent placer dans le temple de Jérusalem leur image à côté de l'arche de Yahveh. Pour leurs sujets grecs et macédoniens, ces princes trouvaient leur légitimité dans leur filiation avec les fondateurs des dynasties. Les Grecs eux-mêmes ont divinisé des princes, tels les Athéniens, qui instituèrent pour Démétrios* Poliorcète un culte et créèrent une nouvelle tribu* en son honneur. Toutefois, ce n'était jamais là à leurs yeux qu'un honneur rendu à leurs actions ou à leurs bienfaits. La déification de l'époque hellénistique n'est jamais qu'une forme de l'héroïsation de personnages historiques, tels les fondateurs de cités, comme Brasidas* à Amphipolis, avec cette différence qu'on héroïsait un mort et qu'on déifiait un vivant.

Délos, petite île au centre des Cyclades, dans la mer Égée.

Selon la légende, elle flottait sur la mer lorsque Zeus la fixa pour que Latone y enfantât Apollon et Artémis. L'île fut occupée par les Crétois qui y implantèrent le culte de la déesse mère, à laquelle succéda Apollon. Sur le Cynthe, point culminant de l'île, subsiste un antre, lieu de culte dès une époque très ancienne. Une cité fut élevée au pied du Cynthe, près d'un point du rivage qui offrait un antique abri aux navigateurs et où l'on érigea un vaste port. Un hymne homérique nous atteste que, dès le IXe s. av. J.-C., au retour du printemps, les Ioniens se rassemblaient pour célébrer Phœbus-Apollon par des sacrifices, des jeux, des danses et des chants. Elle est déjà le centre religieux des Ioniens, qui, peut-être, ont formé autour d'elle une amphictyonie*. Vers 600 av. J.-C.. Samos obtint le protectorat de l'île dont le prestige était tel que Pisistrate → **Pisistratides** accrédita la légende selon laquelle Thésée avait ramené de Crète à Délos le culte d'Apollon ; prétendant avoir retrouvé le vaisseau du héros, il y embarqua une théorie* qui se rendit dans l'île pour purifier l'enceinte du temple et jeter à la mer les ossements. Polycrate de Samos répliqua en occupant l'îlot de Rhéneia, tout voisin, qui servait de nécropole à la cité de Délos, et unit les deux îles par une chaîne. Athènes resta cependant maîtresse de l'île au ve s. av. J.-C. et, en 470 av. J.-C., elle en fit la capitale de la ligue* qu'elle avait constituée avec diverses cités ioniennes. Libérée après la bataille de l'Ægos-Potamos*, Délos retomba sous le joug athénien en 377 av. J.-C., lors de la formation de la seconde ligue Athénienne. En 315 av. J.-C., elle redevint indépendante et, sous l'impulsion d'Antigonos* Cyclops, elle devint le centre de la ligue des Nésiotes, groupant les habitants des Cyclades affranchis de la domination athénienne.

Indépendante en théorie, mais sous la « protection » officieuse d'Antigonos, puis des Lagides* d'Égypte, des rois Antigonides de Macédoine et, enfin, des Romains, Délos va connaître près de trois siècles de prospérité. Elle devint le centre des affaires commerciales des Grecs et le grand marché au blé et aux esclaves. La ville ne cessa de s'étendre et, au début du IIe s. av. J.-C., les trafiquants grecs d'Italie et les Romains vinrent s'y approvisionner. En 166 av. J.-C., les Romains rendirent le temple d'Apollon aux Athéniens et firent de la cité un port franc, vaste entrepôt du monde grec et du monde romain, qui allait encore s'enrichir, à la suite de la destruction de Corinthe*, d'une partie du trafic qui allait à la cité isthmique. Son déclin commença en 88 av. J.-C. par le sac qu'en fit Mithridate ; en 69 av. J.-C., les pirates pillèrent ses entrepôts, et, enfin, l'extension commerciale d'Ostie et de Pouzzoles en Italie et la reconstruction de Corinthe achevèrent sa ruine. Dès le début de l'Empire romain, son port s'ensabla et fut complètement abandonné, ainsi que la cité qui n'avait plus de raison d'être si ce n'est l'entretien d'un culte en plein déclin.

Delphes, ville de Phocide, sur le versant sud du Parnasse.

Située dans un cirque ressemblant à l'hémicycle d'un théâtre, elle était dominée par une barrière rocheuse formant deux pics, au milieu desquels coulait la fontaine Castalie. Elle était considérée, en raison de sa situation, comme le centre du monde. Elle devait son importance à son sanctuaire d'Apollon, très ancien, nommé Pythô à l'origine. Dans les temps préhelléniques, le sanctuaire était occupé par Gaia, la terre mère, et par Python, un serpent femelle, au service desquels étaient déjà peut-être les labyades. Ces labyades constituaient une phratrie* dont l'origine reste obscure et dont on connaît mal les fonctions, sinon qu'ils se réunissaient pour participer à des banquets de caractère religieux. Apollon, descendu de l'Olympe et venant de Piérie, suivant la tradition conservée par un hymne homérique, arriva dans ces lieux, tua Python et chassa Gaia. Le nom de Delphes qui lui fut alors donné évoquerait le dauphin. C'est sous la forme de cet animal marin que le dieu se serait manifesté à un vaisseau crétois qu'il aurait entraîné jusqu'à son nouveau sanctuaire pour l'attacher à son service. Cette tradition d'origine crétoise, ou, plus exactement, préhellénique, de l'oracle est attestée par l'archéologie : des tessons datés de l'époque mycénienne (XIVe s. av. J.-C.) témoignent de l'antiquité de l'établissement, sans, cependant, démontrer qu'il ait déjà été un centre oraculaire.

Le dieu se manifestait par la voix de la pythie. Cette dernière était, à l'origine, une vierge. Mais après le viol de l'une des pythies par le Thessalien Echécrate, on ne porta plus à cette fonction que des femmes* âgées. La pythie devait prendre place sur un trépied au-dessus d'une ouverture rocheuse d'où l'on prétendait que sortaient des « vapeurs », le chasma. Cette crevasse, qui n'a pas été retrouvée par les fouilles, était située au fond du temple, dans la partie sacrée appelée *adyton*. Ses prophéties étaient versifiées et interprétées par un prêtre. Tout le monde consultait la pythie avant d'entreprendre quelque affaire importante. Les chefs d'État, les premiers, tenaient compte de l'oracle avant de décider de la guerre ou de la paix ou d'engager une expédition. Ainsi Crésus, avant d'entreprendre sa guerre contre les Perses, envoya des ambassadeurs consulter l'oracle, et, par deux fois, les Athéniens interrogèrent la pythie avant la bataille de Salamine*. Ces deux exemples nous intéressent, car ils font ressortir l'ambiguïté de l'oracle, que les consultants étaient libres de comprendre à leur gré. Ainsi à Crésus fut-il répondu qu'un grand empire serait détruit s'il entrait en guerre ; il crut qu'il fallait entendre l'Empire perse, alors que c'était le sien. Aux Athéniens, la pythie ayant répondu que des remparts de bois seraient leur salut, les vieillards d'Athènes se barricadèrent sur l'Acropole* et furent massacrés par les Perses, tandis que, Thémistocle* ayant interprété l'oracle en déclarant que la flotte — rempart de bois — serait leur salut, les Athéniens unis aux autres Grecs furent vainqueurs à Salamine.

Les présents affluaient dans le sanctuaire, monuments votifs, statues, inscriptions ; on cite une moisson en or qui fut offerte par les habitants de Métaponte ; le trésor* d'Apollon contenait dix mille talents d'or et d'argent à l'époque de Philippe* II de Macédoine. Des rois, des peuples se faisaient construire des trésors dans le téménos du dieu, dont le plus riche était celui des Athéniens. Quand le temple fut détruit au VIe s. av. J.-C. et incendié, des souscriptions arrivèrent de partout et même d'Égypte, pour sa reconstruction, chacun rivalisant de générosité.

À Delphes avaient lieu plusieurs fêtes : les jeux* Pythiques, des concours de chants entre citharèdes inventés par les Delphiens, et de nombreuses processions. Occupée très tôt par les Doriens*, venus de Lycoréa, Delphes avait une constitution* particulière, qui lui laissait son autonomie ; elle était le siège d'un conseil amphictyonique → **amphictyonie**, chargé de surveiller les intérêts d'un dieu d'une importance aussi grande. Elle jouit, du IXe au Ve s. d'un prestige immense, mais son autorité diminua par la suite à cause des attaques des Phocidiens, contre lesquels les Delphiens durent entreprendre la guerre sacrée, en 357 av. J.-C., après que les Phocidiens eurent envahi les terres sacrées des prêtres d'Apollon. La pythie devint aussi impopulaire, car ses prophéties furent souvent favorables aux Perses, puis aux Lacédémoniens lors des guerres du Péloponnèse* et enfin à Philippe de Macédoine pendant la conquête macédonienne. Les Gaulois attaquèrent Delphes en 279 av. J.-C., puis les Étoliens s'emparèrent du sanctuaire. Les Romains respectèrent ce lieu sacré, bien que Constantin y eût fait enlever toutes les œuvres d'art pour orner sa capitale.

démagogie, démagogue. Le sens premier du mot « démagogie » est l'art de conduire le peuple, et le démagogue est celui qui conduit le peuple avec justice et qu'Isocrate* oppose au tyran. Cependant on eut tôt fait de prendre le terme en mauvaise part. Sous la plume de Thucydide par exemple, il signifie « conduire le peuple en flattant ses passions ». Cléon* est ainsi devenu le type du démagogue, c'est-à-dire de l'orateur qui se concilie le peuple par ses flatteries et ses bassesses. Ce mot n'a subsisté dans notre langue que revêtu de ce sens péjoratif.

dème, division territoriale administrative.

Tous les États grecs étaient divisés en dèmes, mais nous ne connaissons vraiment que les dèmes de l'Attique*. Tels qu'on les trouve, ils ont été établis par Clisthène*, qui partagea l'Attique en 100 dèmes, en en attribuant 10 à chaque tribu*. Chaque dème reçut le nom de son chef-lieu, qui lui venait en général soit de l'ancien génos* qui en avait été le maître, soit d'une production dominante, ou d'un détail topographique ; on faisait remonter ces noms à un personnage légendaire, qui devint le patron du dème. Les dèmes étaient d'étendue variable, ce qui permit d'en augmenter le nombre au détriment du territoire d'autres dèmes, si bien qu'à l'époque de Strabon* (Ier s. av. J.-C.) il y en avait 174. Correspondant à des municipalités, ils étaient administrés par un démarque, élu pour un an et tenant l'état civil des démotes, assisté d'un trésorier (*tamias*). Le démarque conserve le cadastre, préserve le patrimoine collectif, organise les fêtes, préside les assemblées, représente le dème en justice devant l'héliée*, enfin gère les finances du dème. Les recettes sont le produit de l'*enktetikon* (impôt immobilier), du loyer des biens communaux et des opérations financières effectuées sur le trésor du dème ; les dépenses sont occasionnées par l'organisation des fêtes locales, les frais du culte, l'érection des monuments publics, la gravure des décrets et contrats, etc. Les liturgies*, dont le démarque faisait souvent les frais, complétaient les dépenses lorsqu'elles dépassaient les revenus.

Démétrios de Phalère, **orateur et homme politique (Phalère, près d'Athènes ?-en Égypte ? v. 280 av. J.-C.)**

Fils d'un esclave devenu citoyen, Phanostrate, il s'intéressa très tôt à la politique, après avoir fait des études sous la direction de Théophraste. Partisan de la Macédoine* et ami de Phocion*, il fut obligé de fuir Athènes* à la mort de ce dernier, en 319. Cassandre* le mit peu après à la tête du gouvernement d'Athènes où il exerça un pouvoir de caractère tyrannique pendant dix ans. Chassé de la cité, il se réfugia à Alexandrie* auprès de Ptolémée Sôter, amenant avec lui une quantité de livres, ce qui inspira au souverain lagide l'idée de fonder une bibliothèque*. À la demande de Ptolémée, il commença à réunir le noyau de ce qui allait devenir la grande Bibliothèque d'Alexandrie, mais, tombé en disgrâce, il dut s'exiler, sans, semble-t-il, quitter l'Égypte pour autant. Selon Diogène Laërce, il serait mort d'une morsure de serpent.

Démétrios Ier Poliorcète, **roi de Macédoine (en Macédoine 336-en Syrie 282 av. J.-C.).**

Il était le fils d'Antigonos* Cyclops et de Stratonice. Il lutta aux côtés de son père contre les autres diadoques* avec bravoure, fidélité et un certain bonheur. Battu d'abord par Ptolémée* devant Gaza en Palestine, puis en Babylonie par Séleucos* (312-311), il enleva la Grèce à Cassandre*, qui régnait en Macédoine (307), tandis que son père, Antigonos, régnait sur l'Asie Mineure, qu'il avait reçue au partage de 311. Ptolémée ayant envoyé une flotte vers l'Égée, Démétrios alla au-devant de lui et le défit au large de Salamine de Chypre (306). À la suite de cette victoire, Antigonos prit le titre de roi, qu'il conféra à son fils et héritier. En 305, il tenta en vain d'enlever Rhodes, malgré les machines de siège qu'il avait inventées (hélépole). Il lutta victorieusement en Grèce contre Cassandre, mais il fut appelé par son père en Asie pour le seconder dans une coalition formée par Ptolémée, Lysimaque* et Séleucos ; ceux-ci furent victorieux à Ipsos*, où Antigonos fut tué. Il ne resta plus à Démétrios que quelques places en Asie, mais il disposait encore d'une puissante flotte. Il se tourna vers Séleucos, qui épousa sa fille Stratonice (299). À la mort de Cassandre il entra en Grèce, assiégea Athènes révoltée, puis il soumit la Thessalie et la Macédoine (293). Il dut lutter sans cesse contre Pyrrhos, roi d'Épire, contre Lysimaque, roi de Thrace, contre Ptolémée, roi d'Égypte, pour conserver Athènes. Il passa en Asie Mineure, où il se heurta à son gendre Séleucos qui le battit en Cilicie (286) et le captura. Pendant trois ans, jusqu'à sa mort, il fut gardé en Syrie dans une captivité dorée.

démiurges. Les démiurges étaient les gens qui travaillaient pour le peuple, d'où le mot, qui prit deux sens différents. — **1**. À l'époque archaïque, c'étaient les devins*, hérauts*, médecins*, et les artisans. Dans l'Attique*, avant Clisthène* ils constituèrent une classe à côté des eupatrides* et des géomores*. Avec ces derniers ils formaient la plèbe, et l'histoire de la naissance de la démocratie grecque pourrait se réduire aux phases de leur lutte contre les eupatrides pour parvenir à l'égalité des droits. — **2**. Ce fut, d'autre part, le nom porté par des magistrats dans diverses cités, en général de population à majorité dorienne. Leurs attributions variaient et ils étaient souvent éponymes*. C'est encore le nom des 50 membres de la gérousia* de la ligue Arcadienne et celui des 10 membres du conseil de la ligue Achéenne*.

démocratie. Les cités grecques qui se donnèrent une démocratie n'y parvinrent qu'à la suite d'une évolution plus ou moins lente et en passant par le régime aristocratique et la tyrannie*. Athènes* reste le modèle des démocraties grecques face à Sparte*, le modèle des oligarchies*. Les fondements de la démocratie étaient : l'isonomie, égalité devant la loi ; l'isotimie, égalité devant l'opinion et droit aux mêmes honneurs conférés par la naissance ; l'isêgorie, droit égal à la parole devant les tribunaux et devant l'assemblée du peuple. Les conseils* démocratiques (boulê*) se distinguaient par le grand nombre de leurs membres venus de toutes les classes de la société. Tout citoyen avait le droit de vote dans les assemblées, et c'était un devoir pour lui de participer d'une manière active au gouvernement en accédant aux magistratures. Les nominations aux magistratures se faisaient par l'élection, en général à main levée, et par le tirage au sort. Il ne faut cependant pas perdre de vue que dans une démocratie comme celle d'Athènes, les citoyens étaient quelques dizaines de milliers d'hommes, les métèques*, les affranchis et les esclaves* ne participant pas au gouvernement de l'État.

Démosthène, **orateur (Athènes 384-Calaurie 322 av. J.-C.).**

Son père, appelé aussi Démosthène, du dème* de Pænia, était un riche « industriel » mais il mourut quand Démosthène avant sept ans et ses tuteurs dilapidèrent ses biens. Il suivit les cours d'éloquence de l'orateur Isée et commença par attaquer Aphobes, un de ses tuteurs, qui fut condamné. Fort de son succès, il s'établit comme logographe* et acquit par là une grande réputation. Il entra alors dans la vie politique en défendant les démocrates bannis de Rhodes (351), puis, se tournant vers le danger immédiat qu'était l'ambition de la Macédoine, il se donna pour tâche de dénoncer inlassablement les ambitions de Philippe* II et la menace qu'il faisait peser sur Athènes. Dans chacun de ses actes conquérants, Philippe trouva devant lui Démosthène, qui, inlassablement, par ses discours souleva les ultimes énergies des Athéniens contre l'impérialisme macédonien ; dans ce combat inégal, Démosthène fut toujours vaincu, mais jamais abattu. Avec Hypéride, il fut le chef du parti démocratique anti-macédonien, mais à l'intérieur, il avait à lutter contre l'inertie des Athéniens, contre les intrigues de ses adversaires, et surtout d'Eschine, rival plein de talent et constant défenseur des actions de Philippe. La défaite de Chéronée* (338) ne le laissa pas en repos, et la mort de Philippe vint promptement ranimer son énergie. Cependant, la destruction de Thèbes* arrêta cet élan. Pendant toute la vie d'Alexandre*, l'action de Démosthène ne se fera plus sentir hors d'Athènes, où il continua de lutter contre Eschine*, qui fut exilé. Quelques années plus tard, ce fut lui-même qui dut s'exiler, car il ne pouvait payer l'amende à laquelle il avait été condamné pour avoir accepté de l'or d'Harpales, lieutenant d'Alexandre, traître à son souverain (325). Deux ans après, à la mort d'Alexandre, les cités grecques se soulevèrent et Démosthène fut rappelé. Cette nouvelle flambée de patriotisme fut définitivement écrasée par Antipatros* et par Cratère* à Crannon. Démosthène, que son génie avait protégé quand ses ennemis avaient l'envergure de Philippe ou d'Alexandre, ne se trouva plus que devant des soldats rustres et bornés ; il s'enfuit devant les spadassins d'Antipatros, qui le poursuivirent jusqu'à Calaurie, où il se réfugia dans le temple de Poséidon ; il s'empoisonna pour ne pas tomber entre les mains de ses ennemis.

Denys l'Ancien, **tyran de Syracuse* (Syracuse v. 430-*id.* 397 av. J.-C.).**

Son ambition éclata très tôt, bien qu'il fût d'obscure origine. Il sut se faire nommer stratège* unique de Syracuse en accusant d'abord les stratèges en place, pour être nommé avec de nouveaux stratèges, qu'il discrédita ensuite afin de rester seul. Il se fit alors attribuer une garde, grâce à laquelle il confisqua à son profit le pouvoir (406). Il sut se faire aimer à l'intérieur en conservant des apparences d'institutions démocratiques, et surtout par son action militaire. Il créa une flotte puissante, fortifia l'îlot d'Ortygie et construisit la forteresse Euryale. Toute son action se tourna alors contre les Carthaginois, maîtres d'une partie de la Sicile*, son ambition étant de former un empire unissant les villes de Sicile et les cités de la Grande-Grèce*. Sa vie ne fut qu'une suite de revers et de succès ; un jour il est maître de presque toute la Sicile, le lendemain il est assiégé dans Syracuse. De 390 à 379, il guerroie en Italie et soumet plusieurs cités, dont Crotone, établissant des colonies jusque sur la mer Adriatique. Revenu en Sicile, il est vaincu près de Palerme ; puis, de nouveau vainqueur, il porte ses armes aux extrémités occidentales de la Sicile. Comme tous les tyrans d'envergure, il protégea les arts et les lettres et attira à sa cour des hommes éminents comme Platon. Poète lui-même, il écrivit une tragédie, *la Rançon d'Hector*, qui, en 367, remporta le premier prix aux Lénéennes*, à Athènes*. En apprenant cette victoire, il se serait enivré de joie et on aurait profité de son sommeil pour l'assassiner.

devins. C'est surtout aux temps archaïques que les devins jouèrent un grand rôle dans la société grecque. La légende a surtout conservé les noms de Tirésias, de Calchas et celui de Cassandre, fille du roi Priam. En général, les devins étaient recrutés dans des familles où le don de la divination se transmettait héréditairement. Les Lamides d'Élis sont les plus célèbres, et à cette famille se rattachaient les Klytiades et les Telliades ; on les retrouve à Mantinée*, dans le Péloponnèse*, et en Grande-Grèce*. Les Spartiates portaient la plus grande estime aux devins, et les rois avaient leur devin toujours auprès d'eux. Mégistias accompagna Léonidas* aux Thermopyles*, et Lysandre* avait près de lui le devin Abas ; ceux-ci prirent même part aux réunions de la gérousia*. À Athènes* existait un collège des trois exégètes*. En Acarnanie, où l'on semble avoir particulièrement cultivé la divination, existait une famille descendant d'Acarnan, éponyme de la région qui descendait lui-même de deux célèbres devins mythiques, Mélampos et Amphiaraüs. Aristander, devin de Philippe* et d'Alexandre*, appartenait à une famille de devins établie à Telmessos, en Lycie (Asie Mineure).

Diacrie, région montagneuse et aride qui occupe le centre de l'Attique*.

Elle est constituée par les chaînes de l'Aigaléos du Pentélique, ou Brilessos, de l'Hymette du Parnès et des contreforts orientaux du Cithéron. Ses richesses sont les mines du Laurion et les marbres du Pentélique. Sur les 1 000 km^2 de cette région vivait un peuple de bergers et de petits cultivateurs ; à l'époque de Solon*, ces « montagnards » formèrent le parti des Diacriens, qui aida Pisistrate* à s'emparer du pouvoir.

diadoque. Ce mot, qui signifie « successeur », désigne plus particulièrement les anciens officiers d'Alexandre* le Grand, qui, à sa mort, entrèrent en lutte pour le partage de son empire. Ce sont Antigonos* Cyclops, Antipatros*, Cratère*, Eumènês* de Cardie, Lysimaque*, Perdiccas*, Ptolémée*, fils de Lagus, et Séleucos*.

diætètes, arbitres publics et privés à Athènes* → arbitrage pour les arbitres entre cités.

On ne sait à quand remonte leur institution. Ils étaient tirés au sort chaque année parmi les tribus*, mais on ne connaît pas leur nombre (104 au moins d'après une inscription de 324 av. J.-C.). Ils devaient avoir plus de soixante ans et étaient divisés en dix sections, qui siégeaient dans des emplacements particuliers, chaque section s'occupant des affaires d'une tribu. On portait devant eux les affaires sans grande gravité et on désignait un juge pour écouter les parties, qui payaient chacune une drachme de dédommagement. La décision du juge pouvait cependant être refusée et on portait l'affaire devant l'héliée*. Ainsi, les diætètes apparaissent-ils comme des juges de paix en regard desquels l'héliée aurait été une cour d'appel. À côté de ces magistrats soumis à la docimasie*, des particuliers pouvaient choisir d'un commun accord un arbitre pour les départager dans de minces litiges et ils acceptaient par avance la décision de cet arbitre ; celui-ci n'avait aucun caractère officiel, mais portait aussi le nom de diætète.

dikê, action judiciaire privée, différente de l'accusation publique dite « graphê* ».

Cette action pouvait avoir lieu contre quelqu'un ou pour quelque chose (contestation de propriété, revendication d'un bien...). Le demandeur se présentait, accompagné de deux témoins, devant le magistrat compétent, s'il y avait lieu en présence du défendeur, convoqué par assignation du demandeur. Si le magistrat admettait la plainte, il fixait un jour pour l'instruction, où les deux parties allaient se retrouver devant lui pour défendre leur position. Une fois les conclusions déposées, le débat s'ouvrait devant le tribunal des héliastes → héliée ; chaque partie présentait ses griefs ou sa défense, aidée par un logographe*, qui préparait le discours, ou secondée par un synégore*, qui résumait et complétait les arguments. Le temps des débats était réglé par la clepsydre*. L'exécution du jugement, rendu par le tribunal, était laissée aux parties, le perdant devant s'acquitter dans un délai fixé d'un commun accord. Les « dikê » pouvaient être extrêmement variées ; cependant il en était de nombreuses qui revenaient couramment. Les principales « dikê » sont : la *dikê aikias*, action pour voie de fait ; la *dikê kakêgorias*, pour injure ; la *dikê apostosiou*, pour ingratitude ; la *dikê kakotechnion*, pour manœuvre frauduleuse ; la *dikê asebias*, pour impiété, etc. ; il existait aussi, mais seulement à Sparte, la *dikê agamiou*, pour célibat, et la *dikê opsigamiou*, pour mariage tardif.

L'instruction de ces affaires durait souvent une année et plus. Cependant la loi voulait que, pour certaines actions, le jugement fût rendu dans le délai d'un mois : c'étaient la *dikê emporikê* entre commerçants pour affaires maritimes, la *dikê eranikai* pour des litiges entre associés, la *dikê proikos* pour les questions de dot, la *dikê metallikai* pour ce qui concernait l'exploitation des mines. Lorsque quelqu'un était condamné et refusait cependant les dommages à l'autre partie, celle-ci pouvait tenter une action exécutoire, la *dikê exoulês*, qui constituait son adversaire débiteur de l'État pour la même somme, ce qui autorisait l'Etat à intervenir par la saisie ; la contrainte par corps ne pouvait être demandée que par des marchands envers leur débiteur.

dîme. Les revenus des temples* consistaient en l'exploitation de terres, en opérations bancaires, en intérêts de prêts d'argent et en une dîme. Les Athéniens avaient établi des dîmes au profit du trésor* d'Athéna ; c'était le dixième du butin pris sur l'ennemi, des biens confisqués, de certaines amendes. À Délos*, le dieu percevait un droit de pêche de un dixième. Néanmoins, les dîmes étaient généralement des offrandes faites volontairement par les États ou les particuliers, souvent à la suite d'une victoire. À Athènes*, la statue de bronze d'Athéna Promachos et le cheval de bronze de l'Acropole* représentaient la dîme du butin fait à Marathon* ; après la victoire de Salamine*, les vainqueurs déposèrent à Delphes* la dîme du butin sous forme d'une statue portant la proue d'un navire ; un trépied d'or fut offert à Delphes après la bataille de Platées*. Hiéron de Syracuse, après sa victoire sur les Tyrrhéniens à Cumes, envoya à Olympie une partie des dépouilles des vaincus. Des gerbes d'or avaient été placées dans le trésor du Parthénon*, représentant le dixième des récoltes, l'or étant substitué aux céréales en nature. Après la deuxième guerre Médique*, un dixième des biens des Grecs qui s'étaient alliés aux Perses furent aussi donnés au temple de Delphes.

Diolcos, chemin de bois traversant l'isthme de Corinthe* et réunissant le golfe Saronique au golfe de Corinthe, et sur lequel on halait les bateaux. (Le Cypsélide* Périandre, à la fin du VIIe s. av. J.-C., avait, en vain, tenté de percer l'isthme, tentative reprise par Néron à l'époque romaine, avec aussi peu de succès.)

Dionysies, fêtes consacrées à Dionysos.

Elles revêtaient une grande importance, surtout en Attique*. La première de ces fêtes était appelée Oschophories. Elle avait lieu dans le mois de Pyanepsion → **calendrier** dans le dème* de Phalère. Commune à Dionysos et à Athéna, elle commençait par une course d'éphèbes* porteurs de pampres *(oschoi)*, suivie d'une procession accompagnée de chants et achevée par un sacrifice.

La seconde fête, beaucoup plus importante, avait lieu dans le mois de Poséidon. C'étaient les Dionysies champêtres, ou Petites Dionysies ; fêtes villageoises, elles se passaient à l'intérieur des dèmes, c'était surtout la fête des vignerons. Remerciant le dieu pour les récoltes obtenues, ils s'offraient toutes sortes de réjouissances. Une longue procession chantée *(komos)* était conduite par des canéphores* et par d'autres jeunes filles portant du vin, des pampres, des figues, et conduisant le bouc du sacrifice. Le cortège était fermé par les porteurs du phallus divinisé, symbolisant la fécondité de la terre. Après le sacrifice on se déguisait et on donnait des représentations mimant l'origine du dieu et de la vigne, qui étaient des sortes de farces improvisées. En évoluant, ces représentations ne paraissent pas avoir été étrangères à la naissance de la tragédie* et de la comédie*. Dans les villes d'importance secondaire, on jouait des pièces anciennes dans des théâtres de fortune.

Venaient ensuite les Lénéennes* au début de l'hiver et en février, les Anthestéries*. Au mois d'Élaphébolion, on fêtait les Dionysies urbaines ou Grandes Dionysies. Elles célébraient le triomphe du dieu sur l'hiver et la naissance du printemps, quand la vigne fleurissait. Elles duraient six jours. C'étaient les fêtes les plus brillantes, qui attiraient une foule nombreuse à Athènes. Des jeux*, des chœurs* dithyrambiques et des représentations théâtrales avaient lieu. L'organisation de la fête incombait au premier archonte*, aidé des épimélètes*. Le premier jour, on annonçait la liste des concours dramatiques et on présentait les candidats ; le lendemain, la magnifique procession solennelle se mettait en marche pour mener la statue de Dionysos au théâtre ; le jour suivant se déroulaient les concours dithyrambiques, et les trois derniers jours étaient données des tragédies et des comédies, pour la plupart inédites.

En dehors de l'Attique*, chaque région de la Grèce avait ses fêtes de Dionysos ; elles se déroulaient généralement une année sur deux, et les femmes* y tenaient des rôles importants. Les fêtes de Dionysos se passaient souvent dans un esprit d'enthousiasme voisin du délire : à Thèbes*, où les ménades erraient sur le Cithéron, à Tanagra, à Delphes*, à Argos*. Cependant, ce caractère orgiaque n'apparaît pas du tout à Athènes pendant les Grandes Dionysies.

dithyrambe, hymne exécuté par un chœur de satyres en l'honneur de Dionysos.

Certains auteurs ont pensé trouver dans le dithyrambe l'origine de la tragédie*. À l'époque classique, le dithyrambe, présenté dans des concours à l'occasion des Dionysies*, était exécuté par un chœur*, et le chorège* recevait un trépied. Le dithyrambe possédait action dramatique et dialogue, mais la danse* et la musique* restaient prépondérantes, la poésie n'apparaissant que comme le support de la musique. Il ne nous reste plus que des titres de dithyrambes.

divination. La divination prétend connaître la pensée divine et, par ce moyen, l'avenir, que ne peut ignorer cette pensée. Pour le devin* tout est moyen de divination, et les Grecs ont ainsi cultivé toutes les sortes de divination depuis la plus lointaine époque. On ne peut citer toutes les mantiques, qui vont de l'*ooscopie,* divination par l'observation de la manière dont éclate un œuf placé sur une flamme, à la *kaskinamantie,* qui, grâce à un sas, permet de découvrir un voleur ou de savoir comment guérir une vache malade. Les plus importantes mantiques étaient : l'*ornithomancie,* prédiction par l'observation des oiseaux, dont on attribuait l'invention à Tirésias ; la *cléromancie* où l'on interprétait l'avenir grâce à des dés ou à des pierres de couleur, ce qui, paraît-il, se pratiquait à Delphes* ; la divination par l'observation des entrailles des animaux sacrifiés ; l'astrologie, qui connut la plus grande vogue, ainsi que la *chiromancie,* l'*oniromancie,* divination par les songes, qui était pratiquée dans le sanctuaire d'Épidaure en particulier ; la *nécromancie,* par laquelle on interrogeait les ombres des morts.

Les phénomènes les plus divers, naissance de monstres, phénomènes célestes, éclipses, statues transpirant ou saignant, tout était signe. L'interprétation était faite par les particuliers, mais surtout par les devins, à côté desquels il faut placer les chresmologues*. On n'entreprenait aucune action de quelque importance sans avoir consulté les dieux de cette manière et c'est au mépris de ce soin qu'étaient attribués les échecs.

divorce. À Athènes*, si le divorce se faisait d'un consentement mutuel, l'épouse reprenait sa dot avec sa liberté. Les hommes avaient le droit de répudier leur femme* ; il leur suffisait de rendre la dot, à moins que la cause n'en fût un adultère, la loi les autorisant alors à conserver la dot ; en cas d'adultère, la répudiation par le mari était presque une obligation. En revanche, si la femme désirait divorcer, elle devait remettre à l'archonte un mémoire et il prononçait le divorce s'il pensait qu'il y avait des raisons suffisantes. À Sparte*, on n'a d'exemples de répudiations que pour des raisons de stérilité, toujours attribuée à la femme.

Dodone → oracles.

docimasie, examen auquel étaient soumis à Athènes* les magistrats avant d'entrer en fonction, les cavaliers et les naturalisés.

Par cette enquête, on vérifiait la moralité du nouveau magistrat, son droit de cité, etc. Cet examen était fait sous la direction des thesmothètes* devant la boulê* et les tribunaux*. Les magistrats municipaux y étaient aussi soumis. La docimasie des cavaliers consistait en l'examen de leurs chevaux et de leur fortune pour voir s'ils étaient toujours capables d'entretenir leur monture et de s'équiper. On l'appliquait enfin aux naturalisés afin de vérifier s'ils étaient dignes d'être citoyens.

Doriens. Selon la tradition légendaire, l'ancêtre mythique des Doriens était Doros, fils d'Hellen, lui-même fils de Deucalion et Pyrrha ; Doros était frère d'Éolos et de Xouthos → **Achéens, Éoliens, Hellade, Ioniens**. Les questions de l'origine des Doriens, de leurs relations avec les divers autres peuples de la Grèce dont la tradition a fait de proches parents, de leurs rapports réels avec ceux qu'une autre tradition légendaire appelle les Héraclides (ou descendants d'Héraclès, chassés d'Argolide puis revenus dans le Péloponnèse réclamer leur héritage), de la manière dont ils se sont introduits et comportés dans le monde mycénien, restent toujours discutées et en suspens. Ce qui apparaît avec certitude, c'est qu'ils ne surgissent dans le monde mycénien qu'à une époque tardive, qu'ils sont quasiment inconnus des poèmes homériques, et que, à l'orée de la période qu'on peut qualifier d'« historique », soit au début du Ier millénaire, on les trouve solidement établis dans le Péloponnèse, en Crète et ailleurs encore. D'autre part, ils ne semblent pas avoir été les seuls à s'imposer au monde mycénien en déroute. Au début de son *Histoire de la guerre du Péloponnèse,* Thucydide, dans cette mise en place qu'on a appelée son « archéologie », rend compte, dans une certaine mesure, de ces complexes mouvements de peuples et, s'il nous apprend que les Doriens s'emparèrent du Péloponnèse* sous la conduite des Héraclides quatre-vingts ans après la prise de Troie, il note aussi que la Béotie*, autrefois appelée Cadméïde, reçut son nom des Béotiens, chassés d'Arné par les Thessaliens soixante ans après la prise de Troie.

Les Doriens étaient des Indo-Européens, ou, en tout cas, un peuple ayant adopté un dialecte grec de caractère indoeuropéen, et semblent avoir formé la dernière grande vague des proto-Grecs. Tandis que les Achéens, les Ioniens et les Éoliens avaient occupé la Grèce primitive, habitée par des populations non indo-européennes, au contact desquelles ils s'étaient affinés, créant ainsi la civilisation dite « mycénienne », les Doriens semblent s'être attardés dans les Balkans et dans les montagnes de l'Épire. Sans doute ils commencèrent par s'infiltrer d'une manière plus ou moins pacifique dans la Grèce achéenne, et il semble que soudainement, vers la fin du XIIe s. av. J.-C., ils envahirent brutalement le Péloponnèse, détruisant la civilisation mycénienne. On leur a, jadis, attribué la destruction des divers palais mycéniens (Pylos, Tirynthe, Mycènes...). En réalité, les destructions des palais et des cités mycéniennes s'étagent sur plusieurs décennies, parfois se renouvellent après des essais de reconstruction, de sorte qu'il est impossible de décider des responsabilités. La tradition dite légendaire, qui a conservé le souvenir des guerres entre les cités mycéniennes (la plus célèbre est celle des Sept contre Thèbes) doit nous porter à supposer que quelques-unes de ces destructions peuvent avoir été dues à des guerres entre cités. Néanmoins, des fortifications comme celles dont on a retrouvé des éléments sur l'isthme de Corinthe permettent de supposer que les Achéens, ou en tout cas les Corinthiens et les Argiens, songèrent par là à se protéger d'un danger venu du nord. Il ne faut pas non plus négliger des traditions comme celle d'Héraclès détruisant Pylos. Ce sont peut-être là des témoignages d'une invasion armée des Doriens. Il reste acquis qu'ils occupèrent la plus grande partie de la Grèce, excepté l'Attique, où se réfugièrent les Achéens, venus de partout, et plus particulièrement de Pylos ; même la Crète, malgré son insularité, ne fut pas épargnée, ni les îles de l'Égée. Les Achéens, comprimés sur le petit territoire de l'Attique, auraient alors émigré par mer vers l'Asie Mineure et fondé les cités de l'Ionie, tandis que les Éoliens, fuyant la Béotie, s'établirent près des Ioniens d'Asie dans ce qui deviendra l'Éolide. Cependant, les Doriens eux-mêmes suivirent les émigrants et donnèrent leur nom à la partie méridionale des côtes d'Asie Mineure, la Doride. Une autre Doride se constituera au sud de l'Œta, voisine de la Béotie et de la Phocide, qui passera pour la « métropole » des Doriens.

La force des Doriens tenait à deux choses : c'était un peuple rude et guerrier, mais, surtout, d'une grande supériorité en matière d'armes ; alors que les Achéens ne connaissaient encore que les armes de bronze, les Doriens étaient munis de la lance et de l'épée de fer, sans doute empruntées aux peuples balkaniques (qui eux-mêmes les avaient connues par les armuriers d'Asie Mineure). Néanmoins, si l'archéologie confirme l'apport, dans tout le monde grec, de nouveautés comme les armes et les objets en fer, la fibule, l'incinération des morts et les formes géométriques dans la décoration des céramiques, on ne sait dans quelle mesure ces apports peuvent être attribués aux Doriens. Il semblerait plutôt que les Doriens n'aient fait qu'adopter des modes nouvelles venues des régions balkaniques où ces caractères précèdent leur apparition en Grèce.

Les Doriens, tels qu'ils nous sont connus à l'époque historique, étaient divisés en trois tribus (Hylleis, Dymanes et Pamphyloi), qui vont se retrouver dans toutes les cités doriennes, bien que, souvent, ils aient admis les indigènes dans une ou deux tribus nouvelles. Dans les pays conquis, ils formèrent parfois une caste guerrière, et les anciens habitants furent réduits au servage* ; ce fut le cas en Crète*, en Laconie*, en Thessalie ; mais, ailleurs, les différences entre maîtres et sujets étaient imperceptibles ou bien le mélange des populations était si intime et les caractères des conquérants et des indigènes s'étaient si profondément amalgamés, que seuls la tradition et des éléments secondaires faisaient assimiler ces peuples aux Doriens : ainsi en Épire, en Étolie, en Phocide, à Égine*, où les Doriens devinrent des marins, de même qu'à Corinthe*, cité commerçante et peu guerrière. Cependant, les caractères du dorisme étaient suffisamment marqués pour qu'un lien ait subsisté entre les États doriens. La guerre du Péloponnèse* apparaîtra comme une lutte entre Doriens et Ioniens. Cette bipolarité dorisme-ionisme se retrouve toujours au sein de l'hellénisme : en architecture, dans les arts plastiques, dans la poésie et la musique, dans les conceptions de l'existence, dans les variétés dialectales.

L'invasion dorienne paraît donc liée à un renouvellement de la civilisation de la Grèce. La brillante civilisation créto-mycénienne disparaît, peut-être moins brutalement qu'on a pu le penser, mais ce qui en subsiste en Ionie et parmi les peuples soumis va être puissamment fécondé par le nouvel apport dorien et à la suite d'une période obscure de gestation, qu'on a appelée le Moyen Âge grec : c'est le mariage de tous ces possibles qui donnera le jour à cette civilisation grecque qui va atteindre la perfection de son objet.

Douris, peintre et potier (Athènes, fin VIe s.-début Ve s. av. J.-C.).

Quoique ayant signé des coupes en tant que potier, Douris est avant tout un peintre qui a orné des coupes estampillées par d'autres potiers. De tous les peintres de vases, c'est celui dont nous possédons le plus d'œuvres (environ une trentaine). C'est, avec Euphronios*, l'un des plus grands peintres de la figure rouge du style dit « sévère » ; mais ou remarque chez lui de grandes inégalités dans la production et des manières différentes selon l'époque de sa carrière. Dans certaines œuvres, on a pu le taxer de timidité, de rigidité ; on lui a reproché de rester attaché aux traditions dépassées, voire de plagier d'autres peintres, et de fait, on est souvent frappé par sa sécheresse et l'archaïsme de certaines de ses représentations. Mais cet homme, qui était sans doute d'une immense fécondité et qui pouvait peut-être parfois bâcler des œuvres de commande, nous a laissé des ouvrages d'une vie et d'une grâce incomparables, témoignant d'un sens du tragique et du pathétique qui touchent au mysticisme religieux et côtoient un réalisme burlesque. Ces qualités exceptionnelles permettent de le comparer à ces grands tragiques athéniens qui, dans leur tétralogie, touchaient au sublime pour s'échapper vers un truculent burlesque dans le drame satyrique.

Dracon, **législateur athénien (Athènes, seconde moitié du VIIe s. av. J.-C.).**

L'Attique* était alors déchirée par des luttes opposant les puissantes familles. La justice était une affaire de famille, et les crimes appelaient une vengeance qui provoquait un enchaînement de crimes. Sous l'archontat d'Aristaichmos, l'un des thesmothètes*, Dracon, se vit confier la mission de publier et de mettre en place le travail de codification entrepris depuis quelque temps par les thesmothètes.

La sévérité de son code, le premier que connut Athènes, est restée légendaire, car la mort punissait des injures qui nous paraissent mineures. Cependant, il faut se replacer dans le temps de violence où vivait Dracon pour comprendre la portée de ses lois. Afin de retirer aux familles puissantes le droit de vengeance, il fallait leur donner l'assurance d'une vengeance suffisante exercée par la société. Tout en donnant satisfaction aux familles outragées, la sévérité de ces lois retenait les criminels et, en outre, elle désintéressait tous les membres d'une famille à la vengeance d'un seul des leurs, favorisant ainsi le droit individuel : l'État s'alliait à l'individu pour le soustraire à l'emprise du génos* et pour lui donner le sentiment de sa personne et de son indépendance ; là réside la grandeur de l'œuvre de Dracon.

On lui doit surtout d'avoir fait dans le droit criminel la distinction entre le meurtre volontaire et l'homicide involontaire.

E

Eaux. Les régions montagneuses de la Grèce étaient riches en sources, mais l'eau faisait parfois défaut quand les cités étaient sises en région sèche. Les villes situées au bord de rivières, comme Sparte* près de l'Eurotas, ne subissant pas ce régime d'assèchement et de périodes torrentielles courant sur les rives de la Méditerranée, ne connaissaient pas de difficultés pour l'alimentation en eau. Mais de nombreuses cités, et plus particulièrement celles qui s'élevaient sur des hauteurs rocheuses, n'étaient guère alimentées que par les citernes qui recueillaient l'eau de pluie. Les maisons particulières possédaient leur propre citerne, et on aménageait en plus de vastes citernes pour ceux dont les habitations en étaient dépourvues. L'alimentation en eau de nombreuses villes se faisait par des fontaines publiques. Celles-ci provenaient de la captation immédiate d'une source, comme la fontaine Kallirhoé à Athènes*, mais l'extension des villes obligea d'aller chercher l'eau à des sources lointaines grâce à des aqueducs ; ainsi, au VIe s. av. J.-C., les Pisistratides* adjoignirent à la source Kallirhoé l'eau amenée par un aqueduc de 4 km, ce qui leur permit de diviser le débit en neuf bouches, d'où le nom d'Ennéakrounos, donné depuis lors à cette fontaine.

Fontaines et aqueducs étaient placés sous la surveillance d'épimélètes* et on encourait des peines très sévères lorsqu'on polluait les eaux en s'y lavant ou en y faisant boire les bestiaux.

ecclésia, l'assemblée du peuple à Athènes*.

Tout citoyen qui jouissait de tous ses droits était tenu d'y participer, mais les habitants des dèmes* éloignés d'Athènes et les riches ennemis de la démocratie ne pouvaient y paraître, ou évitaient de le faire pour marquer leur désapprobation. Afin de lutter contre l'abstentionnisme, au début du IVe s. av. J.-C., l'État distribua des jetons de présence qui rapportaient une, puis trois oboles *(misthos ecclesiastikos)*. Du temps de Solon*, l'ecclésia se réunissait une ou deux fois par an mais, à l'époque classique, il y avait à chaque prytanie* une assemblée régulière *(kyria ecclêsia)* et deux ou trois assemblées légales pour parvenir à liquider toutes les affaires *(nominai)* ; à quoi il faut ajouter les assemblées extraordinaires *(synclêtos ecclêsia)* lorsqu'une affaire importante n'avait pu être conclue dans le cours d'une assemblée, ou bien dans des cas exceptionnels comme la menace d'une invasion.

L'ecclésia se réunissait d'abord sur l'agora*, et ce ne fut qu'à la fin du VIe s. qu'on aménagea la colline de la Pnyx ; au milieu du IVe s., lorsque fut terminé le théâtre de Dionysos, le peuple prit l'habitude de s'y réunir ; quelques séances extraordinaires se tinrent aussi au Pirée.

L'ecclésia détient en principe tous les pouvoirs (législatif, délibératif, judiciaire) et la nomination des magistrats. Elle écoute les rapports des magistrats et passe les décrets ; c'est elle qui déclare la guerre, règle les opérations militaires, décide la paix. En collaboration avec les nomothètes* et la boulê*, elle promulgue les lois. Elle surveille les magistrats, après les avoir élus, et, à chaque prytanie, ils viennent rendre compte de leur gestion et peuvent être destitués. C'est elle encore qui vote l'ostracisme* et qui donne le droit de cité* à un étranger qui veut être naturalisé, ou le rend à un citoyen frappé d'atimie*. C'est elle, enfin, qui est saisie des actions judiciaires appelées eisangélia* et probolê*.

L'assemblée est convoquée par les prytanes, qui dressent l'ordre du jour et l'affichent quatre jours à l'avance ; le président est l'épistate* des prytanes, assisté d'un héraut* et d'un secrétaire. La police est faite par des archers scythes, esclaves de l'État, qui ont leur caserne près de l'Aréopage*. Au IVe s., les citoyens font la police eux-mêmes, et au IIe s. ce sont les éphèbes*. N'importe quel citoyen peut prendre la parole, bien qu'en général ce ne soit que les orateurs, chefs de partis, qui montent à la tribune. L'orateur est couronné de myrte et considéré comme sacré. S'il veut présenter un amendement ou un contre-projet, il doit cependant le faire par écrit. Un citoyen frappé d'atimie* qui monte à la tribune peut être condamné à mort. Une proposition qui paraît illégale peut aussi être attaquée par n'importe quel citoyen en vertu de l'accusation appelée « graphê* paranomon ». À la fin de la séance, les prytanes mettent les questions au vote, qui se fait à main levée, sauf dans certains cas, comme pour les votes d'ostracisme.

éclairage. La torche, faisceau de brandons d'un bois résineux enduit de résine, était un des moyens d'éclairage utilisés depuis la plus haute antiquité, mais, à l'époque historique, elle servait surtout au cours des fêtes religieuses ou pour s'éclairer dans les rues. Les lampes étaient utilisées dans le monde préhellénique, mais elles ne semblent plus avoir été confectionnées à la suite de l'invasion dorienne. Les fouilles archéologiques n'ont, en effet, rendu aucun objet susceptible d'avoir pu servir de lampe entre la fin de l'époque mycénienne (Mycénien III C) et les dernières décennies de la période Protogéométrique. Il semble que, le foyer central qui éclairait la nuit les demeures comprenant souvent une seule salle et les torches aient suffi aux besoins des habitants.

Les lampes étaient faites des matières les plus diverses, mais la plupart d'entre elles étaient en bronze ou en terre cuite. Elles affectaient en général des formes de nacelles, mais leurs détails pouvaient varier à l'infini. Elles se composaient toujours d'un réservoir et d'un ou de plusieurs becs. Des figures et des ornements étaient modelés ou gravés sur les flancs et le dessus des lampes. On mettait de l'huile dans le réservoir, et des mèches sortaient de chacun des becs : chaque lampe en avait, en général, deux ou trois, mais pouvait en présenter jusqu'à vingt et former un véritable lustre. Les lampes étaient placées sur des trépieds ou sur des tablettes fixées aux murs ; parfois on les suspendait contre les murs ou au plafond. À l'époque hellénistique ou romaine, certaines villes ont été en partie éclairées la nuit, sans doute à l'aide de torches et de lampes : il en était ainsi de Syracuse et d'Antioche*.

école. Les écoliers se réunissaient parfois en plein air, mais plus souvent dans des lieux couverts, dont on connaît mal l'architecture. Ces locaux étaient souvent la maison du maître, grammatiste ou cithariste, ou un édifice mis à leur disposition par le dème* ; ce pouvait être aussi dans une partie de la palestre* où les écoliers se retrouvaient déjà pour pratiquer les exercices physiques, ou encore dans un bâtiment construit et entretenu par des riches, soit de leur vivant, soit par legs. Ainsi, à Téos, en Asie Mineure, un citoyen légua ses biens à la ville pour l'organisation d'un gymnase* ; selon sa volonté le gymnasiarque devait être élu par le peuple ; un paidonome l'assistait pour surveiller les élèves et recevoir les réclamations des professeurs ; nous sommes ici à une basse époque (fin du IVe s. av. J.-C.), et cet établissement était ouvert aux filles comme aux garçons. Il y avait trois grammatistes, un cithariste et deux pædotribes : ces maîtres étaient élus par le peuple pour un an, et le gymnasiarque nommait en outre un maître d'armes et un professeur pour le tir à l'arc et le lancement du javelot. Les élèves étaient soumis régulièrement à des examens. → **éducation**.

À côté de ces établissements qui correspondaient en gros à nos écoles primaire et secondaire, il y avait les écoles de philosophie et de rhétorique. Les maîtres étaient des philosophes ou des orateurs, souvent célèbres ; ils prenaient des élèves et formaient des disciples, qui leur succédaient ou ouvraient d'autres écoles : ainsi l'école de rhétorique d'Isocrate*, l'Académie* de Platon*, le Lycée* d'Aristote*.

écriture. En général, on écrivait sur des tablettes de bois ou d'ivoire recouvertes sur une face de cire noircie. Ces tablettes étaient réunies par des anneaux et parvenaient à former une sorte de livre, mais, le plus souvent, elles n'étaient que doubles et se fermaient en opposant les deux faces couvertes de cire. On écrivait avec un stylet qui, aplati à une extrémité, permettait aussi d'effacer en grattant la cire. Ces tablettes servaient aux écoliers, mais également pour la correspondance ou la comptabilité. On écrivait encore sur papyrus ou sur parchemin à l'aide d'un calame, roseau taillé en pointe, et d'encres de couleur, contenues dans des encriers en terre cuite ou en métal. Sans doute, ces matériaux étaient-ils utilisés pour les lettres ou par des écoliers, mais c'est en général aux livres* qu'étaient destinées ces feuilles précieuses.

éducation. L'éducation a varié en Grèce selon les époques, les cités et les classes de la société.

Chez les Doriens* de Crète* et de Sparte*, l'individu appartenait à l'État, et son éducation était orientée vers cette fin communautaire, alors que, à Athènes* et à l'époque hellénistique, les parents avaient la liberté de l'éducation de leurs enfants, dont on cherchait avant tout à faire des hommes complets (pour les filles, → **femmes**).

En Crète, jusqu'à quatorze ans, l'enfant, appelé *skotios*, sans doute à cause de l'obscurité dans laquelle il était tenu, restait auprès de ses parents, où il devait apprendre les rudiments du savoir. À quatorze ans l'État le prenait en charge. Il était pendant deux ans *apagelos* (c'est-à-dire sans *agelê*, « groupe d'adultes »), mais il assistait aux repas publics pour servir les hommes. Il entrait ensuite dans une *agelê* et devenait ainsi *agelos*, il prenait alors part aux exercices dans les gymnases* des jeunes gens : course, tir à l'arc, danse* armée, exercices militaires. Cet entraînement se poursuivait d'ailleurs après la majorité.

À Sparte, à la naissance, l'enfant était présenté aux anciens de sa tribu, qui décidaient s'il vivrait ou serait exposé → **exposition des enfants**. Dans le premier cas, il restait auprès de sa mère jusqu'à sept ans, puis il appartenait à l'État. Jusqu'à vingt ans, il subissait l'*agôgê*, éducation collective dont le but était d'inculquer les vertus militaires et civiques. Les enfants d'un même âge étaient formés en groupes *(ila)*, plusieurs *ilai* unies formant une *boua*, ces sections étaient dirigées par l'*ilarque* (chef d'une *ila*) et par le *bouagos* (chef de la *boua*) élus parmi les aînés *(iranes)*. Ceux-ci dirigeaient les exercices sous la surveillance du *pædonome*, haut magistrat, assisté des *bidéens*, moniteurs, et des *mastigophores*, armés du fouet. Jusqu'à douze ans, l'enfant, vêtu du même chiton*, passait dans les différentes classes selon son âge. À douze ans, il devenait *paideïs* et s'élevait par échelons jusqu'à devenir *mellirane* de seize à vingt ans. Il revêtait le *tribon*, manteau court, et couchait sur un lit de roseaux. L'éducation, faite surtout d'exercices de gymnastique, était tournée vers la formation morale et civique ; à côté d'une instruction très élémentaire, on enseignait aux adolescents la musique, la poésie, la danse. De dix-huit à vingt ans, ils participaient à la cryptie*, puis, pendant deux ans encore, ils étaient *iranes*, devenant ainsi les moniteurs de leurs cadets avant d'entrer dans la société des citoyens.

À Athènes, les jeunes gens étaient élevés par leurs parents jusqu'à dix-huit ans. Ils restaient jusqu'à sept ans dans le gynécée*, où la mère leur enseignait les premiers rudiments du savoir, avant d'être confiés aux maîtres, qui tenaient librement école* et dont le but était de faire un homme *kalos kagathos**. L'État n'intervenait pas dans l'éducation, sinon qu'il prescrivait aux parents d'apprendre à leur enfant à nager, exercice qui était nécessaire pour un peuple de marins, à lire, afin qu'il puisse prendre connaissance des lois et participer au gouvernement de l'État, et à former ses muscles dans les palestres. Les pauvres s'en tenaient à ces éléments. Chez le grammatiste, l'enfant apprenait à lire, à écrire et à compter. Au bout de trois ans, il étudiait les poètes anciens, apprenait des vers par cœur, et recevait les rudiments des mathématiques*. Auprès du cithariste, il apprenait à jouer de la lyre et de la flûte, à chanter et, sans doute, à danser : ainsi ne pouvons-nous être surpris que, bien souvent, des citoyens sans aucune spécialisation aient figuré dans les chœurs. Enfin, le pædotribe était leur maître de gymnastique.

Cet enseignement durait jusqu'à seize ans, bien que les pauvres aient retiré avant cet âge leurs enfants pour leur faire apprendre un métier. Les jeunes gens aisés poursuivaient souvent leurs études jusqu'à l'âge de l'éphébie*. Ils étudiaient auprès des sophistes toutes les disciplines ou se groupaient autour de maîtres célèbres, qui leur enseignaient la philosophie, la rhétorique, les mathématiques.

À l'époque hellénistique*, l'enseignement était proche de celui qui était dispensé à Athènes, cependant que l'étude de la cithare perdait de son importance. On ajouta souvent l'enseignement du dessin, mais le domaine des études supérieures s'élargissait. Les écoles de philosophie* se développèrent, et on apprenait les sciences auprès de maîtres éminents : mathématiques, astronomie*, mécanique. Certaines écoles philosophiques, comme le Lycée*, dispensaient toutes les sciences, y compris la zoologie et la botanique*. En quittant l'éphébie, les jeunes Athéniens continuaient souvent de suivre les leçons des philosophes.

Égine, petite île montagneuse à l'entrée du golfe Saronique.

Elle ne possède que sur sa côte ouest une petite plaine cultivable, où s'éleva une cité du même nom. Sa situation en fait une thalassocratie à l'époque archaïque. Habitée à l'époque préhellénique par les Myrmidons, elle fut occupée par les Doriens*, qui s'amalgamèrent à la population primitive. Il ne put s'y établir d'aristocratie foncière, et ses habitants furent « industriels », armateurs, négociants ou marins. Rattachée à l'époque archaïque au royaume d'Argos*, elle en était le centre commercial, et le roi Phidon y établit un atelier de monnaie*. Indépendante après Phidon, elle ne connut jamais la tyrannie et entra dans l'amphictyonie* de Calaurie. Sa monnaie, frappée d'une tortue, servit d'étalon : elle était répandue de l'Asie Mineure à l'Italie et de l'Égypte à la mer Noire.

Égine exportait ses produits manufacturés, qui firent sa richesse : vaisselle courante, quincaillerie et bimbeloterie en cuivre et en fer, appelés article d'Égine, œuvres d'art de ses bronziers. Elle employait dans ses ateliers des dizaines de milliers d'esclaves* et allait chercher sa matière première et ses denrées alimentaires à travers toute la Méditerranée. Elle fit de son port un port franc, ouvert à tous les étrangers. Avec Corinthe* et Samos, Athènes* était sa grande rivale. Elle partagea avec la dernière cité l'honneur de la victoire de Salamine* mais, en 458 av. J.-C., elle s'allia à Corinthe contre Athènes ; l'année suivante, Athènes l'occupa, en chassa la population et y installa des clérouquies*. Les Spartiates rendirent l'île à ses propriétaires, mais elle avait perdu toute son importance. À la fin du IIIe s. av. J.-C., elle fut intégrée à la ligue Achéenne* puis subit le sort de la Grèce romaine. On y célébrait des jeux en l'honneur d'Éaque, premier roi mythique de l'île, et on conservait les couronnes gagnées à ces concours dans le temple d'Athéna Aphaia, dont les restes comptent parmi les plus belles ruines de la Grèce.

eisangélia, action destinée à réprimer les crimes politiques.

Pour cette raison, elle était directement portée devant les assemblées politiques : la boulê* et l'ecclésia*. La corruption par l'ennemi, la trahison, les complots, toutes les relations avec un pays ennemi imputables à un citoyen étaient du ressort de l'eisangélia. L'accusateur remettait sa plainte écrite à la boulê*, qui, si elle la retenait, fixait une séance contradictoire entre l'accusé et l'accusateur ; un vote suivait, qui acquittait l'accusé, sinon il était déféré devant l'ecclésia ou l'héliée*, les thesmothètes* dirigeant les débats. Ceux-ci consistaient dans le développement de l'accusation, puis la défense de l'accusé, suivie d'un vote. Le jugement était exécutoire sans délai. Si l'accusé était acquitté, l'accusateur n'encourait aucune peine. Ce nom était encore donné à une action simple portée devant les tribunaux ordinaires pour mauvais traitements exercés par des tuteurs sur des orphelins ou par un mari sur une femme épiclère*.

eisphora, le seul impôt direct frappant les citoyens d'Athènes*, mais ayant un caractère extraordinaire.

Cléon* leva le premier une *eisphora* de 200 talents ; au siècle suivant (IVe s.), un impôt de ce genre fut plusieurs fois utilisé par l'État, mais il conservait son caractère exceptionnel, en général comme contribution de guerre. Il semble d'abord avoir grevé les immeubles et peut-être le revenu ; il toucha ensuite le capital que possédait tout citoyen ou métèque*. Il était perçu par des fonctionnaires tirés au sort *(eclogeis)*, puis, après 362, on établit la *proeisphora* : on choisit les trois cents plus riches citoyens, qui durent avancer la somme fixée par l'État, à charge pour eux de se faire rembourser par les autres contribuables ; la *proeisphora* fut alors considérée comme une liturgie*.

Éleusis, ville et dème de l'Attique, à l'ouest d'Athènes*, à laquelle ils étaient reliés par la voie sacrée.

Sise dans une riche petite plaine, appelée plaine Thriasique, en bordure de mer, où se cultivaient les céréales, le site fut occupé de très bonne heure. Avant le synœcisme*, Éleusis formait l'une des douze cités confédérées où régnait Eumolpe, roi-prêtre, dont les descendants, les Eumolpides, conservèrent la mainmise sur le culte de la cité. Elle lutta contre Athènes, qui l'annexa au VIIe s. av. J.-C. et en fit un dème*. Détruite par Archidamos, roi de Sparte*, au début de la guerre du Péloponnèse*, elle se releva aussitôt et resta florissante jusqu'à la fin de l'Empire romain. Sa célébrité lui vint de son culte de Déméter et de Coré, dont les mystères* étaient une institution nationale. Déméter était la déesse du blé, qui fécondait les champs, et sa fille Coré, assimilée à Perséphone, accueillait les morts dans les Enfers. Ce culte, sans doute d'origine créto-égéenne, se célébrait dans le secret du temple et n'était réservé qu'aux initiés, cependant que les fêtes qui se déroulaient à l'extérieur du sanctuaire étaient ouvertes à tous. D'abord culte agraire de fécondation de la terre, les mystères devinrent, peut-être sous l'influence de l'orphisme*, une sorte de religion de salut : l'initié qui assistait au spectacle symbolique de l'Hadès recevait la promesse d'une survie heureuse dans l'au-delà. Les mystères étaient ouverts à tous les Grecs sans distinction de classe ou de sexe ; les esclaves* y étaient admis s'ils étaient d'origine grecque, et les Barbares devaient se faire naturaliser pour pouvoir y participer. Celui qui voulait se faire initier devait être présenté à un fonctionnaire sacerdotal par un Athénien déjà initié, qu'on appelait « mystagogue ». S'il était accepté, il participait d'abord aux petits mystères, qui se célébraient à Agra, faubourg d'Athènes, au mois d'Anthestérion → **calendrier**. Les candidats étaient purifiés avec l'eau de l'Ilissos, qui passait près d'Agra, et préparés à l'initiation par les mystagogues. Devenus alors mystes, ils devaient se présenter six mois plus tard pour les cérémonies d'initiation des grands mystères qui débutaient le 13 Boédromion. Ce jour, les éphèbes* allaient chercher à Éleusis les *hiéra,* objets sacrés dont nous ignorons la composition, qui, voilés, étaient ramenés le lendemain en grande pompe dans l'Eleusinion d'Athènes, en une procession marquée par les *géphyrismes,* quolibets que des gens lançaient lors du passage du pont du Céphise. Le jour suivant, appelé *agyrmos* (réunion), on réunissait sous un portique d'Athènes (le *poecile*) tous les mystes, et l'archonte*-roi invitait à s'éloigner tous ceux qui étaient impurs, souillés de quelque crime ou même frappés d'atimie* ; puis le hiérophante*, assisté du dadouque, prononçait solennellement l'exclusion de ces gens impurs et des

Barbares. Le 16, les mystes se purifiaient en se trempant dans la mer avec un cochon de lait, qui était ensuite sacrifié. Les deux jours suivants avaient lieu les Épidauries, fêtes consacrées à Asclépios, pendant lesquelles il y avait des purifications et des sacrifices; on recevait encore ce jour-là les mystes arrivés en retard. Le 19, avait lieu la grande procession qui ramenait les hiéra à Éleusis. Iacchos (Bacchus) était associé à cette procession, qui, pendant une journée, prêtres en tête suivis des mystes et de toute une foule, parcourait la voie sacrée, faisant de nombreuses stations à divers endroits, avec danses, chants et sacrifices. On arrivait le soir à Éleusis à la lueur des flambeaux.

Après une nouvelle journée de purifications commençait la partie secrète des mystères à l'intérieur du temple d'Éleusis, appelé « Télestérion », et à laquelle ne participaient que les initiés et les mystes. Ces cérémonies se déroulaient pendant les nuits des 21 et 22 et peut-être celle du 23 Boédromion. On y mimait sans doute l'histoire de Déméter à la recherche de sa fille et le retour à la lumière de celle-ci, puis on figurait le mariage sacré de Zeus et Déméter. Peut-être les mystes simulaient-ils les tâtonnements de l'âme à la recherche de la lumière, qui éclatait soudain, peut-être lors du seul rite dont nous avons connaissance, au cours duquel l'hiérophante coupait en silence l'épi sacré. À ce spectacle, fait de symboles, et à cette quête des mystes, se joignaient sans doute des paroles révélatrices. Le myste ressortait initié, sous le nom d'« épopte ». Ces mystères possédaient un caractère si profondément sacré que Pausanias*, le périégète, alors qu'il nous a laissé tant de détails sur les divers sites et sanctuaires de la Grèce, ne fait que mentionner le temple d'Éleusis avec une sorte de terreur religieuse, sans même oser en décrire l'aspect. La divulgation des mystères était passible de mort et Eschyle, accusé d'en avoir révélé une partie, n'échappa à la condamnation que parce qu'il put prouver qu'il n'avait pas été initié.

élevage. L'élevage a eu chez les Grecs une aussi grande importance que l'agriculture*. À l'époque homérique, c'était la plus grande richesse des nobles et des rois, qui possédaient d'immenses troupeaux, qu'on ne retrouvera plus à l'époque historique.

Le porc était l'animal le plus commun, surtout en Attique*, où on l'engraissait avec soin. Les brebis et les chèvres étaient élevées pour leur lait dont on faisait une grande consommation, surtout pour la fabrication des fromages; on mangeait peu de mouton, car la laine servait à faire les vêtements. Le lait de vache n'était guère consommé, la vache étant surtout destinée à la reproduction et le bœuf aux labours; ces animaux étaient aussi destinés aux sacrifices* au cours de certaines cérémonies. L'élevage des volailles était peu développé. L'âne et le mulet étaient très répandus; ils servaient comme animaux de bât : l'âne tournait les roues des moulins, le mulet portait les bagages dans les armées. On les montait ou on les attelait à la charrue ou à une charrette. Le lait d'ânesse servait de boisson. Le cheval, introduit en Grèce au début de l'époque mycénienne (sans doute vers le XVIIe s. av. J.-C.) depuis les Balkans, était utilisé comme animal de trait ou comme monture, pour la chasse et surtout dans les armées. Les Grecs n'ont connu longtemps que des chevaux hongres, qui vivaient en demi-liberté, ce n'est qu'à partir de l'époque hellénistique que furent créés des haras. Rappelons que le coq, que les Grecs utilisèrent dans des combats entre ces animaux, originaire de la Malaisie, ne fut introduit en Grèce, par la Perse, que tardivement.

Élide, région du Péloponnèse occidental bordée par la mer Ionienne, l'Achaïe, l'Arcadie* et la Messénie*.

Montagneuse à l'est, elle possède à l'ouest des plaines basses et fertiles, arrosées par le Pénée et l'Alphée. Elle fut d'abord peuplée par les Caucones et les Épéens; ces derniers furent affaiblis par leur guerre contre les gens de Pylos; puis, après l'invasion dorienne, les Éléens, d'origine étolienne, sous la conduite d'Oxylos, s'établirent autour d'Olympie, dans la Pisatis. Oxylos fonda Élis, qui fut en rivalité avec Pisa pour la direction des fêtes Olympiques* : ce n'est qu'en 580 av. J.-C. qu'Élis se fit reconnaître l'organisation des jeux Olympiques et le droit de nommer les deux présidents (hellanodices*). D'abord gouvernés par les rois descendants d'Oxylos, les Eléens, chez qui on retrouve les trois tribus doriennes → **Doriens**, reçurent un régime aristocratique, où le pouvoir appartenait à vie à une gérousia* de quatre-vingt-dix membres, chefs des grandes familles. Après les guerres Médiques* (en 472 av. J.-C.), les Éléens se donnèrent un régime démocratique et Élis devint la capitale de la province ; cette Élis, formée de l'union de huit dèmes* voisins, semble être différente de l'Élis d'Oxylos, qui ne devait être qu'une bourgade. Alliés de Sparte*, les Éléens se soulevèrent contre elle en 420 ; vaincus, ils durent rentrer dans l'alliance de Sparte en 402. En lutte contre les Arcadiens, Élis se rangea aux côtés de Phillipe* de Macédoine avant d'entrer dans la ligue Étolienne → **Étolie**. Avec l'organisation des jeux Olympiques, la richesse de l'Élide consistait dans la culture du lin, du chanvre et des arbres fruitiers, et dans l'élevage des chevaux.

emporion, comptoir, place propre au commerce, et plus particulièrement au commerce maritime.

Un emporion diffère d'une colonie* en ce sens que, au lieu d'être une fondation permanente où s'établissent des colons qui restent les maîtres politiques de la cité, ce n'est qu'une concession dans une cité étrangère ou un simple marché où se font les tractations commerciales.

Naucratis, en Égypte, fondée en 620 av. J.-C. par les Milésiens et où plusieurs cités grecques possédaient des comptoirs, est un emporion grec, son territoire continuant d'appartenir au roi d'Égypte Amasis. Cydonia, en Crète, cité indépendante, devint un emporion des Éginètes.

Certains de ces comptoirs commerciaux, devenus des cités, conservèrent le souvenir de leur origine dans leur nom ; ainsi Emporion (Ampurias), colonie de Marseille au sud des Pyrénées : fondé à côté de la ville ibère, l'établissement commercial marseillais se développa au point de se constituer en cité*.

On donnait aussi ce nom au port de certaines villes sises vers l'intérieur des terres, comme l'emporium d'Agrigente ou celui de Ségeste. Au Pirée, l'emporion était la Bourse du commerce maritime. Enfin, ce nom désignait certains marchés à l'intérieur des terres.

enfants → **adoption, amphidromies, cité (droit de), école, éducation, exposition des enfants, gymnase, jeux, naissance, nom, pédagogue, pédérastie, phratrie.**

Éoliens. Ils constituent une des trois grandes ethnies grecques avec les Doriens* et les Ioniens*. Leur nom signifie « mêlés », « bariolés », peut-être parce qu'ils étaient constitués par des peuples divers, mais de souche identique. Ils étaient apparentés aux Doriens, mais ils passèrent dans la Grèce achéenne quelques siècles avant les Doriens. Selon les auteurs anciens, leur berceau serait en Thessalie et ils se seraient installés d'une part en Béotie*, aux côtés des Minyens, et d'autre part en Étolie*, d'où ils seraient passés dans le Péloponnèse*. Lors de l'invasion dorienne, un grand nombre d'entre eux émigra en Asie Mineure, où ils s'établirent dans la partie centrale de la côte, qui devint l'Éolide. Celle-ci comprenait une trentaine de villes, dont douze dominaient, qui formèrent une confédération dont les principales cités étaient Cymé, Larissa, Temnos, Aigæ, Myrina, Grynion, Pitané, Temnos, Assos et Smyrne, qui fut, par la suite, annexée à l'Ionie. Dans les îles, ils s'installèrent à Ténédos et surtout à Lesbos, où naîtra la poésie lyrique éolienne. Chaque année, des sacrifices solennels les réunissaient autour du sanctuaire d'Apollon Pornopien. Ils furent soumis aux Lydiens et aux Perses, et les gens de Lesbos aux Athéniens, avant d'être libérés par Alexandre*, puis incorporés dans le royaume de Pergame*.

Épaminondas, général thébain (Thèbes v. 418-Mantinée 362 av. J.-C.).

Il était le fils de Polymnis, d'une vieille famille thébaine réduite à la pauvreté. Il reçut cependant une éducation soignée, apprenant la musique, la danse, la philosophie et l'éloquence. Il se distingua en 385 lorsque, aux côtés des Spartiates, les Thébains combattirent à Mantinée* contre les Arcadiens. Il sauva la vie à Pélopidas*, tenant tête seul à une multitude d'adversaires avant d'être libéré par l'intervention spartiate. Avec Pélopidas, il appartenait au parti démocratique, mais lorsque, peu après, les Spartiates s'emparèrent de la Cadmée, la citadelle de Thèbes*, et que les oligarques installés à Thèbes eurent chassé Pélopidas avec les démocrates, Épaminondas ne fut pas inquiété parce qu'on considérait qu'il n'était bon que pour la philosophie. Pélopidas rétablit la démocratie et chassa la garnison spartiate, et Épaminondas fut envoyé comme député à Sparte* (372) pour traiter de la paix d'Antalcidas* ; il refusa d'appliquer le traité en Béotie* tant que les Lacédémoniens, de leur côté, ne rendraient pas la liberté aux cités du Péloponnèse*. Sparte répondit en déclarant la guerre et envoya en Béotie le roi Cléombrote à la tête de 11 000 hommes ; Épaminondas vint à sa rencontre avec 6 500 combattants dans la plaine de Leuctres*. Pour compenser sa faiblesse, Épaminondas rompit avec la tradition en inventant une nouvelle stratégie, dite du « front refusé », par laquelle il renversa l'armée spartiate, qui laissait sur le champ de bataille 4 000 hommes, dont 400 homoioi* et leur roi → **royauté spartiate**. Par cette victoire, Épaminondas donna l'hégémonie à Thèbes, qu'elle conserva tant qu'il vécut. Il passa dans le Péloponnèse, bâtit en Arcadie* Mégalopolis et vint jusque devant Sparte, qui fut sauvée par une crue de l'Eurotas et par l'annonce de l'arrivée d'Iphicrate à la tête d'Athéniens. Il passa en Messénie*, qu'il libéra du joug lacédémonien et fonda Messène. De retour à Thèbes, il fut accusé d'avoir gardé son commandement au-delà du temps légal, puis acquitté et renvoyé dans le Péloponnèse. Il ne put prendre Corinthe*, défendue par l'Athénien Chabrias*, mais il ravagea la Laconie*. L'année suivante, il perdit son rang de béotarque* (367) pour avoir épargné des vaincus lors du siège de Corinthe. C'est donc comme simple soldat qu'il participa à l'expédition envoyée en Thessalie pour délivrer Pélopidas, capturé par Alexandre, tyran de Phères. L'armée n'essuya que des échecs et, rentrée à Thèbes, elle fut renvoyée sous le commandement d'Épaminondas, qui vainquit Alexandre et libéra Pélopidas. Il fit ensuite construire une flotte de cent trières, à la tête de laquelle il alla soulever contre Athènes les cités maritimes de la seconde ligue* Athénienne et rallia à Thèbes, Rhodes, Chios et Byzance, après avoir battu l'Athénien Lachès. Revenu en 362 dans le Péloponnèse, appelé par les Tégéates, il se heurta aux armées de Sparte et d'Athènes, commandées par Agésilas*. Il mit une nouvelle fois en déroute ses ennemis à Mantinée*, mais fut tué en les poursuivant.

éphèbe, éphébie. À Athènes, l'éphèbe est l'adolescent qui, parvenu à l'âge de dix-huit ans, subit la docimasie* avant d'être inscrit comme citoyen sur les registres de son dème*. Cependant, on entend en général par éphèbes les jeunes gens soumis au service militaire.

On connaît une institution appelée « éphébie », mais qui ne semble remonter qu'à l'époque de l'orateur Lycurgue*, après la bataille de Chéronée*. Voici en quoi elle consistait : à dix-huit ans, les jeunes gens faisaient deux ans de service militaire, après avoir été inscrits dans leur dème* comme citoyens ; lorsqu'on avait vérifié leurs aptitudes physiques, ils allaient prêter serment dans le temple d'Aglaure, puis, revêtus de la chlamyde*, ils étaient répartis en sections, sous la direction d'un sophroniste (censeur) élu par tribu*, le corps éphébique étant sous la direction générale du cosmète (ordonnateur) ; après une visite des sanctuaires de l'Attique, les éphèbes tenaient garnison pendant un an au Pirée, dans les forteresses d'Actê et de Mounychie ; sous la direction de pædotribes, ils faisaient des exercices physiques et ils apprenaient le maniement des armes, le tir à l'arc et le lancer du javelot. Au bout de l'année, ils étaient passés en revue par le peuple, puis ils recevaient la lance et le bouclier rond des hoplites ; ils étaient ensuite envoyés en garnison pendant une nouvelle année dans les forteresses aux frontières de l'Attique* (Rhamnonte, Phylé, Éleuthères), d'où le nom de « péripoles » qu'on leur donne parfois.

L'époque réelle de l'établissement de l'éphébie reste encore problématique. Selon Dumont et Girard, elle remonterait au Ve s., mais l'étude serrée qu'en a faite par la suite A. Bernot a montré qu'elle n'apparaît qu'après 335 av. J.-C.. Il semblerait que si l'éphébie a bien été institutionnalisée après Chéronée, elle existait déjà sous une forme moins systématique bien avant, ne serait-ce que parce qu'il est difficile de penser qu'Athènes se soit totalement désintéressée de la formation militaire de ses futurs citoyens, même si elle apparaît comme une cité nullement tournée vers la guerre, contrairement à Sparte*. Le serment — « horkos* » — que prêtaient les éphèbes remonte visiblement à des formulaires archaïques.

Cette institution ne subsista pas longtemps, et, par la suite, l'éphébie fut une école où les jeunes Athéniens aisés apprenaient les sciences, la philosophie et la rhétorique.

éphètes, **juges athéniens.**

C'est pour empêcher le développement des vengeances entre génos* que Dracon* institua ou réforma les éphètes, chargeant ainsi non plus le génos, mais des magistrats issus de l'ensemble de la société, de juger les cas d'homicide. À l'époque classique, les éphètes formaient un tribunal de cinquante et un membres certainement tirés au sort, et qui siégeaient en des lieux différents selon les affaires qu'ils avaient à juger : au Delphinion, ancien sanctuaire d'Apollon Delphinios à Athènes ; au Palladion, ancien sanctuaire de Zeus et Athéna ; au Prytanée* ; à Phréattys, petit village sur un golfe voisin du Pirée.

Au Delphinion se jugeaient les cas d'homicide qui, après être passés devant le tribunal de l'archonte*-roi, étaient considérés comme excusables : cas de légitime défense, meurtres involontaires, etc. Les éphètes, dans ce cas, devaient juger de la valeur de l'excuse et prononçaient en général l'acquittement.

Au Palladion se jugeaient certains cas d'homicides involontaires, les meurtres d'étrangers ou d'esclaves, ou encore l'incitation au crime. Ces affaires, d'abord soumises à l'archonte-roi, étaient portées par lui au Palladion ou à l'Aréopage* lorsque la préméditation était avérée. Les peines prononcées par les éphètes pouvaient être la mort ou l'exil sans confiscation de biens.

On jugeait au Prytanée les meurtres dont on ne connaissait pas le coupable ou ceux dont la cause était un animal ou un objet inanimé. Dans ce cas, le tribunal était présidé par l'archonte-roi et le coupable, animal ou objet, était jeté hors des frontières de l'Attique.

Un aspect archaïque de cette magistrature apparaît dans les jugements qui se rendaient à Phréattys. On y examinait les crimes commis par des individus exilés pour meurtres involontaires. Le tribunal se tenait sur le rivage tandis que l'accusé restait dans une barque amarrée à quelques pas du rivage. S'il était acquitté, l'accusé retournait en exil, sinon, il était condamné à mort.

éphores, **magistrats suprêmes de Sparte*.**

On attribue leur institution à Lycurgue* ou au roi Théopompe (VIIIe s. av. J.-C.). Au début, ils étaient choisis par les rois → **royauté** et semblent avoir été chargés de juger les contestations privées et d'assurer une sorte d'intérim lors de l'absence des rois. Leurs attributions s'étendirent de plus en plus, peut-être à la suite de mouvements populaires, qui firent des éphores les représentants du peuple. Ils furent alors élus par le peuple (c'est-à-dire par les homoioi*) et choisis souvent parmi les pauvres. Ils formaient un collège de cinq membres, renouvelé annuellement. À l'époque classique leurs attributions étaient nombreuses. Ils surveillaient les rois, les admonestaient, les déposaient au besoin, veillaient à la légitimité de la succession. Tous les citoyens étaient sous leur surveillance, qui visait à conserver l'intégrité de la constitution de Lycurgue. Ils avaient tous les pouvoirs judiciaires, jugeaient les procès*, présidèrent la gérousia* lorsqu'elle fut transformée en tribunal pour crimes politiques, ouvraient les enquêtes, lançaient les mandats d'arrêt, etc. Ils avaient la surveillance des finances et des impôts*, convoquaient et présidaient, en outre, l'apella*. Maîtres de la politique étrangère, ils proposaient la guerre et la paix, décidaient des traités, qu'ils faisaient approuver par l'appela ; ils recevaient les ambassadeurs, convenaient des campagnes militaires et des effectifs qui devaient y participer, désignaient le roi qui devait les commander ; celui-ci était accompagné par deux des éphores qui le surveillaient et étaient en rapport, grâce à la scytale*, avec les trois éphores restés à Sparte. Enfin, c'était l'un des éphores qui était le magistrat éponyme.

Si les Spartiates et les rois ont toléré un tel pouvoir, c'est parce que, d'une part, ces magistrats, souvent pauvres, étaient corruptibles et que, d'autre part, ils n'avaient pas la majorité nécessaire dans leur propre milieu pour pouvoir toujours diriger d'une manière tyrannique. De plus, leur mandat ne durait qu'un an, au bout duquel ils avaient des comptes à rendre aux nouveaux éphores, et ils avaient donc toujours à craindre des représailles.

Les éphores furent supprimés par Cléomène* III à la fin du IIIe s. av. J.-C. ; on retrouve cependant à l'époque romaine cette magistrature, qui a perdu tous ses caractères politiques.

épiclère, orpheline qui a reçu de son père ou de ses frères l'héritage familial en dépôt.

Dans le droit grec classique, la femme* ne pouvait hériter, mais elle pouvait recevoir le bien familial pour le transmettre à ses enfants ; elle devenait alors héritière épiclère. Si le père ou le frère décédé, tuteur naturel de la femme non mariée, n'avait pas laissé de testament*, le plus proche parent de l'épiclère avait le droit de revendiquer l'héritage en épousant l'héritière ; ce droit à la revendication de l'héritage venait en suivant l'ordre de succession. L'archonte*-éponyme était chargé de rendre les jugements dans ces questions ; la fille épiclère se trouvait sous sa protection tant qu'elle n'avait pas d'époux. Lorsque le tuteur défunt laissait un testament, il désignait en général l'époux qu'il choisissait pour l'héritière épiclère. Dans le cas où celle-ci était déjà mariée, les proches parents avaient le droit de revendiquer l'héritage, à la suite de quoi l'affaire était portée devant l'héliée*, qui pouvait contraindre l'héritière à divorcer pour épouser son plus proche parent et lui transmettre l'héritage.

Épictète, peintre de vases (Athènes, v. 520-500 av. J.-C.).

Peut-être était-il un affranchi ou un esclave. Il travailla pour plusieurs ateliers, dont celui de Nicosthène*. Délaissant en général les grandes compositions historiques, bien qu'il s'y fût essayé, il s'illustre surtout par son goût pour les figures isolées d'éphèbes*, de petites dimensions, peintes sur coupes ; la grâce, la jeunesse, la délicatesse des silhouettes sont quelques-unes des caractéristiques de ce maître de la figure rouge archaïque.

Épilykos, peintre de vases (Athènes, fin du VIe s. av. J.-C.).

On possède sous cette signature une série de vases de techniques et de styles si divers qu'on ne sait s'ils peuvent être attribués au même auteur. Cependant, cette diversité peut s'expliquer par une évolution du style. Représentant des vases à peinture rouge archaïque, il appartient au groupe dont Épictète* semble avoir été le chef de file. Il a traité les sujets les plus variés : éphèbes* s'exerçant, femmes* au bain ou au banquet, sujets bachiques inspirés peut-être de Dionysies. On trouve chez lui de la fougue, un style expressif et énergique, mais qui ne manque ni de sobriété ni de finesse.

épimélète, fonctionnaire chargé de services d'un caractère technique, désigné à Athènes* par le sort ou par élection.

Ainsi y avait-il l'épimélète des fontaines, chargé de l'entretien des fontaines et des aqueducs ; l'épimélète des éphèbes* ; l'épimélète des gymnases*, chargé de leur entretien ; les épimélètes de l'emporion*, au nombre de dix, qui surveillaient le commerce maritime ; ces derniers faisaient appliquer les lois sur les douanes et sur le commerce maritime, étaient chargés des enquêtes dans les contestations des commerçants et présidaient les tribunaux chargés de juger ces litiges. Les épimélètes des arsenaux formaient aussi un collège de dix membres, chargé de la garde des arsenaux, de la conservation des galères, de leur distribution aux triérarques. L'épimélète des revenus publics était nommé pour quatre ans : il avait la garde du trésor, où affluaient les sommes perçues par les apodectes → **finances**, et il en faisait la répartition selon des dispositions fixées par avance ; c'était une sorte de ministre des finances. On a aussi donné ce nom à des administrateurs ou à des surveillants de sociétés privées. Enfin, les épimélètes étaient des fonctionnaires chargés de gérer les biens de certains temples* ou d'organiser des fêtes et des processions religieuses.

épistate, **nom donné à plusieurs magistrats.**

Le principal était l'épistate des prytanes*, président tiré chaque jour au sort parmi les prytanes et chargé de présider en outre les séances de la boulê* et de l'ecclésia*. Les fonctions des épistates des temples étaient identiques à celles des épimélètes*, avec lesquels ils se confondaient. Les épistates des travaux publics étaient chargés de surveiller les constructions de temples, aqueducs ou autres monuments publics, et ils recevaient les fonds nécessaires à ces travaux. On connaît aussi un épistate de l'Académie*, sans doute chargé de l'entretien et de la surveillance de ces jardins.

éponyme, **celui qui donne son nom à une année ou à un groupe d'individus. (Le héros éponyme est l'ancêtre, souvent mythique, d'une famille ou d'un groupe social, et il donne son nom à ses descendants. Le magistrat éponyme est celui qui donne son nom à l'année pendant laquelle il exerce sa fonction.)**

éranes, **sociétés de secours mutuel.**

On connaît mal leur organisation, mais elles semblent avoir été reconnues par l'État et elles avaient leur président, leurs trésoriers et leurs syndics. Les membres (éranistes) se réunissaient pour se réjouir entre eux, mais aussi pour s'entraider : si l'un d'eux tombait dans le besoin, les autres se cotisaient pour le secourir, ce prêt se faisant sans intérêt. Ces sociétés semblent surtout avoir fleuri à Athènes* à l'époque classique.

Érasistrate, **médecin (Julis, île de Céos-† 257 av. J.-C.).**

Il fut le médecin du roi Séleucos* Nicator. S'opposant à l'ancienne médecine* hippocratique, il refusa de pratiquer la saignée et combattit la doctrine des humeurs. Son œuvre d'anatomie fut importante. Il distingua les nerfs moteurs et les nerfs sensitifs, décrivit le cœur avec exactitude, souligna l'importance du cerveau et en nota les circonvolutions. Il est le fondateur de l'école de médecine d'Alexandrie*.

Ératosthène, **géographe et astronome (Cyrène v. 284-Alexandrie v. 192 av. J.-C.).**

Bibliothécaire de la Bibliothèque* d'Alexandrie*, il est le créateur de la géographie* scientifique. Il évalua la surface des lieux habitables et la divisa en parallèles et méridiens. Son plus remarquable travail fut, en partant de l'observation du Soleil au solstice d'été par rapport à la circonférence céleste à Alexandrie et à Syène (Assouan), de calculer la circonférence terrestre ; il trouva le chiffre de 250 000 stades, ce qui correspond approximativement à 40 000 km. Il écrivit une histoire de la géographie, que nous connaissons surtout par Strabon*. Il inventa un crible permettant d'établir pratiquement la suite des nombres premiers et un instrument de calcul, le « mésolabe », pour résoudre le problème de la moyenne proportionnelle. Son œuvre la plus marquante en astronomie* est l'invention d'un calendrier qui sera connu sous le nom de « calendrier Julien », c'est-à-dire l'ancêtre de notre calendrier, tel que l'officialisa Jules César.

Ergotimos, **potier (Athènes, première moitié du VIe s. av. J.-C.).**

Il fut le modeleur d'un vase de grandes dimensions, procédant de la céramique du siècle précédent, connu sous le nom de « vase François » ; le peintre en fut Clitias. Deux cent soixante-dix figures humaines ou animales y sont représentées, toutes d'inspiration mythologique ; ainsi y voit-on la chasse de Calydon, des jeux en l'honneur de Patrocle, le retour de Thésée, etc. On y trouve un sens de la vie et du mouvement, une manière nouvelle et ingénieuse de traiter des sujets déjà classiques, un sens de la miniature et du détail qui font de cet objet un des chefs-d'œuvre de la céramique grecque. Il mesure 66 cm de hauteur et 121 inscriptions précisent les noms des personnages représentés. (Trouvé en 1845 par Alessandro François dans la nécropole étrusque de Chiusi, ce vase, reconstitué après avoir été brisé en 638 morceaux, est exposé au musée archéologique de Florence.)

Eschine, **orateur (dème* attique de Cothocide v. 390-Samos 314 av. J.-C.).**
Son père était un modeste maître d'école, qu'il aida avant de travailler dans un gymnase* ; il fut ensuite secrétaire de l'orateur Antiphon, puis d'Eubule, un des chefs du parti démocratique, dont il prit les principes tout en apprenant le droit athénien. Après avoir été acteur*, il se fit soldat. Il se distingua à Mantinée* en 362, puis en Eubée*, à Tamynes, contre les Macédoniens en 358. C'est à cette époque qu'il commença à parler à la tribune. Ennemi de Philippe* de Macédoine, il fut envoyé à Mégalopolis pour former une confédération contre les Macédoniens ; il échoua devant l'indifférence des Grecs et on ne sait comment il fut alors gagné au parti macédonien, soit par la corruption, soit dans l'espoir de préserver sa patrie contre les dangers d'une guerre ; peut-être, comme Isocrate*, vit-il en Philippe l'unificateur de la Grèce et le libérateur des Grecs d'Asie soumis aux Perses. Il fut, avec Démosthène*, envoyé trois fois en ambassade auprès de Philippe, à la suite de quoi, découvrant ses intelligences, Démosthène voulut le faire accuser de trahison par Timarque (343) ; Eschine répliqua par une contre-accusation en démontrant que, d'après la loi, l'immoralité de Timarque ne lui permettait pas d'intenter d'accusation (action appelée *epanghelia dokimasias*). Timarque fut condamné. L'année suivante, Démosthène accusa lui-même Eschine d'avoir trahi lors de la seconde ambassade ; l'accusation se fit par écrit et Eschine répondit de la même manière. L'affaire n'eut pas de suite. En 338, étant devenu le chef du parti macédonien et ayant toujours favorisé la politique de Philippe parmi ses concitoyens, il attaqua Ctésiphon qui proposait de décerner une couronne d'or à Démosthène ; c'était l'année de Chéronée*, et l'affaire ne fut jugée que huit ans plus tard. Démosthène répondit au discours d'Eschine avec une telle vigueur qu'il enleva l'assentiment de l'assemblée au point qu'Eschine dut s'exiler. Il passa plusieurs années en Carie et en Ionie, comptant sur l'intervention d'Alexandre* pour pouvoir rentrer dans sa patrie, mais la mort du roi lui fit perdre tout espoir. Il alla alors fonder à Rhodes une école d'éloquence (323) qui devint célèbre, avant de s'installer à Samos, où il mourut.

Eschyle, **poète tragique athénien (Éleusis v. 525-Géla, Sicile 456 av. J.-C.).**
Il était le fils d'Euphorion, de famille noble. Avec ses frères Cynégire et Aminias, il combattit à Marathon*, à Salamine* et à Platées*. Il présenta sa première tragédie en 499 et fut couronné en 484 ; en 472, il fut à nouveau couronné pour la trilogie dont faisait partie la pièce des *Perses*. Vaincu par Sophocle* en 468, il quitta Athènes* et vint à Syracuse à la cour de Hiéron. Il semble être revenu par la suite à Athènes, où il fit jouer en 458 l'*Orestie*. Il retourna en Sicile*, à Géla, où il termina ses jours. Il écrivit plus de soixante-dix tragédies, dont sept nous ont été conservées. Il perfectionna la tragédie sur le plan scénique au point qu'il est parfois considéré comme le père de ce genre dramatique.

esclavage. On voit l'esclavage établi en Grèce dès l'époque homérique, et sans doute cette institution remonte-t-elle beaucoup plus haut. L'origine doit probablement se trouver dans le droit de la guerre, en vertu duquel le prisonnier, d'abord mis à mort, a été ensuite utilisé pour le travail des champs et pour servir son vainqueur. L'économie antique était fondée sur l'esclavage et le servage : c'est l'existence de cette institution qui libérait les citoyens des cités des servitudes économiques et leur permettait de se consacrer au gouvernement de l'État et à la création littéraire et artistique. Le servage, tel que l'illustrent par exemple les hilotes* de Sparte, est une institution archaïque. Sujétion de peuples indigènes, elle se différencie nettement de l'esclavage de l'époque classique : l'esclave est une marchandise qui s'achète ou se vend de façon individuelle. Chaque ville avait son marché d'esclaves, qui se tenait à certaines époques, cependant que certaines cités (Délos*, Chios, Samos, Byzance) étaient réputées pour leur marché international. La population servile était très nombreuse en Attique : 400 000 esclaves des deux sexes à la fin du IVᵉ s. av. J.-C. pour 10 000 métèques* et 21 000 citoyens. Le citoyen le plus pauvre possédait au moins un ou deux esclaves, tandis qu'un homme riche en avait une cinquantaine.

Si les révoltes d'hilotes ont été une constante de l'histoire spartiate, il n'en est pas de même pour les esclaves. Ils ne formaient pas, de par la diversité de leurs origines et de leurs fonctions, un groupe homogène.

Parmi les esclaves, il y avait ceux qui étaient nés dans cette condition et qui constituaient une minorité (c'est le cas contraire pour les serfs, → **servage**), et ceux qui étaient devenus esclaves. Ceux-ci étaient les enfants exposés ou vendus (sauf à Athènes, où, depuis Solon*, la vente était interdite), les citoyens réduits à cet état pour dettes (sauf encore à Athènes, à la suite d'une loi de Solon), les métèques qui avaient usurpé le droit de cité*, les prisonniers de guerre et les gens libres enlevés par les pirates. Dans les villes même, il arrivait qu'on pût être enlevé ; le ravisseur était puni de mort à Athènes. Les prisonniers de guerre grecs étaient en général échangés ou rendus contre rançon ; la guerre étant la principale source d'esclaves, ceux-ci venaient plus particulièrement d'Asie Mineure, de Thrace et de Scythie.

Les esclaves étaient utilisés en toute circonstance. Dans l'industrie*, les potiers, les forgerons, les armuriers, les corroyeurs, etc., employaient des esclaves spécialisés ; les mines absorbaient une grande partie de la main-d'œuvre servile, ainsi que le commerce et le transport maritime ; les travaux des champs, le service domestique et les services publics requéraient des esclaves des deux sexes. La condition des esclaves variait selon les cités et leurs fonctions. Dans l'Athènes classique, les esclaves avaient leur statut juridique propre ; la loi les protégeait contre les sévices des maîtres et surtout des étrangers, et certains sanctuaires leur offraient le droit d'asile. Ils ne se distinguaient pas des hommes libres par le vêtement, mais ils devaient porter les cheveux court. Ceux qui étaient occupés aux durs travaux des mines étaient sans doute les plus malheureux. Les esclaves publics jouissaient en fait d'une grande liberté : ils étaient employés dans les administrations, ou chargés de la propreté des rues, ou encore utilisés comme bourreaux ou préposés à la garde des poids et mesures ; ils travaillaient sous la direction de fonctionnaires, mais, ensuite, ils n'avaient pas de maître particulier, logeaient en ville et possédaient une famille. L'esclave domestique était reçu dans la famille ; on le conduisait devant l'autel domestique et le maître ou sa femme répandait sur lui des fruits, des gâteaux et des pièces de monnaie en signe de bienvenue ; il participait au culte de la famille et avait droit de prendre femme. Dans l'industrie et le commerce*, les esclaves étaient souvent les gérants de l'entreprise et ils vivaient à leur guise, ne faisant que rendre compte à leur maître de leur gérance et lui remettant ses revenus. En temps de guerre, il est parfois arrivé que l'on réquisitionne les esclaves pour être employés dans la flotte ou dans l'armée* de terre. Ils n'avaient aucun droit dans le gouvernement, mais ils participaient au culte public, avaient accès aux édifices religieux et, devant les tribunaux, ils pouvaient témoigner dans des affaires de meurtre et représenter leur maître.

L'affranchissement était une pratique courante ; il s'obtenait par décision du maître (soit de son vivant, soit par testament*) ou par rachat. L'esclave avait la facilité de se faire un pécule grâce aux largesses du maître ou, lorsqu'il était esclave public ou gérant d'un bien du maître, il recevait ou conservait une somme pour son propre entretien ; il économisait ainsi la somme nécessaire à son rachat ; encore fallait-il que le maître l'acceptât. L'affranchissement se faisait par une simple déclaration devant témoins ou devant un tribunal compétent. Athènes ne connut guère de révoltes d'esclaves, ce qui prouve la clémence de leur condition.

Étolie, Étoliens, région de la Grèce occidentale, au nord du golfe de Co-

rinthe sur lequel elle possédait une large fenêtre.

Elle était limitée à l'ouest par l'Acarnanie, au nord par l'Épire et la Thessalie, à l'est par la Locride. Les côtes, découpées et marécageuses, étaient assez fertiles, l'intérieur montagneux et peuplé de bêtes sauvages; cette partie était occupée par des populations belliqueuses, qui, souvent, ne parlaient même pas le grec. Elle était, à l'origine, peuplée par les Lélèges, qui, sous la direction du roi Ætolus, avaient refoulé les Acarnaniens à l'ouest; les Étoliens* occupèrent la contrée avant la période historique.

Les Étoliens tiennent peu de place dans l'histoire jusqu'à l'époque de la guerre du Péloponnèse*, où ils résistèrent aux attaques des Athéniens avant de se heurter, au siècle suivant, aux successeurs d'Alexandre*.

C'est à cette époque (324 av. J.-C.) que se constitua la ligue Étolienne. Celle-ci prit de plus en plus d'extension, si bien que, un siècle plus tard, elle engloba une grande partie de la Grèce septentrionale (Acarnanie, Locride Phocide, Béotie*, sud de la Thessalie), l'Élide* et la Messénie*. Rivale de la ligue Achéenne* elle fut en lutte perpétuelle contre la Macédoine*. Elle était dirigée par une assemblée générale (synode), qui se réunissait en automne à Thermon, dans le temple d'Apollon. C'est elle qui décidait de la guerre, votait les lois, nommait les magistrats. Le synédrion (conseil), qui siégeait en permanence, était composé de députés envoyés par les cités confédérées. Il fixait l'ordre du jour de l'assemblée et rédigeait les projets de lois et de décrets à faire approuver. Le magistrat suprême était le stratège*, commandant de l'armée, élu pour un an, mais rééligible, et investi du pouvoir exécutif; il était assisté de l'hipparque (chef de la cavalerie), d'un trésorier et d'un secrétaire.

étranger → hospitalité, métèque, voyage.

Eubée, grande île de la mer Égée, qui s'étend tout en longueur le long des côtes de la Locride opontienne, de la Béotie* et de l'Attique*.

Ses côtes sont découpées et elle est traversée par de longs massifs montagneux; elle possédait quelques maigres cours d'eau et une seule plaine importante, la plaine Lélantine, au sud-est, où se trouvaient les deux seules villes d'importance, Chalcis et Érétrie. L'Histiæotis, au nord, et la Diacrie, au centre, avaient de simples bourgs. Ses richesses étaient le blé de la plaine Lélantine, des carrières de marbre près de Caryste, au pied du mont Oché, des pâturages sur les flancs des montagnes, les pêcheries de pourpres près d'Erétrie, des bancs d'argile servant à la fabrication des poteries, et surtout des mines de cuivre et quelques filons de fer. Ces mines furent si intensivement exploitées qu'elles étaient épuisées dès l'époque romaine, mais c'est de ce cuivre que Chalcis tire son nom.

L'invasion dorienne en Thessalie força plusieurs peuples à se réfugier dans l'île, bientôt suivis par des bandes de Doriens*. Une aristocratie foncière se forma, les *hippobotes*, éleveurs de chevaux, qui instituèrent un régime oligarchique, car les magistrats étaient choisis parmi ces « chevaliers »; la grande fête commune était celle d'Artémis Amarynthie, maîtresse des chevaux et du bétail. Du VIIIe s. au VIe s. av. J.-C., Chalcis et Érétrie parvinrent à une grande richesse. Leurs flottes se développèrent pour exporter leurs produits manufacturés et importer des matières premières, plus particulièrement de l'étain, nécessaire à la fabrication du bronze. Une bonne entente unissait ces cités, qui furent des initiatrices de la colonisation. Chalcis fonda en Italie Cumes et Néapolis, et en Sicile* Naxos et Eubœa. Dans une presqu'île au sud de la Thrace, les Eubéens créèrent près de trente établissements, dont Olynthe et Stagyre, au point que cette région a conservé le nom de Chalcidique; Érétrie participa avec Chalcis à la colonisation de la Thrace. Elle domina un moment sur des îles de l'Égée (Andros, Ténos, Céos), fonda un comptoir dans l'île de Pithécusse (Ischia, dans le golfe de Naples) après avoir pris position à Corcyre. Mais, au VIIe s. av. J.-C., les deux cités rompirent leur vieille alliance pour se disputer la riche plaine Lélantine; ce fut d'abord une guerre courtoise entre les *hippobotes*, puis elle dégénéra en une lutte qui dura plus de cent ans et se termina par la défaite d'Érétrie. Mais Chalcis était épuisée et la tyrannie* s'y installa. En 506, Athènes* la soumit et la garda sous sa dépendance, malgré quelques révoltes (445 et 411), tant que dura la puissance de cette cité. Érétrie fut détruite par les Perses (490) lors de la première guerre Médique*, et sa population fut déportée en Mésopotamie. Les Athéniens, maîtres de l'Eubée, la rebâtirent. Après la bataille de Chéronée*, l'île fut occupée par les Macédoniens, dont elle se libéra pour s'allier aux Romains lors de leurs guerres contre les Étoliens. À côté du culte d'Artémis Amarynthienne, l'Eubée était réputée pour son temple d'Apollon Marmarios, et ses oracles d'Apollon Cérintien et d'Orobies.

Euclide, mathématicien (fin IVe-début IIIe s. av. J.-C.).

On ne sait rien de sa vie, sinon qu'il a été appelé à Alexandrie* par Ptolémée Sôter pour y enseigner les mathématiques*. Son ouvrage essentiel les *Éléments (Stoicheia)*, rassemble, suivant un plan rationnel (des figures simples aux plus complexes), les connaissances mathématiques précédentes auxquelles s'ajoutent les propres découvertes d'Euclide. Il se compose de treize livres, où il traite de la géométrie plane, des polygones inscrits et circonscrits, des proportions, des similitudes des figures, des nombres rationnels, des progressions et des proportions continues. Les neuf premiers livres sont inspirés des travaux des pythagoriciens, de ceux d'Eudoxe* de Cnide et de Théétète ; le livre X, traitant des nombres incommensurables, est le fruit des recherches d'Euclide ; les livres XI à XIII, restés à l'état d'essais, consacrés à la géométrie dans l'espace, sont d'inspiration pythagoricienne et platonicienne. Les *Éléments* son restés l'ouvrage de base de toute la géométrie rationnelle jusqu'à une époque encore très récente. Il semblerait qu'Euclide ait fondé une école à Alexandrie où il mourut.

Eudoxe de Cnide, philosophe et astronome (Cnide v. 406-? v. 355 av. J.-C.).

Il étudia sous la direction d'Archytas* de Tarente puis il alla fonder une école à Cyzique en Asie Mineure ; il vécut aussi sans doute à Athènes* et semble être revenu dans sa patrie où peut-être il mourut. Selon d'autres sources il aurait étudié aussi auprès de Platon à Athènes et aurait passé quelque temps en Égypte. Ce serait d'Égypte qu'il aurait rapporté une notion plus exacte du calendrier*, donnant à l'année solaire 365 jours 1/4. Il possédait à Cnide un observatoire d'où il reconnut l'étoile Canope. Il donna une explication du mouvement des planètes par le système des sphères concentriques, pour rendre compte de la marche irrégulière apparente des planètes placées dans le plan de l'écliptique ; cependant, dans son système, la Terre reste le centre de ces mouvements célestes. Aristote* reprendra cette théorie en lui apportant quelques modifications → **astronomie**. En mathématiques* ses découvertes occupent le livre V des *Éléments* d'Euclide* consacré aux proportions.

Eudoxe de Cyzique, voyageur et marin (Cyzique de Propontide, seconde moitié du IIe s. av. J.-C.).

Il vint en Égypte en tant que théore → **théorie** de sa patrie sous le règne de Ptolémée VII (Évergète II Physcon). S'intéressant aux particularités de ce pays, il s'enquit des moyens de remonter le Nil puis Ptolémée l'envoya en Inde avec une flotte. Il revint avec une cargaison de parfums et de pierres précieuses qui lui fut confisquée par le roi. À la mort de celui-ci, sa veuve Cléopâtre le renvoya en Inde avec une nouvelle flotte. Au retour il aborda en Éthiopie où il recueillit des renseignements ethnologiques et un commencement de vocabulaire ; il en ramena aussi une épave à Alexandrie* et, l'ayant examinée, il en conclut à la possibilité d'effectuer le périple de l'Afrique. Bien qu'encore une fois le nouveau roi, fils de Cléopâtre, l'ait frustré de sa cargaison, il prépara une troisième expédition. Son vaisseau ayant échoué, il sauva sa cargaison, en construisit un nouveau avec l'épave de l'ancien, revint chez les Éthiopiens où il avait commencé son enquête. Il semblerait alors qu'il ait poursuivi sa route vers le sud et qu'il parvint en Mauritanie chez le roi Bogus. Il tenta ensuite de refaire son périple en sens inverse.

Euménès, général d'Alexandre le Grand (Cardia, Chersonèse de Thrace, v. 360-316 av. J.-C.).

Secrétaire de Philippe* II de Macédoine, il devint ensuite celui d'Alexandre*. Il commanda les hétaïres → **hétairie** pendant l'expédition en Asie. Après la mort d'Alexandre il obtint le gouvernement de la Cappadoce, de la Paphlagonie et du Pont, héritage de Perdiccas*. Il combattit victorieusement Néoptolème et Cratère* qui furent tués dans ces combats. Bloqué par Antigonos* dans la citadelle de Nora en Cappadoce (320), il réussit à s'enfuir et marcha vers l'Euphrate ; mais, trahi par ses soldats, il fut livré à Antigonos qui le fit égorger (316).

Ce nom fut aussi porté par plusieurs rois de la dynastie des Attalides*.

eupatrides, membres de la classe noble en Attique.

À l'époque de Thésée, la population de l'Attique était divisée en trois classes : les eupatrides, les géomores* et les démiurges*. Les eupatrides se partageaient la majorité des terres qui restaient toujours dans le même génos*, même s'il y avait des partages entre frères. Ils étaient les seigneurs des bourgs qui portaient leurs noms et sur leurs terres paissaient de vastes troupeaux et travaillaient de nombreux ouvriers. Ils s'arrogeaient à eux seuls le droit de pratiquer les cultes de Zeus Herkeios et d'Apollon Patrôos, de porter les armes, de juger et de condamner les gens du peuple. En lutte contre les rois → **royauté**, ils les doublèrent par un conseil jusqu'à ce qu'ils eussent supprimé la monarchie des Cécropides qui fut remplacée par l'archontat*. Maîtres du pouvoir, ils se déchirèrent dans des luttes de clans jusqu'à ce que Dracon* commençât à briser leur puissance juridique par ses lois. Solon* poursuivit ce travail d'abaissement, en stipulant sa constitution et en donnant le droit de cité à tout le peuple qu'il divisa en quatre classes ; cependant les pentacosiomédimnes* et les chevaliers *(hippeis*)* rassemblaient encore tous les eupatrides. Ce ne fut que la constitution de Clisthène* qui mit définitivement fin à leur hégémonie et établit la démocratie*. Toutefois c'était à de grandes familles d'eupatrides qu'appartenaient ces législateurs et ce furent d'autres grandes familles comme les Alcméonides* qui donnèrent les grands chefs de la démocratie.

Euphranor, peintre et statuaire (Corinthe IVe s. av. J.-C.).

Élève du peintre Ariston et contemporain de Praxitèle*, il avait la réputation d'être laborieux et toujours égal à lui-même. Il travailla surtout pour Athènes* où il décora le portique royal du Céramique*. En tant que sculpteur, il fit en particulier des statues colossales de « la Grèce » et de « la Vertu », sous l'aspect de femmes* majestueuses. Il fut le premier à savoir donner le sens de la dignité à ses personnages et à introduire les proportions. Son Pâris, sur le visage duquel l'artiste avait su rendre tous les traits du caractère, était célèbre dans l'Antiquité ; il avait sculpté aussi un Alexandre* et un Philippe* sur des quadriges. Il avait écrit un *Traité de la proportion et des couleurs* sur l'art de la peinture. Son œuvre la plus réputée était un *Combat de cavalerie* ; elle représentait un épisode guerrier qui avait précédé la bataille de Mantinée* (362 av. J.-C.). Il est considéré comme l'un des plus grands artistes du IVe s. av. J.-C..

Euphronios, potier (fin VIe-début Ve s. av. J.-C.).

Quoique ce lui soit contesté, il semble avoir peint lui-même certaines de ses poteries, qui sont sans doute les chefs-d'œuvre du style à figures rouges dit « sévère ». Il paraît avoir travaillé chez d'autres fabricants (sans doute Chachrylion*) avant de s'installer à son compte. On connaît trois œuvres dues sans conteste à son pinceau : le cratère d'Antée, la coupe de la Géryonie et le *psyktêr* du banquet des courtisanes. Une peinture comme celle du cratère d'Antée où se déroule un drame puissant, annonce les inventions d'un Polygnote* et fait de son auteur l'un des plus grands peintres de la période précédant les guerres Médiques*. Dans la seconde partie de sa vie artistique, Euphronios ne peint plus mais il s'impose comme un céramiste de génie, qui a sans doute orchestré les peintures qui décorent ses vases. Parmi ces chefs-d'œuvre, nous nous contenterons de citer la coupe de Thésée, conservée au musée du Louvre. Ce qui marque la peinture d'Euphronios, c'est le sens du dramatique et un pittoresque qui renouvellent entièrement la composition de sujets rebattus de caractère mythologique ou familier ; nul ne l'a dépassé dans le rendu des raccourcis et l'expression des visages placés de face. Le potier est un merveilleux architecte, qui équilibre les proportions de ses vases jusqu'à leur conférer une harmonie vivante.

Euripide, **poète tragique (Salamine 480-en Macédoine, 406 av. J.-C.).**

Son père, Mnésarque, était cabaretier et sa mère, Clito, aurait été une marchande de légumes, à en croire Aristophane*. Il cultiva d'abord la gymnastique, puis il étudia la philosophie avec Anaxagore* et la rhétorique avec Prodicos, le sophiste. Il fut très lié avec Socrate*, et toutes ces influences, représentant les idées nouvelles, se retrouvent dans ses œuvres. Il commença à écrire des tragédies en 455, l'année de la mort d'Eschyle*, et remporta son premier prix en 441. Peu apprécié, il quitta Athènes* en 408 pour aller vivre à la cour d'Archélaos, roi de Macédoine*, où il mourut la même année que Sophocle*. Il composa quatre-vingt-douze pièces, mais ne fut couronné que cinq fois ; sa gloire fut surtout posthume. On a conservé de lui dix-sept tragédies parmi lesquelles on peut citer *Médée, les Troyennes, les Suppliantes*, et un drame satyrique.

Eurypontides, **nom d'une des deux dynasties royales de Sparte*, avec les Agides*.**

Voici la liste des rois de cette dynastie :

Ariston	v. 550-519
Démarate	v. 515-491
Leotychidas II	491-469
Archidamus II	469-427
Agis* II	427-400
Agésilas* II	399-360
Archidamus III	360-338
Agis* III	338-331
Eudamidas I	331-v. 305
Archimadus IV	v. 305-275
Eudamidas II	v. 275-244
Agis* IV	v. 244-241
Eudamidas III	241-v. 228
Archidamus V	228-227
Eucleidas	227-221
Lycurgue	219-v. 212
Pélops	v. 212-v. 200
(sous la domination de Machanidas puis de Nabis à partir de 206)	
Nabis	v. 195-192

Euthymides, **peintre de vases (Athènes, fin du VIᵉ s. av. J.-C.).**

Disciple d'Andokidès*, il représente l'école des grands sujets religieux peints sur des vases de grandes dimensions. Resté dans la tradition classique des figures noires, il s'oppose au style miniaturiste de l'école d'Épictète*. Ses peintures ont un caractère grandiose et monumental ; on y voit passer majestueusement les dieux puissants de l'Olympe dans une grave sérénité. On sent en lui le contemporain d'Eschyle* et de Polygnote*.

exégètes. On connaît sous ce nom plusieurs fonctions. On appelait ainsi des devins qui interprétaient les oracles, mais qui, souvent, étaient des charlatans. Les voyageurs appelaient ainsi les guides qui faisaient visiter les monuments anciens aux touristes. Il semble que sous ce nom ait existé à Athènes* un fonctionnaire chargé d'examiner les corps des morts avant de permettre la sépulture. Les exégètes sacrés, toujours à Athènes, étaient désignés par la pythie de Delphes* d'après une liste qui lui était présentée. Nommés à vie, ils semblent avoir été choisis parmi les eupatrides* et formaient un collège de trois membres. Ils devaient expliquer les phénomènes célestes sur le plan divinatoire et résoudre les problèmes qui se posaient à propos des rites, surtout des rites de purification.

Exékias, **peintre et potier (Athènes, seconde moitié du VIᵉ s. av. J.-C.).**

Contemporain d'Amasis*, dont on le rapproche souvent, il se révèle cependant plus « moderne » que lui et annonce le style à figures d'Andokidès* et de Nicosthène*. Peut-être imita-t-il même une certaine manière d'Amasis, mais on lui doit des inventions comme celle du trait noir en relief. D'autre part, il semble avoir voulu imiter, dans certaines œuvres, les gravures sur métal. Avec lui, comme avec Amasis, c'est la peinture religieuse et mythologique qui domine. Mais, au lieu de développer de longs récits, c'est un épisode choisi qu'il traite. L'art est moins descriptif, il devient plus intérieur. La technique de la poterie elle-même parvient à un haut degré de perfection et d'élégance dans le galbe des formes. On ne connaît de cet artiste que quelques coupes et amphores, auxquelles on joint quelques vases non signés.

exposition des enfants. Si elle n'a pas été aussi couramment pratiquée qu'on l'a souvent prétendu, en se fondant surtout sur des faits légendaires et sur certaines pièces de la comédie* nouvelle, l'exposition des enfants était, en Grèce, une coutume autorisée par la loi. On trouve des restrictions à Thèbes*, où, à basse époque, l'enfant est porté aux magistrats, qui le confient à une famille qui acceptera de l'élever et pourra en faire un esclave, et à Éphèse, où elle n'est autorisée que dans des cas d'indigence dûment établis.

C'est le cinquième jour après sa naissance* que l'enfant est exposé, en général devant un temple*, et le matin afin qu'il ait le plus de chances d'être recueilli : il est emmailloté et posé dans une corbeille, couronné en signe d'inviolabilité, et porteur de colliers ou de bracelets, amulettes préservatrices qui pourront le faire reconnaître par la suite. En principe, le père conserve sa puissance paternelle et peut ensuite revendiquer l'enfant ; pratiquement, il paraît difficile que la chose ait pu se passer ainsi, car il lui était difficile de retrouver la personne qui allait recueillir l'enfant, à moins que celle-ci ne dévoilât son identité. L'enfant ainsi recueilli pouvait être, soit réduit en esclavage, soit adopté.

f

Femme. Dans la société grecque, dont les structures patriarcales trouvaient certainement leur origine chez les envahisseurs de culture indo-européenne, la femme est restée une éternelle mineure vis-à-vis de la loi.

Dans la société athénienne, la jeune fille, éduquée dans le gynécée* auprès de sa mère, ne quitte la demeure familiale que pour entrer dans celle de l'époux qu'on lui a choisi. Et la maîtresse de maison vit de son côté dans le gynécée avec les enfants et les servantes. Elle ne participe jamais aux banquets de l'époux qui reçoit ses amis et ses concubines dans l'andron*, ne sort qu'accompagnée d'une servante qui porte son ombrelle et son siège, enfin ne possède aucun droit légal, ne participe pas au gouvernement de la cité, et, si elle hérite, elle n'est jamais qu'épiclère*. Elle a ses fêtes propres aux femmes comme les thesmophories*, et si elle participe à la vie religieuse de la cité, l'accès des grands jeux* lui est interdit et il semblerait que lui ait aussi été interdit l'accès des théâtres lors des représentations comiques. Alors que l'époux peut avoir des concubines, reçoit à sa table des courtisanes, l'adultère punit l'épouse et aussi bien l'homme qui l'a commis avec une femme mariée (dans ce cas l'époux a même le droit de le mettre à mort, ce qui ne se produisait qu'exceptionnellement, car il était toujours possible de composer, ne serait-ce qu'en « dédommageant » l'époux, ce qui conduisit certains d'entre eux à pratiquer une sorte de chantage), et l'épouse adultère doit être répudiée.

À Sparte*, il semble que la femme ait joui de plus de liberté, bien qu'elle n'ait pas eu plus de droits que l'Athénienne. Sans doute elle participait aux exercices et, dans ce cas, le faisait dépouillée de ses vêtements, et il y avait des concours réservés aux jeunes filles de Sparte à Olympie, hors de l'époque des grands jeux. Les sculpteurs nous ont d'ailleurs laissé des représentations de jeunes filles spartiates s'exerçant ou courant. Selon les lois de Lycurgue*, elles devaient s'exercer non seulement à la course, mais aussi à la lutte, et au lancement du disque et du javelot. Mais elles ne participaient pas pour autant à la vie politique de la cité, même si elles ont pu y exercer une influence d'un caractère toujours privé, et si elles menaient cette vie libre propre aux garçons, c'était pour rester vigoureuses et donner à la cité de robustes enfants.

Il est vrai qu'on ne doit pas imaginer la vie de la femme grecque à partir des législations, particulièrement rigoureuses. On trouve, dans les comédies d'Aristophane*, un certain reflet d'une réalité où l'on voit que les femmes savaient tenir aux hommes la dragée haute. Et, à l'époque hellénistique, on vit des femmes architectes, peintres, etc., sans oublier les poétesses qui furent nombreuses en Grèce, Sapho à la fin du VIIe s. av. J.-C. et Corinne de Tanagra au Vᵉ s. restant les plus célèbres d'entre elles, et, si en principe elles ne pouvaient être propriétaires, elles savaient même sur ce point détourner la loi. Les mimes d'Hérondas tout autant que certaines *idylles* de Théocrite nous montrent la vie des femmes à Alexandrie* et, à une époque où, en définitive, les hommes non plus ne participaient pas au gouvernement de type monarchique, on découvre que, tout en ayant leur propre existence, les femmes jouissaient de tout autant de liberté que les hommes, qu'elles ne se gênaient pas pour avoir des amants, ceux-ci seraient-ils de leurs esclaves. Sans compter les femmes des familles royales qui, bien souvent, non seulement gouvernaient à travers leurs époux, mais encore régnaient en leur nom propre, Cléopâtre, la dernière des Lagides*, restant la plus célèbre d'entre celles-ci.

Par ailleurs, les courtisanes, mais aussi les joueuses de flûte, les danseuses, dans lesquelles on pouvait trouver des filles de citoyens, mais qui, plus souvent, étaient de familles de métèques*, en tout cas à Athènes où elles affluaient, avaient une vie libre et pouvaient aimer qui elles voulaient. Elles étaient seules, à quelques exceptions près, à pouvoir acquérir une culture, c'était même pour elles une nécessité afin de participer à la vie de leurs amants ; l'exemple le plus caractéristique est celui d'Aspasie, qui exerça un prestige incontestable sur les hommes de l'entourage de Périclès*. On en connaît aussi qui ont pu devenir propriétaires, ce qui laisse entendre qu'elles jouissaient du droit de cité et avaient acquis des biens avec leurs moyens propres, sans en avoir hérité
→ **divorce, mariage, naissance, testament.**

fêtes. Les Grecs ne connaissaient pas notre forme de semaine, dont le dernier jour, férié, est un héritage du judaïsme. Les jours du mois étaient en général consacrés à quelque divinité ou héros, à moins qu'ils ne le fussent aux morts ; c'était le cas des trois avant-derniers jours du mois, consacrés aux morts et aux divinités souterraines ; pendant ces jours, on ne pouvait faire d'exécution capitale et les tribunaux criminels étaient fermés. Cependant, ce n'était que lors de certaines fêtes officielles que toute la population d'une même cité* cessait le travail pour participer à ces fêtes, qui ont toujours revêtu un caractère religieux. Ces jours de chômage complet étaient appelés *hiéroménies*, jours sacrés. Certaines fêtes, qui n'avaient pas de caractère officiel, comme les Apaturies*, étaient chômées, alors que les jours consacrés à des fêtes publiques comme les Thesmophories* restaient ouvrables pour la raison qu'elles étaient réservées aux femmes*, qui ne prenaient pas part à la vie politique.

On pense que, dans l'ensemble, les fêtes officielles occupaient à Athènes* une soixantaine de jours par an, mais ce chiffre doit être largement augmenté si l'on tient compte des fêtes ne relevant pas du culte public. On reprochait d'ailleurs aux Athéniens le nombre de jours chômés de leur calendrier*, mais, selon Strabon*, les Tarentins auraient eu plus de jours chômés que de jours ouvrables. À côté des fêtes de famille, comme les amphidromies*, les mariages*, etc., à côté des fêtes cultuelles des thiases* ou des fêtes de héros propres à des génos* ou à des dèmes*, chaque divinité connaissait plusieurs fêtes dans les cités, et plus particulièrement à Athènes. Et d'abord les grands jeux*, qui réunissaient une grande partie de la population, contraignaient à de longues journées chômées, compte tenu du temps nécessaire pour se rendre au lieu du culte. Le nombre de fêtes qu'ont célébrées les Grecs était immense, d'autant que chaque cité avait les siennes propres. Il existait des festivités internationales, comme les grands jeux, des fêtes communes à plusieurs cités unies par des liens divers, comme les *Pamboiotia*, propres aux Béotiens, des panégyries qui réunissaient les Ioniens d'Asie au Panionion. Certaines fêtes de cité voyaient une affluence d'étrangers, comme les Panathénées* à Athènes ou les Dionysies*, ou encore des mystères*, comme ceux d'Éleusis*. Les trois grandes fêtes propres à Sparte* étaient les Gymnopédies*, les Hyacinthies et les Carneia*. Celles d'Athènes étaient les Panathénées, les Anthestéries* les Grandes Dionysies, les Lénéennes*, les Thargélies*, les Thesmophories et les Apaturies. Elles donnaient leur nom aux mois.

À Athènes, Apollon ouvrait l'année avec les Hécatombes, à l'origine « sacrifice de cent bœufs », qui donnait le nom au mois Hécatombéon ; les Métageitnies étaient consacrées à Apollon dieu de la Nature, les Boédromies se célébraient encore en l'honneur d'Apollon, ainsi que les Pyanepsies, pour la maturité des fruits ; aux Thargélies, encore dédiées à Apollon, correspondaient à Délos* de grandes fêtes d'Apollon, où Athènes envoyait une théorie*. À Delphes*, les Théophanies célébraient le retour d'Apollon au printemps, et les Septéries, qui avaient lieu tous les sept ans, commémoraient la victoire du dieu sur le serpent Python. Les Théoxénies, fêtes de l'hospitalité divine, où un dieu invitait les autres dieux, étaient consacrées à des divinités locales : Apollon à Delphes ou en Achaïe, les Dioscures à Agrigente en Sicile*. À Athènes, Athéna avait les Panathénées, les Skirophories, qui ont donné leur nom à un mois, les Chalkeia, où l'on célébrait Athéna patronne des arts et des métiers ; à Corinthe*, elle avait les Helloties, à Tégée les jeux Aléens. Les Élaphébolies et les Brauronies étaient des fêtes d'Artémis à Athènes, et, en Laconie*, on honorait Artémis Karyatis. Aphrodite avait à Argos les Hystéria et les Hybristica en souvenir d'une victoire remportée sur les Lacédémoniens. Les fêtes d'Héra étaient les Gamélies, fêtes privées qui, à Athènes, avaient donné leur nom à un mois consacré aux mariages. Aux Dædalies, propres à Platées*, on célébrait la réconciliation d'Héra et de Zeus. Les grandes fêtes de Zeus à Athènes étaient les Diasies, en Anthestérion, les Maimaktéria, où l'on procédait à des sacrifices expiatoires, les Diipolies ou Bouphonies, où l'on sacrifiait un bœuf suivant un rite très spécial. Héphaïstos avait ses Héphaistia à Athènes, Hermès ses Hermeia ; les Mouséia se célébraient tous les cinq ans à Thespies, en Béotie* ; les Charites étaient fêtées à Orchomène.

On pourrait multiplier indéfiniment les exemples de fêtes qu'on ne connaît souvent que de nom. Citons encore les Nekysia et Némésia, la grande fête des morts à Athènes, qui avait lieu le 5 Boédromion.

finances. Les revenus des cités, et plus particulièrement à Athènes*, se répartissaient en revenus ordinaires et extraordinaires. Les revenus ordinaires étaient fixes *(katabolai)* ou variables *(proskatablemata)*. Les katabolai consistaient en impôts*, liturgies*, tributs* → **phonos**, les revenus des domaines (mines d'argent du Laurion, mines d'or du Pangée de Maronée, de Thrace et de Thasos) constituaient un grand rapport. Athènes possédait peu de domaines, mais de nombreuses cités comme Byzance ou Mendé louaient des terres et des maisons ; en Arcadie*, en Béotie*, on affermait le droit au pâturage, et Thèbes* louait par lots pour dix ans le territoire de Platées*. Le droit de pêche dans les eaux territoriales était aussi d'un bon rapport pour Délos*, Mykonos, Byzance. Dans les *proskatablemata* sont compris : les amendes infligées aux magistrats pour des fautes dans leurs fonctions, les frais de justice, les confiscations des biens des bannis, vendus au profit de l'État. Les sources des revenus extraordinaires sont constituées par le butin de guerre ; une partie du butin est consacrée aux dieux, le reste est vendu au profit de l'État ou distribué. Les contributions *(epidoseis)*, en général volontaires, sont aussi une source de revenus. On ouvrait des souscriptions, et les citoyens ayant donné une somme quelconque voyaient leur nom inscrit sur des listes honorifiques et ils étaient récompensés par des couronnes et des honneurs publics. Athènes, Téos, Érythrées, Cyzique, Rhodes ouvrirent de semblables souscriptions. Ces dons étaient aussi, parfois, forcés, et ce véritable impôt peut s'assimiler à l'eisphora* ; on la vit appliquée à Thasos, à Siphnos en Chersonèse, à Smyrne, à Potidée. Enfin, les cités avaient encore recours aux emprunts → **trapézites**.

Les dépenses des États étaient multiples : fêtes*, sacrifices*, services du culte, prix donnés aux vainqueurs des jeux*, entretien des temples* et des monuments publics, travaux publics, construction de monuments, solde des troupes et, pour les pauvres, leur équipement, entretien du matériel de guerre, constructions navales, entretien des chantiers et des arsenaux, salaire des employés subalternes, traitement des fonctionnaires et des ambassadeurs, achat d'esclaves publics et leur entretien, assistance publique (aux orphelins et invalides de guerre), distributions de blé, entretien du théoricon*...

L'administration des finances à Athènes était, jusqu'à l'époque de Clisthène*, entre les mains des *colacrètes*, qui percevaient les impôts et les répartissaient dans les différentes caisses ; ils dirigeaient aussi les sacrifices et les repas publics. Après Clisthène, il y eut une répartition des charges. Dix *apodectes*, tirés au sort dans chaque tribu, contrôlaient la rentrée des recettes et en faisaient la répartition. Au VIe s. av. J.-C., les services financiers furent dirigés par un magistrat unique, élu pour quatre ans, l'épimélète* des revenus publics, véritable ministre des Finances. Il arriva cependant que certains stratèges*, comme ce fut le cas pour Périclès, prissent en main la gestion des finances. Les comptabilités tenues par des fonctionnaires dans chaque caisse étaient contrôlées par un fonctionnaire spécial, l'antigrapheus, qui fut remplacé au IVe s. av. J.-C. par le collège des logistes*. Chaque mois, les comptes financiers étaient rendus devant l'ecclésia*, ou devant les conseils dans les cités autres qu'Athènes.

fortifications. Dès la période préhellénique, les Grecs ont entouré les cités d'enceintes pour les protéger des incursions d'ennemis. Il semble que, à la suite de l'invasion dorienne, les guerriers doriens* aient dédaigné de se protéger par des remparts à moins qu'ils n'aient craint qu'ils aient pu servir de refuge aux peuples asservis en révolte. Ce n'est que tardivement que de nombreuses cités s'entourèrent de remparts : en Acarnanie et en Étolie*, pas avant le Ve et même le IVe s. av. J.-C. Sparte resta une ville ouverte pendant toute la période classique. C'est au début du Ve s. av. J.-C., qu'Athènes* se donna de solides remparts. L'Acropole* elle-même, qui avait été fortifiée à l'époque achéenne, n'opposait plus que des remparts de bois aux assiégeants perses avant la bataille de Salamine*. C'est surtout au IVe s. av. J.-C. que la Grèce et les pays hellénisés se couvrirent de fortifications. À côté des villes et des acropoles fortifiées, on élevait des tours de garde et des fortifications destinées à défendre des défilés : ainsi, l'accès de l'Attique était-il défendu par les forteresses d'Éleuthères, de Phylè et de Rhamnonte. À Syracuse, Denys fit construire le fort Euryale pour servir de garnison à ses troupes et pour défendre la partie faible des Épipoles, quartier de la cité. Pareillement, en Sicile*, Sélinonte se dota de puissantes et complexes fortifications. Dans le Péloponnèse*, Épaminondas* fit élever tout un réseau de forteresses pour enfermer Sparte dans un filet, dont les nœuds de forces étaient les villes fortifiées de Messène, Mégalopolis et Mantinée*. Les remparts étaient pourvus de tours circulaires ou carrées.

funérailles. Devant la maison d'un mort, on plaçait un vase d'eau, où les visiteurs pouvaient se purifier en sortant. Les femmes* lavaient le corps du mort avec des essences, après qu'on lui eut fermé les yeux et placé l'obole dans la bouche, coutume qui n'apparaît qu'au VIe s. av. J.-C.. Le corps, orné de bijoux et enveloppé dans un linceul, était exposé une journée et levé le lendemain avant l'aurore afin que le soleil ne soit pas souillé par ce spectacle. Les vêtements* de deuil portés par les parents qui accompagnaient le cercueil étaient noirs ou gris, mais aussi verts, violets ou blancs. Les femmes qui se joignaient au cortège devaient avoir un proche lien de parenté avec le défunt. Le corps était porté sur un char ou sur son lit ; une femme le suivait, portant un vase à libations, puis les hommes, les femmes et les joueurs de flûtes. À Athènes*, Solon* avait interdit en public les manifestations de douleur trop violentes, comme se déchirer le visage ou pousser des cris. On conduisait le cadavre à la nécropole*, où il était soit brûlé, soit inhumé, ce dernier procédé, le plus pratique et le moins onéreux, étant le plus couramment utilisé. Pour l'inhumation, le corps était déposé dans un cercueil en bois ou en terre cuite. Le corps incinéré était placé sur un bûcher, qu'allumaient les proches parents, et dans lequel on jetait des cheveux du mort et des objets auxquels il était attaché. Les cendres étaient déposées dans une urne, qu'on plaçait dans un monument de famille. Les guerriers morts pour la patrie avaient droit à des funérailles publiques, auxquelles prenait part un grand concours de peuple et à la suite desquelles on prononçait un discours où l'on faisait l'éloge d'eux-mêmes et de leur patrie, accompagné souvent de jeux* funèbres. Un banquet suivait l'enterrement, où l'on exaltait les mérites du mort, à la suite de quoi on procédait à la purification de la maison.

À Sparte*, la mort d'un des rois* → **royauté** touchait le peuple entier. Des cavaliers allaient répandre la nouvelle ; des pleureuses faisaient sonner des cymbales d'airain ; dans chaque maison libre, au moins un homme et une femme devaient prendre le deuil ; non seulement les Spartiates, mais des troupes de périèques* et d'hilotes* venaient participer au deuil en laissant éclater leur douleur et, après les obsèques, les affaires étaient suspendues pendant dix jours. Lorsque le roi était mort au loin, on ramenait son corps, conservé dans du vinaigre, ou on le remplaçait par son image. Des banquets et des sacrifices étaient répétés plusieurs fois, quelques jours après les funérailles, ainsi qu'aux jours anniversaires de la mort. Un culte était rendu à tous les morts, mais certains d'entre eux, en raison de leurs mérites, recevaient des honneurs qui les portaient au rang de héros.

g

Galien (Claudios), **médecin (Pergame 130-Rome 200).**

Fils de l'architecte Nicon, il étudia avec des philosophes avant d'apprendre la médecine* à Smyrne, Corinthe* et Alexandrie*. À vingt-huit ans, il s'installa à Pergame* comme médecin des gladiateurs et, peu après, il alla s'établir à Rome, où il acquit la plus grande réputation et eut pour clients les empereurs Marc Aurèle et Septime Sévère. Il quitta Rome quelque temps pendant que la peste y sévissait, sous le règne de Marc Aurèle, puis il y retourna et y resta encore trente ans ; il y mourut, quoique certains auteurs prétendent qu'il revint mourir dans sa patrie ou en Sicile*. Disciple lointain d'Hippocrate*, il défendit des conceptions physiologiques reposant sur les théories humorales. Esprit vaste et rempli de solides connaissances, il inclinait, par ailleurs, vers l'éclectisme ; bon observateur, il fit faire des progrès à l'anatomie, bien qu'il ne pût disséquer que des animaux et surtout des singes, car la dissection était interdite sur des cadavres humains à Rome. Il apporta aussi une contribution à l'hygiène et à la séméiotique (étude des symptômes des maladies). Sa thérapeutique était fondée sur les cures d'air et de lait et sur une médication de caractère parfois douteux, dont le plus célèbre produit est resté la thériaque, contrepoison dans la composition duquel entrent soixante-dix ingrédients, dont des vipères mijotées.

Gandhâra, province située sur les pentes orientales de l'Hindou Kouch (Afghanistan) et le nord de la plaine de l'Indus (Pakistan).

Cette région, intégrée par Alexandre* le Grand à son empire connut plusieurs centres d'activité artistique, où le génie grec se mêla heureusement au génie indien. Dans ses principales villes, Poushkaravati (la grecque Peucélaotis), Takshasila (Taxila), naquit et se développa l'art gréco-bouddhique, dit « du Gandhâra ». Cette école de sculpture* apparaît au début du Ier s. av. J.-C. pour atteindre son apogée vers le milieu du I^{e} s. apr. J.-C. Les artistes représentèrent des génies indiens imités de divinités grecques, et là naquit l'image du Bouddha, qui, peu à peu, se dépouilla de ses caractères grecs pour devenir une représentation parfaitement originales. L'école gréco-bouddhique du Gandhâra exerça une influence sur le développement de la sculpture extrême-orientale, plus particulièrement en Asie centrale et dans l'Inde.

génos, ensemble naturel de familles descendant d'un ancêtre commun.

Les historiens anciens rapportent, à propos d'Athènes*, que, après le synœcisme*, chaque phratrie* était composée de trente génê, ce qui faisait correspondre leur nombre aux jours de l'année, et ils faisaient entrer trente chefs de famille dans chaque génos. En réalité, on ne connaît en Attique* qu'une cinquantaine de génê et on a calculé qu'il en a existé une centaine au maximum. À l'origine, les gens d'un même génos vénéraient un ancêtre commun et vivaient sur les mêmes terres, possédant un foyer commun. Chaque génos avait son chef, celui qui descendait en ligne la plus directe de l'ancêtre commun, prêtre du culte familial. Il possédait une puissance absolue sur ses proches, dispensait la justice dans le sein du génos et il était le chef des guerriers levés au sein des familles. La propriété des membres du génos pouvait circuler entre eux, mais ne pouvait en sortir, et toute la morale individuelle consistait à tendre vers le bien et l'agrandissement du génos. Ainsi, quand un des membres du génos était offensé ou tué par un étranger, c'était tout le génos qui en ressentait la blessure et qui prenait en main la vengeance. Il fallut attendre Dracon* pour que des lois rigoureuses mettent fin à ces pratiques.

géographie. À l'époque homérique, le monde connu des Grecs était limité à la Grèce* propre, aux îles qui l'avoisinaient, à la Thrace et à l'Asie Mineure. On connaissait sans doute les Phéniciens et les Égyptiens, mais ces connaissances restent aussi imprécises que la description des pays fabuleux de l'Occident qu'Homère a peut-être connus par des récits de voyages* ou des « instructions nautiques » d'origine phénicienne. La colonisation* grecque des VIIIe, VIIe et VIe s. av. J.-C. va largement étendre ces connaissances aux côtes de la mer Noire et aux rives de l'Italie et du sud de la Gaule, tandis que le commerce révélera les peuples de l'Extrême-Occident méditerranéen, où la cité de Tartessos, qui défend le passage des colonnes d'Héraclès (Gibraltar), s'affirmera comme une alliée des Grecs contre les Phéniciens. Des contacts, souvent belliqueux, seront renouvelés avec les Phéniciens, avec leurs colonies, telle Carthage qui va devenir la grande adversaire des Grecs en Sicile*, et avec les Égyptiens.

La géographie en tant que science naquit dans une de ces puissantes cités* commerçantes en contact avec tous les peuples du monde méditerranéen et proche-asiatique, à Milet*. Au VIe s. av. J.-C. Hécatée de Milet peut être considéré comme le premier géographe, tandis que son concitoyen Thalès* professait la sphéricité de la Terre et qu'un autre Milésien, Anaximandre*, dressait la première carte géographique. Au siècle suivant, d'abord Hérodote*, qui voyagea à travers tout le Proche-Orient, puis Ctésias, médecin du roi de Perse, quoique historiens, étendirent considérablement le domaine des connaissances géographiques des Grecs, grâce surtout aux contacts que les conquêtes perses avaient établis avec les peuples de l'Asie centrale et méridionale. Au IVe s. av. J.-C., les expéditions d'Alexandre* allaient apporter des connaissances nouvelles et plus précises sur l'Inde et les régions d'Asie centrale, et le Crétois Néarque, commandant la flotte d'Alexandre, explora les côtes méridionales de la Perse. Au début de l'époque hellénistique, une étape est marquée par Eratosthène* : le premier, reprenant peut-être un essai de Dicéarque, disciple d'Aristote*, il inventa une projection scientifique du monde sur un planisphère et il utilisa un système de parallèles et de méridiens ; ses connaissances géographiques englobent celles de ses prédécesseurs et s'étendent vers les sources du Nil, la mer Rouge, l'Afrique du Nord ; il mentionne la Bretagne (Angleterre) et Thulé (Islande) ; à l'est il connaît l'Inde jusqu'au Gange et à Ceylan (Taprobane). Après Ératosthène*, Hipparque* est un des promoteurs de la géographie mathématique et il reprend la division en longitudes et latitudes en les disposant à distances égales, alors qu'Ératosthène les avait placées irrégulièrement. Ce système sera repris par Marin de Tyr au IIe s. et porté à sa perfection par Ptolémée*, dont la géographie est accompagnée de vingt-sept cartes, qui ont été établies au Ve s. par Agathodémon d'Alexandrie*. À côté de cette géographie mathématique se développa une géographie descriptive. Certains auteurs ne sont que des voyageurs ; leurs ouvrages sont des sortes de guides touristiques ; le plus connu est la description de Pausanias* mais, avant lui, Dicéarque et Polémon d'Ilion avaient donné des descriptions bien plus précises et vivantes. La somme de la géographie descriptive, qui reste pour nous un trésor pour la connaissance non seulement de la géographie, mais aussi de l'ethnologie antique, est la *Géographie* de Strabon* (Ier s. av. J.-C.), qui, avec celle de Ptolémée*, résume la science géographique des anciens Grecs. L'Europe est connue à peu près dans son ensemble, excepté la Scandinavie, dont l'existence est entrevue. En Afrique, les connaissances s'étendent jusqu'au Niger, d'une part, et, d'autre part, vers la côte orientale, jusqu'à Zanzibar. L'Asie méridionale est notée jusqu'aux îles de la Sonde, et l'océan Pacifique, la Chine et l'Indochine ne sont pas ignorées. On trouve en outre chez ces auteurs, et surtout chez Strabon, des éléments d'orographie, d'hydrographie, de climatologie et de géologie.

géomores, classe de la société en Attique*.

Ils font partie des propriétaires terriens de l'aristocratie, comme les eupatrides*, mais ils cultivent eux-mêmes leurs terres. Ils perdirent peu à peu de leur importance, car ils étaient soumis aux eupatrides, plus riches qu'eux, et envers lesquels ils s'étaient endettés. À Syracuse, ils étaient la classe gouvernante, une sorte d'oligarchie, et ils régnèrent en maîtres pendant tout le VIe s. av. J.-C. À Samos, ils formèrent aussi une aristocratie dirigeante, qui fut renversée par les Mégariens au début du VIe s.

gérousia, en général, conseil d'anciens (gérontes), qu'on trouve dès l'époque homérique comme conseil du roi.

Ce nom fut conservé dans les États oligarchiques, où les anciens des grandes familles constituaient des conseils restreints : ainsi en Crète*, à Sparte* et dans diverses cités doriennes, tandis que, dans les États démocratiques, ces conseils furent ouverts à tout le monde et, s'étendant en nombre, furent appelés « boulê ». Nous ne considérerons ici que la gérousia spartiate, qui seule nous est assez bien connue. Son établissement est attribué à Lycurgue*, mais sans doute est-il plus ancien. Ce sénat était composé de vingt-huit membres, âgés d'au moins soixante ans, élus à vie par acclamation de l'assemblée du peuple (apella*), sans compter les deux rois → **royauté**, qui n'avaient pas plus d'autorité que les autres membres. Leur attribution était la discussion des affaires de l'État, mais ils jouaient en réalité le rôle le plus important à Sparte, les éphores* leur étant en général soumis ; avec ces magistrats, ils pouvaient traduire les rois en justice. Ils jugeaient en outre les crimes et les procès* graves et étaient les seuls à pouvoir présenter des motions et à participer aux débats.

gnomon, cadran solaire.

C'est une pointe fixée verticalement sur une surface horizontale, au milieu de trois cercles concentriques ; l'extrémité de l'ombre portée par la tige touchait le cercle intérieur à midi au solstice d'été, le second cercle à la même heure aux équinoxes et le cercle extérieur au solstice d'hiver. Il servait plutôt pour l'astronomie* ; on mesurait alors le temps par la longueur de l'ombre. Il servit très couramment jusqu'à l'époque alexandrine. Son invention a été attribuée à Anaximandre*, quoique Pline l'Ancien l'attribue à Anaximène*, et Hérodote* assure que l'invention était due aux Babyloniens.

On connaissait aussi un instrument, plus rarement employé, appelé *polos* ; il était conçu comme le gnomon ; toutefois, il mesurait le temps non pas selon la longueur de l'ombre, mais selon la direction donnée par l'évolution du Soleil. Les types de cadrans se diversifièrent beaucoup : cadrans coniques, cadrans plans, cadrans portatifs (sortes de montres), dont la construction était beaucoup plus complexe que celle du polos.

Grande-Grèce. Les Grecs donnaient ce nom à toute la partie côtière de l'Italie du Sud colonisée par les Achéens*, les Doriens* et les Ioniens*. Elle comprenait en partie le Bruttium, la Lucanie, la Calabre et la Campanie. Certains auteurs y rattachaient la Sicile*. Sans doute les Grecs eurent-ils auparavant des relations commerciales avec ces régions. Mais ce furent les gens de l'Eubée*, Chalcidiens et Erétriens, les grands initiateurs de la colonisation de la Grande-Grèce. Ils s'installèrent d'abord dans les îles Pythécuses (Ischia et Procida), dans le golfe de

Naples, d'où ils fondèrent, avec les gens de Kymé (Asie Mineure) la colonie de Cumes. Les Anciens en faisaient remonter la fondation à 1052 av. J.-C. ; l'archéologie a ramené cette date au milieu du VIIIe s. Les Chalcidiens occupèrent tout le golfe de Naples, aidèrent les Rhodiens à fonder Parthénopé, que les Cuméens détruisirent pour établir à sa place, au Ve s. av. J.-C., Néapolis (Naples), tandis que, vers 520 av. J.-C., des Samiens exilés fondèrent Dicéarchia, qui devint Puteoli (Pouzzoles). On retrouve leur influence à Herculanum et à Pompéi et jusqu'au promontoire de Circé, plus au nord. Cumes atteignit son apogée sous Aristodème, chez qui se réfugia Tarquin, chassé de Rome, mais elle fut saccagée par les Samnites en 428 av. J.-C. Rome la soumit en 338 av. J.-C..

Les Achéens s'installèrent dans le golfe de Tarente, dans le voisinage d'anciens établissements mycéniens. Leur première colonie* fut Sybaris (710 av. J.-C.) ; cette cité agricole, riche en blé, en vins et en bois, devint un centre de commerce important, qui, un siècle après sa fondation, dominait quatre peuples et vingt-cinq cités. Elle devint l'entrepôt des Milésiens et assura le passage par terre des vaisseaux qui allaient dans la mer Tyrrhénienne sur laquelle elle fonda Paestum, à la fin du VIIe s. Ses habitants acquirent une réputation de luxe et de mollesse. Sur le même golfe, en même temps que Sybaris, les Achéens avaient fondé Crotone ; celle-ci réunit autour d'elle les autres cités achéennes de moindre importance, Skylétion, Caulônia et, sur l'autre côté, Témésa et Térina ; le sanctuaire d'Héra Lacinia, établi par les Crotoniates près de chez eux, devint le centre religieux des Achéens qui formaient une ligue avec les Sybarites. La puissance de Sybaris se heurta cependant à Crotone qui, en 510 av. J.-C., détruisit la célèbre cité sur les ruines de laquelle on détourna un petit fleuve. Néanmoins, la ville renaquit quelques décennies plus tard, avec la nouvelle cité de Thurium, fondée par Périclès*. Crotone était célèbre pour la pureté des mœurs de ses habitants et pour ses institutions, en partie instaurées par Pythagore*, qui y avait implanté son école avant que ses disciples et lui-même n'allassent s'établir à Métaponte. Cette cité achéenne, fondée par les Phocidiens du Parnasse au début du VIIe s. av. J.-C., formait la limite de la colonisation achéenne face à l'établissement dorien de Tarente auquel les Achéens refusaient le nom d'Italiens.

Les Doriens de Sparte avaient fondé Tarente en 708 av. J.-C., sur l'emplacement d'une ancienne cité des Iapyges. Pourvue de deux bons ports dans une plaine fertile, malgré ses luttes contre les indigènes, elle devint puissante et prospère, surtout sous le règne d'Archytas, prince philosophe pythagoricien. Dans la partie occidentale du golfe, les Locriens fondèrent Locres Épizéphyrienne (vers 673 av. J.-C.), de constitution aristocratique, qui établit des comptoirs sur l'autre rive, à Medma et à Hipponion, tandis que l'extrémité de la péninsule, face à la Sicile, était dominée par la cité de Rhêgion, fondée par les Chalcidiens à la fin du VIIIe s. Elle parvint à son apogée sous le tyran Anaxilas (494-476).

Enfin, sur les côtes de la mer Tyrrhénienne, au sud de Pæstum, les Ioniens de Phocée fondèrent en 540 av. J.-C. Élée, qui devint aussi très florissante grâce à ses pêcheries et à son commerce maritime, et qui est restée célèbre par son école de philosophie. Au IIe s. av. J.-C., toutes ces cités étaient définitivement intégrées au domaine de Rome.

graphê, procédure des actions publiques devant les tribunaux populaires.

C'est une « accusation » différente de la dikê*. La graphê peut être intentée par n'importe quel citoyen, et si le demandeur n'obtient pas le cinquième des suffrages exprimés, il est condamné à une amende de mille drachmes, payable au Trésor*, et se trouve dans l'incapacité d'intenter à nouveau une action semblable. Ces actions publiques ne sont, en théorie, intentées qu'au profit de la société et, contrairement à ce qui se passe dans la dikê, l'accusateur est, en principe, désintéressé. La procédure est à peu près identique à celle de la dikê. On connaît de nombreux exemples de graphê : *graphê aprostasiou,* contre un métèque qui n'a pas de répondant ; *graphê argias,* accusation d'oisiveté ; *graphê deilias,* accusation de lâcheté ; *graphê kakoseos,* accusation pour mauvais traitement, souvent introduite pour les femmes*, les orphelins, voire les esclaves ayant subi de mauvais traitements... Certaines de ces graphê avaient un caractère public beaucoup plus marqué ; ainsi la *graphê decasmou* et la *graphê dorodokias,* accusation pour corruption subie ou exercée pendant une magistrature ou envers un magistrat ; la *graphê lipotaxiou,* de caractère militaire, est une accusation pour abandon de poste, la *graphê anaumachiou,* contre celui qui n'a pas pris part à un combat naval. Parmi toutes ces accusations, la plus connue est la *graphê paranomôn* ; elle était dirigée contre un orateur qui, à l'ecclésia*, proposait un décret contraire à la loi ; le contrevenant se voyait interdire son droit d'initiative après avoir encouru trois condamnations semblables.

grec. Le déchiffrement de l'écriture des tablettes mycéniennes, dite linéaire B (le linéaire A, encore indéchiffré, recouvre la langue des anciens Minoens, une langue peut-être apparentée à celles de l'Asie Mineure), a révélé que le langage des Mycéniens est un grec archaïque ; à l'époque historique, ce parler se conservera, non sans avoir subi une certaine évolution en Arcadie* et dans les régions de forte influence mycénienne, à Chypre et en Pamphylie, sur les côtes méridionales de l'Asie Mineure; ces reliquats d'une grande langue n'auront aucune importance dans l'histoire littéraire de la Grèce. Les trois grands dialectes de l'époque historique sont : l'iono-attique, parlé en Attique*, dans l'Eubée*, les Cyclades et l'Ionie; l'éolien, qu'on trouve en Thessalie, en Béotie et en Éolide ; le dorien, répandu dans le Péloponnèse, la Crète, la Grande-Grèce et la Sicile. Ces différences ethniques et linguistiques se trouveront exaltées dès l'époque archaïque ; il y aura un art ionien en rivalité avec l'art dorien, un lyrisme éolien illustré par Alcée et Sapho, une poésie dorienne dont les deux plus hauts représentants sont un Béotien, Pindare, et un Sicilien, Théocrite, une poésie et une prose ioniennes et surtout attiques. Les Grecs, grands amateurs de concours, aimant à rivaliser les uns avec les autres et à exceller en tous les domaines, exercèrent cette passion dans les cadres mêmes de leurs diversités ethniques et linguistiques au point de constituer divers types de culture à l'intérieur même de la civilisation hellénique. Si l'on peut oser une comparaison, et quoique la différence linguistique n'ait pas été aussi accusée en Grèce qu'entre la langue d'oc et celle d'oïl, on trouve entre la mâle expression dorienne et l'élégante culture ionienne la même variété qu'entre les civilisations de la France du Nord et les comtés méridionaux au Moyen Âge. Cependant, en Grèce, c'est l'Ionie, avec l'Attique, qui triomphera en définitive, et c'est la langue attique, si parfaitement affinée par ces créateurs de génie que sont les tragiques athéniens, l'historien Thucydide* et le philosophe Platon*, qui va triompher et engendrer la « koinê », la langue commune des Grecs sous l'occupation romaine, qui, par simplification et sans doute par des apports extérieurs, évoluera d'une manière continue pour donner la langue de Byzance et celle de la Grèce contemporaine.

Rappelons que le grec fait partie du grand groupe des langues indo-européennes, et que, en suite de la transcription du linéaire B, il apparaît, avec le hittite, comme la plus ancienne des langues de ce groupe encore connue. Naturellement, de nombreuses racines étrangères y ont été intégrées. Dans la majorité elles appartiennent au substrat préhellénique : racines en nt/, nd/ (asamynthos, kolokynthos, hyakinthos, Corinthe...) et en ss/ et tt/ (Parnassos, Assos, Hymette...), ou encore au sémitique (byssos, sakkos, nom d'un tissu en poil de chèvre servant en particulier à faire des sacs, khiton, khrysos, myrrha, sêsamon...).

Grèce (géographie et origines).

La Grèce propre est la péninsule montagneuse au sud des Balkans. Mais, très tôt, elle intégra à son domaine diverses îles et régions limitrophes, qui, après avoir largement contribué au développement de la civilisation hellénique, en feront partie intégrante; ce sont la Crète*, les îles de l'Égée et les côtes égéennes de l'Asie Mineure. Alors qu'il y a un demi-siècle on faisait remonter les premiers établissements humains en Grèce continentale à l'époque de la pierre polie (néolithique), les découvertes qui se sont depuis succédé ont révélé des habitats remontant au paléolithique.

On ne sait que peu de chose sur les populations qui, par vagues successives, occupèrent la Grèce dans ces époques obscures. Les Grecs les englobaient toutes sous le nom de Pélasges, et les fouilles archéologiques ont révélé une forte densité d'habitats néolithiques dès le VIe millénaire. La civilisation de la Grèce commence lorsque, au début du IIe millénaire, ou même dans les derniers siècles du IIIe millénaire, les Indo-Européens apparaissent dans la péninsule. Venus sans doute des régions pontiques (on ne peut que difficilement tenir compte de théories récentes qui placent en Asie Mineure le berceau des Indo-Européens), ils déferlent vers la même époque sur le monde civilisé, de la vallée de l'Indus à l'Égée, renversant les civilisations établies avant de les assimiler. En Grèce ce sont sans doute les ancêtres des Achéens* des épopées homériques. Ils trouvent une civilisation du bronze qui s'était développée sur tout le IIIe millénaire (appelée Helladique Ancien). Les Achéens inaugurent une nouvelle phase de cette culture helladique, désignée par les archéologiques sous le nom d'Helladique Moyen. Au premier niveau (Helladique Moyen I, 2050-1700), les influences extérieures restent médiocres. L'Helladique Moyen II est marqué par l'établissement de comptoirs crétois (Minoens) dans le sud du Péloponnèse*, qui vont faire connaître au continent le haut degré de civilisation qui caractérise la Crète minoenne depuis le début du IIIe millénaire. Vers 1750 av. J.-C., les Crétois, maîtres de la mer, prennent pied à Cythère, au sud du Péloponnèse et dans les Cyclades. La collusion de la culture achéenne et de la civilisation crétoise engendra ce que nous appelons la civilisation mycénienne, du fait que c'est à Mycènes, qui règne sur l'Argolide, que cette civilisation apparaît comme la plus représentative. Le Mycénien I et II (1550-1425) est une période d'assimilation pendant laquelle la Crète exerce son hégémonie culturelle; le Mycénien III (1425-1100) voit le triomphe des Mycéniens mais aussi leur déclin. Ces noms sont commodes pour désigner un ensemble dont on connaît mal les parties. Ce que nous voyons, c'est que pendant ces périodes apparaissent de nouvelles vagues d'Indo-Européens : les Ioniens*, puis les Éoliens*. Un peuple encore énigmatique règne alors sur la Grèce centrale, les Minyens. Maîtres d'Orchomène mais aussi de la région du golfe Pagasétique, c'est eux qui, dans la tradition légendaire, armeront le navire Argos pour partir à la conquête de la Toison d'or, dans la lointaine Colchide, l'actuelle Géorgie. On a sans doute là l'écho de navigations mycéniennes en mer Noire et peut-être le long du cours de l'Ister (le Danube, qui ouvrait l'une des routes de l'ambre). On enregistre aussi la tradition de nouvelles dynasties comme celle des Pélopides, venue d'Asie Mineure, et qui va faire de Mycènes une des grandes puissances du monde préhellénique.

Les Mycéniens s'élancent aussi à travers la Méditerranée : on les trouve en Occident, en Sicile* et dans le sud de l'Italie; vers 1400, ils conquièrent la Crète, leur ancienne tutrice, qui devient terre achéenne; en Orient, après s'être rendus maîtres de l'Égée, ils s'établissent sur les côtes d'Asie Mineure et de Syrie (à Ugarit), ainsi qu'à Chypre. Cette civilisation mycénienne parvenue à son apogée disparaît, dans le cours du XIIe siècle av. J.-C., sans doute en suite de guerres intestines, peut-être de révoltes populaires et de famines, causées par des sécheresses. Les Doriens lui donneront le coup de grâce. À la suite de quelques siècles obscurs de gestation, au IXe siècle apparaît une nouvelle civilisation, syncrétisme de l'ancienne culture mycénienne transformée par l'apport dorien : ainsi naquit la civilisation grecque. C'est d'un humus aux couches profondes que fleurit cette culture, qui, pendant toute cette période de formation, subit les influences des civilisations de l'Orient : Phéniciens, Égyptiens, et surtout peuples de l'Asie Mineure et du Levant, Phrygiens, Néo-Hittites, Assyriens, Ourartéens. On a appelé cette époque le Moyen Âge grec; elle s'étend depuis les Xe-IXe siècles (périodes Protogéométrique et Géométrique) jusqu'à la fin du VIe (période archaïque); on peut même lui fixer comme date limite ce grand bouleversement que furent les invasions perses et qui se terminera par l'exaltation des triomphes de Salamine* (480) et de Platées* (479), qui vont révéler aux Grecs leur force, leur grandeur, leur puissante originalité face aux Barbares asiatiques.

grottes sacrées. Dès la plus haute antiquité, les grottes étaient considérées comme les demeures de divinités ou de héros. En Crète, on pensait que Zeus avait été élevé dans l'antre de l'Ida ou dans celui du Dikté (Psychro). En Thessalie, une grotte du Pélion était consacrée à Zeus Akraios. À Athènes, aux flancs de l'Acropole s'ouvrent cinq grottes. L'une était consacrée à Apollon, une autre à Pan, une troisième à Aglaure, l'une des filles de Cécrops. Certaines cavernes servaient de demeures à des devins légendaires qui y rendaient parfois des oracles, comme l'antre de Trophinios en Béotie. D'autres failles étaient considérées comme des entrées des Enfers; ainsi, la grotte du Ténare, par où Héraclès était revenu sur la terre après son voyage infernal, et où l'on évoquait les morts. On a trouvé dans plusieurs de ces grottes des objets rituels (ex-voto, tables à libations), preuves des cultes qui s'y déroulaient. À Potniæ, près de Thèbes, il y avait un bois sacré et une fissure où l'on jetait des cochons de lait en sacrifice aux déesses Potniades. Près de Phigalia, dans le Péloponnèse, dans une grotte consacrée à une Déméter noire, on offrait à la divinité des fruits, des rayons de miel, des toisons de brebis. Ce sont là des réminiscences de cultes agraires ou de cultes de divinités souterraines.

guerre. On a pu dire que le monde grec vivait en permanence dans un état latent de guerre et que la paix* n'apparaît que comme un accident. Néanmoins, malgré les guerres qu'ont soutenues les diverses cités de l'Hellade, les temps de paix, ou, si l'on préfère, de non-belligérance, étaient nombreux, prolongés et, finalement, s'étendaient sur des laps de temps bien plus longs que ces moments de crise que sont les guerres.

À l'époque archaïque, il arrivait qu'on recourre à l'arbitrage* pour départager des cités, mais, le plus souvent, l'issue des litiges était la guerre. Cependant, les cités ne s'engageaient pas dans une guerre sans s'entourer de précautions religieuses. On envoyait d'abord consulter un oracle*, généralement celui de Delphes*, afin de connaître l'issue de la guerre plutôt que de savoir si l'on pouvait entrer en guerre. Un héraut* était ensuite dépêché pour faire la déclaration officielle de guerre ou pour porter un ultimatum. Une guerre sans déclaration préalable était une chose exceptionnelle. On tentait même, surtout à l'époque archaïque, de réduire la portée du conflit en n'y engageant qu'un nombre réduit de guerriers de part et d'autre. La tradition arcadienne mentionne des combats de trois hommes contre trois, et Hérodote* rapporte que, dans les contestations entre Sparte et Argos pour la possession de Cynosoura, on opposa seulement 300 Spartiates à 300 Argiens, qui furent vaincus. Des accords étaient aussi passés sur les armes* qui seraient employées ; ainsi, au début de la guerre Lélantine → **Eubée**, les hippobotes, nobles éleveurs de chevaux, convinrent de ne pas faire usage de javelots. Le soldat qui jetait ses armes et demandait merci ne pouvait non plus être tué. Les prisonniers étaient échangés contre rançon (celle-ci étant souvent convenue d'avance entre les cités*), ou bien réduits en esclavage*.

Avant de se mettre en campagne, aussi bien qu'avant de déclencher une bataille, on consultait les dieux par la voix d'un oracle et par l'intermédiaire d'un devin, qui observait les entrailles d'un animal sacrifié. De même, on ne se met pas en route un jour néfaste, ni pendant une période de fête, et on ne manque pas d'offrir des sacrifices avant de partir. L'armée* emmène avec elle les images des dieux tutélaires et un autel* portatif où brûle un feu allumé au foyer de la cité. Après la bataille, le vainqueur dressait un trophée* et accordait au vaincu le droit d'ensevelir ses morts, droit sacré qui n'était jamais refusé, à moins que le vainqueur ne se réservât ce pieux soin, comme le fit Philippe* après Chéronée*. Lorsqu'une ville assiégée se rendait, il arrivait que les hommes fussent massacrés et le reste de la population réduit en esclavage, mais c'était une chose exceptionnelle, qui ne se produisait en général que lors de la prise de la ville par la violence. En revanche, les lieux consacrés, propriétés des dieux, étaient toujours respectés et seuls des Barbares osaient incendier des temples comme les Perses le firent à Athènes. Dans l'ardeur du combat, les personnages religieux, les devins, les pyrophores, qui portaient devant les armées en marche le feu allumé, étaient épargnés. Lors de certaines fêtes et surtout des grands jeux* panhelléniques, une trêve sacrée était déclarée, et le territoire où avait lieu la fête ainsi que les pèlerins qui s'y rendaient, étaient sacrés.

gymnase, endroit réservé aux exercices physiques.

Chaque ville grecque avait son gymnase et plusieurs palestres*. C'était un rectangle de un stade de longueur en général, entouré de portiques et de pièces adjacentes, décoré avec soin et orné de statues. Par la suite, on adjoignit souvent une palestre au gymnase. Ils appartenaient à l'État, et les grands gymnases d'Athènes* avaient un épimélète* et un épistate* à leur tête. Les leçons de gymnastique, si importantes dans l'éducation* grecque, y étaient données par des maîtres privés. À l'origine, l'exercice dans les gymnases était réservé aux jeunes gens qui allaient faire leur service militaire pendant les deux années qui précédaient l'éphébie* ; c'était une sorte de préparation militaire. Mais, très vite, les jeunes garçons comme les hommes faits vinrent s'y exercer. Les exercices variaient selon l'âge : course, saut, lutte, lancer du disque et du javelot, danse ; seuls les athlètes pratiquaient le pugilat et le pancrace. Les filles, sauf à Athènes, s'y exerçaient aussi et y dansaient.

Athènes possédait trois gymnases : l'Académie*, le Lycée* et le Cynosarge, voisin du sanctuaire d'Héraclès, le seul gymnase où, jusqu'à Thémistocle*, les jeunes gens nés d'une mère non citoyenne pouvaient s'exercer. Après 275 av. J.-C., il s'en ouvrit de nouveaux : ceux de Ptolémée, de Diogène d'Hermès et d'Hadrien, à cause de la multitude de jeunes gens venus de l'étranger et désireux de perfectionner leur culture à Athènes. En effet, il apparaît que, à côté des exercices physiques pratiqués dans la palestre, on enseignait dans les gymnases la grammaire et la littérature*. On a découvert au Pirée le catalogue d'une bibliothèque de gymnase où sont mentionnés des ouvrages des tragiques et des comiques grecs qui devaient sans doute y être étudiés. On connaît à Téos, en Asie Mineure, un gymnase qui est une sorte de lycée mixte. → école.

Gymnopédies, fête annuelle, à Sparte*.

Elle se déroulait durant le mois d'Hécatombéon et durait plusieurs jours. En l'honneur d'Apollon Pythæus, mais aussi d'Artémis et de Dionysos, avaient lieu des concours gymniques et des concours de danse*. Deux groupes d'éphèbes* et d'hommes nus dansaient et chantaient. Au cours de ces fêtes on adressait des louanges aux guerriers morts dans les grandes batailles. Les célibataires n'avaient pas le droit d'y assister.

gynécée, partie de la maison* réservée aux femmes*.

À l'époque homérique, il est situé à l'étage supérieur, ensuite il se trouve soit à l'étage, soit derrière le corps principal d'habitation, afin d'en rendre l'accès difficile pour les gens venus de l'extérieur. Le gynécée est l'endroit où vivent et travaillent les femmes ; elles y filent, tissent, cousent et brodent. Les enfants y sont élevés, les filles jusqu'à leur mariage, les garçons jusqu'à l'âge de l'école*.

h

Harmodios et Aristogiton, jeunes nobles athéniens qui portèrent le premier coup à la tyrannie des Pisistratides* en assassinant Hipparque (514 av. J.-C.), frère du tyran Hippias, et qui furent honorés par les Athéniens comme des libérateurs.

harmostes, gouverneurs lacédémoniens.

Ils semblent tout d'abord avoir été au nombre de vingt et ils régissaient les vingt districts abandonnés aux périèques* ; ils avaient pleins pouvoirs et ne rendaient de comptes qu'aux éphores*. Ils s'appuyaient en général sur les oligarchies* locales. Après la guerre du Péloponnèse*, les harmostes étaient les chefs des garnisons qui surveillaient les villes conquises par les Spartiates, comme Athènes, où l'harmoste soutint les Trente.

Hécatée, géographe et historien (Milet v. 549 av. J.-C.- ?).

L'un des premiers historiens et géographes grecs. Il fut l'un des premiers Grecs à voyager en Égypte. Lorsque Aristagoras songea à soulever Milet* contre les Perses, Hécatée, interrogé, tenta de l'en dissuader. Son avis n'ayant pas prévalu, il suggéra alors de se rendre d'abord maître du Trésor que le roi de Lydie, Crésus, avait déposé dans le temple de Didyme, afin de construire des vaisseaux pour dominer la mer, car il savait que la ville ne pourrait résister longtemps aux forces perses. Mais là non plus il ne fut pas suivi. Il voyagea aussi autour du Pont-Euxin et laissa un ouvrage géographique sur ce sujet. Ses œuvres ont été perdues mais il a été l'une des sources d'Hérodote*. → **géographie, histoire.**

hectémores, laboureurs qui cultivaient les terres d'un propriétaire.

C'étaient des thètes* qui n'étaient pas citoyens ou qui avaient perdu leurs droits parce que, petits propriétaires, ils n'avaient pu payer la rente. Leur nom signifie « sizeniers », car ils ne recevaient que la sixième partie de la récolte, ce qui rendait leur condition particulièrement misérable. Les propriétaires pouvaient même les vendre comme esclaves. Leur condition fut améliorée par Solon*.

héliée, le grand tribunal d'Athènes*, constitué par l'ensemble des citoyens, et dont les séances se tenaient à ciel ouvert.

À l'époque de Solon*, ce tribunal qui siégeait en plein soleil, d'où son nom, dans un coin de l'Agora*, ne possédait qu'une juridiction d'appel *(ephesis)* contre les arrêts des magistrats. Cependant, à l'époque hellénique, il devint le plus important d'Athènes et, émanation de l'ecclésia*, il représentait son aspect judiciaire. Les héliastes, juges de l'héliée, étaient recrutés parmi toutes les classes de citoyens âgés de plus de trente ans et qui se portaient volontaires pour y être inscrits. Cependant, à l'époque de Périclès*, le nombre des candidats fut si grand qu'on désigna six mille juges pris dans les dix tribus*. Ils étaient en général répartis en dix sections *(dikastéria)* par tirage au sort, mais, pour certains procès importants, on réunissait plusieurs sections, et parfois tous les héliastes, comme on le vit en 415 av. J.-C. pour le jugement d'une *graphê* paranomôn*. Sa juridiction s'étendait sur toutes les affaires publiques et privées, excepté les cas d'homicide, laissés à la compétence de l'aréopage* et des éphètes*, les litiges privés pour des affaires de peu d'importance abandonnées aux juges de dèmes*, et les affaires de droit maritime, du ressort des tribunaux maritimes.

Les héliastes ne siégeaient pas les jours de fêtes, les jours de réunion de l'ecclésia ni les jours néfastes, et, avant l'ouverture de séance, un devin* cherchait si les dieux étaient favorables. Les héliastes écoutaient le demandeur et le défendeur dont les plaidoiries étaient mesurées à la clepsydre*. Leur jugement se rendait ensuite par vote, effectué au scrutin secret et sans délibération préalable. Les bulletins *(psephos)* étaient, au IVe s. av. J.-C., de petites rondelles de bronze traversées d'une tige métallique, soit pleine, soit creuse ; deux urnes étaient placées sur la tribune ; l'une servait à rendre le jugement, l'autre recevait le bulletin inutilisé ; par convention préalable, c'étaient soit les bulletins percés, soit les bulletins pleins qui décidaient de la condamnation ou de l'acquittement.

Hellade, nom que porte la Grèce dans la langue des Grecs.

Il semblerait que c'est autour du sanctuaire* de Dodone → **oracles** qu'apparut le nom d'Hellade dès avant l'invasion des Doriens* en Grèce*. Les serviteurs du sanctuaire étaient appelés Selles ou Helles, et on doit trouver là l'origine du nom d'Hellènes et d'Hellade. Les Hellènes seraient donc une tribu de la famille dorienne. C'est dans cette région aussi qu'apparut le nom de Grecs *(Graikoi)*, qui, de l'Épire, passa en Italie et fit que les Romains ont connu les peuples de l'Hellade sous le nom de « Grecs », terme non usité par les anciens Grecs avant l'occupation romaine. L'épopée homérique situe l'Hellade en Thessalie et nomme les Grecs Achéens ou Argiens. Ce n'est qu'après l'invasion dorienne que le nom d'Hellène désigna les habitants de ces pays situés au sud de la Macédoine et que toute cette partie inférieure de la péninsule prit le nom d'Hellade.

hellanodices, magistrats auxquels incombait l'organisation des jeux Olympiques*.

Sans doute ces jeux étaient-ils, à l'origine, communs aux Hellènes, ce qui expliquerait le nom d'« hellanodices » déjà en usage au temps de Lycurgue*. Leur nombre a beaucoup varié : un au début, deux vers 580 av. J.-C., choisis par les Éléens, puis neuf, dix et enfin douze, d'après les douze tribus de l'Élide*. Ils étaient choisis pour une olympiade, c'est-à-dire pour quatre ans, et demeuraient huit mois à Élis pour préparer les jeux. Ils surveillaient le déroulement des concours, assis sur des sièges élevés, et pouvaient corriger les infractions aux règlements en excluant des candidats, en les bâtonnant ou encore en leur faisant payer des amendes, versées au temple de Zeus. C'étaient eux aussi qui décernaient les récompenses aux vainqueurs. Ils étaient vêtus de pourpre et couronnés de lauriers ; magistrats intègres, ils étaient assermentés. Le nom d'hellanodice était aussi donné à Sparte* aux magistrats qui rendaient la justice en campagne.

hellénique. On appelle période hellénique ou classique le siècle et demi pendant lequel la Grèce va parvenir au sommet de sa civilisation. Elle peut partir en principe de la fin des guerres Médiques* (480 av. J.-C.) pour se terminer avec la fin du règne d'Alexandre* le Grand (323 av. J.-C.). C'est l'époque où la cité*, caractéristique du monde grec, parvient à sa pleine maturité et où la démocratie* athénienne va, malgré ses tares, conduire la civilisation grecque à sa perfection.

hellénistique. Par convention et par commodité, on appelle « hellénistique » la période qui s'étend de la mort d'Alexandre* le Grand (323 av. J.-C.), à la fin des grands empires créés par ses successeurs (en principe, à l'occupation de l'Égypte lagide par Auguste en 30 av. J.-C.). On a aussi appelé cette époque « alexandrine », mais, malgré l'importance de la civilisation de l'Alexandrie* des Lagides, cette appellation reste trop restreinte. Cette période voit l'établissement des grandes monarchies issues de la conquête d'Alexandre : les Lagides* en Égypte, les Séleucides* en Syrie, et dont l'empire s'est étendu, un moment, jusqu'aux extrémités du plateau de l'Iran, les Attalides* en Asie Mineure, à Pergame*, les Antigonides en Macédoine*. Ces empires font éclater le cadre de la cité* grecque. Les cités qui ont fait la gloire et l'originalité de la Grèce, tombées dans l'orbite de la Macédoine ou de l'un des Diadoques*, ont perdu tout réel pouvoir politique et leur indépendance n'est plus qu'un souvenir. Les Grecs sont alors mis en relations étroites avec les anciennes civilisations de l'Orient, auxquelles ils emprunteront certains aspects pour constituer un syncrétisme qui sera l'une des originalités de cette époque. En revanche, la langue grecque, et avec elle les aspects fondamentaux de la culture dont elle est le support, va se répandre dans tout l'Orient méditerranéen et même s'imposer à une partie de l'Italie. Rome, qui se rendra maîtresse de la Grèce au milieu du IIe s. av. J.-C., s'affinera au contact des Grecs et les milieux cultivés se frotteront de la langue et de la littérature du vaincu pour créer leur propre culture à partir de ces données civilisatrices.

Les caractères artistiques acquis pendant les dernières décennies de l'époque hellénique*, c'est-à-dire pendant la première moitié du IIIe s., vont devenir dominants. Les œuvres des maîtres de ce temps, en particulier dans le domaine de la sculpture*, celles des Praxitèle*, des Lysippe*, des Scopas*, seront copiées à des milliers d'exemplaires pendant les siècles suivants, et un certain nombre est ainsi parvenu jusqu'à nous. Mais l'époque hellénistique fournit aussi de grandes écoles originales de sculpture, celles de Pergame*, de Rhodes *(Laocoon)*, de Tralles *(Taureau Farnèse)*, où s'impose un réalisme qui s'affirmera surtout dans le portrait. C'est aussi pendant cette période que se développera cet art des coroplastes qui nous donnera toutes ces charmantes statuettes de terre cuite, rendues célèbres en particulier par les nécropoles de Tanagra en Béotie* et de Myrrhina, en Asie Mineure.

Alors que disparaît la tragédie* (illustrée cependant encore par les sept tragiques alexandrins dont il ne subsiste aucune œuvre), la comédie* nouvelle, éloignée de toute arrière-pensée politique, va mettre en scène des amoureux, répondant ainsi aux attentes d'une société dépourvue de tout souci politique. L'éclatement de la *polis* ouvre au développement de la notion d'individu, de la spéculation gratuite, de la recherche scientifique, d'une poésie et d'un art tournés, comme la comédie, vers les plaisirs citadins de l'amour ; toutes ces manifestations de l'individualisme se trouvant soutenues par certains souverains comme les Lagides. En définitive, les siècles hellénistiques, marqués par un syncrétisme et un universalisme hérités de la conquête d'Alexandre, préparent le triomphe d'une religion universaliste, le christianisme, lequel trouve ses parallèles dans les nombreux cultes orientaux à mystères*, nés dans les royaumes gréco-macédoniens, et qui vont déferler sur l'empire Romain après qu'il aura intégré dans son sein tous ces royaumes.

hellénotames, magistrats qui perçoivent le tribut et gèrent le Trésor*, à Athènes*.

Après le transport du Trésor* de Délos* sur l'Acropole* d'Athènes, ils gèrent à la fois le Trésor d'Athéna et le Trésor de l'empire. Ils sont au nombre de dix, chargés de fournir l'argent pour les dépenses militaires, le paiement de trières, mais aussi pour la construction d'édifices. Cette magistrature cessera avec la première ligue* d'Athènes.

Héraia, fêtes en l'honneur d'Héra.

Elles avaient lieu en général au mois de Gamélion. Le culte d'Héra était surtout célébré à Argos, dont elle était la divinité principale. La fête s'appelait Hécatombéon à cause du nombre de bœufs qui étaient sacrifiés. La prêtresse se rendait au temple, suivie d'une longue procession de toute la population ; après les sacrifices, un banquet avait lieu. Au cours de ces fêtes se déroulaient des jeux agonistiques, et particulièrement des joutes. À Corinthe*, Héra était la protectrice de la citadelle et on célébrait sa fête tous les ans. On lui consacrait sept jeunes gens et sept jeunes filles des plus grandes familles pour servir son temple pendant un an. À Élis, les fêtes d'Héra avaient lieu tous les cinq ans ; seize femmes lui offraient un péplos* tissé par elles-mêmes et présidaient des jeux qui étaient des courses de jeunes filles. Au cours des Dédalies de Béotie*, on célébrait le mariage *(hiérogamie)* de Zeus et d'Héra, fête qui n'avait lieu que tous les sept ans chez les Platéens : c'étaient les Petites Dédalies. Les Grandes Dédalies étaient célébrées tous les soixante ans par toute la Confédération béotienne. Les cérémonies étaient à peu près identiques ; on façonnait des statues de bois qu'on baignait dans l'Asopos et qu'on menait sur le Cithéron ; des sacrifices suivaient. Samos prétendait être le lieu de la naissance et du mariage d'Héra. La fête s'appelait Toneia ; on y représentait l'union de la déesse avec Zeus.

héraut. Dans l'épopée homérique, les hérauts sont avant tout compagnons et serviteurs du roi ; mais, à la différence des autres serviteurs, ils sont libres, riches, et possèdent leur propre maison. Ils convoquent les assemblées, présentent le sceptre aux orateurs, assistent aux débats. En tant que messagers de Zeus, ils sont inviolables et le roi peut aussi les envoyer porter des messages dans les camps ennemis. Ils jouent aussi un rolê dans les sacrifices*, où ils immolent les victimes.

À l'époque historique, ils conservent ces missions dans les conflits, accompagnent les ambassadeurs et les précèdent dans les négociations. Fonctionnaires sacrés, ils proclament la suspension des hostilités à la veille des fêtes* et jouent parfois le rôle de sacrificateurs. Les hérauts sont aussi des employés subalternes, qui reçoivent de l'État une solde en plus de leur nourriture ; l'Aréopage*, la boulê* les archontes*, la Cour des comptes → **logistes**, ont leur héraut. Ils convoquent des assemblées populaires, prononcent des prières avant d'introduire les débats, réclament le silence. Ils assistent à toutes les ventes, publiques et privées ; ils sont alors crieurs publics. Leurs fonctions sont très diverses et la considération qu'ils en retirent est plus ou moins grande, mais, en général, ils sont de condition médiocre. Aux jeux Olympiques*, il y avait des concours spéciaux pour les hérauts.

Hérodote, historien et voyageur (Halicarnasse, en Carie, 484-Thurium, Grande-Grèce, 424 av. J.-C.)

Fils de Lyxès et de Dryo, il appartenait à une famille noble et aisée. Jeune encore, il quitta Halicarnasse dominée par le tyran Lygdamis, qui avait fait mettre à mort son parent (peut-être son oncle), le poète Panyasis. Après un séjour à Samos où il se perfectionna dans le dialecte ionien, il consacra plusieurs années à voyager en Thrace, dans l'empire perse (en Asie Mineure, Mésopotamie, Médie), peut-être jusque chez les Scythes d'Asie, en Égypte et peut-être en Libye. De ces voyages* il assembla les matériaux destinés la rédaction de ses *Histoires* où, avant d'entreprendre la narration détaillée des guerres Médiques*, il rapporte une multitude d'éléments et de faits, souvent saisis sur le vif, concernant les pays visités, ce qui fait de lui, non seulement le premier géographe et historien dont on ait conservé l'ensemble de l'œuvre, mais aussi le premier ethnographe. Selon Lucien de Samosate (IIe s.), il aurait lu des extraits de son ouvrage lors des jeux Olympiques*, devant les Grecs assemblés. Ce serait même en l'écoutant que Thucydide, encore adolescent, aurait senti naître sa vocation d'historien. Il résida sans doute à Athènes et il accompagna peut-être les premiers colons sollicités par Périclès* pour peupler la nouvelle fondation coloniale de Thurium, en 443. C'est là qu'il termina ses jours et, sans doute y écrivit-il la plus grande partie de son ouvrage. → **géographie, histoire.**

Héron l'Ancien ou d'Alexandrie, mécanicien et mathématicien (Alexandrie, Ier s. apr. J.-C. ?).

Il reprit l'œuvre de Ctésibios*, que nous connaissons en partie grâce aux ouvrages laissés par Héron. Ses œuvres mathématiques* sont les *Définitions*, un *Commentaire d'Euclide* et les *Mesures*. Son apport consiste en une géométrie élémentaire, avec des applications pour des calculs d'arpentage, des règles de triangulation, des propositions pour le calcul du volume de divers édifices : théâtres, bains, etc. Il perfectionna le niveau utilisé pour l'arpentage, travailla au problème de la grue, inventa un système ingénieux semblable à nos modernes taximètres, adaptable sur les voitures. Il rédigea un ouvrage sur la construction des voûtes (étudié par Isidore de Milet, un des constructeurs de Sainte-Sophie), sur la fabrication des « pneumatiques », inspirés de Philon, où était utilisée la pression de l'air; il est l'auteur d'une *Mécanique* où sont expliqués les principes de la statique. Deux de ses inventions les plus célèbres étaient la fontaine qui envoyait un jet d'eau par la pression de l'air comprimé, et l'éolipile, composé d'une sphère axée sur un tuyau servant de pivot, dans lequel passe de la vapeur qui s'accumule dans la sphère et est éjectée par deux tuyaux courbés placés en opposition sur les côtés de la sphère; la force de la vapeur fait ainsi tourner la sphère de plus en plus vite. On trouve là le principe de la pression de la vapeur, mais les Anciens ne surent pas l'appliquer à un but pratique.

Hérophile, médecin (Chalcédoine, en Bithynie, v. 335 av. J.-C.-Alexandrie ?).

Il s'installa à Alexandrie* sous Ptolémée Sôter et fonda l'école de médecine* d'Alexandrie avec Érasistrate*, après avoir étudié sous Praxagoras, médecin de l'école de Cos. Se dégageant de tout dogmatisme, il voulut instaurer une médecine fondée sur l'observation et l'expérience. Créateur de l'anatomie humaine, il disséqua des cadavres et établit l'anatomie de l'œil et du foie. Il découvrit le système nerveux et en expliqua le premier la nature et la fonction. Enfin, c'est lui qui a mis en évidence l'importance du pouls pour les diagnostics.

hétairies. On donne ce nom à plusieurs sociétés de personnes. En Crète*, l'hétairie rassemblait les hommes qui avaient droit de cité*. C'étaient aussi, et plus particulièrement en Attique*, des associations tolérées par l'État, mais souvent secrètes; les premières étaient des sortes de sociétés d'entraide, qui soutenaient leurs membres dans la recherche des emplois et dans les affaires judiciaires; les secondes, de caractère politique, se donnaient pour but de détruire la démocratie* et de rétablir l'oligarchie* à leur profit. Enfin, les compagnons d'Alexandre* le Grand avaient aussi reçu le nom d'hétaires.

hiérodoules, esclaves sacrés.

Ils étaient au service de la divinité. Ces esclaves étaient recrutés par divers moyens; des villes ou des particuliers offraient des esclaves aux sanctuaires*, ce qui était une forme de libération. Les cités de la Crète, Érétrie et Magnésie, offraient de leur côté des serviteurs au temple de Delphes* pour exploiter ses domaines. À Athènes*, les petites filles de grandes familles entre cinq et dix ans étaient consacrées à Artémis Brauronia; c'étaient les petites « ourses », qui servaient la déesse jusqu'à la puberté, âge auquel elles reprenaient leur liberté. Les occupations des hiérodoules étaient très diverses : ils cultivaient les terres du dieu, payaient des redevances ou encore étaient envoyés comme colons dans d'autres lieux. Chez les Locriens Opontiens, on envoyait à des périodes régulières deux jeunes filles de grande famille pour être esclaves d'Athéna dans son sanctuaire d'Ilion.

On donnait aussi ce nom à des courtisanes sacrées, consacrées à des temples. Courante dans les cultes orientaux, cette fonction était rare en Grèce. Les plus célèbres étaient les courtisanes du temple d'Aphrodite à Corinthe*.

Hiéron, potier (Athènes, première moitié du ve s. av. J.-C.).

Fils de Médon et citoyen athénien, il est, avec Euphronios*, Douris* et Brygos*, le plus grand potier du ve s. Il a fait travailler des peintres sous sa direction, mais c'est à lui que revient en grande partie la gloire des peintures de ses vases. Sa production est abondante (on possède plus de vingt-cinq vases signés), et cela explique certaines œuvres inférieures — qui répondaient sans doute au goût du public

— où dominent les conversations amoureuses entre femmes* et éphèbes*. Ses chefs-d'œuvre sont ses vases où sont représentés des sujets tirés de l'épopée (Hélène et Ménélas, l'Ambassade auprès d'Achille, l'enlèvement du Palladion, Télèphe chez Agamemnon, etc.) et où l'on trouve un sens du dramatique tout aussi pathétique que celui qui fait la grandeur des trois autres maîtres contemporains, et aussi cette puissance d'expression et cette fougue par lesquelles il s'égale à Brygos.

hiérophante, grand prêtre des mystères* d'Éleusis*, élu à vie.

Il était toujours pris dans la famille des Eumolpides et perdait son nom dès son entrée en fonctions et définitivement ; on ne le connaissait que comme le « hiérophante ». Son rôle, ainsi que l'exprime son nom, était de révéler aux initiés les mystères sacrés.

hilotes, anciens habitants de la Laconie et de la Messénie, réduits au servage* par les Spartiates.

Selon Strabon*, qui donne l'historien Éphore pour source, lorsque Agis* retira aux périèques* le droit d'*isotimie*, la plupart d'entre eux s'y résignèrent, sauf les Héléens, habitants d'Hélos, qui se révoltèrent. Vaincus, ils auraient ainsi été réduits au servage*, et c'est de leur ancien nom que viendrait l'appellation d'hilotes. Cette étymologie, confirmée par ailleurs par Hellanicos et Théopompe, est peu vraisemblable, tout comme celle fondée sur la racine *Hel-* impliquant le sens de « captif, prisonnier de guerre ». Les hilotes sont la propriété de l'État, qui a seul le droit de les affranchir, ils sont mis au service de particuliers, dont ils cultivent les terres. Leur principale obligation était de payer une redevance annuelle d'une certaine quantité d'orge, de vin et d'huile, calculée sur la surface du terrain affermé, ce qui leur restait devant être suffisant pour assurer leur subsistance et celle de leur famille. Ils jouaient un rôle dans l'armée*, combattaient aux côtés des Spartiates, dans l'infanterie légère. Ils étaient trente-cinq mille à la bataille de Platées*. À la différence des esclaves, ils n'étaient pas au service de leur maître, qui ne pouvait ni les vendre ni les tuer ; ils pouvaient aussi posséder des biens mobiliers. L'affranchissement n'était pas rare et intervenait souvent après leur période de service comme hoplites. Les enfants des hilotes *(mothaques)*, élevés avec les enfants spartiates, étaient souvent libérés aussi. Les enfants nés d'une femme hilote et d'un père spartiate pouvaient recevoir les droits civiques s'ils étaient légitimés. Le roi Cléomène* III, au IIIe s. av. J.-C., fit libérer tous les hilotes qui purent donner cinq mines : il s'en trouva cinq mille. Les hilotes affranchis formaient la classe des *néodamodes* ; ils pouvaient travailler dans de petits ateliers d'artisanat, cultiver la terre et posséder des biens personnels. Le nombre des hilotes peut être évalué à deux cent vingt mille, après la conquête de la Messénie*.

Si les hilotes apparaissent ainsi bien intégrés au fonctionnement de la cité, participant notamment à la défense du territoire spartiate, il n'en reste pas moins que cette population indigène asservie et formant un groupe homogène (mêmes langue, usages...) a trahi, par ses révoltes, un certain nombre d'aspirations communes. Ces révoltes ont émaillé l'histoire de Sparte, plus particulièrement celles de Messénie, où les hilotes avaient été assujettis à une date plus récente (vers la fin du VIIIe s. av. J.-C.) que ceux de Laconie. Ils parvinrent même, après la bataille de Leuctres*, à se constituer en État indépendant, reconnu par les autres cités grecques.

himation, manteau civil porté par les hommes et les femmes.

Il était seulement drapé, contrairement à la chlamyde* et généralement tissé de laine blanche naturelle ; cependant, les délicats le faisaient teindre en pourpre ou en vert, ou l'ornaient d'une bordure de couleur. Il consistait en une simple étoffe rectangulaire qu'on enroulait autour du corps de différentes façons. On le jetait sur la tunique, mais il arrivait qu'on le portât seul, comme c'était le cas pour Socrate*, et surtout pour les Spartiates, dont c'était le seul vêtement.

Hipparque, astronome et mathématicien (Nicée, Bithynie, seconde moitié du IIe s. av. J.-C.).

Il est considéré comme le plus grand astronome de l'Antiquité. On ne sait rien de sa vie, sinon qu'il résida à Rhodes et à Alexandrie*. Il composa dans sa jeunesse un commentaire sur les *Phénomènes* d'Aratos et d'Eudoxe, le seul de ses ouvrages qu'on a conservé. Sur le plan pratique, il inventa un dioptre pour mesurer le diamètre apparent du Soleil, et deux astrolabes : l'un sphérique, composé d'un jeu de cercles fixes et mobiles, permettant de déterminer la position des astres ; l'autre, un planisphère, qui servait à mesurer la hauteur des astres et à résoudre les triangles. Il fit de la trigonométrie une branche des mathématiques*, établissant les formules qui donnaient le moyen de résoudre numériquement les problèmes d'astronomie* sphérique.

Le premier, il entreprit le travail gigantesque qui consistait à établir un catalogue des étoiles et des constellations principales. Reprenant les travaux de ses devanciers et les comparant à ses observations, il découvrit la précession des équinoxes et calcula la longueur de l'année tropique. Il imagina sur les instruments d'optique la division en 360°, qui a été conservée depuis lors. Il posa le problème dit « d'Hipparque », relatif à la marche irrégulière du Soleil ; en étudiant les inégalités de la Lune dont il chercha à déterminer la parallaxe, il parvint à calculer et à prévoir les éclipses de Lune et de Soleil. Enfin, il tenta d'ériger la géographie* en science reposant sur des données astronomiques précises.

hippeis (chevaliers). A Athènes*, ils constituaient la deuxième classe censitaire de la constitution de Solon*. Petits nobles terriens, ils possédaient un revenu annuel équivalant à plus de 300 médimnes de blé, qui leur permettait d'entretenir un cheval; c'est pourquoi, lorsque fut créée la cavalerie* seuls les hippeis purent y entrer, même si la plupart d'entre eux ont continué de servir comme hoplites.

Hippocrate, médecin (Cos 460-Larissa, Thessalie, v. 357 av. J.-C.).

On ne sait que peu de choses certaines de sa vie, sinon qu'il appartenait à la grande école de médecine* de Cos, et qu'il prétendait que sa famille descendait d'Asclépios, le médecin d'Homère*. Il voyagea beaucoup, en particulier en Méditerranée orientale et il se serait trouvé à Athènes lors de la peste qui la ravagea au début de la guerre du Péloponnèse*. Finalement il s'installa à Cos pour professer et pratiquer la médecine. Socrate* le tenait en haute estime, ainsi que Platon*. Il eut peut-être deux fils, Thessalos et Dracon, et un beau-fils, Polybe, qui furent ses disciples. Il subsiste sous son nom soixante-douze écrits, dont la plupart ont été rédigés par ses disciples. Ils ont été divisés en cinq classes. À la première appartiennent ceux qui sont sûrement de lui : *les Articulations* et *les Fractures* ; à la deuxième, ceux qui lui appartiennent à peu près certainement : les *Aphorismes, les Pronostics, les Régimes des maladies aiguës*, le traité *des Airs, eau et lieux, les Plaies de la tête, le Mochlique, l'Officine, l'Ancienne Médecine* ; les trois autres groupes contiennent les écrits classés selon leur valeur dans l'école hippocratique.

Pour Hippocrate, la force interne du corps humain est la chaleur innée, et les causes de la maladie doivent être cherchées dans les changements d'air et de saison. La doctrine pathogénique d'Hippocrate est fondée sur les quatre humeurs : sang, phlegme ou pituite, bile jaune et bile noire : c'est le déséquilibre de ces humeurs qui est cause des maladies. Sans doute, on est encore loin des conceptions microbiennes, mais Hippocrate a rejeté définitivement les croyances qui attribuaient les maladies à des interventions de dieux ou de démons. Hippocrate a décrit la marche des maladies avec un sens admirable de l'observation et il a commencé une classification des maladies. L'école de Cos préconisait en thérapeutique les régimes, en évitant les médicaments, pour lesquels l'école de Cnide marquait une préférence. En chirurgie, les hippocratiques pratiquaient la trépanation, dont ils indiquaient les procédés. Leurs connaissances en anatomie étaient limitées du fait que seule la dissection des animaux était autorisée. Ils avaient des notions précises sur la structure du squelette et celle du cœur ; ils plaçaient le siège de l'intelligence dans le cerveau, distinguaient les veines, canaux conducteurs du sang, des artères, qu'ils croyaient véhiculer de l'air.

hippodrome. À l'époque homérique, les courses de chevaux étaient données sur un champ, au bout duquel on marquait l'emplacement où les chars devaient faire demi-tour pour revenir à leur point de départ; les spectateurs prenaient place debout le long du parcours. Plus tard, on planta deux bornes autour desquelles tournaient les chars, et l'on réduisit l'étendue du champ. Ce n'est que vers l'époque hellénique qu'on construisit des hippodromes constitués par une piste de longueur variable (celle d'Olympie atteint près de 4 stades soit 770 m), entourée de hauts talus où étaient taillés les gradins destinés à recevoir les spectateurs. Il y avait des concours hippiques dans les quatre grands jeux* panhelléniques et lors de certaines fêtes, telles les Panathénées*. Dans les jeux, les courses avaient une grande importance; nous connaissons celles d'Olympie, qui étaient réparties en six épreuves : course de chars à quatre chevaux, course de chars à quatre poulains; course de chars à deux chevaux, course de chars à deux poulains; course montée pour chevaux et course montée pour poulains. On ne connaît pas le nombre des concurrents, qui pouvait être assez élevé puisque nous savons qu'à Delphes* une course mit en ligne quarante chars. Le vainqueur, proclamé par les hellanodices*, n'était pas l'aurige* mais le propriétaire, qui pouvait présenter plusieurs chars ou plusieurs chevaux; il était rare que les propriétaires montent eux-mêmes. Aux Panathénées, à côté de ces six épreuves avaient lieu des exercices de lancer de javelot à cheval, de haute voltige, des courses pour chevaux d'âges ou de capacités différents, des courses de chars de guerre ou de chars de procession. On donnait aussi des concours hippiques lors des jeux funèbres, comme on le voit pour la course de chars organisée par Achille lors des funérailles de Patrocle.

histoire. Si l'on ne peut dire qu'ils ont inventé l'histoire, car les peuples de l'Orient possédaient des chroniques de caractère local, ce sont les Grecs qui ont conféré à l'histoire une dimension universelle et en ont fait un genre littéraire. Les premiers historiens dont on connaît les noms étaient appelés des logographes, ce qu'on peut interpréter comme des auteurs de discours en prose, par opposition à la poésie. Ces logographes s'inscrivent dans la lignée des chroniqueurs orientaux : ils ont rédigé des généalogies, des récits de fondations de cités, à la gloire des familles patriciennes ou des villes. Le premier d'entre eux est Cadmos de Milet*, qui vivait au milieu du VIe s. av. J.-C., auteur d'une *Fondation de Milet.* C'est aussi de Milet qu'était originaire l'un des plus importants de ces logographes, Hécatée*. Le premier des historiens, celui qu'on a appelé le « père de l'histoire » et à qui les Grecs ont conféré le titre d'historien, est Hérodote*. Après lui, Thucydide porta d'un seul élan le genre à sa perfection. Son *Histoire de la guerre du Péloponnèse** constitue non seulement la source capitale pour notre connaissance de cette période de l'histoire grecque, mais elle s'impose comme un chef-d'œuvre de la langue attique, et le modèle de la conception de l'histoire dans laquelle sont analysées les causes des événements relatés, tout autant que la psychologie des personnages mis en scène. Xénophon*, avec ses *Helléniques,* est le continuateur de Thucydide. S'il se montre inférieur à son prédécesseur dans la vision de l'histoire, il inaugure une forme de roman historique avec la *Cyropédie,* le récit d'histoire vécue avec l'*Anabase,* la biographie avec son *Agésilas**, l'étude des institutions politiques avec sa *Constitution de Sparte**.

Des successeurs de Thucydide et Xénophon au IVe s. il ne nous reste plus que des extraits : Philistos de Syracuse, Éphore de Cumes (en Éolide), Théopompe de Chios. Ce n'est qu'à l'époque hellénistique* qu'on assistera à une brève renaissance de l'historiographie avec Polybe de Mégalopolis (v. 207-v. 125 av. J.-C.). En 168, il fut compris parmi les otages envoyés par les Grecs à Rome après la défaite de Persée → **Macédoine**). Favorable aux Romains, il devint l'ami des fils de Paul-Émile, Fabius et Scipion, et, lorsqu'il rentra en Grèce, en 150, il resta un grand ami de Rome. C'est d'ailleurs de l'histoire de Rome à l'époque de la seconde guerre punique et durant les décennies suivantes, que traitent les livres qui subsistent de ses *Histoires.* De moindre qualité, mais d'un vaste intérêt est la *Bibliothèque Historique* de Diodore de Sicile, né à Agyrium vers 90 av. J.-C. Dans cet ouvrage ambitieux dont il nous manque une grande partie, Diodore brossait une histoire du monde depuis les origines, y compris l'Inde, l'Arabie, les îles de l'Océan. La mythologie et la généalogie des dieux étaient intégrés à cet ensemble.

Au Iᵉ s. de notre ère, Denys d'Halicarnasse s'est fait l'historien de Rome, et Flavius Josèphe celui du peuple juif et de la révolte des Juifs contre les Romains *(Guerres juives),* dont il a été l'un des acteurs. À la fin de ce même siècle et au siècle suivant, Plutarque* nous a laissé, dans ses *Vies parallèles,* de précieuses biographies, Arrien de Nicomédie s'impose comme le plus important des historiens d'Alexandre* le Grand et Appien d'Alexandrie* a écrit une *Histoire romaine* depuis les origines jusqu'au règne de Trajan, dont une grande partie est perdue mais qui nous renseigne sur les diverses guerres romaines.

Homère. Tout ce qu'on sait sur ce poète possède un caractère légendaire. Cependant, ce qui paraît acquis, c'est qu'il a existé un poète de génie auquel on peut donner son nom, et qu'il a vécu en Ionie au début de l'époque archaïque. Plusieurs villes d'Asie Mineure et des îles avoisinantes se sont disputé l'honneur de lui avoir donné le jour ou d'avoir accueilli sa tombe, mais il est bien possible qu'il ait appartenu à une famille d'aèdes* vivant dans l'île de Chios, où, à une époque postérieure, résidait une dynastie d'aèdes se transmettant la tradition épique d'Homère et appelés les homérides. On place son existence au Xᵉ ou au IXᵉ s. av. J.-C., mais il semblerait qu'il ait plutôt vécu au VIIIᵉ s. C'est en tout cas la date la plus communément admise comme étant celle de la rédaction des deux grands poèmes épiques qu'on lui attribue : *l'Iliade* et *l'Odyssée.*

Ces deux poèmes ont nourri toute la sensibilité des Grecs, qui les étudiaient dès leur enfance et dans lesquels ils trouvaient des modèles tout autant de comportement que de pensée. On a pu dire qu'ils ont été leur « Bible », de sorte que les temps « héroïques » décrits par Homère ont pu influer sur tout le comportement historique des Grecs. Ainsi Alexandre* le Grand emporta dans ses campagnes les deux poèmes, et plus d'une des ses actions trahit sa fervente admiration pour Achille.

homérique (période). On entend par période homérique les coutumes et les croyances qui constituent le fond de ces deux poèmes, mais qui, à des faits contemporains de l'auteur, joignent des faits appartenant à l'époque antérieure, où les Achéens*, maîtres de la Grèce, vont à la conquête de Troie avant de voir leur civilisation détruite par les Doriens* ; période dite des « âges obscurs », qui sépare la fin du monde mycénien de la naissance de la cité* — polis — au VIIIᵉ s. Mais les poèmes homériques, comme source historique, doivent être pris avec précaution. Œuvre littéraire avant tout, le monde décrit par Homère participe autant de la réalité (celle des « âges obscurs » et de la période où vit l'auteur) que d'un imaginaire qui nous renvoie aux temps héroïques de la civilisation achéenne. Il est parfois bien difficile de distinguer ces différents niveaux.

homoioi (égaux). À Sparte*, on donnait ce nom aux citoyens qui étaient égaux devant la loi. Mais, en réalité, une distribution égale des richesses au départ avait rapidement évolué jusqu'à une grande inégalité dans les ressources, bien que chacun des Égaux possédât son lot primitif inaliénable. En fait, le revenu de ce lot *(klêros)* permettait de participer aux syssities*, et c'est le droit de posséder un domaine dans la *perioikis* (terre aliénable hors de Sparte et des lots) qui, rapidement, fut cause de ces grandes différences de fortune. Seuls ces Égaux jouissaient des droits complets du citoyen et seuls ils possédaient le véritable titre de Spartiate.

hoplite. → armée, armes, phalange.

horkos (« serment »). Le serment tenait une grande place dans la vie des Grecs. Il possédait un haut caractère religieux, et c'était comme un sceau divin qu'on plaçait sur la parole donnée. Les dieux eux-mêmes, dans l'épopée homérique, jurent par le Styx, fleuve des Enfers, par la Terre et par le Ciel. On jurait par plusieurs dieux, en général par Zeus, la Terre et Hélios, ou par des héros et des divinités locales, tels les Dioscures, Héraclès, etc. Les serments solennels se prêtaient dans des sanctuaires* ou des lieux consacrés, et s'accompagnaient de sacrifices*. On jurait les mains tendues vers les dieux qu'on prenait à témoin ou on posait la main sur l'autel en y joignant une imprécation*, c'est-à-dire qu'on acceptait les pires maux si on se rendait parjure, ce qui n'a pas empêché d'ailleurs les Grecs de se parjurer. On prêtait serment en toute occasion (les magistrats au moment de prendre leur poste, les éphèbes* avant de servir dans l'armée), et, dans les tyrannies*, on jurait fidélité au tyran ; dans les procès*, les juges prêtaient serment aussi bien que les parties et, naturellement, les témoins. Des cités qui s'alliaient scellaient leur accord sous la foi du serment. Dans la vie privée, le serment était aussi de mise ; les femmes* juraient par les deux déesses (Déméter et Coré), on jurait aussi par le chien, par l'oie ou par le platane, ce qui, tout en donnant plus de force aux discours, ne risquait pas d'être puni du châtiment des parjures, accompli dans les Enfers.

horloges. → clepsydre, gnomon.

hospitalité. En Grèce, l'hospitalité était un devoir sacré. L'étranger était protégé par Zeus Xénios et par Athéna Xénia à Athènes* ; le voyageur → **voyage** pouvait se présenter à une maison, on lui devait le logement et la nourriture, et on l'invitait à la table de famille le premier jour. Le symbole du devoir d'hospitalité se trouve dans la légende de Zeus et Hermès, déguisés en voyageurs, reçus par Philémon et Baucis. Comme le fait remarquer Nausicaa, dans l'*Odyssée*, lorsqu'elle découvre Ulysse, ce peut être un dieu qui se cache sous le manteau du voyageur. Même le mendiant sans patrie avait droit au feu et à la table. Lorsqu'il quittait son hôte, l'étranger recevait des cadeaux et on échangeait des signes de reconnaissance, si bien que des familles furent ainsi unies par les liens de l'hospitalité. Athènes était une ville ouverte aux étrangers, où ils affluaient en grand nombre, et des lois les protégeaient. Des rapports d'hospitalité étaient établis entre les métropoles et leurs colonies*, ou entre deux villes qui passaient entre elles des conventions d'hospitalité. Les métropoles, lors des grandes fêtes* religieuses, hébergeaient les pèlerins venus de leurs colonies et, en retour, les gens de la métropole étaient reçus avec honneur dans les colonies. Dans les cités unies par des liens d'hospitalité, les citoyens jouissaient du droit de posséder des biens-fonds, de prendre part au culte public, d'entreprendre des actions judiciaires comme dans leur propre cité.

Hyacinthies, fêtes de la nature, célébrées à Amyclées de Laconie* par les Spartiates.

Elles avaient lieu au mois d'Hécatombéon (juillet → **calendrier**, qui s'appelait Hyacinthios en Laconie. Sous le symbole du mythe d'Hyacinthe et d'Apollon, on fêtait la fin du printemps et le début de l'été. Selon la légende, Apollon, amoureux du jeune Hyacinthe, le tua contre sa propre volonté en lançant un disque que le Zéphyr, jaloux, dévia vers Hyacinthe. Dans le sanctuaire d'Amyclée se trouvait le tombeau du jeune héros surmonté par la statue du dieu. Selon Athénée, les fêtes duraient trois jours, mais nous n'avons d'éléments que relativement à deux journées : dans le premier jour, rempli de tristesse on bannissait les couronnes et un sacrifice* funèbre était offert sur la tombe d'Hyacinthe, placée sous l'autel du dieu et fermée par une porte de bronze ; on commémorait ainsi la mort du héros et la fin du printemps. Le jour suivant était un jour de joie : des jeunes garçons jouaient de la flûte et chantaient joyeusement, suivis par des chœurs de jeunes gens qui dansaient, et par des jeunes filles dans des voitures d'osier et sur des chars. Sparte* tout entière venait à Amyclées, et même les esclaves participaient au sacrifice et au festin. Une fête nocturne suivait, à laquelle participaient les femmes* ; on y célébrait la résurrection du dieu et la joie de l'engrangement des récoltes. Peut-être le troisième jour les femmes spartiates présentaient-elles au dieu la tunique qu'elles lui avaient tissée pendant l'année. Cette fête, commune à tous les Doriens*, semble leur être venue des populations établies avant eux dans le Péloponnèse*.

Hypéride, orateur et homme d'État (Athènes 390-389 env.-Cléonæ ?, Péloponnèse, 322 av. J.-C.).

Il était le fils de Galucippos et fut l'élève de Platon*. L'un des chefs du parti démocratique avec Démosthène*, adversaire de Philippe* de Macédoine, il fit échouer les entreprises de ce dernier sur l'Eubée* puis poussa Athènes à se révolter aux côtés de Thèbes contre Alexandre*. Tout d'abord alliés à Démosthène contre le parti macédonien, représenté par Eschine*, les deux hommes devinrent par la suite ennemis. Prodigieusement enrichi grâce au métier de logographe*, il suscita des jalousies; on lui reprocha sa gourmandise et même la corruption de ses mœurs. Il était cependant plus violent encore que Démosthène et plus vivement antimacédonien. Lorsque Démosthène fut soupçonné d'avoir reçu de l'argent d'Harpale, c'est Hypéride qui l'accusa et il parvint à le faire bannir. Il fut le principal instigateur de la guerre lamiaque, qui se termina par la bataille de Crannon, à la suite de quoi il s'enfuit d'Athènes mais fut assassiné par des émissaires d'Antipatros*.

hypoméiones (« inférieurs »). Ils formaient à Sparte* une classe entre les homoioi* et les périèques*. Dans cette catégorie pouvaient tomber les Spartiates déchus pour l'insuffisance de leur fortune ou frappés d'atimie*, et les enfants illégitimes.

Ils ne participaient en aucune manière au gouvernement et nous ne savons ni quels étaient leurs droits ni quels étaient leurs devoirs, bien que, sans doute, leur condition fût proche de celle des périèques.

La cueillette des olives au VIe siècle av. J.-C. Les fruits sont détachés de l'arbre à l'aide de longs bâtons avant d'être ramassés. Un personnage, monté dans l'arbre, cherche à atteindre les branches les plus hautes. Amphore à col à figure noire, peinte par Antiménès vers 530 av. J.-C.
(Phot. Edimédia.)

Scène de chasse à la lionne, sculptée en haut-relief sur une tombe, dite du satrape, du Ve s. av. J.-C. (nécropole de Sidon). (Phot. G. Rachet, tous droits réservés.)

Le dauphin est l'un des animaux marins « sacralisé » par les Grecs. Bon nombre de légendes entourent ce compagnon rassurant des navires de la Méditerranée : c'est lui qui conduisit les Crétois à Delphes, sauva Arion de la noyade... Mosaïque des Dauphins de Délos. (Phot. R. Burri-Magnum.) ►

Bel exemple de char fermé, servant aux dames ou à de hauts personnages. Frise du sarcophage des Pleureuses de la nécropole de Sidon, env. 300 av. J.-C., musée d'Istanboul. (Phot. G. Rachet, tous droits réservés.)

On distingue ici les deux principaux types de navires grecs : à gauche, un bateau de commerce a la coque ventrue, à droite, l'éperon à la proue est caractéristique de la trière. Coupe attique du IVe s. av. J.-C.
▲ (Phot. British Museum.)

Les monnaies antiques étaient souvent frappées à l'effigie de héros ou de dieux. Cette belle pièce d'argent de quatre drachme (tétradrachme), émise à Naxos, en Sicile, au ve s. av. J.-C., représente la tête de Dionysos ornée d'un chignon et d'une barbe bouclée soigneusement peignée et couronnée de lierre. (Phot. Larousse.)

Le silphium, plante aux vertus purgatives, cultivée en Cyrénaïque, était exportée dans toute la Méditerranée, à tel point que la ville de Cyrène en fera l'emblème de sa monnaie. Tétradrachme de la fin du IIIe *s. av. J.-C.* (Phot. Hirmer Fotoarchiv.)

Solon (v. 640 - v. 558 av. J.-C.), grand législateur, donna à Athènes sa constitution démocratique. Il fut rangé par les Grecs parmi les sept Sages. Copie d'époque hellénistique d'une sculpture grecque.
(Phot. Brogli-Giraudon.)

Les ruines de Priène, en Asie Mineure, offrent un beau modèle de cité hellénistique de plan orthogonal. On distingue ici les vestiges du bouleuterion, au toit soutenu par des piliers, pourvu de gradins en pierre sur lesquels siégeaient les bouleutes, et peut-être les membres des assemblées de l'ecclésia.
(Phot. G. Rachet, tous droits réservés.)

Sur cet ostracon, ou tesson de poterie, on peut lire le nom de Thémistocle gravé à l'aide d'une pointe métallique : le vainqueur de Salamine fut ostracié vers 472. Fouilles de l'Agora d'Athènes.
(Phot. Percheron-Ziolo.)

Les représentations tragiques possédaient un caractère sacré et, dans le principe, n'étaient données que lors de certaines fêtes consacrées à Dionysos. Ce n'est qu'au déclin de la tragédie, après la mort des trois grands auteurs tragiques athéniens, qu'on commença à ériger de beaux monuments pour recevoir le public de ces représentations. Ici, le plus remarquable, le plus parfait des théâtres grecs, celui d'Epidaure. ▶
(Phot. G. Champlong-Image Bank.)

Deux hoplites s'affrontent. Ils présentent l'armement classique du fantassin : les cnémides, la cuirasse, le casque à aigrette, la lance, le bouclier. Celui de droite porte une courte épée. Son bouclier est peint d'une tête de Gorgone, destinée à l'aider à paralyser l'adversaire. On voit parfaitement, sur l'intérieur du bouclier de l'hoplite de gauche, la courroie passée au bras gauche (porpax), et la poignée (antilabé).
(Phot. Chuzeville-Rapho.)

Deux jeunes cavaliers au départ de la procession des Panathénées, la plus solennelle des fêtes religieuses athénienne. Fragment de frise du Parthénon, milieu du Ve *s. av. J.-C.* (Phot. Scala.)

Femme se chaussant. Les vases attiques (et à un moindre degré, toutes les autres poteries grecques à figures : corinthiennes, rhodiennes, lucaniennes, apuliennes, etc.) constituent autant d'indications précieuses à la connaissance non seulement des mythes, si souvent illustrés, mais aussi de la vie des Grecs, jusque dans les actes les plus intimes. Sur ce détail, une femme, déjà coiffée, ses cheveux et chignon maintenus par des bandelettes, mais encore nue, et assise sur un coussin, lace ses chaussures. Il s'agit sans doute d'une courtisane. Vase à figure rouge provenant de l'atelier de Pamphaios, fin du Ve *s. av. J.-C.*
(Phot. Réunion des Musées nationaux.)

Scène d'école : à gauche, un jeune garçon apprend à jouer de l'aulos ; au milieu, un maître, reconnaissable à sa tablette et au calame, donne des leçons d'écriture ; à l'extrémité, un pédagogue accompagne l'enfant à l'école. Coupe de Douris, fin VI - *début* V[e] *s. av. J.-C.* (Phot. Giraudon.)

Stèle funéraire d'une dame athénienne. Son nom, Hégésô, est inscrit sur le bas du fronton. Env. 410 av. J.-C. (Phot. Nimatallah-Ziolo.) ▶

Au cours des banquets, les jeunes garçons, la tête couronnée de fleurs, aident leurs aînés, comme on peut le voir ici, à rendre le trop-plein de vin, dans un grand cratère. Coupe attique, V[e] *av. J.-C.* (Phot. Held-Arthephot.)

ΗΓΗΣΩ ΠΡΟΞΕΝΟ

La statuaire grecque ne prend son essor qu'au VIe s. av. J.-C., vers la fin de l'époque archaïque. Les motifs les plus communs sont celui de l'homme nu, debout dans l'attitude de la marche, les bras fixés au corps. Le kouros (jeune homme) dont celui dit d'Anavyssos, daté des environs de 520 av. J.-C., est l'un des plus beaux exemplaires ; comme celui de la jeune femme, elle aussi droite et rigide, le corps enveloppé d'une longue robe, la koré.
(Phot. Nimatallah-Artéphot.)

◄ *Le doryphore ou porteur de lance. L'original en bronze, de Polyclète, est l'une des statues grecques les plus copiées aux époques hellénistique et romaine, comme en témoigne cette représentation en marbre d'époque romaine.* (Phot. Scala.)

Galate mourant. L'exemple est caractéristique de la sculpture de l'école de Pergame. Les anciennes normes de recherche de la sérénité ou de la beauté, idéalisme voulu au détriment de la réalité, sont abandonnées à l'époque hellénistique au profit de la recherche non seulement de la réalité, mais d'une certaine forme de cette réalité : celle de la force, de la passion, de la douleur, du pathétique. (Phot. Scala.)

◀ *Le temple dit de Bassae, commandé par les gens de Phigalie, ville de Messénie, à Ictinos, l'architecte du Parthénon, en action de grâce à Apollon qui les aurait sauvés de la peste, est l'un des chefs-d'œuvres de l'architecture religieuse grecque. Les colonnades doriques, sévères, s'insèrent parfaitement dans ce paysage des montagnes de l'Arcadie.*
(Phot. Charbonnier-Top.)

Le poète tragique athénien Euripide (480-406 av. J.-C.). Dans une main il tient un rouleau de papyrus et dans l'autre un masque tragique. Copie d'époque romaine d'un original sans doute d'époque hellénistique.
(Phot. Roger-Viollet.)

Tête d'Homère. Comme le voulait une tradition tenace, mais en réalité sans fondements sérieux, le poète de l'Illiade est représenté en personnage aveugle. Copie d'époque romaine.
(Phot. Roger-Viollet.)

La géographie de Ptolémée (v. 90-v. 168) tout autant que son système astronomique ont fait autorité durant tout le Moyen Âge et la Renaissance, jusqu'à Copernic. La terre, sphérique, est située au centre. Autour d'elle, les orbes des planètes et du soleil, dans un cercle épais, les signes du zodiaque. Gravure du XVIe siècle.
(Phot. Larousse.)

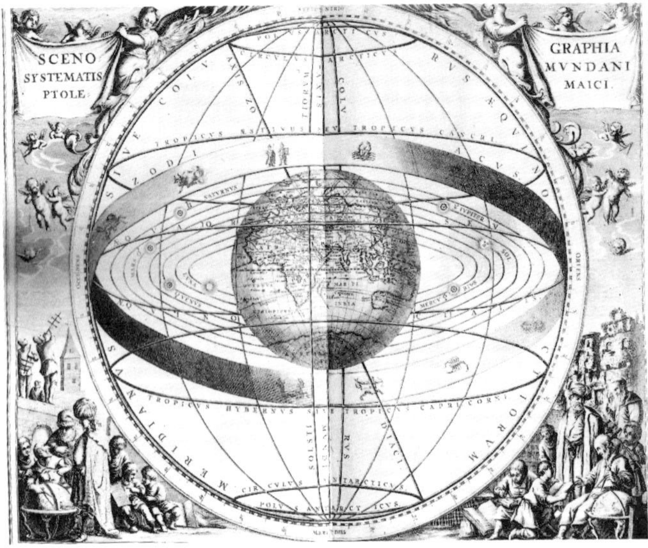

i

Impôts. La plus grosse partie des recettes venait des impôts indirects, l'impôt direct étant considéré comme une marque de servitude.

Les impôts directs étaient surtout le *metoikon,* impôt sur les étrangers, connu à Cos, à Égine*, à Delphes* et surtout à Athènes*, où les métèques* étaient imposés à 12 drachmes par an pour les hommes et à 6 drachmes pour les femmes*, à moins qu'elles n'eussent un fils en âge de payer lui-même.

Lors de l'avènement de la démocratie*, il n'y eut plus qu'un impôt direct extraordinaire, l'*eisphora**.

Les revenus indirects étaient les droits de douane; ils frappaient les marchandises importées aussi bien qu'exportées.

Cette taxe, qui se confond souvent avec l'*ellimenion,* ou droit de port (le trafic étant avant tout maritime), s'élevait à 2 p. 100 en Attique*, à Cnide, à Atarnée ; à un trentième de la valeur de la marchandise dans le Pont. À Athènes, à Corinthe*, en Thessalie, à Ilion, l'octroi *(diopylion)* frappait les marchandises destinées à être vendues à l'intérieur de la cité*. L'*eponion,* impôt sur les achats faits hors de l'agora*, prenait des noms divers selon les objets vendus (animaux, esclaves...) ; il existait à Athènes, à Érythrées, à Cnide. Sur l'agora, on payait un droit à l'étalage, perçu par les agoranomes*. À Athènes, sur l'achat d'immeubles, de terrains, etc., on versait un droit de 1 p. 100 sur le prix de vente pour frais d'enregistrement.

Certaines cités avaient institué une sorte de patente pour le droit d'exercer un métier, comme celui sur la médecine* à Delphes, ou un impôt sur les devins* (chresmologues*) et les pharmaciens, comme à Byzance. Le *diogogion* ou *paragogion* était un droit de passage ; Corinthe le percevait sur les vaisseaux qui utilisaient le Diolcos* et Marseille sur ceux qui empruntaient le canal du Rhône ; les Athéniens, maîtres du Bosphore, puis les Byzantins, lorsque les Athéniens eurent perdu leur hégémonie, percevaient une taxe sur tous les bateaux qui traversaient le détroit. Enfin, pour être affranchis, les esclaves devaient payer une taxe à l'État, fixée à un triobole.

Les impôts étaient affermés par adjudication . À Athènes, les adjudicataires étaient choisis par la boulê* et étaient renouvelables chaque année ; mais c'était en général les mêmes qui se présentaient, au point de former une sorte de classe, au reste assez peu considérée, et dans laquelle pouvaient entrer des métèques*. À Athènes, à Cos, à Halicarnasse, à Rhodes, les *polètes* signaient les contrats avec les fermiers, les exploitants des mines et des domaines de l'État, et encaissaient les recettes ; ils avaient l'adjudication des travaux publics et étaient chargés de la vente des biens confisqués ; à Athènes, ils formaient un collège de dix membres, désignés par le sort, et siégeaient dans le polétérion. Les *practores* étaient chargés de percevoir les amendes à Athènes, los, Ténos, Stiris... Ils étaient souvent assistés par les *zétètes*, enquêteurs chargés de faire rentrer les dettes des débiteurs de l'État. *L'eisphora* était perçue par les *éclogues* tandis que les épigraphes étaient chargés de dresser les rôles. Des fonctionnaires étaient mis en place pour percevoir les droits d'octroi, de transit et de douane. Les douaniers différaient peu de nos fonctionnaires actuels. L'exemption d'impôts *(atélie)* était une faveur exceptionnelle, accordée à de rares citoyens ou à des étrangers, à des souverains, voire à un peuple tout entier. Les métèques pouvaient recevoir l'isotélie*.

imprécation. Par cette malédiction on remettait entre les mains des dieux le soin de venger un crime ; ce châtiment des coupables était surtout dévolu aux Érinyes. Un particulier qui ne pouvait venger une injustice avait souvent recours à ce moyen, qui était aussi utilisé par les communautés. À Athènes*, les Bouzyges, génos* voué au culte de Zeus, mêlaient à leurs prières des imprécations contre ceux qui refusaient de montrer son chemin à un voyageur ou de lui donner du feu, contre celui qui tuait un bœuf de travail, polluait les eaux, laissait un mort sans l'ensevelir. L'archonte*, en entrant en charge, maudissait celui qui violerait la loi interdisant l'exportation des produits de l'Attique*, l'huile exceptée ; et, lors de l'ouverture des séances de l'ecclésia*, le héraut* lançait des imprécations contre les traîtres et les ennemis de la patrie. Dans de nombreuses inscriptions, une place était réservée à des imprécations contre ceux qui violaient la loi, désobéissaient ou condamnaient injustement à mort, cette malédiction retombant sur leurs enfants. Lorsque Alcibiade* fut condamné pour avoir parodié les mystères* d'Éleusis*, prêtres et prêtresses, tournés vers le couchant, agitèrent un drapeau rouge, symbole du sang qui devait être répandu, en vouant le sacrilège à la vengeance des dieux, celle-ci s'exerçant aussi bien dans ce monde que dans les Enfers.

industrie. C'est surtout à l'époque hellénistique* que l'industrie prendra une grande importance dans l'économie grecque. Néanmoins, à l'époque homérique, existe déjà l'intérêt pour l'industrie comme moyen de se procurer des armes de des objets de luxe. La spécialisation est quasiment ignorée ; il y a bien des forgerons, des armuriers, des orfèvres, des potiers, mais l'artisan travaille sur commande et se rend au domicile de son client pour travailler les matières premières qui lui sont confiées. L'industrie était surtout une activité domestique. Les femmes filaient, tissaient, brodaient, fabriquaient les tapis ; les hommes étaient charpentiers ou menuisiers, tonneliers ou cordonniers ; le pain était aussi fabriqué à la maison. Le petit propriétaire façonnait lui-même ses outils et sa charrue. Vers la fin de l'époque archaïque, l'expansion coloniale grecque et son commerce* vont faire de l'industrie une nécessité de l'économie, les produits manufacturés devenant des objets d'exportation. La spécialisation est la conséquence de cet essor. De nouveaux métiers font leur apparition : charpentiers, bronziers, tailleurs de pierre, tourneurs en ivoire, charrons, mineurs, etc. Il y a des cordonniers spécialisés dans les chaussures pour hommes ou pour femmes. La laine est à la source de toute une industrie, depuis le décrassage jusqu'au teinturier, en passant par les ateliers de cardage, de filage, de tissage, etc. Même les couturiers se spécialisent, les uns dans la fabrication des chlamydes*, d'autres dans celle des *exomis* → **chiton**. On ne fait plus le pain chez soi ; il s'installe des ateliers qui sont en même temps des minoteries et des boulangeries.

Le développement de la marine* requiert des spécialistes cordiers et fait fleurir le travail du bois. L'industrie du métal exige un grand nombre de spécialités, et il en est de même pour celle du cuir ou de la céramique. Les grands centres industriels sont en général des cités démocratiques où s'était développée une classe d'ouvriers. Cependant, il faut en excepter la Sparte* archaïque, qui, avant la réforme attribuée à Lycurgue*, était un actif centre de l'industrie du métal et de la céramique, et Corinthe*, dont l'opulence résidait dans le commerce et l'industrie. Samos et

Milet* étaient célèbres pour leurs étoffes et leurs tapis, et les meubles de luxe de Milet étaient très recherchés. Chalcis en Eubée* et Sicyône* étaient réputées pour leur métallurgie, Corinthe pour ses vases et ses étoffes mais ce sont Athènes et Le Pirée qui étaient les plus grands centres industriels de la Grèce. Vers l'Occident, Tarente et Sybaris → **Grande-Grèce**, Syracuce et Agrigente en Sicile* restaient les centres industriels.

La Grèce ne connut jamais la grande industrie telle que nous la concevons : le plus important atelier que nous connaissions est la fabrique d'armes du père de Lysias*, qui occupait cent vingt esclaves. De nombreux citoyens athéniens étaient de riches industriels : le père de Sophocle* possédait une forge, celui de Démosthène* une armurerie; celui d'Isocrate* était luthier; Cléon possédait un atelier de tannage. Ces ateliers étaient en général tenus par des esclaves → **esclavage**; ils étaient ouvriers spécialisés, mais aussi contremaîtres ou gérants. Ces propriétaires d'ateliers, considérés comme des entrepreneurs *(ergonoi)*, étaient distingués des ouvriers, hommes libres, travaillant pour leur propre compte *(misthotoi)*. Dans les cités démocratiques, les ouvriers aussi bien que les entrepreneurs étaient des citoyens, des métèques*, des affranchis ou des esclaves. Il semblerait que les salaires donnés aux ouvriers leur laissaient une marge appréciable de superflu. Ce qui ne fut plus le cas à l'époque hellénistique*, où l'on vit de nombreux conflits entre patrons et ouvriers, ces derniers utilisant déjà la grève comme moyen de pression. Ce qui n'empêcha pas une nouvelle extension de l'industrie grâce à l'exploitation de nouvelles ressources comme les salines d'Asie Mineure, les nitres de Lydie et d'Égypte, l'asphalte de Judée... Les industries alimentaires se développèrent, ainsi que celles des textiles et des parfums, et de nouvelles industries apparurent, telles celles de la verrerie, des papyrus et du parchemin. Les États monarchiques réglementèrent minutieusement certaines industries et il se forma des ateliers royaux, qui, souvent, s'arrogèrent des monopoles, comme ceux de l'huile et des étoffes en Égypte.

instruments de musique. → **musique (instruments de).**

Ioniens. Selon la tradition légendaire, l'ancêtre des Ioniens, Ion, était frère d'Acheus, ancêtre des Achéens*, tous deux fils de Xouthos qui, lui-même, était fils d'Hellen et frère de Doros et d'Éolos. Venu de Phthiotide en Thessalie, où régnait son aïeul Hellen, il régnait lui-même sur l'Ægialée, c'est-à-dire la partie nord du Péloponnèse*, lorsque les Athéniens l'appelèrent à leur aide contre les Thraces d'Eumolpe, maîtres d'Éleusis*. Selon le vœu des Athéniens, il devint leur roi et divisa la population de l'Attique* en quatre tribus*, à la suite de quoi la région s'appela « Ionie » et, par l'émigration des gens de l'Attique, le nom s'étendit à l'Asie Mineure, encore appelée Ionie à l'époque historique. La dernière partie de la légende à été forgée par les Athéniens pour justifier leur prétention à l'hégémonie de l'Ionie à l'époque hellénique.

À la suite des Achéens, les Ioniens forment sans doute la deuxième vague d'Indo-Européens qui s'installèrent en Grèce dans le cours du IIe millénaire. Ils étaient certainement constitués par plusieurs peuples aux noms divers, qui, par bandes, descendirent d'Europe centrale par la côte adriatique et par la Thessalie. Leurs liens avec les Achéens, attestés par la légende qui fait d'Ion et d'Acheus des frères, sont établis par la linguistique, tandis que le dorien et l'éolien* forment un autre groupe. Parmi ces peuples, l'un portait le nom d'Ioniens, et c'est lui qui entra le premier en contact avec les peuples asiatiques, si bien que son nom (Iawana en Asie Mineure) désigna indistinctement les Grecs et illustra le nom de « Ioniens », qui seul subsista pour désigner les peuples frères qui avaient émigré avec eux. Ces Ioniens s'établirent dans le nord du Péloponnès (l'Ægialée) et s'infiltrèrent en Attique, où ils se mêlèrent aux Achéens et aux populations autochtones qui vivaient dans le courant civilisateur de cultures créto-égéennes. Divisés en quatre tribus, ils imposèrent aux peuples de l'Attique cette répartition ainsi que la fête des Apaturies*, deux aspects qu'on retrouve dans toutes les contrées d'ascendance ionienne. Bien qu'ils n'aient pas attendu l'arrivée des Doriens* pour s'établir dans les îles de l'Égée et sur les côtes d'Asie Mineure, ce n'est qu'après l'arrivée de ces derniers que les Ioniens firent de ces comptoirs des cités puissantes. En effet l'invasion dorienne avait eu pour conséquence la fuite en Attique des Ioniens du Péloponnèse et de nombreuses bandes d'Achéens, qui, de là, passèrent dans les îles de la mer Égée et sur ces côtes d'Asie Mineure où va se constituer l'Ionie. Cette émigration fut, en général, conduite par des membres des familles des Néléides et des Codrides venues de Messénie*. Les établissements ioniens s'étendaient entre l'Éolide et la Doride, dans la région la mieux située de l'Asie Mineure, tant pour le climat que pour la richesse des terres. Les douze villes ioniennes s'unirent en une confédération, dont l'assemblée générale, le « Ionicôn », se tenait près du temple de Poséidon Héliconien, au pied du mont Mycale ; ils célébraient une fête commune, les Panionies, en l'honneur de ce dieu, Apollon étant aussi le dieu commun des Ioniens. Ces douze cités étaient Éphèse, qui fut d'abord leur capitale, Milet*, qui les surpassa toutes en puissance et en gloire, Myonte, Lébédos, Colophon, Priène, Téos, Érythrées, Phocée, Clazomène, Chios et Samos.

Iphicrate, général athénien (Rhamnonte v. 415-† 354 av. J.-C.).

Il était fils d'un cordonnier. Sa bravoure à la bataille de Cnide, en 394, lui valut le commandement dans deux expéditions. Il remarqua alors combien l'armement des soldats était lourd et, en allégeant les boucliers, en remplaçant les cuirasses de métal par des cuirasses de toile et en leur donnant des lances plus longues, il créa une forme d'infanterie légère — peltastes — qui remporta de grands succès dans les combats → **armée**. En 393, il vainquit Agésilas* et ses Spartiates, et prit Œnée. Il se mit ensuite au service de Seuthès, roi thrace, puis de Cotys, qui lui donna sa fille en mariage. En 374, envoyé par Athènes*, il partit secourir le satrape perse Pharnabaze, puis reprit le commandement contre Épaminondas* en 369. Il fut chargé ensuite de chasser Pausanias du trône macédonien et rétablit à sa place Eurydice, veuve d'Amyntas. Il participait au siège d'Amphipolis lorsqu'il fut remplacé par Timothée et contraint de s'exiler à cause d'un jugement rendu contre lui.

Ipsos, village de Phrygie, près duquel eut lieu une bataille entre les successeurs d'Alexandre le Grand en 301 av. J.-C..

Antigonos* se donna la mort sur le lieu du combat en voyant la défaite des siens et la fuite de Démétrios* Poliorcète, son fils. Il en résulta un partage de l'empire d'Alexandre* en quatre royaumes, distribués entre Séleucos*, Lysimaque*, Cassandre* et Ptolémée*.

Isocrate, orateur (Athènes 436-338 av. J.-C.).

C'est l'un des plus grands parmi les dix orateurs attiques. Il reçut une éducation soignée et fut l'élève de Gorgias, de Prodicos et de Socrate*. Sa timidité et la faiblesse de sa voix le tinrent éloigné des affaires publiques, mais il ouvrit une école de rhétorique à Chios et ensuite à Athènes*, où il eut de riches élèves ; son métier de logographe* constituait un important appoint. Quoiqu'il ne soit pas intervenu directement dans la vie politique, son influence a été importante, d'une part, sur le plan littéraire et, d'autre part, sur le plan politique. Il fut l'un des champions du panhellénisme* et de l'union de tous les Grecs contre les Perses. C'est ce sentiment, pur de tout intérêt personnel, qui le fit se tourner vers Philippe* de Macédoine, en qui il voyait le champion de l'hellénisme ; il rêvait d'une union volontaire des Grecs sous le commandement de Philippe, mais lorsqu'il découvrit que c'était par la force que le roi de Macédoine voulait soumettre la Grèce, il se laissa mourir de faim.

isotélie, isotèles. L'isotélie, qui signifie « égalité des contributions », mettait les métèques* dans la classe des isotèles. Ceux-ci étaient assimilés aux citoyens en matière d'impôts*. Ils étaient dispensés de l'impôt des métèques, le *metoikon*, et des liturgies* qui leur incombaient, comme la scaphéphorie et la skiadéphorie, rattachées aux Panathénées*. D'autre part, ils n'étaient plus dans la nécessité de se choisir un patron ou *prostate*. L'isotélie était un privilège et un titre honorifique accordés en récompense de services rendus : ainsi, Thrasybule* promit-il l'isotélie aux métèques qui s'étaient joints à lui pour renverser l'oligarchie.

Isthmiques (jeux). Ils avaient lieu dans le sanctuaire de Poséidon de l'Isthme, près de Corinthe*, sur le golfe Saronique. Selon la tradition mythique, ils auraient été institués par Sisyphe, roi de Corinthe, en l'honneur de Mélicerte, tombé là dans la mer avec sa mère Ino ; leur origine remonte sans doute à l'époque préhellénique, où ils étaient peut-être des jeux funèbres, sur lesquels est venu se greffer le culte de Poséidon. Ils avaient d'abord lieu tous les quatre ans, mais, après 582 av. J.-C., ère des isthmiades, on les célébra tous les deux ans, la deuxième et la quatrième année de chaque olympiade. Ils étaient ouverts à tous les Grecs, sauf aux Éléens ; les députés d'Athènes* y avaient droit à une place d'honneur. Ils comportaient des épreuves d'athlétisme, des courses de chevaux, des concours dramatiques et musicaux ; sur la mer voisine se déroulaient aussi des courses de bateaux. Les vainqueurs étaient récompensés par une couronne* de pin, à côté de présents plus précieux. Les jeux se déroulaient au milieu du printemps, et Corinthe en conserva l'intendance jusqu'à sa destruction. Sicyône* la remplaça avant que César ne la rendît à Corinthe en la rebâtissant.

J

Jeux. Les enfants grecs possédaient des jouets divers comme la crécelle *(platage)*, le yoyo ou les osselets ; on faisait pour eux des objets en miniature (chariots, vaisselle, animaux, poupées pour les filles...), en général en terre cuite. Ces jouets leur étaient offerts lors de certaines fêtes, comme les Diasies et surtout les Anthestéries*. Les enfants ingénieux pouvaient se fabriquer des jouets avec du bois, de l'argile, du cuir, etc. Le jeu de balle *(sphaira)* était aussi bien pratiqué par les petits enfants que par les adolescents et les adultes ; il existait de grandes variétés de jeux de balles, dont certains nécessitaient des bâtons et ressemblaient peut-être au hockey ; le jeu de balle était aussi pratiqué dans les gymnases* pour favoriser le développement du corps. Les enfants connaissaient encore plusieurs de nos jeux actuels : le cerceau, la toupie, la marelle, la balançoire, le saute-mouton, des combats d'enfants portés sur le dos de petits camarades. Avec des noix, on s'adonnait à des jeux d'adresse consistant soit à former une pyramide en les lançant adroitement, soit à les placer dans un cercle tracé sur le sol ou dans un vase placé à une certaine distance. Les jeux de hasard, dont nous ne connaissons souvent que les noms, étaient les suivants : les jeux de dés marqués de lettres, qui représentaient des chiffres (on les jouait à trois dés), le jeu dit « à pair ou impair », où l'on utilisait des monnaies, des fèves ou des osselets ; une sorte de jeu de l'oie ; le jeu « des cinq lignes », où deux joueurs poussaient des pions sur des lignes à la suite du lancer de dés ; la « petteia », sorte de trictrac qu'on connaissait déjà à l'époque homérique.

Certains jeux étaient pratiqués soit à l'occasion de certaines fêtes, soit dans des banquets, soit dans des lieux publics ; ainsi l'*ascoliasmos*, pratiqué au cours de fêtes de Dionysos, était un concours à qui tiendrait le plus longtemps en équilibre sur une outre pleine de vin et frottée d'huile. Le cottabe connut la plus grande vogue ; au départ, il semble avoir été une libation en l'honneur de Dionysos ; on le pratiquait surtout dans les banquets ; on vidait presque sa coupe de vin et on lançait les dernières gouttes dans un plat en prononçant le nom de l'être aimé : si l'on touchait le but, c'était un présage favorable. Enfin, un des jeux dans lesquels se complurent les Grecs fut celui des combats de coqs ; on attachait à leurs ergots des éperons de bronze ; on engageait des paris sur ces luttes et, à Athènes, chaque année, on organisa officiellement des combats, donnés au théâtre. Les coqs sélectionnés se vendaient très cher. (Pour les jeux et les concours publics, → **agon**.)

juges. En Grèce, les juges n'étaient pas des gens de métier mais des citoyens élus ou désignés par le sort, qui siégeaient dans les tribunaux*. À Athènes, les pouvoirs judiciaires de l'écclésia* faisaient que chaque citoyen se doublait en même temps d'un juge. On peut compter parmi les juges les membres des grandes assemblées judiciaires : les aréopagites, les archontes*, et plus particulièrement les thesmothètes*, les héliastes, les membres du conseil des Onze, les éphètes*. Les *nautodikai* institués, semble-t-il, à l'époque de Périclès, étaient chargés des procès* pour usurpation du droit de cité et des procès commerciaux maritimes. Dans les dèmes*, on avait établi des juges de paix qui jugeaient les litiges inférieurs à 10 drachmes, qui séparaient les ressortissants des dèmes *(oi kata demous dikastai)*. Ils semblent avoir été recrutés parmi les citoyens pauvres, et tirés au sort ; avant l'époque de Solon ils parcouraient la campagne pour éviter aux plaignants de se déplacer ; ils étaient trente au Ve s., nombre porté à quarante au IVe s. av. J.-C. Leurs jugements étaient sans appel. Dans les États oligarchiques les conseils restreints jouissaient les prérogatives judiciaires, et les tyrans ainsi que les aisymnètes* s'arrogeaient le droit de juger → **tyrannie**. Périandre avait créé à Corinthe* des conseils locaux chargés de juger les petites affaires séparant les paysans *(boulê ep'eschaton)* et, dans le même but, Pisistrate* avait institué des juges itinérants, qui ne sont autres que les juges de dèmes.

justice. À l'époque homérique, le roi, qui n'était, en fait, que le chef d'un génos est juge des crimes commis à l'intérieur du groupe ; sa juridiction est sans appel et il juge selon la *thémis*, la justice du clan qui préserve la cohésion et l'intégrité du génos*. Un signe des dieux peut aider à dicter un arrêt, mais on peut encore recourir à l'ordalie, qui est une forme primitive de la justice divine, rendue par une épreuve ou par les armes. Ce droit familial, qui conduit à la succession des vengeances entre génos, ne sera remplacé par une justice publique qu'à la suite de la réforme judiciaire de Dracon* en Attique*, et parviendra à sa complète maturité après la réforme de Clisthène*. Ce ne sont ni l'État ni la famille qui peuvent intervenir pour entreprendre une procédure, mais chaque particulier, autant pour ce qui concerne ses intérêts propres que les intérêts de la communauté. Les actions judiciaires se divisaient en dikê* et en graphê* selon qu'elles étaient privées ou publiques. L'homicide requérait une procédure particulière, ainsi que l'eisangelia* et la probolê*. Ces actions étaient portées devant des tribunaux* spéciaux.

Kalos kagathos (« beau et bon »). On désignait par cette expression l'honnête homme dans le sens de notre XVIIe s. Les jeunes nobles athéniens s'astreignaient à mériter ce nom, qui leur fut sans doute un guide moral. C'est dans l'identification de la beauté morale avec la vertu que ce terme a pris son sens, la beauté du visage apparaissant comme l'expression de la beauté de l'âme. C'est afin d'éviter une telle confusion que Platon modifia le concept en voulant que le modèle de vertu ne soit plus l'homme beau et bon, mais l'homme sage et bon *(sophos kagathos)*.

kômê, le village par opposition à la « polis ».

Il semble que cette communauté rurale soit née du groupement d'indigènes autour d'un génos* conquérant. La kômê n'est pas entourée de murs contrairement à la cité*, bien que cela ne soit pas une caractéristique de cette dernière. C'est d'ailleurs souvent l'union de plusieurs kômê, qui, par le synœcisme*, fondera la polis (cité). C'est peut-être la raison pour laquelle on a parfois donné le nom de kômê à des quartiers de cités. Sparte*, ville ouverte, était constituée par la réunion de cinq kômê. Cependant, en général, la polis était bâtie à partir de l'union de plusieurs génos, tandis que la kômê restait la plupart du temps à l'état de village. Mais elle pouvait être soit un bourg dépendant politiquement d'une cité, soit un bourg autonome, libre de tout lien avec ses voisins, comme les kômê d'Arcadie*.

l

Lacédémone → Sparte.

Laconie, région du sud-est du Péloponnèse, bordée au nord par l'Argolide*, à l'ouest par l'Arcadie* et par la Messénie*.

Elle est baignée à l'est par la mer de Myrto, où plonge le massif du Parnon qui borde d'un côté la plaine de l'Eurotas, et fermée par le Taygète du côté de la Messénie. L'Eurotas, où l'eau coule en toute saison, se jette dans le golfe Laconique, près d'Hellos, dans une plaine basse et fertile. Ce golfe est formé par les deux longues presqu'îles qui forment des appendices au Parnon et au Taygète, et que terminent le cap Malée et le Ténare. Au fond de ce golfe se trouve Gythion, le port de Sparte*.

La région fut occupée vers la fin de l'époque néolithique par une population préhellénique dont on ignore l'origine et que les Grecs ont appelée Lélèges-Pélasges, avant que les Achéens* ne viennent s'y installer. Les deux cités principales en étaient Amyclées, centre du culte d'Hyacinthos → **Hyacinthies**, et la ville forte de Thérapné. De bonne heure, la Laconie subit l'influence civilisatrice de la Crète minoenne. Les Doriens* mirent fin à la civilisation mycénienne, qui y brillait. Ils détruisirent Thérapné, mais ne s'emparèrent d'Amyclées que beaucoup plus tard, en assimilant les citoyens de cette ville. Dès ce moment, le destin de la Laconie suivra celui de Lacédémone*.

Lagides, dynastie macédonienne de l'Égypte hellénistique.

— 1. **Ptolémée Sôter** en est le fondateur. Son surnom de Sôter (« Sauveur ») lui a été donné par les Rhodiens pour les avoir délivrés de Démétrios* Poliorcète, qui les assiégeait. Il était fils de Lagos, obscur Macédonien, et d'Arsinoé, femme de la cour de Philippe II. Devenu officier d'Alexandre* le Grand, auprès duquel il se distingua, il obtint à la mort de celui-ci le gouvernement de l'Égypte (323 av. J.-C.). Il participa aux guerres des diadoques*, mais sut conserver l'Égypte, dont il fit son royaume avec Alexandrie* pour capitale. Il en fit une ville illustre, lieu de rencontre des savants et des poètes du monde grec, fonda la Bibliothèque* et le Musée*. Il abdiqua en 285 av. J.-C. en faveur de son plus jeune fils, Ptolémée II Philadelphe et mourut deux ans plus tard. — 2. **Ptolémée II** (Cos 309-Alexandrie 247 av. J.-C.) continua l'œuvre de son père ; à l'extérieur, il passa un traité avec les Romains ; son gouvernement, tourné vers les affaires intérieures, amena l'Égypte à un haut niveau de prospérité. Il fonda un grand nombre de villes tout en développant l'attrait intellectuel d'Alexandrie. — 3. **Ptolémée III Evergète** (247-222 av. J.-C.), fils du précédent, fit une campagne en Asie, qui le conduisit jusqu'en

Babylonie, d'où il ramena un grand butin, ce qui lui valut le surnom d'Evergète, « Bienfaiteur » ; ses flottes parcoururent la mer Rouge, sur les rivages africains de laquelle il établit des « chasses ». Il acquit aussi une grande célébrité en tant que protecteur des lettres, des arts et des sciences. À sa mort, l'Égypte ptolémaïque commença à tomber en décadence. — **4. Ptolémée IV Philopatôr** (222-205 av. J.-C.) se signala par ses crimes et ses débauches, et abandonna le gouvernement à son ministre Sosibios. Cependant il remporta sur Antiochos* III une victoire à Raphia (217), qui lui rendit la Palestine, enlevée par le Séleucide, et il protégea encore les lettrés, en particulier Aristarque* de Samos. — **5. Ptolémée V Épiphane** (205-181 av. J.-C.) avait cinq ans à la mort de son père ; les rois de Macédoine et de Syrie le dépouillaient de ses provinces lorsque les Romains intervinrent en sa faveur. Il régna d'abord heureusement grâce à son ministre Aristodème, qu'il força à s'empoisonner. Il fut lui-même assassiné. Dès lors, l'Égypte vécut dans l'orbite de Rome, jusqu'à ce qu'Auguste la réduise en province, en 30 av. J.-C.

larnax, nom générique de tous les coffres.

On appelait ainsi les coffres destinés à contenir les provisions, faits en bois, et surtout les urnes funéraires, où l'on recueillait les cendres ; ces urnes étaient d'ordinaire en terre cuite, et c'est dans la même matière qu'on fabriquait les bières pour l'inhumation, bien que celles-ci fussent le plus souvent en bois ou en pierre. Ce nom est aussi donné à l'arche, ou vaisseau, sur laquelle Deucalion fuit le déluge envoyé par Zeus sur la Thessalie, et aux coffres dans lesquels on exposait les enfants.

législateurs. Pendant tout le début de l'époque archaïque, les lois étaient des rhètres*, coutumes qui réglaient les rapports entre les individus ; en réalité régnait le droit familial des génos* et le jugement du roi du génos avait force de loi. Les Grecs ressentirent bientôt la nécessité de mettre ces lois par écrit et de les modifier afin de ménager les droits de chacun et d'établir une loi (nomos*) à laquelle chacun devrait se conformer. La nécessité de se donner des lois nouvelles dans laquelle se trouvèrent les premières colonies* italiennes fit de ces régions les initiatrices en cette matière ; les communautés désignèrent en général des hommes réputés pour leur sagesse afin d'établir un code qui régirait à l'avenir les rapports entre les citoyens. Zaleucos* de Locres, au VIIe s. av. J.-C., est le premier de ces législateurs ; Charondas* donna des lois à Catane, et Pythagore* ne fut pas étranger à l'établissement des lois de Crotone.

En Asie Mineure, les aisymnètes* possédaient des pouvoirs législatifs, et leur premier devoir était de répartir équitablement ce qui revenait à chacun. À Athènes*, les thesmothètes* étaient chargés de conserver les lois, mais aussi de les élaborer et de les présenter à l'approbation du peuple. La législation démocratique athénienne est cependant l'œuvre de trois hommes appartenant à l'aristocratie : Dracon*, Solon* et Clisthène*. Les lois très particulières qui ont fait la singularité et la puissance de Sparte* ont été attribuées à un législateur mythique, Lycurgue*, bien qu'elles semblent être en grande partie l'œuvre de Chilon*.

Lénéennes, fêtes consacrées à Dionysos.

Elles avaient lieu au mois de Gamélion (janvier), à la fin des Dionysies* champêtres. C'était la fête des pressoirs, une fête urbaine puisqu'elle se déroulait à Athènes*, en grande partie dans le temple de Dionysos, appelé « Lénéon ». Parallèlement aux phallophories (processions où était transporté un immense phallus sacré) étaient donnés des dithyrambes*, chantés et dansés par une cinquantaine d'exécutants avec des musiciens. L'archonte*-roi organisait toute la fête et se chargeait de fournir les acteurs pour les représentations de comédie* puis, plus tard, de tragédie*, qui donnaient surtout de l'éclat aux fêtes et exigeaient la présence d'acteurs* renommés. L'État payait les places de théâtre* afin que tout le monde puisse assister aux représentations.

Léochares, statuaire et sculpteur (Athènes, milieu du IVe s. av. J.-C.).

Contemporain de Scopas*, Bryaxis*, Timothée*, il participa avec eux à l'ornementation du Mausolée d'Halicarnasse et travailla au côté ouest de l'édifice. Les Anciens connaissaient de lui un aigle enlevant Ganymède, qui était très admiré, un Zeus tonnant, un Apollon au diadème, l'Autolycus (enfant vainqueur au pancrace). Il avait sculpté aussi de très belles statues chryséléphantines* de Philippe*, Alexandre*, Amyntas et Olympias, la mère du conquérant.

Léonidas, roi de Sparte (Sparte ?-Thermopyles 480 av. J.-C.).

Il était de la famille des Agides* et succéda à Cléomène* en 491. Lorsque les Perses pénétrèrent en Grèce, un conseil réuni à Corinthe* décida d'envoyer 5 000 hommes (dont 300 Spartiates) sous le commandement de Léonidas pour défendre le défilé des Thermopyles*, au pied du mont Œta. En attendant du renfort, Léonidas réussit à repousser les Perses, mais un Malien, Ephialtès, trahit les Grecs en montrant aux Perses un chemin appelé Anopæa, par lequel ils purent prendre l'ennemi à revers. L'ayant appris, Léonidas renvoya la plus grande partie de l'armée, gardant avec lui les Spartiates avec leurs hilotes*, les Thespiens et les Thébains. Ils combattirent désespérément, mais furent tous massacrés. Les Perses avaient perdu 20 000 hommes. En l'honneur de Léonidas furent instituées des fêtes appelées Léonidées.

Lesbos, île de la mer Égée, sur les côtes d'Éolide.

Elle est pourvue de deux golfes profonds, formant d'excellents mouillages. Quoique montagneuse, elle possède des plaines fertiles, et ses richesses consistent en vignobles, oliviers, bois de construction et pêcheries d'huîtres. Peuplée par les Pélasges, selon la tradition grecque, elle est sans doute la Laaspa des inscriptions hittites. Elle aurait aussi porté le nom de Issa avant que les Éoliens* ne l'occupent à l'époque mycénienne sous la conduite de Graüs. Elle devint la métropole de l'Éolide et n'eut guère à souffrir de l'invasion dorienne. Les Éoliens y fondèrent une hexapolis, fédération des six cités les plus importantes (Mytilène, Méthymne, Erésos, Pyrrha, Antissa et Arisbé), qui devint une pentapole lorsque Arisbé fut détruite par les Mytiléniens. Pittacos* lui donna ses lois. Les Perses occupèrent l'île à la fin du VIe s. av. J.-C.. Elle se révolta avec les cités de l'Ionie, fut à nouveau soumise par Darios, puis libérée par les Athéniens qui l'intégrèrent dans la ligue* de Délos. S'étant soulevée en 428 av. J.-C., elle fut durement châtiée par les Athéniens, qui y installèrent des clérouques*. Les Spartiates s'en emparèrent en 405 av. J.-C. et elle se trouva indépendante après la paix d'Antalcidas*. Soumise à Alexandre*, elle fut enfin rattachée par les Romains à la province d'Asie. À Lesbos s'est développé le lyrisme éolien avec la poétesse Sapho et son contemporain Alcée (fin du VIIe s. av. J.-C.).

Leuctres, village de Béotie, entre Platées* et Thespies.

Au mois de juillet 371 av. J.-C., les Thébains, commandés par Épaminondas* et Pélopidas*, mirent en fuite l'armée spartiate. Cette victoire, remportée grâce à une nouvelle stratégie inventée par Épaminondas, coûta à Sparte* la vie de son roi, Cléombrotos, et de 400 homoioi* ; mais cette bataille eut des conséquences bien plus graves : pour la première fois, on vit les Spartiates lâcher pied et implorer une trêve, tandis que tous leurs alliés les abandonnaient ; d'un seul coup, Sparte perdit son hégémonie sur la Grèce. En revanche, cette seule victoire fit de Thèbes* la puissance dominante de la Grèce.

ligues de Délos. Les historiens donnent souvent ce nom ou celui de confédération de Délos* (ou d'Athènes*) aux deux « empires » athéniens. Ces deux ligues (l'une existant au Ve s. av. J.-C. et l'autre datant du IVe s. av. J.-C.) étaient des symmachies*, mais elles se confondirent souvent en partie avec une amphictyonie* plus ancienne. On sait peu de chose de celle-ci. Délos était un très ancien centre religieux où les Ioniens* venaient célébrer en commun le culte d'Apollon ; il se déroulait chaque année une fête du dieu et, au printemps de chaque troisième année, des olympiades avaient lieu, les Délia, où les cités ioniennes envoyaient des théores*; les théores d'Athènes portaient le nom de déliastes, et ils étaient peut-être choisis dans le même génos*. Ils étaient conduits à Délos par le vaisseau même de Thésée, paraît-il soigneusement entretenu depuis cette époque et appelé « Délios » (ou trière délienne). Les Athéniens organisaient ces fêtes, et le temple et son trésor étaient gérés par un conseil de cinq amphictyons athéniens. Cette amphictyonie suivit le destin de la symmachie* qui l'avait doublée et, finalement, absorbée. Après la défaite des Perses à Salamine* et à Platées*, les Athéniens prirent à leur charge la guerre contre les Perses. Aristide* réunit les Ioniens en une symmachie qui se constitua à Byzance en 478 av. J.-C.; elle unit d'abord les cités directement menacées par les Perses : les Cyclades ioniennes, l'Eubée*, Chios, Samos, Lesbos*; puis elle s'étendit à Rhodes et aux cités de la Propontide et de la Chalcidique. Délos était le centre de la ligue et chaque cité possédait des droits égaux. Cimon* consolida la symmachie et l'agrandit des districts de Thrace et de Carie.

Cependant, les cités étaient souvent incapables de fournir des vaisseaux et elles préférèrent se libérer du service militaire par le versement d'un tribut (*phoros**) annuel, qu'Aristide fixa à 460 talents et répartit entre les membres de la ligue selon leurs ressources. Ceux-ci devinrent les alliés sujets *(hypekool)*; quelques cités, comme Naxos, Thasos, continuèrent de fournir des contingents militaires ou des trières équipées et furent considérées comme des alliés autonomes. Périclès* conféra un aspect nouveau à la ligue, où, bientôt, on ne put voir que des sujets de l'empire athénien. En 451 av. J.-C., il dissolvait l'assemblée fédérale de Délos et transportait à Athènes le trésor fédéral, qui fut bientôt confondu avec le trésor d'Athéna. Des garnisons athéniennes furent envoyées dans les cités et des clérouquies* y furent installées. Ces mesures trouvèrent leur réponse dans des révoltes qui s'échelonnèrent le long de l'histoire de la ligue et qui furent souvent sévèrement réprimées : 446, révolte de Mégare* et de l'Eubée; 440, révolte de Samos; 428/427 soulèvement de Mytilène. À l'apogée de son empire, Athènes dominait sur plus de deux cent cinquante villes, divisées en cinq districts : îles, Ionie, Carie, Hellespont, Thrace. La juridiction appartenait aux Athéniens, et les héliastes jugeaient les procès* des sujets. Les tributs étaient payés lors des Grandes Dionysies* entre les mains des hellénotames*.

Cette première ligue fut dissoute après la bataille d'Ægos-Potamos* (405 av. J.-C.). Les Spartiates ayant fait de nombreux mécontents à la suite de leurs victoires, Athènes délégua en 378 av. J.-C. des ambassadeurs dans les villes qui lui étaient favorables, à la suite des campagnes de Conon et des sondages diplomatiques de Thrasybule* en Propontide. Une convention fut conclue avec Chios en 377 av. J.-C., à laquelle adhérèrent par la suite Mytilène, Méthymne, Rhodes, Chalcis, Thèbes* et Byzance. Chaque ville avait ses voix et ses représentants à l'assemblée générale, mais Athènes exerçait une hégémonie militaire, si bien qu'elle rétablit le tribut et que son ambition renaquit; la guerre dite « sociale », où elle se heurta en 357 av. J.-C. à ses alliés, mit fin pratiquement à cette seconde ligue, qui ne fut officiellement dissoute qu'après Chéronée* (338 av. J.-C.). (Pour la ligue Lacédémonienne → **symmachie**, pour la ligue de Corinthe → **Corinthe** et **Panhellénisme**, pour la ligue Étolienne → **Étolie**, pour la ligue Achéenne → **Achéenne**, pour ligue Béotienne → **Béotie**.)

littérature. Domaine immense, la littérature grecque a exploré tous les genres, et elle a créé la plupart d'entre eux. Elle s'ouvre d'une manière fulgurante avec les deux grandes épopées attribuées à Homère*, l'*Iliade* et l'*Odyssée*, poèmes qui vont devenir les « Bibles » des Grecs. La forme poétique va d'abord servir à exprimer des sentiments et des idées. Les seuls noms des poètes grecs constituent une liste impressionnante. On est contraint de se contenter de ne citer que les plus grands dont les œuvres sont venues jusqu'à nous : Hésiode (VIIIe s.), poète visionnaire et puissant dans la *Théogonie*, crée la poésie didactique avec la description grandiose de la vie des paysans de son époque, *les Travaux et les Jours*; à l'époque archaïque, Mimnerme. Théognis, Solon*, Tyrtée illustrent la poésie élégiaque ; Hipponax, Archiloque et Simonide d'Amorgos sont les maîtres de la poésie iambique, Alcée, Sapho et Anacréon les chantres de la poésie amoureuse. Le lyrisme choral trouve ses maîtres à l'époque classique avec Simonide, Bacchylide, et surtout Pindare (Thèbes, v. 521-v. 441), qui, dans des odes d'un lyrisme incomparable, a chanté la gloire des vainqueurs des grands jeux*. Des autres poètes des Ve et IVe s. il ne nous reste plus que des noms et des fragments. Ce n'est qu'à l'époque hellénistique* que va renaître une poésie sous des formes diverses : idylle, mime, élégie, épigramme, épopée, hymne, poésie didactique, genres illustrés par le Syracusain Théocrite (première moitié du IIIe s.), Léonidas de Tarente, Bion, Moschos, Hérondas d'Alexandrie, Méléagre, Hermésianax, Alexandre d'Étolie, Apollonios de Rhodes, Callimaque, Aratos, Nicandre, sans oublier ces poèmes obscurs qui vont marquer la décadence de la poésie et dont le modèle est la *Cassandre* de Lycophron.

Autres inventions grecques destinées à connaître une belle postérité : le théâtre*, avec la tragédie* et la comédie*, la philosophie*, l'art oratoire issu directement de l'institution de la démocratie*. Dans ce domaine se sont surtout illustrés les orateurs attiques : Antiphon (v. 480-411), le plus ancien des orateurs, dont il ne nous reste que des discours relatifs à des procès en homicide ; Andocide (440- ?), l'un des moindres parmi les « dix orateurs attiques » ; Lysias* (v. 440-v. 380), originaire de Syracuse, Isée (1re moitié du IVe s.) originaire peut-être de Chalcis, ces trois derniers illustrant le genre du discours judiciaire ; Isocrate*, maître du discours d'apparat ; Démosthène*, le plus grand avec son adversaire Eschine* ; Lycurgue* et Hypéride*. Les orateurs des époques suivantes ne sont plus que des rhéteurs, dont les discours sont souvent écrits dans une belle langue ; Dion Chrysostome, contemporain de la renaissance attique du début du IIe s. de notre ère, en est le meilleur représentant.

On peut encore signaler des genres particuliers : la fable, illustrée par Ésope, sur qui on ne possède que des légendes et qui semble avoir vécu au VIIe s. ; le dialogue, souvent satirique, tel que l'a illustré en particulier Lucien au IIe siècle de notre ère ; la lettre, aux formes les plus variées, depuis les lettres attribuées à des philosophes comme Platon*, jusqu'aux lettres purement imaginaires, historiettes souvent évocatrices des mœurs et de la morale de l'époque et riches d'anecdotes, comme celles d'Alciphron, qui vécut sans doute vers la fin du IIe siècle ; le roman, dont le plus ancien que nous pouvons encore lire est *l'Ane* de Lucien (si l'on excepte *la Cyropédie* de Xénophon*) ; le traité didactique (*Traité du sublime, Rhétorique* d'Aristote*, traité de caractère psychologique [Théophraste] ou moral comme ceux de Plutarque, etc.). On peut aussi classer dans le genre du dialogue (sans oublier le dialogue platonicien) des œuvres de caractère philosophique ou didactique développées sous forme de dialogue au cours d'un banquet*. Outre Platon et Xénophon, Plutarque s'est essayé dans ce genre illustré par ailleurs par Athénée d'Alexandrie*, dont *le Banquet des Sophistes,* mine inépuisable d'anecdotes, véritable bibliothèque, date des environs de 230 de notre ère. → **histoire**.

liturgies, services publics imposés aux citoyens les plus fortunés.

Il s'agissait d'organiser à ses propres frais certaines manifestations de la vie publique. Les riches métèques* y étaient aussi astreints. Les liturgies existaient dans la plupart des cités grecques et surtout dans celles où l'on organisait des jeux, des concours → **agôn** ou de grandes fêtes*. C'est cependant à Athènes* qu'elles sont le mieux connues. Elles se divisaient en liturgies ordinaires et extraordinaires. Les premières se renouvelaient chaque année, les secondes n'étaient établies qu'en temps de guerre ; c'étaient l'eisphora* (et la proeisphora) et la triérarchie. Celle-ci était réservée aux pentacosiomédimnes* ; l'État leur fournissait la coque du vaisseau et les agrès, et, par la suite, il paya les équipages, à charge par le triérarque, qui prenait pendant cette année le commandement du bateau, de le faire mettre à l'eau et de l'entretenir ou de le réparer. À la suite de la guerre du Péloponnèse*, on put se mettre à deux pour assurer cette charge, puis à plusieurs citoyens, qui ne prenaient plus le commandement de la trière.

Les liturgies ordinaires étaient fort nombreuses et variaient d'importance. La plus importante était la chorégie*. La gymnasiarchie consistait dans l'organisation des courses aux flambeaux, qui avaient lieu lors de certaines fêtes; chaque tribu présentait son gymnasiarque, qui recrutait et entraînait les coureurs et les équipait. Elle était très onéreuse. L'hestiasis consistait à assurer les frais du repas public qui avait lieu dans les dèmes* lors des Dionysies*, des Panathénées* et des Thesmophories*. L'archithéorie consistait dans le paiement d'une partie des frais d'une théorie* envoyée par l'État dans des solennités étrangères. L'arrhéphorie était sans doute la charge de l'entretien des quatre jeunes filles choisies parmi les familles les plus illustres pour aller tisser dans le temple d'Athéna Polias un péplos* pour la déesse, lequel devait lui être offert lors d'une fête pendant le mois de Skirophorion. Ainsi y avait-il chaque année plus de soixante liturgies ordinaires. Divers biens étaient exemptés des liturgies : ceux des épiclères*, des orphelins, des infirmes, des clérouques* absents d'Athènes, etc. Les honneurs et le prestige que valaient les liturgies faisaient que les riches s'y soumettaient en général de bonne grâce, sinon avec ostentation.

Cependant, la procédure de l'*antidosis* (« permutation ») permettait d'échapper à une liturgie. Le citoyen désigné pouvait choisir un autre citoyen qu'il croyait plus favorisé et le sommer de prendre la liturgie en charge. Un procès s'engageait; on évaluait les biens réciproques et on tenait compte du nombre de liturgies déjà assumées. Si le demandeur était débouté, il devait assurer la liturgie; s'il gagnait, l'autre la prenait en charge ou il demandait l'échange de sa fortune avec celle du demandeur, qui ne pouvait refuser.

livres (« **biblia** »). Ils étaient faits soit de papyrus, soit de parchemin. Le papyrus commença à être utilisé en Grèce pour l'écriture* à partir du VIe s. av. J.-C. On collait les feuillets de papyrus à la suite les uns des autres et on roulait souvent sur une âme de bois la longue bande ainsi obtenue. La longueur des rouleaux était variable; on évitait de les faire trop longs pour faciliter leur roulage, mais on a trouvé en Égypte des rouleaux mesurant plus de 40 m. Le texte était écrit en colonnes, dont on essaya de normaliser l'étendue en faisant des lignes de trente-cinq lettres environ; les lignes étaient numérotées de 50 en 50 ou de 100 en 100; le nombre de lignes était indiqué à la fin du volume. Les titres et les têtes de chapitres étaient rédigés à l'encre rouge (d'où le nom latin *rubrica*, que nous avons conservé), et une étiquette attachée au rouleau en donnait le titre lorsqu'il était enfermé dans une gaine ou placé dans une boîte spéciale; les rouleaux composant un ouvrage étaient liés ensemble par des lacets.

Le parchemin provenait de peaux (en général celles de chèvre, de mouton ou d'agneau mort-né pour le parchemin de luxe) spécialement traitées. Il était connu en Orient dès le IIe millénaire, et, au temps d'Hérodote*, les Grecs d'Ionie l'utilisaient déjà couramment. C'est cependant au IIe s. av. J.-C. que la technique du parchemin parvint à une perfection et que le matériau fut vulgarisé, sans doute à la suite de la création des grandes bibliothèques*, en particulier celle de Pergame*; c'est d'ailleurs de Pergame que nous vient le nom du parchemin *(membrana Pergami)*. Contrairement au papyrus, le parchemin pouvait être disposé en cahiers, formant des livres similaires à nos livres modernes. La feuille réparée était coupée — il y avait des nodules comme pour nos livres — et liée afin de former un cahier, en général de quatre feuilles (l'in-quarto est le format courant pour les ouvrages littéraires), puis les cahiers étaient cousus ensemble. Le titre du livre était inscrit en en-tête et les pages numérotées. On fit des livres de luxe où les pages étaient teintes en pourpre, et les lettres d'or ou d'argent. Les Alexandrins firent des livres illustrés; ils peignaient souvent des portraits, et on connaît un livre grec de botanique* où les plantes étudiées étaient aussi figurées. Les livres étaient rédigés à la main par des copistes, et on dictait souvent à plusieurs un même ouvrage. Ils étaient vendus dans le commerce, mais, parfois, les gens riches les faisaient transcrire par des esclaves affectés à ce soin.

logistes, **magistrats chargés de recevoir les comptes des magistrats sortants et du contrôle des finances*.**

Ils formaient à Athènes un collège de dix membres assistés de dix assesseurs (synégores*). Les euthynes, également au nombre de dix, étaient chargés des calculs préliminaires et peut-être soumettaient-ils les dossiers aux logistes. À leur sortie de charge, les magistrats venaient se présenter devant les logistes, qui siégeaient alors pendant trois jours sous les statues des éponymes* de leurs tribus* respectives. Si un magistrat était convaincu de détournement de fonds, il était déféré devant l'héliée*, qui fixait le montant de la somme détournée ; il devait la rembourser au décuple. Les euthynes, qui siégeaient dans le même temps, étaient tenus de recevoir les plaintes des citoyens contre les magistrats sortant de charge. Les logistes se retrouvent à Délos*, Éphèse, Érétrie Ténos ; ils correspondaient aux *kaptotes* de Béotie*, aux *synégores* d'Iasos (en Asie Mineure), aux *exétastes* de Cnide, Chios, Smyrne et Halicarnasse.

logographe, **juriste professionnel qui composait des discours quand une personne, impliquée dans un procès*, n'était pas capable de se défendre elle-même, selon l'usage.**

Le Iogographe écrivait donc le discours en tenant compte de la psychologie du client, qui récitait par cœur ou lisait le texte. C'était un métier assez bien rétribué, mais assez peu honorable. Cependant, la nécessité a fait que des orateurs comme Démosthène*, Isocrate* ou Lysias* ont été logographes.

lois → nomos.

Lycée, **gymnase* hors des murs d'Athènes*, près du temple d'Apollon Lykeios.**

L'Ilissos, qui le traversait, prenait sa source juste au-dessus et on trouvait à côté la fontaine Éridan. Il était orné de portiques et c'est là que venait Aristote* pour dispenser son enseignement, c'est pourquoi sa doctrine reçut le nom de Lycée.

Lycurgue, **législateur de Sparte*.**

La personnalité autant que l'œuvre qu'on lui attribue, et même son existence, sont très discutées Certains voient en lui un homme qui a existé et qui a donné une partie des lois de Sparte, ou auquel on en a simplement donné la paternité ; d'autres pensent que c'était un prêtre ; beaucoup doutent de son existence et en font un héros ou une divinité. Ce qui semble acquis c'est que, s'il a eu une existence réelle, Lycurgue n'a jamais pu être le créateur d'une constitution qui ne fut appliquée que plusieurs siècles après sa mort. C'est sans doute après quelques hésitations que les réformateurs qui, à l'instigation de l'éphore* Chilon* au début du VIe s. av. J.-C., imposèrent à Sparte sa nouvelle constitution*, placèrent celle-ci sous le nom de Lycurgue, après l'avoir d'abord attribuée aux deux premiers rois de Sparte et à Apollon. C'est d'ailleurs auprès de l'oracle de ce dieu, à Delphes*, que Lycurgue alla, selon la légende, chercher une sanction de sa réforme. Ainsi, selon la tradition la mieux établie, il vécut au IXe s. av. J.-C. Il appartenait à la branche royale des Proclides et était fils de Prytanis, ou plutôt d'Eunomus, qui eut un fils, Polydecte, d'une première femme, et Lycurgue d'un second mariage avec Dianassa. Polydecte fut roi et, à sa mort, sa femme, qui était enceinte, proposa à Lycurgue de faire périr l'enfant afin que lui-même soit roi. On découvre là la légende qui veut montrer la vertu de Lycurgue : celui-ci fait semblant d'accepter pour que la reine ne tue pas l'enfant et, dès qu'il naît, il le présente à l'assemblée pour le déclarer roi, lui-même se contentant d'assumer la régence. Afin de ne pas être accusé de vouloir faire mourir le jeune roi, il part pour la Crète*, où il rencontre Thalétas de Gortyne et étudie les lois de Minos avec ce poète législateur. De là, il se rend naturellement en Égypte (comme Solon*, Pythagore*, Platon*...), puis il va en Ionie, où il découvre les poésies d'Homère* et les fait connaître aux Grecs. De retour dans sa patrie, où il a aussi amené Thalétas, il trouve ses concitoyens en proie à la discorde et qui lui demandent des lois. Il va consulter à plusieurs reprises l'oracle* de Delphes et, enfin, celui-ci l'ayant assuré qu'il établirait à Sparte le meilleur des gouvernements, il donne à sa cité sa nouvelle constitution, qu'il aurait empruntée en partie aux « tables de Minos ». Sous prétexte d'aller consulter l'oracle, il fait jurer aux Spartiates qu'ils conserveront ses lois jusqu'à son retour et, après avoir fait confirmer la perfection de ses lois par l'oracle, il se laisse mourir de faim. Les Spartiates lui vouaient un culte.

Lycurgue, **orateur (Athènes v. 396-323 av. J.-C.).**

Disciple de Platon* et élève d'Isocrate*, il participa activement au gouvernement. Adversaire des Macédoniens, il se rangeait aux côtés de Démosthène*, mais avec plus de modération. Sa vertu, son honnêteté et son habileté lui valurent l'estime de ses concitoyens et même de ses adversaires, à tel point que, tandis qu'Alexandre* le Grand soumettait l'Asie, le régent Antipatros* lui laissa le gouvernement d'Athènes. Il avait le titre de trésorier du revenu public *(tamias tês koinês prosodou)*, sorte de surintendance des finances, qui lui permit de remplir le trésor, de reconstruire la flotte et d'élaborer un vaste programme de construction. D'autre part, il réorganisa la jeunesse, officialisa l'institution de l'éphébie* et se présenta comme un utile censeur des mœurs.

Lysandre, **général spartiate († 395 av. J.-C.).**

On ne connaît pas avec certitude son origine. Il est probable que c'est à sa valeur personnelle qu'il dut son haut rang. Nommé commandant des flottes spartiates en 407, il alla à Éphèse, puis à Sardes, où il sut s'attirer la bienveillance de Cyrus le Jeune. En 405 il remporta sur les Athéniens la victoire décisive d'Ægos-Potamos*, qui termina la guerre du Péloponnèse*. Profitant de sa victoire, il s'empara, avec le roi Agis*, d'Athènes*, dont il fit brûler les vaisseaux et détruire les Longs Murs au son des flûtes. Il y renversa la démocratie* pour y installer le gouvernement des Trente → **conseil**. Il enleva ensuite Samos et chassa les Athéniens de Mélos et de Sicyône. Il s'enrichit du butin pris dans toutes ses victoires au point de devenir suspect aux Spartiates par son luxe. Il accompagna Agésilas dans des expéditions en Asie contre les Perses, mais rentra rapidement à Sparte, avant le retour d'Agésilas, pour tenter d'obtenir une réforme de la constitution : il voulait que l'accession au trône ne fût plus héréditaire, mais élective. Cependant, avant d'entreprendre ces réformes, il fut envoyé en Béotie* ; après avoir pris Orchomène et Lébadia, et sur le point de rejoindre Pausanias* en Phocide, il fut tué sous les murs d'Haliarte.

Lysias, **orateur attique (Syracuse 458-Athènes 378 av. J.-C.).**

Fils de Céphalos, citoyen de Syracuse, qui s'installa à Athènes* peu après la naissance de son fils, Lysias avait une quinzaine d'années lorsqu'il se joignit à la colonie envoyée par Périclès* pour peupler la nouvelle fondation de Thurium, en Grande-Grèce*. Il y resta jusqu'à l'époque de l'expédition des Athéniens en Sicile*. Il avait ainsi quarante-sept ans lorsqu'il retourna à Athènes. Emprisonné lors de l'établissement des Trente tyrans, en 404, il s'enfuit et rejoignit Thrasybule*, avec qui il rentra victorieux à Athènes. Il aurait écrit 425 discours si l'on en croit Plutarque, chiffre qui doit être réduit aux environs de 230, sur lesquels il nous en reste 34.

Lysimaque, **général d'Alexandre* et roi de Thrace (Pella v. 360-Couropédion, Phrygie, 281 av. J.-C.).**

Garde du corps d'Alexandre, il reçut à la mort de son chef le gouvernement de la Thrace, à laquelle il adjoignit la Propontide. En 306, il prit le titre de roi et se ligua avec les autres diadoques* contre Antigonos* Cyclops et son fils Démétrios* Poliorcète ; il participa à la bataille d'Ipsos* contre ces derniers (301) et s'empara de la partie occidentale de l'Asie Mineure, où il rétablit une ligue Ionienne sous sa suzeraineté. Il fonda Lysimachia, sur l'Hellespont, et Nicée, restaura Smyrne, Éphèse et Ilion. Il échoua dans une guerre contre les Gètes, puis il s'allia avec Séleucos*, Ptolémée*, dont il avait épousé la fille Arsinoé, et Pyrrhos*, pour lutter contre Démétrios, qu'il vainquit en Thessalie et en

Macédoine. Il chassa de la Macédoine Pyrrhos, qui l'avait occupée quelques mois, et en resta maître (286). Il fut tué dans une bataille qu'il livra contre Séleucos dans la plaine du Couropédion, en Phrygie (août 281). Son royaume ne lui survécut pas.

Lysippe, **statuaire (Sicyône v. 390 av. J.-C.).**

Il a toujours été dit que Lysippe ne fut l'élève de personne, si ce n'est de la nature. Son style, très personnel, tend cependant à idéaliser les formes humaines pour leur donner plus de grâce et de finesse ; il allégea les corps en insistant sur l'harmonie des symétries, en allongeant les jambes, en affinant la tête. Il soigna aussi particulièrement les chevelures de ses sujets. Il n'a travaillé que l'airain, avec une admirable fécondité puisqu'il est l'auteur de près de quinze cents statues, dont une seule aurait suffi à sa gloire. Seul bronzier autorisé par Alexandre* le Grand à le représenter, il en fit plusieurs statues restées célèbres, dont un *Alexandre porteur de lance* ; il façonna une statue d'Héphestion, le compagnon du roi de Macédoine, et celles des soldats macédoniens qui avaient combattu au Granique. On lui doit aussi des statues colossales de Zeus, d'Héraclès, dans différentes attitudes, entre autres un Héraclès au repos qu'on croit reconnaître dans l'*Héraclès Farnèse*. Mais son œuvre la plus célèbre est certainement l'*Apoxyomène*, athlète qui se frotte avec la *stlengis* (racloir servant à enlever l'huile et la poussière des membres après l'exercice, connu par les Latins sous le nom de « strigile »). Nous en avons une copie à peu près fidèle dans celui qui est conservé au Vatican.

M

Macédoine, région du nord de la Grèce, confinant à la Thrace, à la Paeonie, à l'Illyrie, à l'Épire et à la Thessalie.

Elle possédait une ouverture sur la mer Égée. Elle était arrosée par le Strymon, l'Axios et l'Haliacmon ; une grande partie de la Macédoine était couverte de montagnes, dont la plus haute de Grèce, l'Olympe, qui la séparait de la Thessalie. Elle possédait par ailleurs des plaines, parfois marécageuses, où se pratiquait l'élevage, surtout celui des chevaux, et ses forêts lui étaient une autre source de richesses. Ses deux grandes régions étaient la Piérie, vallée de l'Haliacmon, et l'Émathie, vallée de l'Axios. « Émathie » aurait été son nom primitif, puis elle fut appelée « Macédoine », du nom d'un chef émathien, Macédon, qui aurait vécu vers le XIVe s. av. J.-C.

La contrée fut occupée dès le début du néolithique (VIIe millénaire) par une population dont la culture se rattachait à celle des régions du sud du Danube et elle vécut pendant des siècles hors de tout contact avec le monde égéen ; cependant, il semble que sa civilisation ait alors constitué un ensemble avec les cultures contemporaines de la Thrace et de la Thessalie. La tradition de Macédon nous conserve peut-être le souvenir des premiers contacts de la contrée avec les Mycéniens. Sans doute les bandes doriennes étaient-elles passées par la Macédoine pour descendre vers le sud, et ce serait à leur présence qu'on doit la tradition selon laquelle le royaume de Macédoine aurait été fondé par des Héraclides venus d'Argos*, soit Perdiccas, fils de Téménos, soit Caranos, qui, en 796 av. J.-C., aurait fait d'Édesse la capitale de son nouveau royaume. Bien que la question ait été passionnément discutée, il n'y a pas de doute que les Macédoniens ont appartenu à la famille hellénique.

On ne sait que peu de chose de la période archaïque, sinon que les rois héraclides conquirent la Piérie et s'installèrent à Aigai, d'où ils soumirent la Mygdonie. La monarchie* était héréditaire, mais il n'y avait guère de lois de succession, et la noblesse guerrière exerçait sans cesse sa pression sur ce royaume de caractère féodal et archaïque. Les chronologistes anciens nous ont laissé la liste des rois de Macédoine dont on n'a souvent que des noms jusqu'à Alexandre Ier, qui régna au moment des guerres Médiques* (v. 500 av. J.-C.). Voisins des rois de Perse, les Macédoniens leur ont obéi contre leur gré, se libérant de leur tutelle lorsqu'ils le pouvaient. Archélaos, qui succéda à Perdiccas II en 429 av. J.-C., fut le premier grand souverain ; il transporta sa capitale à Pella, construisit des routes, frappa monnaie*, accueillit à sa cour des poètes et des artistes, comme Euripide* et Zeuxis*, s'allia avec Athènes*. Il fut assassiné (399 av. J.-C. ?) et une période d'anarchie suivit son heureux gouvernement. En 396 av. J.-C., Amyntas III fut placé sur le trône avec l'aide de Sparte*. Son fils, Alexandre II, qui lui succéda en 370 av. J.-C., mourut l'année suivante. Après l'interrègne de Ptolémée Alorite, Perdiccas III essaya de rétablir l'ordre en 366 av. J.-C., mais il mourut sept ans plus tard dans un combat contre les Illyriens ; la Macédoine était à la veille de la dislocation lorsque Philippe* II redressa sa fortune, tandis que son fils Alexandre* III le Grand conduisait le nom des Macédoniens à la plus haute destinée.

À la mort de ce dernier, Philippe Arrhidée, son demi-frère, et Alexandre Aigus, le fils qu'Alexandre avait eu de Roxane, furent proclamés rois par l'armée macédonienne ; Aigus eut pour tuteurs successivement Perdiccas*, Antipatros*, Polysperchon* (qui laissa Olympias, mère d'Alexandre le Grand, assassiner Arrhidée et ses partisans [317 av. J.-C.]), et enfin Cassandre*, qui se rendit maître de la Macédoine et fit périr Aigus et sa mère (311 av. J.-C.) avant de se déclarer roi (306 av. J.-C.). À la mort de celui-ci, son fils Philippe IV régna quelques mois (296), puis se succédèrent Démétrios* Poliorcète, Pyrrhos*, Lysimaque*, Séleucos* Nicatôr, Ptolémée Céraunos, lequel était fils de Ptolémée Sôter → **Lagides** ; il s'empara du trône en 281 av. J.-C., mais fut tué par les Celtes qui envahirent la Grèce en 279 av. J.-C..

Antigonos* Gonatas, après avoir disputé à Pyrrhos le trône de Macédoine, y installa définitivement sa famille à partir de 273 av. J.-C.. Ses successeurs, Démétrios II (242-232), Antigonos* Doson (232-221), Philippe V (221-178), eurent des démêlés avec les symmachies* grecques (achéenne, étolienne). Malgré l'activité débordante de Philippe V pour dominer la Grèce, son inimitié avec les Romains lui fut fatale. Il s'était allié avec les Carthaginois et avait envoyé un contingent à Hannibal. Après la victoire de Zama (202 av. J.-C.), les Romains lui déclarèrent la guerre ; il résista aux légions de Sulpicius et de Villius, mais Flamininus le défit à Cynoscéphales (197 av. J.-C.), le dépouilla de sa flotte et de ses conquêtes et ne lui laissa que la Macédoine. Son second fils, Persée, lui succéda en 179, après qu'il eût poussé son père à tuer son frère aîné Démétrios, protégé des Romains, et se prépara aussitôt à la guerre ; on envoya contre lui les consuls Licinius et Hostilius qu'il repoussa. Paul Émile le battit à Pydna (168 av. J.-C.). Il se réfugia à Samothrace, puis se livra et alla mourir à Albe. Les Romains divisèrent la Macédoine en quatre provinces et lui imposèrent un tribut. En 152 av. J.-C. un aventurier d'Adramyttion, Androniscos, se fit passer pour le fils de Persée et se fit proclamer roi de Macédoine. Soutenu par les Thraces et les Macédoniens, il battit Juventius Thalna, puis fut vaincu par Cæcilius Métellus à Pydna et mis à mort en 147 av. J.-C. La Macédoine sera alors définitivement une province romaine.

maisons. Le palais homérique à mégaron est une demeure de type mycénien. Le mégaron était une salle rectangulaire à foyer central, pourvue d'une ouverture dans le toit pour laisser passer la fumée ; c'était la salle commune autour de laquelle étaient distribuées les pièces : andron*, gynécée*, communs.

La maison du paysan est restée la même à travers les époques. C'était une cabane en pierre ou en torchis, couverte d'un toit de chaume à deux rampants, mais en pente si douce que, l'été, on y plaçait des cruches de vin pour les faire chauffer au soleil. Elle n'a pas de fenêtres, et la lumière entre par la porte. Chez les plus pauvres, il n'y a qu'une salle assez vaste pourvue d'un foyer, où l'on vit et où l'on dort ; la fumée obscurcit l'air, bonifie peut-être le vin et s'en va par la porte. Ceux qui sont plus aisés adjoignent deux pièces de part et d'autre de l'aire centrale, servant de chambres à coucher. Au-dessus sont les greniers et les celliers ; à droite et à gauche les étables, les écuries, les remises, qui correspondent avec les pièces de la maison. L'habitation des villes, qui, souvent, est transplantée isolément à la campagne où les riches propriétaires se trouvent entourés des habitations de leurs fermiers, offre les aspects les plus divers. Les maisons des pauvres étaient souvent composées d'une ou deux pièces, ouvertes sur la rue par le seul orifice de la porte, elles étaient faites en pierre, en briques crues, en bois ; dans certains quar-

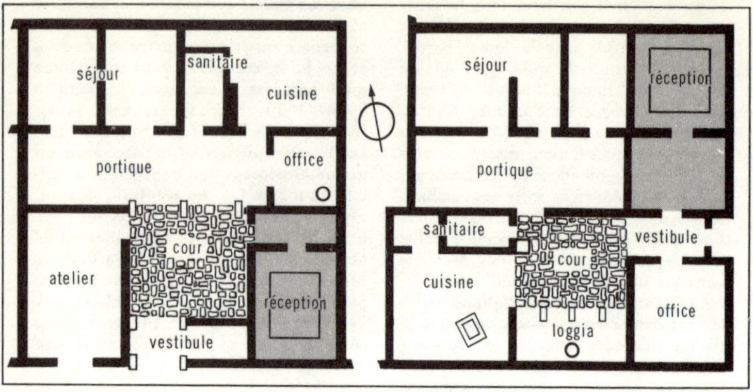

Olynthe : plan de maisons, d'après R. Martin : « l'Urbanisme dans la Grèce antique ».

tiers de Syracuse ou d'Athènes* (Koilé, Mélitè), elles étaient taillées dans le roc. Le sol était souvent le rocher aplani ou la terre battue. Ces demeures possédaient parfois un étage en mansarde qui, dans les quartiers commerçants, était loué à de pauvres gens.

Après la guerre du Péloponnèse*, on augmenta la hauteur des maisons, qui devinrent des immeubles de rapport (*syncekia*) de trois ou quatre étages ; les appartements à louer étaient en général de deux ou trois pièces, et on y accédait par des escaliers extérieurs et indépendants. Au temps de Démosthène*, le banquier Pasion possédait de semblables immeubles, estimés alors à une centaine de mines ; leur rapport était d'environ 8 p. 100. Les locations se faisaient par baux de dix ans au ve s., de cinq ans au IIe s. av. J.-C., les contrats étant établis suivant des modèles et devant des témoins. Des magistrats, les horistes, étaient chargés de régler les contestations entre les parties et à propos des propriétés. La forme des maisons plus spacieuses a varié selon les régions et les époques. Un des types de demeure hellénique est la maison à péristyle, cour centrale autour de laquelle court une colonnade supportant un toit, formant un préau ; cette galerie se retrouve même dans les maisons de rapport à étage. Les pièces sont distribuées autour du péristyle, mais ces dispositions offrent toutes sortes de variantes ; les péristyles ne sont d'ailleurs souvent que des demi-colonnades, ou encore les salles sont réparties sur seulement deux ou trois côtés de la galerie, l'un des côtés étant adjacent au mur donnant sur la rue. Les colonnes du péristyle sont en pierre ou en marbre, parfois cannelées dans la partie supérieure, en style dorique, moins souvent ionique, exceptionnellement corinthien ; au centre du préau on disposait des ornements en mosaïque sur lesquels tombait l'eau du toit recueillie dans une citerne creusée en dessous. L'andron s'ouvrait sur cette cour (aulè) ; il n'était pas toujours distingué du gynécée et, quand celui-ci existait, il arrivait qu'il possédât son aulè particulière. La salle de séjour était l'œcus, qui servait de salle à manger ; la cuisine ne semble pas avoir existé avant le ve s. av. J.-C. ; on préparait le repas soit à l'extérieur sur un réchaud de fortune, soit sur le feu de l'autel d'Hestia. La chambre conjugale (thalamos) était en général située dans le gynécée, et c'est là qu'on conservait les objets précieux : argenterie, tapis, etc., si l'on en croit les conseils de Xénophon*.

Les plus grandes maisons comprenaient une dizaine de pièces : l'œcus, l'exèdre (salon situé vers l'entrée de la maison), le vestibule (*prothyron*), les chambres à coucher. Il y avait peu de fenêtres au rez-de-chaussée ; les salles situées du côté de la rue servaient en général d'écuries ou étaient louées en boutiques ; il y avait des fenêtres à l'étage, où se trouvaient parfois le gynécée et le logement des esclaves. Si, dans ce type de maison, l'aulè est le centre de la demeure, le péristyle ne s'y retrouve pas toujours ; à Délos* il est même exceptionnel. Certaines demeures étaient pourvues de salles de bains meublées de baignoires du type « sabot » ; on a trouvé aussi des demeures présentant une salle servant d'atelier aux domestiques. Les toits étaient soit inclinés et recouverts de tuiles, soit en terrasses. Jusqu'à la fin du ve s. av. J.-C., l'ornement des maisons était des plus simples. Les murs étaient enduits de chaux ; on plaçait devant la porte un autel à Apollon Agyieus, pourvu d'une inscription destinée à écarter le mauvais sort ; dans le vestibule, une niche abritait une statue d'Hermès Strophaios, et au milieu de l'aulè se dressait l'autel de Zeus Herkéios. Alcibiade* paraît être un novateur lorsqu'il fait peindre des fresques sur les murs de sa maison ; cette habitude se développera au siècle suivant et surtout à l'époque hellénistique, Pausias* ayant vulgarisé ce goût des lambris peints où volent des Amours au milieu des fleurs. On orne encore les murs avec des lames de bronze, d'ivoire et d'or, ou on les revêt de plaques de marbre. Les tapisseries d'Orient parent les murs, servent de portières, et on jette des tapis à côté de mosaïques compliquées ou de pavés de marbre. Les statues, d'abord simples éléments du culte domestique, deviennent des ornements, et des bassins où coulent des jets d'eau rafraîchissent les péristyles. C'est tout ce luxe que le monde grec fera connaître au monde romain, qui l'adaptera à son goût, ainsi qu'on peut encore le voir à Ostie, Pompéi et surtout Herculanum.

Mantinée, ville d'Arcadie* orientale, sur l'Ophis.

Point stratégique, elle était située dans une plaine et commandait les accès vers Orchomène et Tégée. Fondée les Argiens après les guerres Médiques*, elle était composée de l'union de cinq dèmes*. Cité démocratique, elle entra fréquemment en conflit avec Sparte* et fut le théâtre de plusieurs batailles. En 418 av. J.-C., les Spartiates triomphèrent des Athéniens et des Argiens. En 385 av. J.-C., ils rasèrent la ville qui fut reconstruite quatorze ans plus tard. Par la suite, elle prit une part importante dans la fondation de Mégalopolis, réalisée sur les conseils d'un Mantinéen. La plus célèbre bataille fut celle qui eut lieu en 362 av. J.-C. et où les soldats spartiates furent vaincus par les Thébains, qui y perdirent leur général, Épaminondas.

Marathon, ville et dème* de l'Attique*, à peu de distance de la mer, au nord du Brilessos.

Avant le synœcisme*, elle formait avec Tricorythos, Probalinthos et Œnoé la tétrapole ionienne. C'est dans sa plaine marécageuse que les Athéniens battirent l'armée perse de Darios → **médiques guerres**. Devant la menace d'invasion des Perses, les Athéniens appelèrent les Spartiates, qui, fêtant les Carneia*, remirent à plus tard leur départ. Miltiade électrisa les énergies et s'arrangea pour que les neuf stratèges nommés avec lui lui cèdent le commandement, renouvelé chaque jour. Il attendit son propre jour de commandement (13 septembre 490) pour lancer ses lourds hoplites athéniens sur les Perses, qui furent totalement défaits et rejetés à la mer. Ils tentèrent alors de surprendre Athènes, démunie de ses défenseurs, mais trop tard, car les vainqueurs étaient rentrés dans leur cité au pas de course. La flotte barbare remit la voile, humiliée pour la première fois.

mariage. À l'époque homérique, le mariage est souvent préparé par les parents des futurs époux, même quand le fils est majeur ; ainsi Achille, refusant la fille d'Agamemnon, répond que Pélée, son père, saura lui trouver une épouse ; le contrat est aussi passé entre le fiancé et le père de la fiancée ; quant aux exemples mythiques de la fille d'un roi donnée au vainqueur de concours, c'était sans doute une exception, qui a servi de thème à de nombreux contes. Le prétendant donnait au père de la fiancée des présents en bétail ou en objets précieux représentant d'abord un achat de la femme, qui devint ensuite la compensation de la dot remise par le père de la future épouse (*hedna*). Les unions se contractaient entre gens de même fortune, mais il arrivait qu'on donnât sa fille à un homme qui compensait sa pauvreté par la valeur, ou qu'un homme puissant épousât sa captive. La monogamie était de règle; Priam, avec deux épouses légitimes, Hécube et Laothoé, représente une exception. À l'occasion du mariage se déroulait un festin accompagné de sacrifices, offerts par le père de la fiancée, et celle-ci donnait parfois des habits aux invités. Le soir, en grande pompe, avec un cortège éclairé par des torches, elle était conduite enfin chez son époux.

À Sparte* le mariage se faisait entre citoyens, les alliances avec des étrangères pouvant entraîner de graves conséquences, surtout pour les rois, qui pouvaient être déposés. Le prétendant devait demander le consentement du père et, s'il y avait contestation entre plusieurs prétendants, le litige était porté devant le roi. La dot était interdite, en tout cas lorsque les lois de Lycurgue* avaient toute leur vigueur; contrairement à la Crète*, où les filles recevaient la moitié de la part dévolue aux hommes. Par la suite, les familles possédant plusieurs domaines les utilisèrent pour doter leurs filles. L'État pouvait intervenir si les époux n'étaient pas aptes physiquement à avoir des enfants ou s'ils n'étaient pas suffisamment assortis par le rang ou la fortune. On ne connaît que fort mal les cérémonies religieuses. Le mariage représentait une sorte de rapt, le fiancé enlevait sa fiancée au milieu de ses compagnes et l'emmenait dans la maison d'une parente à lui, la *nympheutria*; celle-ci introduisait l'épouse dans la chambre nuptiale, lui coupait les cheveux et l'habillait en homme, puis elle emportait la lumière; jusqu'à ce qu'il ait atteint trente ans, le mari ne pouvait voir son épouse qu'à la dérobée, la nuit, et ce n'est qu'après cet âge, semble-t-il, qu'ils pouvaient s'installer dans le foyer conjugal. L'eugénisme avait une si grande importance chez les Spartiates qu'il n'était pas inconvenant qu'un vieillard prêtât sa femme à un homme plus vigoureux, voire à un homme dépourvu du droit de cité. En revanche, on admettait parfaitement qu'un mari qui trouvait à son goût la femme d'un de ses amis lui demandât de la partager avec lui : c'est ce qui fait dire à un Spartiate que l'adultère n'existait pas dans sa patrie puisqu'il se faisait du plein consentement de tous les intéressés.

À Athènes*, les mariages étaient décidés par les parents de la jeune fille, qui, jusque-là, vivait recluse près de sa mère, et les parents du futur époux. Le contrat pouvait être passé avant l'âge légal (dix-huit ans pour les garçons, quinze ans pour les filles), mais la cérémonie n'avait lieu qu'après la majorité des deux promis. Le contrat (*engyêsis*) était signé devant témoins entre le père ou le tuteur de la fiancée et le prétendant; le père de ce dernier n'avait pas à donner son avis, et la fiancée ne pouvait utiliser que la procédure d'eisangélia* pour refuser l'union. La dot était alors mentionnée dans le contrat et remise le jour du mariage. Le fiancé devait ensuite informer les membres de sa phratrie* de son mariage et offrir banquet et sacrifices. Les « protéléia » étaient les cérémonies précédant les noces. On sacrifiait à diverses divinités; la jeune fille consacrait ses jouets à Artémis ou à Aphrodite. Dans la nouvelle Ilion, les fiancés se baignaient dans le Scamandre. C'était une forme de la loutrophorie, pratiquée dans toute la Grèce; pour cela, on allait puiser de l'eau dans une source ou une fontaine voisine (à Athènes, l'Ennéakrounos; à Thèbes*, l'Isménos) pour préparer le bain. Le jour des noces, les parents de la fiancée offraient un banquet et des sacrifices en présence du fiancé et de sa famille. La fiancée remettait alors des présents aux beaux-parents et, la nuit venue, l'épouse prenait place sur un char entre son mari et le paranymphe, ami de celui-ci; si le marié en était à ses secondes noces, c'est un ami qui allait à sa place chercher l'épouse. Le cortège était éclairé par des torches allumées par les mères des époux dans leur foyer respectif et on chantait des hymnes — hyménées — en s'accompagnant de la musique des flûtes. Les parents de l'époux recevaient les nouveaux mariés sur le seuil. Le lendemain avaient encore lieu des cérémonies et les *epaulia*, cadeaux utiles au ménage, faits par les parents de la mariée et les amis. Les prêtres intervenaient aussi dans les mariages : on sait qu'à Athènes la prêtresse d'Athéna visitait les époux, et à

Chéronée* c'était la prêtresse de Déméter qui les unissait.

marine. Elle occupa la plus grande place chez un peuple qui vivait en contact continuel avec la mer, de laquelle dépendait en partie sa prospérité. Les nécessités du commerce* développèrent des flottes marchandes, et la marine de guerre se créa autant pour défendre les voies de commerce que pour les entreprises de piraterie ou le transport des guerriers.

À l'époque homérique, les bateaux qui faisaient le commerce étaient en même temps armés pour les combats. Les vaisseaux des Achéens* ne servaient qu'à transporter les guerriers qui allaient assiéger Troie : c'étaient des navires à un rang de rames, non pontés, et suffisamment légers pour pouvoir être tirés sur le sable. Aux périodes suivantes, les marines vont se perfectionner et se développer au point que certaines cités exerceront une véritable hégémonie sur les mers, constituant des thalassocraties, dont Athènes*, qui mérita le surnom de « Reine des mers », fut la plus brillante.

Le modèle du bateau de guerre est la trière, ou trirème. Thucydide en attribue l'invention au Corinthien Aminoclès, à la fin du VIIIe s. En réalité, ce type de vaisseau de guerre n'apparaît qu'au VIe s. en Ionie. Jusqu'alors, le vaisseau de combat était la pentécontore, galère à cinquante rames. C'est une centaine de vaisseaux de ce type que possédait Polycrate* de Samos vers 530 av. J.-C., lorsqu'il commença, le premier semble-t-il, à s'équiper de trières. La pentécontore sera complètement éliminée à la fin de ce même siècle au profit de la trière : les Ioniens* n'utilisent plus que ce dernier type de vaisseau à la bataille de Ladé, petite île au large de laquelle ils furent battus par les Perses, ce qui mit fin à leur révolte → **médiques, guerres**. Ce sont deux cents trières que, sous l'impulsion de Thémistocle*, les Athéniens vont construire entre 483 et 480, date de la bataille de Salamine*. On construisit aussi des monorèmes ou des birèmes, à un ou deux rangs de rames, mais c'étaient des bateaux trop légers ou trop lents ; à l'époque hellénistique*, on fit des tétrères (quadrirèmes) et des pentères (quinquerèmes). Il semble que ces deux types de vaisseaux aient été inaugurés par Denys* de Syracuse au début du IVe s. ; mais ils étaient trop lourds et pas assez maniables. Ils étaient pourvus d'une artillerie destinée à démanteler la ligne ennemie. Suivait l'abordage, comme dans la tactique maritime de nos XVIIe et XVIIIe s. Telle est la tactique qu'employa Démétrios* Poliorcète en 306 lorsqu'il affronta la flotte égyptienne commandée par Ménélas, frère de Ptolémée Sôter.

La trière athénienne mesurait 35 à 40 m de long sur 5 à 6 m de large, et calait environ 2 m ; elle était mue par 170 avirons (plus 30 de rechange), dont la longueur varie entre 4,20 et 4,40 m, et armée à la proue d'un puissant éperon de bronze ; les voiles servaient lors de la navigation courante et reposaient les rameurs, mais, dans les combats, le navire était uniquement mu par les rameurs, les voilures étant souvent laissées à terre pour ne pas gêner la manœuvre et alourdir le navire. Entre la fin du Ve s. et le milieu du siècle suivant, on est certain que la trière possédait deux mâts (grand mât et mât *akateios*). Il semble qu'après 330 av. J.-C. il ne soit plus resté que le grand mât.

Jusqu'au Ve av. J.-C., on combattait sur mer comme sur terre ; les vaisseaux s'abordaient et on tentait d'éliminer l'équipage adverse ; c'est ainsi que luttèrent encore Corinthiens et Corcyréens à la bataille de Sybota (432 av. J.-C.). Ce sont les Athéniens qui inventèrent et portèrent à sa perfection la stratégie navale : par d'habiles manœuvres, ils brisaient les lignes ennemies en évitant le contact, puis ils utilisaient le *diekplous* et le *périplous* ; la première tactique consistait à longer le navire adverse pour briser ses rames ; le *périplous* était l'éperonnage du bateau, qui coulait sans que le vainqueur perdît de combattant.

Sur les deux cents hommes composant l'équipage de la trière athénienne, 170 servaient de rameurs ; c'étaient des mercenaires*, des métèques* ou des thètes*, parfois des zeugites* ; les thètes recevaient un salaire ; dix *épibates*, soldats de marine, étaient des hoplites pris sur les listes régulières ; 13 matelots étaient chargés des manœuvres et du maniement des voiles ; le ou les triérarques qui commandaient le vaisseau étaient les citoyens qui avaient assuré la liturgie* de l'équipement du bateau ; ils étaient secondés par un *kybernêtês*, homme de métier, peut-être était-il chargé de tenir le gouvernail, longue rame placée à l'arrière, sur le côté de la poupe ; le *kéleuste*, chef des rameurs, modulait le rythme des rameurs au son du hautbois du *trièrautès*. Les rameurs étaient ainsi répartis : sur le banc supérieur, soixante-deux thranites ; sur le banc intermédiaire, cinquante-quatre zygistes ; sur le banc inférieur, cinquante-quatre thalamites. La flotte, dans son ensemble, était commandée par un ou plusieurs stratèges* chez les Athéniens ; certaines cités séparaient les commandements terrestres et maritimes, et confiaient les flottes aux navarques. À Sparte*, qui ne fut jamais une puissance maritime, l'équipage des navires se recrutait parmi les hilotes* et les périèques* ; le navarque était désigné par les éphores* et ne conservait qu'un an son commandement, qu'on évitait de lui renouveler.

mathématiques. Les Grecs connaissaient les différentes disciplines constituant les mathématiques : arithmétique, géométrie plane et dans l'espace, trigonométrie, algèbre. Les chiffres grecs — comme dans toutes les écritures antiques — sont représentés par des lettres auxquelles on joint une apostrophe ; ce système possède sans doute plus d'inconvénients que d'avantages. En arithmétique, ils effectuaient nos quatre opérations et savaient extraire les racines carrées ; ils connaissaient les fractions ordinaires, mais ignoraient les fractions décimales. Pour les calculs simples, ils utilisaient l'abaque*.

La géométrie était connue des arpenteurs égyptiens, qui devaient mesurer les terres distribuées entre les paysans. Il est bien possible que Thalès* de Milet au début du VIe s. ait rapporté d'un voyage en Égypte diverses connaissances mathématiques, et que ce soit là-bas qu'il ait appris à prédire les éclipses. Pareillement, c'est peut-être à l'art des architectes et aux problèmes posés aux ingénieurs que la géométrie grecque a emprunté ses éléments ; cependant, de ces observations et de ces enseignements, les Grecs vont créer une science originale qui sera le fondement de notre propre mathématique.

Pythagore* et ses disciples étudient la géométrie en elle-même, en tant qu'elle est la connaissance d'une chose en soi qui échappe aux changements du monde sensible. Platon* envisage la géométrie dans le même esprit ; cette science, qui porte sur des objets idéaux, lui semblait la clef de sa métaphysique idéaliste au point qu'il n'admettait personne à l'Académie* qui ne soit géomètre. Au Ve s. av. J.-C., Théodore de Cyrène, un des maîtres de Platon, pose le problème des incommensurables (3, 5, etc., jusqu'à 17) ; trois problèmes sont restés célèbres : la duplication du cube, la trisection de l'angle et la quadrature du cercle. Hippocrate de Chios fut le premier à rédiger un traité de géométrie, qui, jusque-là, était restée une science tenue secrète dans les écoles pythagoriciennes ; il créa la géométrie du cercle et s'attacha au problème des incommensurables. Théétète, disciple de Socrate*, fit des travaux sur les nombres rationnels, les progressions et les proportions continues, et avec Platon et Hippocrate il représente l'école d'Athènes*. Le traité d'Hippocrate fut revu, sur les conseils de Platon, par deux de ses disciples, Léon et Theudios de Magnésie.

L'autre grande école de la période hellénique, celle de Cnide, est représentée par Eudoxe*, Aristée et Ménechme, disciple d'Eudoxe et précepteur d'Alexandre* le Grand, qui résolut le problème de la duplication du cube. La période est encore illustrée par Hippias d'Élis, qui découvrit la courbe appelée « quadratrice » ; par Antiphon, qui assimila les derniers éléments de la ligne droite ; par Bryson d'Héraclée, qui compléta les travaux d'Antiphon ; et enfin Archytas* de Tarente.

La période hellénistique* est ouverte par Euclide*, qui élabora une méthode d'exposition presque parfaite ; par Archimède*, qui ouvrit la voie au calcul des infiniment petits ; et par Apollonios* de Pergé, pionnier de la géométrie analytique. C'est par ailleurs à l'un des plus grands astronomes de l'Antiquité → **astronomie**, Hipparque*, qu'est due l'invention de la trigonométrie. Si elle est moins créatrice, l'époque romaine voit encore de beaux travaux parmi les Grecs d'Orient. Ptolémée*, dans le premier livre de son *Hémégistè*, donne un traité de la trigonométrie plane et sphérique. Ménélas (Iᵉʳ s.) publie un traité des sphériques renfermant un théorème capital sur le triangle sphérique. Nicomaque de Gérase (IIᵉ s.) écrit une *Introduction à l'arithmétique*.Théon de Smyrne a laissé un exposé sur les mathématiques, nécessaire à la compréhension de Platon. Pappus d'Alexandrie (IIIᵉ s.) a composé plusieurs ouvrages, dont l'un est un résumé des connaissances géométriques de l'Antiquité, pourvu d'un vaste commentaire; on trouve dans cet ouvrage des théorèmes originaux et le célèbre problème de Pappus sur les lieux géométriques. Sérénos d'Antinoë fit un travail sur les sections du cône et du cylindre. Au début du IVᵉ s., Diophante d'Alexandrie donna un système de symboles algébriques. Cette forme d'algèbre géométrique fut, dès le début, pratiquée par les mathématiciens grecs; Diophante créa un langage propre à la résolution des équations sans cependant pouvoir s'affranchir totalement de la tradition géométrique. Lorsqu'ils vulgarisèrent l'algèbre, les Arabes ne firent que perfectionner un système déjà créé par les Grecs. Les derniers mathématiciens sont des commentateurs ou des éditeurs : Proclus (Vᵉ s) commente Platon et le premier livre des *Éléments* d'Euclide, Eutocius d'Ascalon édite les *Sections coniques* d'Apollonios, Théon d'Alexandrie édite vers 370 les *Éléments d'Euclide*, et Hypathie commente Diophante et Apollonios.

Mausolée. Mausole, fils d'Hecatomnos, régna sur la Carie de 377 à 353 av. J.-C. avec son épouse et sœur Artémise; à sa mort, sa femme lui fit ériger un tombeau monumental dont les sculptures furent faites par Bryaxis*, Léocharès*, Scopas* et Timothée*. Ce monument fut considéré comme l'une des sept merveilles du monde. On n'en a retrouvé que les fondations et quelques éléments de sculpture, dans la moderne Bodroum, ville turque construite sur le site d'Halicarnasse, capitale de la Carie.

médecine. Dès l'époque homérique, la médecine paraît revêtue d'un caractère rationnel; les blessés sont pansés avec des baumes et on n'utilise aucune pratique magique pour les soigner. C'est cependant, dans une certaine mesure, dans les asclêpieions* que la médecine scientifique se développe avant de se détacher de l'ascendance du dieu. On ne sait que peu de chose de la médecine avant Hippocrate*. Cependant, c'est dans des génos* que se transmettaient les connaissances médicales, ces familles recevant d'ailleurs des étrangers qui étaient intégrés au génos. Ainsi se développèrent de grandes écoles de médecine à Crotone, à Cyrène, à Rhodes, et surtout à Cos et à Cnide, qui furent d'illustres rivales. L'école de Crotone donna Démocède (v. 521-483 av. J.-C.); il fut médecin public à Égine*, puis à Athènes*, avant de devenir médecin de Polycrate* de Samos, puis, capturé par le roi de Perse Darios, il fut son médecin et son conseiller avant de revenir mourir dans sa patrie. Alcméon, pythagoricien, pratiqua la dissection sur les animaux et découvrit les nerfs.

À Cos pratiquait le génos des Asclépiades auquel appartenait Hippocrate*; ses successeurs immédiats furent Praxagoras de Cos et Dioclès de Carystos. L'école de Cos, en matière de thérapeutique, recourait aux régimes, alors que les tenants de l'école de Cnide préconisaient les médicaments, en général des décoctions de plantes; cette méthode pharmaceutique va se développer à mesure que se perfectionneront les médicaments, et c'est elle qui sera le plus largement reprise aux époques ultérieures.

La médecine se perfectionne à l'époque hellénistique* grâce aux travaux d'Hérophile* de Chalcédoine, disciple de Praxagoras et d'Érasistrate* de Céos. Leurs disciples tombèrent dans le dogmatisme, en réaction duquel se créa l'école empirique, qui se contentait de décrire les maladies. Au Iᵉʳ s. av. J.-C., Asclépiade, originaire d'Asie Mineure, remporta un grand succès à Rome; s'élevant contre l'abus des médicaments, il prescrivit l'hygiène, les régimes, les cures d'eau, les massages, les promenades. Hippocrate restait son maître; il allait être aussi celui d'Apollonios de Citium, qui le commentait à la même époque. Ce fut un disciple d'Asclépiade, Thémison de Laodicée, qui fonda l'école méthodique, selon laquelle les maladies proviennent de l'état général du corps; le plus illustre représentant de cette école est Soranos d'Éphèse (IIe s.), qui fut gynécologue et pédiatre; il laissa de judicieux conseils sur la manière d'accoucher et de soigner les nouveau-nés. À l'école rivale, on doit la pneumatique, fondée par Athénée (d'Asie Mineure); selon ce médecin c'est l'esprit, ou *pneuma*, qui régit la santé et la maladie. Archigène de Syrie (fin du Ier s.) fut le meilleur représentant de cette école — nous le connaissons par la compilation de ses travaux faite par Arétê de Cappadoce. Ce fut un observateur remarquable et pénétrant, qui sut parfaitement décrire l'évolution des maladies; il préconisait le thérapeutique des régimes, les bains d'eau froide et de soleil. On a conservé quelques écrits de Rufus d'Éphèse (IIe s.), mais c'est Galien* qui domine toute la médecine grecque de l'époque romaine et qui en est le dernier représentant. Nous avons signalé les grandes écoles de l'époque hellénique*; aux périodes suivantes, ce sont celles de Smyrne, de Pergame*, d'Alexandrie* qui vont briller aux côtés de celle de Cos. L'enseignement se dispensait dans ces écoles de trois manières : par des cours, par des études cliniques, par l'apprentissage pratique. L'anatomie, étude du corps, la pathologie, étude des maladies, et la thérapeutique, connaissance des moyens de guérison, étaient les disciplines essentielles. On ne sait combien duraient ces études, sans doute longtemps, car Thessalos de Tralles avait étudié onze ans avant de s'installer. Nul diplôme ne sanctionnait les études, mais les disciples prêtaient un serment par lequel ils devaient fidélité à leur maître et un entier dévouement à leur profession; ce qui n'empêchait pas l'existence d'un grand nombre de charlatans. La médecine connaissait déjà de nombreuses spécialités : chirurgiens, oculistes, dentistes, gynécologues; les femmes pouvaient être médecins, mais ne s'occupaient que des femmes et des enfants. La pharmacie n'était pas une discipline particulière, les médecins se chargeant de la préparation des médicaments. Il y avait des médecins privés, qui exerçaient pour leur compte; des médecins militaires, attachés aux armées; des médecins de gymnases*, enfin les médecins publics. On trouve les médecins publics dès le VIe s. av. J.-C.. Les cités se disputaient à prix d'or les médecins de renom, tel Démocède de Crotone. Dans les grandes villes, on trouvait plusieurs médecins publics, assistés de leurs élèves et d'esclaves publics; ils étaient choisis par l'ecclésia* à Athènes. On mettait à leur disposition un vaste local bien aéré et exposé, l'iatroion, sorte de dispensaire comprenant des salles d'opération, une pharmacie et peut-être des chambres pour les malades, où ceux-ci étaient soignés gratuitement; un impôt spécial servait à rétribuer les médecins et à couvrir les frais. Les médecins particuliers possédaient souvent leur propre dispensaire. Les souverains disposaient en général d'un médecin; celui des rois de Perse était toujours grec : Ctésias est le plus connu d'entre eux.

médiques, guerres. À la fin du VIe s. av. J.-C., l'empire perse, fondé par Cyrus le Grand au milieu de ce même siècle, était entré en contact avec les Grecs d'Europe, après avoir soumis l'Ionie. Darios Ier (521-485), second successeur de Cyrus, avait commencé par étendre l'empire sur la vallée de l'Indus, puis son général Mégabaze avait soumis la Thrace et la Macédoine* qui devinrent tributaires du Grand Roi.

En 501 les Ioniens se soulevèrent, soutenus par Athènes* qui avait envoyé une troupe incendier Sardes, ancienne capitale de la Lydie et devenue le chef-lieu d'une satrapie. Darios décida de châtier Athènes, vers laquelle il lança, en 490, une puissante flotte sous le commandement de Datis et d'Artapherne. Les Athéniens venaient de rétablir la démocratie avec les réformes de Clisthène*. Mais les aristocrates et les partisans des Pisistratides*, mécontents, se liguèrent avec les Perses et, après que ceux-ci eurent pillé l'Eubée*, le tyran déchu Hippias conduisit les Perses à Marathon*. Darios décida alors de porter un grand coup à Athènes. Il fit pendant trois ans des préparatifs pour une expédition d'envergure, mais il fut détourné de son projet par une rébellion des Égyptiens. Il mourut, laissant à son fils et successeur Xerxès le soin de venger l'honneur des Perses.

Le premier soin de Xerxès, en montant sur le trône, en 485, fut de réduire les Égyptiens révoltés, puis il entreprit de marcher sur la Grèce, à la tête d'une formidable armée; Hérodote* donne le chiffre fabuleux de 2 641 610 hommes, chiffre réduit à 800 000 hommes par Ctésias qui fut médecin à la cour des successeurs de Xerxès. Il se mit en marche au printemps de 480, traversa l'Hellespont sur un pont de bateaux et, appuyé par une flotte puissante, il descendit vers la Grèce par la Thrace et la Macédoine. En vain les Grecs tentèrent-ils d'arrêter l'envahisseur aux Thermopyles*. Les Perses marchèrent sur Athènes, abandonnée de sa population sauf par les vieillards réfugiés sur l'Acropole* qui fut prise et incendiée. La puissante flotte perse fut alors mise en fuite dans la baie de Salamine* et Xerxès s'en retourna à Sardes vers la fin de 480, laissant à son général, Mardonius, le soin de poursuivre la guerre sur terre avec une armée de 300 000 hommes. Ce dernier fut vaincu par les Grecs unis à Platée*. Le même jour les Grecs auraient remporté une cinglante victoire navale sur la flotte perse près du promontoire de Mycale*, en Ionie.

Ces deux victoires des Grecs mettent théoriquement fin aux guerres Médiques. Néanmoins, la guerre avec les satrapes perses de l'Asie Mineure se poursuivit, marquée encore par de nouvelles victoires des Grecs dont la plus éclatante fut celle que remporta Cimon* en 466 à l'embouchure de l'Eurymédon. En fait, ces guerres entre Grecs et Perses ne prirent vraiment fin qu'avec la conquête de l'empire achéménide par Alexandre* le Grand.

Médontides, génos* athénien d'origine royale.

Ils descendaient de Médon, fils de Cécrops; Médon fut le premier archonte* à vie, et c'est dans ce génos que les archontes étaient choisis au début de l'institution de cette magistrature. Les Médontides siégeaient sur l'Acropole*, où ils possédaient un domaine sacré. La famille de Solon* était rattachée au génos des Médontides.

Mégare, ville de la Grèce centrale qui commandait l'isthme de Corinthe*.

La Mégaride était séparée de la Corinthie par les monts Géraniens, et de l'Attique* par les monts Kérata. Malgré un sol ingrat, elle avait l'avantage, comme Corinthe, de posséder des ouvertures sur deux mers, où elle avait établi deux ports : Pagai, sur le golfe de Corinthe, et Nisaia, sur le golfe Saronique, protégé par la petite île de Minoa. Cette dernière était peut-être une guette phénicienne, ou plutôt un établissement crétois à l'époque préhellénique. La cité fut sans doute fondée à l'époque mycénienne; on peut supposer qu'il existait un établissement, peut-être d'origine ionienne, Tripodes, à l'emplacement de l'agora de l'époque classique, et un établissement fortifié sur une de ses deux acropoles, l'Alcathoi, fondé par un fils de Pélops, Alcathous. Elle formait alors avec l'Attique une des quatre tribus territoriales ioniennes. Les Doriens l'occupèrent, et c'est de cette époque que doit dater sa nouvelle appellation de Mégara, du nom des manoirs (mégaron) de ses maîtres situés sur ses acropoles (la Caria et l'Alcathoi); on trouve alors la division dorienne en trois tribus*, réparties en cinq kômê*.

Hardis navigateurs, les Mégariens partirent de Pagai pour aller fonder en Sicile* Mégara Hyblaia (v. 728 av. J.-C.), et de Nisaia pour s'installer à Sélymbria (667 av. J.-C.) sur la Propontide, et, sur le Bosphore, à Chalcédoine, à Asiacos et, enfin, à Byzance (v. 660 av. J.-C.). Maîtres du Bosphore, ils dominèrent le commerce avec le Pont-Euxin, et les richesses affluèrent dans cette cité, où l'aristocratie dorienne d'éleveurs et guerriers se transforma en bourgeoisie industrielle et commerçante. Le VIIe s. av. J.-C. vit l'apogée de la prospérité de Mégare, devenue la ville du rire et des jeux, et qui fera connaître les premières formes de la comédie* aux Athéniens, et à ses voisins syracusains dans sa colonie d'Hyblaia. Au milieu du siècle — peut-être un contre-coup de l'invasion cimmérienne qui dévasta le Bosphore — la famine sévit dans le peuple, et un aristocrate, Théagène, se fit acclamer par la foule pour lui avoir livré le bétail des nobles (640 av. J.-C.). Maître de Mégare, Théagène s'allia avec Cypsélos, tyran de Corinthe, jusqu'alors ennemie de Mégare, puis soutint Cylon* dans son coup d'État à Athènes. L'échec de celui-ci causa la guerre avec Athènes, et les Mégariens s'installèrent à Salamine* (632). Théagène fut banni par le peuple, et il est possible que la cause en fut la reprise de Salamine par les Athéniens. Une démocratie* fut installée qui se maintint jusqu'à l'occupation de Nisaia par Pisistrate* (v. 570 av. J.-C.). Il semble qu'à la suite de cette défaite le gouvernement démocratique ait été remplacé par une oligarchie modérée, qui se désintéressa alors des événements de la Grèce et se tourna vers ses colonies ; elle adhéra cependant à la symmachie* spartiate et fournit vingt vaisseaux à la bataille de Salamine. Elle rompit ensuite avec Sparte* pour s'allier avec Athènes, qui tint garnison dans sa citadelle (461 av. J.-C.) et l'unit à son port de Nisaia par des longs murs. En 441 av. J.-C. les aristocrates chassèrent les Athéniens et ceux-ci fermèrent ses marchés au début de la guerre du Péloponnèse*. Sparte, victorieuse, rejeta de nouveau Mégare vers Athènes* par ses exigences, mais son rôle politique fut à peu près nul par la suite. Aratos* l'incorpora dans la ligue Achéenne* avant qu'elle ne devienne colonie romaine. Mégare était célèbre par son culte d'Artémis Malophoros et par son héros Dioclès ; autour de l'autel de celui-ci, il y avait des concours de baisers entre jeunes garçons.

Mégasthènes, **historien et géographe (IIIe s. av. J.-C.).**

Secrétaire du roi Séleucos* Nicatôr, il fut envoyé par ce dernier en ambassade vers 295 av. J.-C. auprès de Sandracottos (Tchandragupta), roi des Prasiens. On sait que Sandracottos, d'abord théoriquement soumis au Séleucide, avait fondé un royaume au bord du Gange, qui allait devenir l'empire maurya. Mégasthènes se rendit dans sa capitale, Palimbothra (Patna), où il séjourna sans pouvoir y rétablir les affaires de Séleucos. À son retour Mégasthènes publia une *Indica*, ouvrage concernant l'histoire*, la géographie* et l'ethnologie de l'Inde, qui, même s'il y ajouta de nombreuses fables, apporta aux Grecs de nouvelles connaissances sur la faune, la flore de la vallée du Gange, la grandeur du fleuve lui-même, la religion des Indiens, le système des castes, etc.

Mentor, **graveur sur argent.**

On ne sait rien de son origine ni de son époque si ce n'est qu'il vécut avant 356 av. J.-C. ; cette année-là fut incendié le temple d'Artémis à Éphèse, dans lequel se trouvaient alors quelques-unes de ses œuvres. Ses coupes et ses vases ciselés étaient très appréciés puisque l'orateur latin L. Crassus acheta 100 000 sesterces deux de ses coupes.

mercenaires. Les Grecs furent les plus grands fournisseurs de mercenaires au monde antique. Dès le VIIe s. av. J.-C. on les voit se louer à des souverains étrangers, soit comme gardes du corps, soit comme soldats de fortune. Le pharaon saïte Psammétique Ier enrôle, le premier semble-t-il, des « hommes de bronze », Ioniens et Cariens (hellénisés) qu'on rencontrait déjà dans les villes d'Égypte où ils venaient pour commercer, comme à Memphis où ils auront leurs « rues », et surtout à Naucratis, dans le Delta occidental, ville fondée à cette époque sous l'impulsion de ce même pharaon, par des marchands grecs de Milet*. En Grèce propre, la guerre du Péloponnèse*, qui va tenir sous les armes* la plupart des cités de la Grèce, va susciter de nombreuses vocations de mercenariat, les cités embauchant des mercenaires pour combattre aux côtés des citoyens, ce qui n'est pas sans retentir profondément sur la conception de l'« armée* de citoyens » et par voie de conséquence sur la cité elle-même. C'est aussi l'époque où les Perses vont commencer à utiliser des troupes de mercenaires. L'épisode le plus connu est celui de la retraite des Dix-Mille → **Xénophon**. Les satrapes, gouverneurs perses des provinces occidentales de l'empire, avaient déjà commencé à utiliser des mercenaires grecs dans les guerres qu'ils menaient entre eux, sans souci du pouvoir central. Là, c'est le frère du roi Artaxerxès, Cyrus le Jeune, qui va recruter près de douze mille mercenaires, parmi lesquels se trouvaient de nombreux spartiates, pour marcher contre son royal frère dans l'espoir de le détrôner. Un peu plus tard, Agésilas* ira combattre en Égypte en tant que chef d'une troupe de mercenaires spartiates. Lorsque, vers le milieu du siècle, les pharaons qui se sont rendus indépendants du pouvoir perse veulent s'armer contre un retour des envahisseurs, ils font appel à des mercenaires grecs, tel Achoris, qui prit à sa solde Chabrias* avec sa troupe de peltastes. Semblablement, des Grecs combattront pour les Perses contre les Macédoniens d'Alexandre* le Grand, lors de sa conquête de l'Asie Mineure. Ainsi commença-t-on à voir des capitaines en renom, sollicités par les souverains étrangers pour entrer à leur service avec leurs propres hommes. Les armées hellénistiques* seront constituées avant tout de mercenaires. Les monarchies issues de la conquête d'Alexandre, sans cesse en guerre les unes contre les autres, feront une prodigieuse consommation de mercenaires. Parmi ceux-ci, certains peuples seront particulièrement demandés pour leur combativité, comme les Arcadiens, ou pour leurs spécialités : archers crétois, frondeurs rhodiens. Lors de la bataille de Raphia (217 av. J.-C.) au cours de laquelle s'affrontèrent Ptolémée IV et Antiochos III, au sud-ouest de la Palestine, on peut voir, à partir du récit que nous en a laissé Polybe, combien leurs armées étaient hétéroclites. Dans celle du Séleucide* sont mentionnées des troupes venues de diverses parties de l'empire syrien, et dont on ne sait comment elles étaient recrutées, mais sont mentionnés nommément 1 000 Thraces, 5 000 mercenaires grecs commandés par Hippoloque de Thessalie, 1 500 Crétois aux ordres d'Euryloque, 1 000 Néocrétois commandés par Zélès de Gortyne, 1 000 carduques conduits par Lysimaque le Galate, 10 000 hommes venant d'Arabie et des régions voisines commandés par Sapdiphile. Dans l'armée de Ptolémée se trouvait une cavalerie de Crétois, des Gaulois, des Thraces, des mercenaires grecs commandés par Phoxidas.

La présence de tant de mercenaires est cause d'une plus grande circulation de la monnaie, car il faut les nourrir et les payer, quand encore on les paye. Il est vrai que ce sont là des causes de révoltes, et ces hommes armés ne manquent pas de ravager les terres qu'ils étaient chargés de défendre. En Égypte, en Sicile, on leur donne des lots de terre qu'ils font exploiter par des esclaves, mais cela n'empêche pas les grands États de s'épuiser économiquement dans des guerres qui coûtent de plus en plus cher. On ne peut douter que le mercenariat va être l'une des causes de l'affaiblissement des empires grecs et de la Grèce elle-même, laquelle fut le théâtre d'un grand nombre de ces rivalités entre rois hellénistiques, de sorte que le monde grec était devenu, dès le début du IIe s., une proie toute offerte aux conquérants romains.

Mésogée, la plus grande plaine de l'Attique, à l'extrémité orientale de la péninsule.

Avec la petite plaine de Marathon*, au nord, et la riche plaine d'Éleusis*, à l'ouest, elle formait le Pédion, les plaines où les eupatrides* possédaient leurs riches domaines. À l'époque de Solon*, les eupatrides et les géomores*, enrichis, formèrent un parti, les pédiéens, parti de la noblesse dirigé par Lycourgos, de la famille des Étéoboutades.

Messénie, région du sud-ouest du Péloponnèse*, limitée par la Laconie*, dont elle était séparée par le Taygète, l'Arcadie* et l'Élide*.

Son principal cours d'eau, le Pamisos, descend des montagnes d'Arcadie pour aller se jeter dans le golfe de Messénie ; le long de son cours qui longe le Taygète s'étend une vallée fertile au climat très doux et humide. Vers la mer Ionienne, la vallée est bordée par les chaînes de l'Ægaléon et du Coryphasion. Ces chaînes montagneuses forment une péninsule qui s'avance dans la mer, jusqu'au cap Akritas, en fermant le golfe de Messène. Comme les autres provinces de la Grèce, la Messénie fut peuplée dès l'époque néolithique par des populations qui sont restées sous le nom de Pélasges, Cariens et Lélèges. À l'époque homérique, elle était partagée entre les rois de Pylos, les Néléides*, et les princes lacédémoniens (la vallée du Pamisos était rattachée au royaume de Ménélas). Il semble que, vers la fin de l'époque achéenne, après une conquête des Néléides, la vallée du Pamisos ait été gouvernée par un roi indigène, Mélanthos. Ce sont les descendants de Mélanthos que les Doriens*, venus de la Laconie* sous le commandement d'un Héraclide, Cresphonte, trouvèrent en place. Cresphonte, à partir de sa capitale Sténycláros, organisa son royaume, mettant sur un pied d'égalité Messéniens et Doriens, malgré les réclamations de ces derniers, et épousa une « Achéenne », Mérope, fille de Cypsélos, roi d'Arcadie, descendant du roi fabuleux Aipytos. Le nom de l'aïeul, glorieusement illustré par le règne du troisième fils et successeur de Cresphonte, Aipytos, deviendra celui de la dynastie. Messéniens et Lacédémoniens vivaient en bonne entente ; ils s'assemblaient annuellement et sacrifiaient en commun dans le sanctuaire d'Artémis à Limnae, dans le Taygète. Mais vers la fin du VIIIe s. av. J.-C. (735 ?), les Lacédémoniens accusèrent les Messéniens d'avoir attenté à des jeunes filles de Sparte qui venaient sacrifier dans ce sanctuaire : prétexte ? calomnie ? On ne sait. Les Messéniens refusèrent d'accorder réparation aux Spartiates et chassèrent le parti pacifiste. Les Lacédémoniens, sous le roi Théopompe, envahirent la Messénie ; ils soumirent sans trop de mal la partie sud, habitée par des peuples préhelléniques, Caucones, Dryopes. La résistance s'organisa ailleurs avec le roi Aristodêmos : la lutte dura vingt ans ; Aristodêmos, enfin réduit dans sa forteresse du mont Ithôme, se donna la mort sur la tombe de sa fille, qu'il avait sacrifiée dans l'espoir de gagner la guerre. Les vaincus furent réduits en servage*, et leurs terres distribuées par lots aux homoioi*. Deux générations plus tard (v. 645 av. J.-C.) les Messéniens se révoltèrent dans le nord de la région, vers Andania ; ils étaient soutenus par Pantaléon, roi de Pisa (Élide), et par Aristocratès, roi d'Orchomène d'Arcadie ; la révolte était conduite par Aristomène, de la famille d'Aipytus. Sa vie est un véritable roman de chevalerie ; les Spartiates furent d'abord vaincus, puis leur courage relevé par le poète Tyrtée. Aristocratès trahit les insurgés à la bataille du Grand Fossé ; les Messéniens durent se réfugier sur le mont Ira ; leur chef, Aristomène, fut capturé et jeté dans le Céadas, d'où il parvint à s'enfuir ; après dix-sept ans de luttes, il dut abandonner le mont Ira et se réfugia à Rhodes. Les descendants de ces Messéniens exilés seront établis en 486 av. J.-C., à Zanclé, en Sicile*, par le tyran de Rhégion, Anaxilas, et donneront à la cité son nouveau nom de Messène.

Une nouvelle révolte, la troisième guerre de Messénie, éclata v. 464 av. J.-C. ; de nouveau, les Messéniens se réfugièrent sur l'Ithôme et purent capituler avec les honneurs de la guerre après dix ans de combats. Les Athéniens établirent les Messéniens à Naupacte sur le golfe de Corinthe. C'est seulement en 370 av. J.-C. qu'Épaminondas* pénétra en Messénie et libéra définitivement la province après bientôt trois siècles de servage. Au pied de l'Ithôme, il fonda Messène au son des flûtes et il la peupla de tous les Messéniens réfugiés à l'étranger ou libérés. Messène se prononça pour Philippe* et Alexandre* de Macédoine lors des guerres menées par Athènes et Thèbes contre les Macédoniens. Elle était entourée de murs si puissants que Démétrios de Pharos, général illyrien au service de Philippe V de Macédoine, l'assiégea en vain et périt sous ses murs (214 av. J.-C.). Quelques années plus tard, Nénis, tyran de Sparte, occupa temporairement la Messénie. Philopœmen*, à la tête des Achéens, l'en chassa et fit entrer Messène dans la ligue Achéenne* (199 av. J.-C.). Mais les Messéniens se révoltèrent, et Philopœmen, malade, fut battu par Dinocrate, stratège messénien, qui le fit mettre à mort. Lycortas, père de l'historien Polybe et chef de la ligue Achéenne, le vengea en prenant Messène (182 av. J.-C.), qui resta dans la ligue Achéenne jusqu'à ce qu'elle fût soumise aux Romains (146 av. J.-C.).

mesures. L'unité de mesure de longueur était le pied (*pous*), qui variait selon les États. Le pied éginétique mesurait 0,328 m et le pied olympique 0,320 m. Le pied de Philétaire, utilisé à Pergame, était de 0,330 m. C'est cependant le pied attique solonien qui prévalut ; il mesurait 0,296 m. Dans le système de mesures ordinaire, ses sous-multiples étaient : l'empan (*spithamê*), de 3/4 de pied, ou 12 doigts (0,222 m), le demi-pied (*dichas*), de 8 doigts (0,148 m) ; la palme (*palaista*, ou *doron*), de 1/4 de pied, ou 4 doigts (0,074 m) ; le condyle (*condylos*), de 1/8 de pied, ou 2 doigts (0,037 m) ; le doigt (*dactylos*), de 1/16 de pied (0,0185 m). Ses multiples étaient : le *pygmé*, de 9/8 de pied, ou 1 pied et 2 doigts (0,333 m) ; le *pygon*, de 5/4 de pied, ou 1 pied et 4 doigts (0,370 m) ; la coudée (*pechus*), de 1 pied 1/2 (0,444 m) ; la toise (*orgye*), de 6 pieds (1,776 m). Les multiples du pied dans les mesures itinéraires étaient : le pas (*bêma aploun*), de 2 pieds 1/2 (0,740 m) ; le plèthre (*pléthron*), de 100 pieds (29,6 m) ; le stade (*stadion*), de 100 *orgyes*, ou 400 coudées, ou 600 pieds (177,6 m).

Les Grecs mêlaient un système de progression décimale avec un système duodécimal ou sexagésimal. On le voit aussi dans les mesures d'arpentage, où, au-dessus du pied et de l'*orgye*, il y a : la perche, ou acène (*kalamos, akaina* = aiguillon pour les bœufs), de 10 pieds (2,96 m) ; l'*hamma*, ou chaîne (d'arpenteur), de 60 pieds, ou 40 coudées, ou 10 *orgyes* (17,76 m) ; le *plèthre*, de 100 pieds (29, 6 m).

Les mesures de surface étaient : le pied carré (*tetragonos pous*), de 87 cm^2 ; l'*acène*, ou perche carrée, de 10 x 10 pieds, soit 8, 76 m ; l'arpent, ou *plèthre*, de 100 x 100 pieds, soit 870 m ou 8, 70 ares.

Les mesures de capacité variaient selon qu'elles étaient destinées aux liquides (*metra hygra*) ou aux solides (*metra xera*). L'unité commune était le cotyle (*kotylê*), de 0,27 litre, dans le système attique de Solon. Pour les solides, les multiples étaient : le chénice (*khoinix*), de 4 cotyles (1,08 l) ; l'hémiecte (*hemiekton*), de 16 cotyles (4,32 l) ; l'hecteus, de 32 cotyles (8,64 l) ; le médimne, de 192 cotyles, ou 6 hecteus, ou 12 hémiectes (51,84 l). Pour les liquides, il y avait deux sous-multiples : l'oxybaphe, de 1/4 de cotyle, ou 1 cyathe 1/2 (0,068 l), et le cyathe, de 1/6 de cotyle. Les multiples étaient : l'hémichoos, de 6 cotyles (1,62 l) ; le khous, de 12 cotyles (3,24 l) ; l'amphore, de 72 cotyles, ou 1/2 métrète (19,44 l), le métrète, de 144 cotyles (38,88 l). À une basse époque, on adopta un nouveau système où le cotyle valait 4 cyathes 1/2 correspondant à 0,204 l ; les multiples étaient : l'hémina, de 6 cyathes (0,272 l) ; le xestes, de 9 cyathes (0,409 l) ; l'hémichoos, de 8 cotyles (1,637 l) ; le khous, de 16 cotyles (3,275 l) ; le métrète, de 192 cotyles (39,294 l). Le métrète représentait un pied cubique, c'est-à-dire qu'il variait selon la valeur du pied ; dans le système éginétique, il valait 35,3 l. Le médimne spartiate valait 74,1, et le khous 4,62 l.

Des mesures-étalons et des tables où étaient creusées des mesures se trouvaient à proximité des marchés. → **métronomes** et **poids.**

métaux. Le métal le plus anciennement connu est peut-être l'or, qu'on a trouvé en abondance dans les tombes d'époque mycénienne. Les deux plus célèbres régions aurifères étaient la Colchide (tradition des Argonautes et de la Toison d'or) et la Phrygie (le Pactole était riche en alluvions aurifères qui firent la richesse du roi Midas et celle de Crésus, roi de Lydie). Le mont Pangée, à la limite de la Thrace, et la Macédoine étaient aussi riches en filons aurifères ; les autres centres étant : les mines de l'Oural, du Caucase, de la Bactriane, de la Torade et de la Nabatène en Asie, celles d'Égypte et de Nubie en Afrique ; en Europe, on exploitait des filons à Thasos, dans les Cyclades et en Illyrie.

L'argent, autre métal précieux, également utilisé en orfèvrerie dès l'époque préhellénique, servit surtout à fabriquer les monnaies*. Les mines du Laurion, en Attique*, sont les plus célèbres ; on en recueillait aussi dans le Pangée, à Siphnos (dans les Cyclades), en Épire, en Sicile*, peut-être les Grecs utilisèrent-ils aussi l'argent des mines d'Ibérie.

Le cuivre, le plus ancien des métaux utilitaires, n'était plus guère utilisé seul à l'époque historique ; les centres miniers étaient l'Eubée*, Chypre (c'était le seul cuivre qui donnait la cadmie, le vitriol et le spodium), l'Éolide, le Bruttium (en Italie), la Carmanie (en Perse) et surtout l'Ibérie (Turdétanie). L'étain employé pur ne servait qu'à faire des miroirs et de petits vases à parfum ; il était surtout recherché pour être mélangé avec le cuivre et former le bronze, ou airain, dont l'utilisation à l'époque classique a été des plus variées (monnaies, statues, ornements, meubles, revêtement de portes et de murs, etc.). L'étain, très rare en Méditerranée orientale, devait être exporté, par voie terrestre ou maritime, de l'Espagne, de la Gaule et surtout des îles Cassitérides, qu'on a identifiées en général avec les îles Scilly, près des côtes de la Cornouaille anglaise. Le monopole de l'étain appartint d'abord aux Phéniciens, maîtres de la Méditerranée occidentale, ce qui obligea les Grecs à s'ouvrir des voies de commerce* par l'Europe centrale et la Gaule.

Le plomb, connu aussi dès l'époque préhellénique, était utilisé pour faire des jetons, des tablettes, des lampes, des larnax* ; il servait aussi pour les scellements en architecture, comme colorant pour la toilette et pour la médecine. On en trouvait en Attique, dans le Laurion, dans les Cyclades, à Rhodes, à Chypre, en Macédoine, en Cilicie, en Sicile, en Espagne.

Le fer a été connu seulement à la fin de l'époque mycénienne. Il y avait quelques gisements en Grèce (Laconie*, Béotie*, Eubée*) et dans les Cyclades, mais les grands centres miniers se trouvaient en Asie Mineure (dans le Caucase, chez les Chalybes, voisins de l'Arménie, qui auraient été les premiers à travailler le fer), en Phénicie, en Europe centrale et surtout en Ibérie. Les Grecs connaissaient la trempe du fer dès l'époque homérique (on trempait dans l'eau ou dans l'huile). Ils connaissaient aussi l'acier (*khalyps*) — du nom des Chalybes, qui l'auraient les premiers travaillé — qui est du fer mélangé avec une faible proportion de carbone ; la trempe de l'acier était aussi pratiquée.

L'électron était un alliage d'or et d'argent utilisé en orfèvrerie dès l'époque mycénienne ; il servit aussi au monnayage. Quant à l'orichalque (*oreikhalkos*), qu'on trouve mentionné dans Homère, mais aussi chez Hésiode et Platon, c'est une sorte de laiton, mélange à base de cuivre avec on ne sait exactement quel métal.

métèques, étrangers domiciliés dans une cité*.

On trouvait des métèques dans presque toutes les cités grecques, où ils étaient surtout artisans et commerçants. Leur condition était à peu près partout identique à celle qui leur était faite à Athènes*, où nous la connaissons le mieux. Ils y étaient fort nombreux (ils ont représenté jusqu'à 40 p. 100 de la population libre de l'Attique à l'époque de Périclès*) et pratiquaient les petits métiers (boulangers, coiffeurs, portefaix...), mais ils étaient aussi maçons, potiers, médecins, architectes, banquiers, armateurs... Les États démocratiques, et plus particulièrement Athènes, ont toujours été favorables aux étrangers, qui contribuaient largement à l'expansion économique des cités. L'étranger qui voulait se fixer en Attique se choisissait un répondant (*prostate*), qui l'inscrivait sur la liste de son dème* ; le métèque ne lui avait, par ailleurs, aucune obligation (ce n'était qu'une formalité), et il dépendait ensuite du polémarque* : cette inscription au dème était une sorte d'adresse. Le métèque était en partie assimilé à la cité, bien qu'il n'ait pas eu les droits du citoyen. Il n'avait d'abord pas de droit politique ; il ne pouvait non plus posséder de biens immobiliers ; en justice, son témoignage avait moins de valeur que celui d'un citoyen, et, si un citoyen tuait un métèque, on considérait l'homicide comme involontaire, ce qui faisait que le meurtrier n'encourait pas la peine de mort. Dans les mariages, les enfants issus d'une union entre un métèque et une citoyenne n'avaient pas de droits politiques.

Ils devaient payer un impôt* spécial, le « metoikon », et ils étaient soumis à l'eisphora* et aux liturgies*, excepté à la triérarchie. Les liturgies qui leur étaient réservées aux Panathénées* venaient du fait qu'ils participaient à cette fête : dans la procession, avec leurs femmes, ils portaient les hydries, les bassins, les ombrelles. Ils participaient aux fêtes religieuses, mais étaient exclus des sacrifices* et ne pouvaient être prêtres*, charge en général héréditaire au sein de grandes familles. Soumis aux obligations militaires, ils servaient comme hoplites, comme peltastes → **armée**, et surtout dans la marine* ; seule la cavalerie* était réservée aux hippeis*.

Réellement intégrés à la cité, ils logeaient où ils voulaient, étaient protégés par la loi comme les citoyens, avaient toute liberté de parole et étaient officiellement mentionnés dans les prières publiques. Ils remplissaient même des fonctions d'arbitres → **arbitrage**, d'ambassadeurs, de hérauts*. Pour services rendus, on leur conférait des honneurs (éloges, titre d'évergète [« bienfaiteur »], couronnes) et des privilèges (isotélie*, droit de propriété immobilière, proxénie*, droit de cité*). La condition des affranchis était à peu près la même que celle des métèques, sauf qu'ils devaient en outre payer un impôt d'un triobole et qu'ils conservaient des devoirs envers leur ancien maître.

Méton, **astronome (Athènes, milieu du ve s. av. J.-C.).**

On ne sait rien de lui, sinon qu'il se fit passer pour fou afin de ne pas participer à l'expédition de Sicile*, durant la guerre du Péloponnèse*, ayant prévu son issue dramatique. Il est l'auteur d'un livre d'astronomie* perdu, intitulé *Enneadecatérides* (cycle de 19 ans), dans lequel il introduisit, dans le calendrier* athénien, un cycle de 19 ans au bout duquel le cycle de la Lune se retrouvait en harmonie avec celui du Soleil. Le point de départ de ce cycle a été fixé à l'an 432 av. J.-C..

métragyrtes, **prêtres (*hiereis*) de la grande mère phrygienne Cybèle.**

On connaît mal leur organisation ; c'étaient des prêtres qui parcouraient le monde hellénique en mendiant ; ils transportaient sur une mule ou un âne la statue de la déesse et la suivaient en chantant ; ils vendaient aussi à prix modique des purifications, des bénédictions et des indulgences. Lors des fêtes de leur déesse, à laquelle était associé Attis, ils mimaient le mythe rattaché à ce culte, dansaient et se mutilaient après s'être fouettés.

Les Grecs restèrent toujours hostiles à ce culte oriental par trop sanglant, qui ne reçut droit de cité qu'à Rome. Les métragyrtes ne furent jamais reconnus par les États, et le premier qui vint à Athènes, sous l'administration de Périclès*, fit scandale par ses pratiques ; après avoir été accusé d'avoir profané les mystères, il fut précipité dans le Barathre* comme impie et forcené. Le centre de leur culte était à Pessinonte, en Phrygie, où la déesse était adorée dans son sanctuaire sous la forme d'une pierre noire.

On appelait encore ses prêtres « ménagyrtes », soit parce qu'ils recueillaient chaque mois les dons des fidèles, soit parce que Méné était un autre nom de Cybèle.

métronomes, **à Athènes, magistrats assermentés, chargés de conserver les étalons des poids* et mesures*, qui étaient déposés dans la chapelle d'un héros surnommé Stéphanéphore, peut-être Thésée.**

Ils avaient aussi la haute main sur la fabrication de la monnaie*. Ils avaient sans doute sous leurs ordres les prométrètes, fonctionnaires assermentés et rétribués, qui mesuraient les céréales* sur l'agora* et qui étaient porteurs de mesures-étalons.

Micon, **peintre et sculpteur (Athènes, v. 456 av. J.-C.)**

Contemporain de Polygnote, il travailla avec lui à la décoration de plusieurs monuments : au temple des Dioscures à Athènes, où il représenta le départ des Argonautes, et au portique du Pœcile (*poikilê stoa*, portique peint), situé sur l'agora, où il travailla aussi avec Panainos* ; c'est avec lui que Micon peignit au Pœcile la bataille de Marathon*, à gauche de la grande composition de Polygnote*. À droite, Micon avait représenté la lutte de Thésée contre les Amazones. Dans le Théséion, il exécuta une Amazonomachie, une lutte des Lapithes contre les Centaures, la visite de Thésée à Amphitrite et à Poséidon, la mort de Thésée. Il excellait à représenter les chevaux. L'importance de l'histoire est caractéristique de son œuvre : le tableau de la bataille de Marathon, par exemple, représentait les généraux qui y avaient participé, sous des traits qui, pour être fortement idéalisés, n'en étaient pas moins reconnaissables. Sur le plan de la technique, il est le premier, avec Polygnote, à avoir employé dans ses tableaux le sil attique (sorte de limon de couleur claire qu'on trouvait dans les mines d'or ou d'argent), et il préparait, lui aussi, la couleur noire avec du marc de raisin. Comme sculpteur, il avait fait des athlètes.

Milet, **ville d'Asie Mineure, près de l'embouchure du Méandre.**

Bien qu'elle soit actuellement à l'intérieur des terres à cause des atterrissements du Méandre, c'était, dans l'Antiquité, une ville portuaire, face à l'île de Ladè, laquelle n'est plus qu'une colline dans une plaine. On ignore son origine, mais elle existait à l'âge du Bronze et les Mycéniens semblent s'y être établis. Selon les traditions légendaires, elle était habitée par les Lélèges et les Cariens, puis Sarpédon y établit une colonie de Crétois. Par la suite, Nélée y vint à la tête de gens de Pylos, fuyant l'invasion des Doriens*. Elle fut la plus importante des cités de l'Ionie et connut son apogée aux VIIe et VIe s. av. J.-C.. Elle fonda un nombre considérable de colonies* sur les rives du Pont-Euxin et participa à la fondation de Naucratis en Égypte. Par sa marine* elle était en relations commerciales avec tout le monde méditerranéen et elle fut un moment la rivale des Phéniciens dans l'exploitation des mines* de la Méditerranée occidentale.

Située dans une plaine fertile, elle disposait d'un riche territoire et développa, grâce à ses pâturages, une véritable industrie du lainage. Avec les colonies du Pont-Euxin, elle s'enrichissait du trafic du blé, des pelleteries, des salaisons, des esclaves. Elle disposait de quatre ports et se divisait en deux parties toutes deux fortifiées. Foyer de civilisation, dans ses murs naquit la première école de philosophie* grecque, illustrée par Thalès*, Anaximène* et Anaximandre*. Avec Hécatée*, elle donna le premier historien → **histoire**. Par ailleurs, elle était maîtresse de l'important sanctuaire oraculaire d'Apollon Didyméen.

Son puissant voisin, le royaume de Lydie, ne parvint pas à la soumettre, mais les Perses l'intégrèrent dans leur empire. En 499 elle prit la tête de la révolte des cités ioniennes contre les Perses, soutenue par Athènes*. Mais vaincue à la bataille navale de Ladè, elle fut prise et mise à sac (494). Ce fut là l'origine des guerres Médiques*. Libérée par les Athéniens après la bataille de Mycale* (479), elle entra dans la ligue de Délos*. Elle fut alors reconstruite sur un plan orthogonal par l'architecte* Hippodamos de Milet. Aspasie et Eschine*, nés dans ses murs, vinrent s'établir à Athènes tandis qu'Hippodamos, sur l'invitation de Périclès*, reconstruisait le Pirée sur le même plan orthogonal. Entrée en 334 dans l'empire d'Alexandre* le Grand, elle fut disputée par les Diadoques*, puis, à partir de 314, gouvernée par deux tyrans, Asandros et Timarchos. Antiochos* II la libéra de la tyrannie de ce dernier (ce qui lui valut le surnom de « Theos »). Les Attalides* et surtout Eumênês II y construisirent des monuments, en particulier un gymnase et un stade*. Elle continua de briller sous l'occupation romaine. C'est de cette période que date la tradition de romans et contes licencieux propre à la cité, connue sous le nom de fable milésienne. Il reste encore de sa grandeur de belles ruines, dont un théâtre, et surtout, à une quinzaine de kilomètres, les magnifiques ruines de son temple de Didyme, d'époque hellénistique*.

Miltiade, **général athénien (540-Athènes, v. 489 av. J.-C.).**

Il était le fils de Cimon, et sans doute originaire d'une famille d'Égine*. Son oncle Miltiade, fils de l'Athénien Cypsélos, avait fondé au temps de Pisistrate* une colonie dans la Chersonèse de Thrace, dont il fut tyran. À sa mort, il laissa la cité entre les mains de Stésagoras, fils de son demi-frère Cimon et frère de Miltiade, qui lui succéda comme tyran de la Chersonèse (v. 512). Sa cité* s'étant soumise aux Perses, il suivit Darios dans son expédition contre les Scythes et fut laissé avec les autres Grecs à la garde du pont jeté par les Perses sur le Danube. Ceux-ci ne revenant pas au jour fixé, Miltiade proposa de couper le pont et d'abandonner Darios à son sort ; son conseil ne fut pas suivi. Darios étant rentré en Perse, Miltiade se rendit indépendant et occupa les îles de Lemnos et d'Imbros. Mais, après la répression de la révolte des Ioniens* d'Asie (499-494) et l'annonce de l'arrivée d'une flotte phénicienne, il se réfugia à Athènes*, où il fut accusé de tyrannie puis acquitté. En 490, lorsque l'Attique* fut menacée par les Perses, il fut élu parmi les dix stratèges et décida le polémarque* Callimaque, homme faible, à voter pour la bataille, tandis que les généraux restaient hésitants devant les Perses débarqués à Marathon*. Artisan de cette victoire qui fit la gloire d'Athènes, il se fit confier par les Athéniens une flotte de soixante-dix trières sans vouloir dévoiler ses projets. En fait, il alla attaquer Paros pour son compte personnel ; il ne put la prendre et fut blessé au siège de l'île. De retour à Athènes il fut accusé par Xanthippe, père de Périclès*, d'avoir trompé le peuple. Il fut condamné, mais, en reconnaissance de ses services, on commua sa peine en une amende de 50 talents, coût de l'armement de la flotte. Ne pouvant la payer, il fut gardé en prison où il mourut de sa blessure, qui s'était gangrenée. Il fut le père de Cimon*.

mines. La grande région minière de l'Antiquité a été l'Ibérie (Espagne), riche en or, en argent, en plomb argentifère, en cuivre, en étain, en fer et en mercure, dont elle était le seul producteur. (Pour les ressources de métaux des différentes régions, → **métaux**. Les autres produits extraits d'un milieu composite par divers procédés étaient l'asphalte, ou naphte, le nitron, le sel, le soufre. Les Grecs connaissaient le lignite et peut-être la houille, mais sans savoir l'utiliser ; le pétrole était confondu avec l'huile, dont Strabon* cite une source près de l'Ochos, rivière d'Asie centrale (Tedjend). Le bitume (*asphaltos, naphta*) était surtout utilisé en Babylonie, chez les Égyptiens pour l'embaumement des morts, chez les Sabéens pour les fumigations. Le nitron, sorte de soude ou de potasse, était utilisé pour le blanchiment des tissus, les teintures, la fabrication du verre et il servait aussi d'engrais. On en trouvait en Macédoine*, dans les lacs d'Égypte et surtout dans le lac Thopitis ou Thospitis (aujourd'hui lac de Van, en Arménie). Le sel, utilisé dans l'alimentation et en médecine*, était extrait soit des salines marines (lagunes de Tarente, d'Égypte, lacs salés d'Asie Mineure, mer Morte), soit de mines de sel gemme ; celles-ci abondaient en Espagne et elles étaient une des principales richesses de la Sicile* ; le nome de Sopithèse, en Égypte, en produisait en abondance ; il y avait de véritables montagnes de sel en Carmanie (sud de la Perse), et les habitants de Gerrha, sur le golfe Persique, bâtissaient leurs maisons avec du sel ; d'autres mines de sel se trouvaient dans le canton de Ximène, sur l'Halys, en Asie Mineure ; dans l'île de Méroé, sur le haut Nil ; en Cappadoce (Asie Mineure) ; près du lac Kapauta, en Atropatène (Médie). Le soufre était utilisé par les foulons pour le blanchiment des laines, en médecine et pour purifier les maisons ; on le trouvait dans l'île de Mélos (Milo), dans les îles Éoliennes, en Campanie.

Parmi les autres produits miniers, l'alun, surtout utilisé dans la pharmacopée, provenait de l'île de Lipara, de la Sardaigne, de Chypre, d'Égypte, de Mélos, de Macédoine, du Pont. La craie, également utilisée en médecine, provenait de Thessalie et de Lycie. Le Pont (Sinope), Chypre, l'Ibérie et la Carmanie étaient les plus grands producteurs de minium, oxyde de plomb utilisé pour la peinture et en médecine ; l'ocre, oxyde de fer, avait la même destination et provenait des régions riches en mines de fer ; la céruse (*psimythion*), un carbonate de plomb, était utilisée comme cosmétique et en peinture (la meilleure provenait de Rhodes). Zéphyrion, en Cilicie, était un grand producteur de molybdène, utilisé dans la composition des onguents et en médecine. La sandaraque, ou arsenic rouge, produite en Cappadoce, entrait dans la composition des caustiques et des épilatoires, et servait à enlever les excroissances de chair ; il en était de même pour l'arsenic jaune, gris de fer, provenant de diverses régions riches en mines de fer.

L'exploitation des mines se faisait soit à ciel ouvert, soit par galeries souterraines. Les instruments étaient le marteau, le pic, le coin, la pelle ; pour faire éclater les roches plus résistantes, on utilisait l'eau et le feu. Pour aérer les galeries, on creusait deux puits parallèles à leurs extrémités et on faisait du feu au fond de l'un d'entre eux, ce qui causait un appel d'air. Les mines appartenaient soit à des particuliers, soit à l'État. Ce dernier les affermait, ce qui était le cas, par exemple, pour les mines d'argent du Laurion, ou bien il les exploitait pour son propre compte ; il en était ainsi plus particulièrement pour les mines d'or et les salines dont Byzance, la Syrie des Séleucides*, l'Égypte des Lagides* s'étaient réservé le monopole. Le travail des mines était fort éprouvant, surtout à cause des conditions de travail et des dangers qu'on courait ; pour certaines mines très insalubres, comme celles du Sandaracurgium, mont de Paphlagonie

(Asie Mineure), d'où l'on extrayait la sandaraque, on avait le plus grand mal à recruter des mineurs. Ceux-ci étaient des hommes libres, mais plus souvent des esclaves. Les mines du Laurion occupaient près de 20 000 esclaves, et Nicias, qui exploitait contre redevance une partie de ces mines, y employait un millier d'esclaves. C'est d'ailleurs l'exploitation des mines qui requérait, entre les mains d'un seul exploitant, le personnel le plus nombreux.

mobilier. Il fut toujours simple jusqu'à l'époque hellénistique*. Les pauvres, dans les campagnes et même dans les villes, à l'époque archaïque et plus tardivement, dormaient sur des paillasses ou sur des peaux de bêtes et s'asseyaient sur une couverture posée à terre. Une ou deux tables basses, quelques lampes à huile et des instruments de cuisine complétaient le mobilier. Réservés aux riches et aux rois à l'époque homérique, les lits, taillés dans du bois formant un cadre tendu de sangles de cuir, deviennent par la suite de plus en plus communs. Selon la richesse et le goût, les lits, pourvus de pieds hauts, étaient simples ou incrustés d'ivoire et de métaux précieux ; on jetait sur les sangles une peau ou une paillasse, mais aussi des coussins bourrés d'étoffe ou de gnaphalion (*Santolina maritima*), aux feuilles moelleuses ; il n'y avait pas de draps, mais des couvertures aux couleurs vives et souvent imprégnées de parfums ; on plaçait aussi des oreillers à la tête et aux pieds. Les autres meubles des chambres étaient les coffres bas, en général en bois, où l'on déposait les vêtements et qui servaient aussi de sièges, les chaises, les tabourets et les fauteuils à hauts dossiers. Les lampes étaient posées sur des trépieds de bronze placés au chevet du lit.

Les meubles essentiels de la salle à manger étaient les lits, en général simples, sur lesquels on s'étendait pour manger ; ils étaient disposés autour de la table, carrée ou ronde et pourvue de trois pieds galbés. Le goût des bibelots se développa très tôt ; les vases peints, aux formes les plus diverses, les coupes, les assiettes fines, toutes des œuvres exquises et travaillées avec beaucoup de soin, qui nous font connaître la grande poterie grecque, n'étaient pas toujours des objets d'usage courant, mais des ornements pour les maisons ; les tablettes en bois rares, sculptées et incrustées d'ivoire et de métaux précieux, et les trépieds de bronze ciselé supportaient comme des crédences ces poteries, ainsi que des vases d'argent ciselé, des statues de marbre, de bronze, de terre cuite, des lampes aux formes élégantes, une multitude d'objets d'art de toutes provenances. C'est encore dans les gynécées* qu'étaient placés les métiers à tisser et tout le nécessaire pour le filage de la broderie. Les Grecs ne connurent pas l'armoire, qui est une invention romaine, bien qu'ils l'aient parfois adoptée après avoir été soumis à ces derniers. Ils ignoraient aussi le fourneau ; la cuisine était faite sur des braseros, qui servaient également au chauffage et dans lesquels on brûlait du charbon de bois ou du lignite. Si les maisons n'avaient pas de cheminées, les plus riches d'entre elles possédaient néanmoins des conduits pour l'évacuation de la fumée (*kapnodokê*). La baignoire, qui ne se trouvait que dans les maisons pourvues de salles de bains, était un legs de l'époque préhellénique ; c'était un grand bassin, souvent en terre cuite : c'est dans une telle baignoire (*asaminthos*) qu'Agamemnon fut assassiné. Ce n'est qu'à l'époque hellénistique* et dans les très riches demeures qu'on fit des baignoires en forme de petites piscines ; cependant, à l'époque hellénistique*, on utilisait de grandes vasques autour desquelles pouvaient se tenir plusieurs personnes, Mais, en général, les baignoires étaient petites, en forme de sabot, et l'on ne pouvait y rester qu'assis. Enfin, l'un des derniers meubles utiles, surtout dans les maisons pauvres dépourvues de latrines, était l'*amis* (vase de nuit). Signalons encore qu'il était de bon ton chez les riches de sortir en compagnie d'un esclave porteur d'un siège pliant afin de pouvoir commodément s'asseoir à l'endroit choisi pour converser avec des amis.

monarchie. Les Grecs n'ont guère connu la monarchie de type oriental à caractère absolu, comme les grands États avec lesquels ils ont été en relation (Lydie, Assyrie, Égypte et Perse) jusqu'à l'époque hellénistique. Les monarchies de l'époque archaïque ou mythique possédaient le caractère des royautés homériques, où la puissance du monarque était limitée par les nobles et les conseils d'anciens. Elles furent très tôt remplacées par des régimes oligarchiques, où les rois ne conservèrent plus qu'un caractère religieux ou judiciaire → **archonte, basileus**. La double royauté spartiate resta une exception à l'époque hellénique → **royauté spartiate**. Des royautés du IVe s. av. J.-C., comme celles d'Hermias à Atarnée ou d'Évagoras à Chypre, étaient plutôt des tyrannies*. Seuls deux États excentriques et n'ayant pas suivi l'évolution des autres peuples helléniques conservèrent une monarchie pendant toute leur existence; c'étaient l'Épire et surtout la Macédoine*. La monarchie macédonienne avait un caractère militaire et elle était aussi tempérée par le pouvoir des nobles et par celui de l'armée. Celle-ci possède un droit de justice et c'est toujours par l'armée que, au sommet de sa puissance, Alexandre fait juger Philotas et ses complices, accusés de conspirer contre le roi. À la fin du IVe s. av. J.-C. les successeurs d'Alexandre prennent le titre de roi et établissent à leur profit des monarchies qui vont emprunter aux nations asiatiques leur caractère absolu : à côté de la Macédoine, les nouvelles monarchies seront celles des Attalides de Pergame, des Séleucides en Syrie, des Lagides en Égypte. Comme les monarchies orientales, à côté de princes grands et modérés elles verront les révolutions de palais, les intrigues des princes et des courtisans, les règnes des eunuques et les révolutions populaires qui chasseront un roi pour le remplacer par un autre prince de sa famille, tout aussi médiocre. L'Empire romain absorbera toutes ces monarchies gréco-orientales.

monnaie. À l'époque homérique et jusqu'à l'invention de la monnaie, dans ce pays d'oligarchies* de propriétaires terriens, l'étalon monétaire était le bœuf; parallèlement il était cependant plus pratique d'utiliser comme moyen d'échange des barres de métal (bronze, cuivre, argent, or) qu'on débitait en lingots et qu'on pesait, comme le faisaient depuis des millénaires les peuples orientaux et égéens. Les poids* qui servirent de base aux comptes monétaires furent empruntés par les Grecs aux peuples orientaux. L'idée de la monnaie est attribuée aux Lydiens, mais il est acquis que c'est plutôt une invention des cités commerçantes d'Ionie, qui utilisèrent l'électron (alliage naturel d'or et d'argent), que leur fournissait la Lydie, pour le marquer de leur sceau, qui garantissait le poids et l'aloi du métal, économisant ainsi les longs pesages. C'est au VIIIe s. av. J.-C. qu'apparaissent en Ionie les premières lentilles métalliques ainsi frappées. Les cités commerçantes de la Grèce propre, et surtout Argos*, Chalcis et Érétrie en Eubée*, adoptèrent ce système : Phidon d'Argos installa à Égine* des ateliers monétaires qui utilisèrent un poids adapté de mesures babyloniennes et qui donnèrent le système éginétique. Ce système fut adopté surtout dans les pays doriens et dans le nord de la Grèce. L'Eubée choisit un étalon plus faible, d'où naquit le système euboïque, qui fut utilisé en Ionie, en Eubée, dans les colonies chalcidiennes et corinthiennes, et à Athènes* après la réforme de Solon*. Corinthe* adopta le système euboïque sous les Cypsélides, mais elle divisa le statère en 3 drachmes au lieu des 2 du système euboïque, de manière que 4 drachmes corinthiennes equivalussent à 1 statère éginétique, ce qui lui permettait d'avoir une monnaie bivalente.

Officiellement, Athènes adopta la monnaie tardivement, à l'époque de Solon; sous Dracon*, en 620 av. J.-C., le bœuf restait encore l'unité de valeur. Les subdivisions monétaires de l'Attique étaient à peu près identiques à celles des autres systèmes. La drachme, qui, à l'époque de Périclès*, valait approximativement 1 franc-or, était en argent, et ses subdivisions étaient : le tétrobole (4 oboles), de 2/3 de drachme; le diobole (2 oboles), de 1/3 de drachme; l'obole, de 1/6 de drachme; la demi-obole (*hêmiôbolion*); il existait en dessous deux monnaies de cuivre : le double chalque (*dikhalkon*), de 1/4 d'obole; le chalque (*khalkous*), de 1/8 d'obole. Les multiples étaient : la double drachme (*didrakhmon*) et la quadruple drachme (*tetradrakhmon*), ou statère d'argent. Le statère d'or (*khrysous statêr*), désigné aussi sous le nom de *khrysous*, valait 20 drachmes. Les unités de compte étaient la mine (*mnâ*), somme de 100 drachmes, et le talent (*talanton*), de 60 mines, ou 6 000 drachmes. Sans autre désignation, le talent était une somme en argent. Le talent d'or était évalué à 10 talents d'argent. Chaque cité avait ses propres monnaies, et le droit de frappe n'appartenait qu'à l'État. Milet*, Éphèse et les cités de l'Ionie, qui prirent d'abord le sicle phénicien pour étalon, eurent les premières leur « hôtel des monnaies » (*argyrokopeion*) ; à Athènes, il était situé près de la chapelle du héros « stéphanéphore », où étaient aussi conservés les poids et mesures* étalons, et placé sous le contrôle des métronomes*. Les monnaies des cités étaient d'ordinaire en argent (les chalques en cuivre sont rares, les monnaies de bronze inexistantes ; les monnaies d'or sont en général des monnaies royales) ; chaque cité les frappait à un emblème, qui, en général, lui était propre : c'était un animal dont le nom rappelait la cité (la chèvre et le bouc d'Aigai, d'Achaïe et de Macédoine, le dauphin de Delphes, le phoque de Phocée, la rose de Rhodes, la pomme de Mélos, la grenade de Sidê), un animal ou un objet propre à la région (le cheval et le taureau de Thessalie, la chouette d'Athènes, la tortue d'Égine, le thon de Cyzique, l'amphore et la grappe pour les Cyclades, l'épi de blé à Métaponte et à Orchomène, la chèvre à Paros, le taureau à Sybaris, le cheval à Kymè, la vache à Corcyre, un Pégase ailé à Corinthe) ; Syracuse avait adopté le quadrige ; Pœstum, Poséidon armé du trident, Naxos (Sicile*), Dionysos ; Tarente, Apollon agenouillé... Ces monnaies se révèlent comme de véritables œuvres d'art, qui, souvent, imitaient des statues célèbres : ainsi Cnide, qui adopta l'Aphrodite que Praxitèle avait sculptée pour son temple, Rhodes le taureau de Zéthos et Amphion. Les souverains frappaient des monnaies à leur effigie ; certaines prirent un caractère international, les différentes monnaies posant toujours un difficile problème pour les échanges entre cités : ainsi, l'électron de Lydie ou la darique perse (celle-ci valait à peu près le statère attique) ; le « philippe macédonien » remplaça la darique avec le statère d'Alexandre*. Mais des monnaies de cités eurent aussi ce caractère international : les drachmes de Marseille, en Gaule ; les statères de Corinthe, en Illyrie ; les tétradrachmes de Thasos, en Thrace ; les statères de Phocée, de Rhodes et de Cyzique avaient cours dans tout le bassin de l'Égée, mais ce furent surtout les tétradrachmes athéniens qui l'emportèrent sur les marchés internationaux. Signalons à côté de cela les monnaies propres à une ligue, comme les monnaies au bouclier échancré de la ligue Béotienne, et les accords comme celui que passèrent vers 400 av. J.-C. Mytilène et Phocée, qui frappèrent ensemble des monnaies réunissant leurs deux noms.

Les conséquences de cet usage de la monnaie furent multiples : d'une part, elle précipita la chute des oligarchies terriennes en permettant aux bourgeoisies commerçantes de posséder un moyen d'échange qui remplaçait les biens immobiliers ; d'autre part, elle créa le commerce de l'argent (*chrématistique*), donna naissance aux banquiers, trapezites*, et au grand négoce. Par ailleurs, la monnaie représentait, pour les cités qui la frappaient, un signe de leur indépendance, mais aussi un moyen de domination. Ainsi Athènes chercha-t-elle à imposer ses propres monnaies, et, en fin de compte, le succès des monnaies de Philippe et d'Alexandre le Grand, diffusées jusqu'en Gaule, est lié à la puissance de l'empire macédonien.

musée (*mouseion*), **sanctuaire consacré aux Muses.**

Le nom a été rendu célèbre par le monument qu'élevèrent en leur honneur les deux premiers Ptolémées, à Alexandrie*, et qui devint un centre de recherches littéraires et scientifiques. Il était administré par un prêtre des Muses désigné par les rois, qui mettaient à sa disposition un trésor servant à l'entretien des savants qui y étaient pensionnés. Ceux-ci, venus de toutes les parties de la Grèce, y vivaient en se consacrant à leurs travaux et y prenaient leurs repas en commun. Ils y disposaient de jardins, de portiques pour leurs distractions, de salles de travail, d'un parc botanique* et zoologique, d'un observatoire d'astronomie*, et surtout de la célèbre bibliothèque*, dirigée par un bibliothécaire dont la charge était très enviée.

Ce nom de « musée » servit ensuite, surtout à l'époque romaine, à désigner certains lieux où étaient conservées des collections artistiques, avant de passer dans notre langue. → **pinacothèque.**

musique. Elle occupait la plus grande place dans les manifestations de la vie grecque. Nous en connaissons les éléments grâce aux ouvrages ou aux fragments qui nous ont été conservés des théoriciens. Aristoxène de Tarente (IVe s. av. J.-C.) a laissé des *Éléments harmoniques* en trois livres, et des fragments sur « le Rythme » ; Plutarque* (IIe s.) est l'auteur d'un *Traité de la musique*; le *Traité de la musique* d'Aristide Quintilien (IIe s.) est le plus important ouvrage sur la musique grecque que nous possédions ; c'est par l'*Introduction à la musique* d'Alypios (IVe s.) que nous connaissons le procédé d'annotation des Grecs. Claude Ptolémée* a aussi composé un traité d'harmonie. Par ailleurs, l'archéologie nous a rendu quelques fragments d'œuvres : deux hymnes delphiques à Apollon, une épitaphe, l'hymne *au Soleil*, de Mésomède de Crète (IIe s.), cinq fragments de préludes citharodiques (Ier s.), quelques lignes du chœur de l'*Oreste* d'Euripide*.

La notation, assez complexe, se faisait avec vingt-quatre lettres de l'alphabet ionien ou quinze signes issus d'un alphabet primitif, selon qu'on voulait annoter de la musique vocale ou instrumentale. C'est d'Asie Mineure que les Grecs reçurent leurs éléments musicaux. Terpandre de Lesbos (VIIe s. av. J.-C.) est considéré comme le père de la musique grecque ; le premier, il classa les mélodies populaires et, après les avoir constituées en système régulier, inventa une notation et fixa les modes et les genres ; il fut appelé par les Spartiates pour régler la technique des chœurs. Il est le créateur de la citharodie, genre dans lequel le musicien chante en s'accompagnant de la cithare, et qui fut porté à sa perfection par Phrynis et par son brillant élève Timothée de Milet (446-357 av. J.-C.). Sparte* était le grand centre dorien de la musique ; après Terpandre, Thalétas de Gortyne fixa à Sparte les rapports de la danse et de la musique ; Polymnestos de Colophon (v. 660 av. J.-C.), installé à Sparte, y apporta l'aulodie, musique de flûte accompagnée de chant. Vers la même époque, Alcman, d'origine lydienne, mais naturalisé spartiate, y introduisit le lyrisme choral. Cette musique ignorait la polyphonie ; la mélodie était chantée à l'unisson, accompagnée par l'aulos et la cithare ; Alcman donna une forme savante aux chants populaires et à la poésie chorale, raison pour laquelle on en fait le père du lyrisme choral. L'Athénien Tyrtée, pendant la deuxième guerre de Messénie*, vint enfin apporter à Sparte les mâles hymnes militaires qui relevèrent le courage des guerriers. C'est toujours au cours de ce fécond VIIe s. av. J.-C. qu'Archiloque de Paros inventa le mélodrame en s'accompagnant d'un instrument pour déclamer et non chanter ses vers iambiques ; c'est la *parakatalogê* qui, d'abord isolée, fut introduite ensuite dans la tragédie* et le dithyrambe*. Olympos, musicien originaire de Phrygie (peut-être son nom cache-t-il une confrérie ou un groupe de musiciens phrygiens) introduisit l'aulétique, genre dans lequel l'aulos était joué en solo ; il fut inscrit en 582 aux jeux Pythiques* ; Olympos est l'inventeur du mode armatien, mélopée plaintive jouée sur la flûte.

Le lyrisme choral fut perfectionné et illustré par Clonas, Stésichore, Ibycos, Bacchylide et surtout par Simonide et par Pindare, dont les odes triomphales (*Épinicies*) étaient chantées. Car les poètes grecs dont nous possédons encore les poèmes ne nous révèlent par ceux-ci qu'un aspect de leur génie ; poètes d'une part, ils étaient aussi musiciens et écrivaient eux-mêmes la musique qui accompagnait leurs poèmes, que ceux-ci fussent chantés (lyrisme) ou déclamés avec accompagnement musical (mélodrame). Ainsi, la tragédie et la comédie* connaissaient des intermèdes chantés, psalmodiés et dansés, lorsque sont intervenus le chœur et le coryphée ; cette musique était souvent écrite par les poètes eux-mêmes. Le dithyrambe était uniquement chanté, et les deux plus grands poètes musiciens qui l'illustrèrent furent, aux Ve et IVe s. av. J.-C., Mélanippide de Mélos, qui vécut à la cour de Perdiccas de Macédoine, et Philoxène de Cythère, qui fleurit à la cour de Denys* de Syracuse. Ainsi, ce furent les poètes grecs qui constituèrent sa musique et en établirent les règles.

À l'époque hellénique, celle-ci a atteint sa perfection. Alors que nous n'utilisons plus que deux modes, le majeur et le mineur, les Grecs en connaissaient sept, trois principaux et quatre complémentaires, chaque mode étant caractérisé par différentes successions de tons et de demi-tons; c'étaient le dorien, le lydien, le phrygien, l'hypodorien, l'hypolydien, l'hypophrygien, le mixolydien. Chaque mode possédait un caractère et un emploi qui lui étaient propres : le dorien, viril, grave ou belliqueux, était utilisé dans les hymnes lyriques, les chœurs tragiques, la citharodie; le lydien, doux, dolent, funèbre, et qui correspond à notre mode majeur, était utilisé dans le lyrisme apollinien, la tragédie et l'aulétique, mais il tomba en désuétude au IVe s. av. J.-C., le phrygien, vif, bruyant, bachique, était employé dans l'aulétique, la citharodie, le dithyrambe, la tragédie; l'hypodorien, qui correspond à notre mode mineur, était plus actif que le dorien, majestueux et hautain, utilisé dans le dithyrambe, les monodies tragiques, la citharodie, le lyrisme apollinique; l'hypolydien, voluptueux et propre à l'aulodie, était aussi abandonné dès le IVe s. av. J.-C.; l'hypophrygien, plus actif que le phrygien, servait pour les scolia, l'aulétique, la citharodie, le dithyrambe; le mixolydien, de caractère pathétique, était employé par les chœurs tragiques et pour le mode citharodique.

La progression mélodique distinguait trois genres : le diatonique, le chromatique, l'enharmonique, caractérisés par les différentes successions de tons, du grave à l'aigu; l'enharmonique, qui a disparu de notre musique, était caractérisé par les quarts de ton.

À côté des manifestations de caractère religieux, la musique ainsi structurée resta comme un genre propre, et les Grecs qui, dès leur enfance, recevaient une éducation* musicale très poussée, se révélèrent comme de fins amateurs de concerts. Ceux-ci se donnaient à Athènes dans l'Odéon*. Comme à notre époque, les musiciens, compositeurs et interprètes soulevaient des enthousiasmes ou recueillaient de violentes réprobations. Timothée de Milet, en apportant des révolutions dans la musique, choqua les Athéniens par ses audaces, mais Euripide* l'encouragea et sut voir en lui le génie novateur. Un autre Timothée, joueur de flûte thébain du temps d'Alexandre, recevait des fortunes pour paraître dans des concerts. On voit par là combien était important l'art de la musique chez les Grecs; il ne le cédait en rien à la peinture et à la sculpture, et nous fait d'autant plus regretter la perte irréparable de ses magistrales créations.

musique (instruments de). Les Grecs connaissaient les instruments à cordes, à vent et à percussion. Ils ignoraient les instruments à archets, et les cordes étaient soit touchées avec un plectre, petit instrument en forme de T ou de crochet, avec lequel on frappait les cordes, soit avec les doigts. Les deux principaux instruments à corde étaient la lyre et la cithare. Quoiqu'on en attribue l'invention à Hermès, la lyre était un instrument associé au culte d'Apollon, ainsi que la cithare. À l'origine, la lyre possédait trois cordes; Terpandre en porta le chiffre à sept, et, à l'époque hellénistique*, on faisait des lyres à quinze cordes. La cithare est un perfectionnement de la lyre en cela qu'on y adjoignit une caisse de résonance en bois. C'étaient les instruments utilisés dans les concours et dont l'étude faisait partie de l'éducation*. C'est au maniement de ces deux instruments qu'était en général destiné le plectre. Le barbitos, peut-être d'origine orientale, utilisé par les lyriques ioniens et éoliens, semble être une grande lyre d'une résonance plus pleine et plus grave. Le psaltérion était formé d'une boîte en bois et d'un long manche, entre lesquels étaient tendues les cordes, que l'on grattait avec les doigts, d'où son nom (de *psallô*, faire vibrer), qui a été donné à la famille des harpes, dont les variétés étaient le *trigonon* et la *magadis* (qui semble être la même chose que la *pectis*). La sambuque était la grande harpe empruntée aux Égyptiens. Le nabla semble être l'adaptation du nebel, d'origine phénicienne, instrument à dix ou douze cordes, de forme rectangulaire, sur lequel on jouait avec tous les doigts.

L'instrument à vent par excellence était l'*aulos*, non générique pour désigner plusieurs espèces de flûtes ou hautbois. Le plus simple était le *monaulos*, petit cylindre en buis semblable à notre moderne flageolet ; le *plagiaulos* était une flûte oblique semblable à notre basson, et dont on attribue l'invention à Pan ou à Midas, mythique roi de Phrygie ; la *zeugé* était la flûte double, composée de deux chalumeaux, de longueurs parfois différentes, dont on attribue l'invention à Athéna, mais qui était surtout utilisée dans les cérémonies dionysiaques. Le *gingras*, d'origine phénicienne, était une sorte de fifre au son plaintif et nasillard ; l'*elymos*, emprunté aux Phrygiens, était une sorte de flûte à embout de cuir, recourbée à son extrémité et utilisée plus particulièrement dans le culte de Cybèle. L'*ascaulos*, qui n'apparaît qu'à une époque tardive, est une sorte de cornemuse composée de deux chalumeaux joints à un soufflet en peau, qui est comprimé par le musicien pour en tirer le vent, qui remplace le souffle humain. La *syrinx*, ou flûte de Pan, était formée de roseaux de longueurs différentes, assemblés côte à côte. Elle est à l'origine de l'*hydraulos*, orgue hydraulique inventé par les Alexandrins, dans lequel l'eau actionnait un soufflet.

Le type des instruments en cuivre est la *salpinx*, utilisée dans les processions religieuses, cette trompette droite, au pavillon épanoui, avait un pouvoir magique ; elle tint une grande place dans l'armée* à partir de l'époque hellénistique pour transmettre les ordres pendant les combats ; des sonneries militaires se constituèrent alors et on institua des concours de trompettes. Les instruments à percussion possédaient en général un caractère religieux : le *tympanon*, notre moderne tambourin ; les cymbales, deux demi-sphères de cuivre qu'on frappait l'une contre l'autre et utilisées dans les cultes de Cybèle et de Dionysos ; le *sistre*, sorte de crécelle en métal usitée dans les mystères d'Isis ; les *croumata* étaient des castagnettes, ainsi que le *crotalon*, constitué par une sorte de fourche courte dont une des branches, rendue mobile grâce à une charnière, frappait l'autre lorsqu'on secouait l'instrument ; ce dernier était particulièrement utilisé dans les cérémonies de Cybèle.

Mycale, promontoire de la côte ionienne, qui fait face au Posidium, promontoire de Samos, dont il est séparé par le détroit de Samos, large de sept stades.

C'est là que les Grecs, commandés par le Spartiate Léotychidès et par l'Athénien Xanthippos, défirent la flotte des Perses en 479 av. J.-C., parachevant ainsi leurs récentes victoires de Salamine* et de Platées*. Ils ruinèrent par là l'influence perse sur les Grecs d'Ionie, qui purent se rallier définitivement aux autres Grecs.

Myron, statuaire et sculpteur (en Attique, deuxième quart du ve s. av. J.-C.).

Élève d'Agéladas*, il s'attacha surtout aux formes de ses sujets, mais on lui reproche souvent une absence de sentiment et d'expression dans les visages. Sa grande originalité consiste à avoir su rendre le premier la notion de mouvement, détachée de tout sentiment, et plus précisément le moment du mouvement. Son œuvre la plus célèbre et qui caractérise bien son style est le *Discobole*, dont on possède plusieurs copies ; l'original était en bronze (Pline nous dit à ce sujet qu'il préférait l'airain d'Égine* à tout autre). Le *Discobole*, saisi en plein mouvement, a un dessin corporel très élégant, mais aussi très vivant, tandis que le visage — mais nous ne pouvons en juger qu'à travers des copies — paraît assez impassible, et son expression un peu froide et artificielle. Nous possédons aussi les répliques d'un groupe d'Athéna et Marsyas. Myron fut sans doute l'un des premiers artistes à avoir représenté des Silènes. Dans ces personnages, il a tout à fait saisi l'équilibre des formes, et ses sujets étaient très variés. Il fut aussi un très grand sculpteur animalier ; plusieurs épigrammes de l'*Anthologie* célèbrent une génisse de bronze (dont on a des copies) qui paraissait vivante ; il avait fait aussi un chien et un monument à une cigale et à une sauterelle. Il était aussi, semble-t-il, graveur sur argent.

mystères, ensemble de rites tenus secrets et réservés à des initiés.

Dans les religions antiques, ils constituaient une forme de culte à côté des cultes publics, domestiques et populaires. La raison du secret est encore discutée; cependant, on peut rejeter d'office l'explication donnée à partir de certaines accusations des Pères de l'Église suivant laquelle il recouvrait des cérémonies licencieuses. On l'a expliqué par les accords passés entre une cité* et un dieu, qui réserverait sa bienveillance à la communauté qui l'honorerait; si cette explication peut être admise pour certains cultes restreints, comme celui de Sosipolis à Élis, elle ne peut être généralisée. Ce seraient aussi les cultes de peuples vaincus qui se seraient ainsi poursuivis à l'insu des nouveaux maîtres, mais cette explication se heurte à de graves objections, bien qu'elle puisse être en partie retenue. C'était surtout en raison de la croyance primitive à la valeur magique des rites et à leur puissance sur les dieux et les éléments qu'on réservait la connaissance de ces pratiques religieuses à des hommes dont l'intégrité morale garantissait qu'ils n'utiliseraient pas cette science dans leur propre intérêt.

Il existait deux sortes de cultes à mystères : d'une part, les cultes qui étaient entièrement revêtus du secret et réservés à des initiés; d'autre part, les cultes publics, dans lesquels intervenaient des rites célébrés dans le secret des temples et qui étaient souvent des hiérogamies, union du prêtre (ou de la prêtresse) avec une divinité. On trouve de ces éléments « mystérieux » dans de nombreux cultes : Zeus (en Crète), Athéna (à Athènes), Héra (à Argos), Artémis (à Pergê), Hécate (à Égine), etc.

Les cultes à mystères se retrouvent dans tout le monde antique. En Égypte ce sont les mystères d'Isis et d'Osiris, en Syrie ceux d'Adonis, en Asie Mineure ceux de Cybèle et d'Attis, en Orient ceux de Mithra. Tous ces cultes furent introduits en Grèce à diverses époques et reçurent plus ou moins droit de cité. À côté de ceux-ci, la Grèce connaissait des religions à mystères, qui, si elles n'étaient pas autochtones, avaient été adoptées à une époque très ancienne : mystères des Cabires à Samothrace, ceux de Déméter et Coré, et les mystères orphiques (pour ces derniers, → **orphisme**). Les mystères de Déméter et de Coré étaient pratiqués dans plusieurs cités de la Grèce, mais les plus connus, les seuls sur lesquels nous disposons de quelques données sont ceux d'Éleusis*.

Les mystères des Cabires, peut-être d'origine phénicienne, furent institués à Samothrace soit pour les Cabires, divinités ou génies de caractère complexe, soit par les Cabires pour honorer les grands dieux. Nous connaissons fort mal ces mystères, ils étaient ouverts aux hommes, aux femmes (Olympias, mère d'Alexandre*, y fut initiée) et même aux enfants. L'initiation était une purification — on purifiait même les homicides — et requérait une confession et une absolution donnée par le prêtre. Cet officiant, chargé de purifier les meurtriers, s'appelait Koès, et sans doute les fumigations jouaient-elles un rôle important dans ces cérémonies. Par ailleurs, les Cabires étaient des protecteurs de la navigation* et de nombreux marins se faisaient initier. On sait que les adeptes se passaient autour du corps une bandelette rouge pour se protéger des dangers de la navigation. Les Cabires ont été assimilés à diverses divinités dans d'autres cultes à mystères : à Amphissa, en Locride, se célébrait une fête secrète des Dioscures, assimilés aux Curètes et aux Cabires; près de Thèbes existait un alsos (« bois sacré* ») réservé aux initiés des mystères des divinités cabiriques Déméter et Coré; on entrevoit là les relations entre les divers mystères et les divinités qui les présidaient et qui s'assimilaient réciproquement. Cependant, Déméter et Coré resteront surtout les divinités chthoniennes* maîtresses des mystères d'Éleusis.

n

Naissance. C'était une occasion de fêtes de famille. À l'approche du terme de la grossesse, les femmes* sacrifiaient à Ilythie, à Artémis et aux Nymphes. Dès que l'enfant était né, on suspendait à la porte de la maison une couronne* d'olivier, symbole de la vie civique, pour un garçon, des bandelettes de laine, symbole de la vie laborieuse du gynécée*, pour une fille. Le cinquième jour de la naissance avait lieu la purification de l'enfant, les amphidromies*. Il recevait un nom* le septième ou le dixième jour.

À cette occasion, on sacrifiait à Apollon, à Artémis, aux Nymphes et aux divinités fluviales ; un banquet était offert aux gens à qui on présentait l'enfant, et qui apportaient des cadeaux ; les esclaves participaient à ces cérémonies et offraient aussi des présents. Les cérémonies se terminaient le quatorzième jour par la fête de la purification de la mère : elle consistait en ablutions et sacrifices soit sur l'autel domestique, soit dans un temple, sans doute celui d'Artémis Chitoné, qui présidait aux naissances et à qui l'accouchée consacrait ses vêtements.

L'enfant n'était inscrit sur la liste du dème* qu'à dix-huit ans, mais son père l'introduisait dans la phratrie* paternelle le troisième jour des Apaturies*. Le premier anniversaire de la naissance se fêtait, et les familiers offraient de nouveaux présents. Ce n'est cependant qu'à partir de l'époque hellénistique* qu'on prit l'habitude de fêter les autres anniversaires *(genethlia)*. Les amis et les parents se réunissaient pour fêter les anniversaires des particuliers, tandis que les sujets fêtaient l'anniversaire de leur prince, les écoliers celui de leur maître.

nauclêros, nom donné aux armateurs qui équipaient les navires.

Ils commandaient en général leur propre bateau et gagnaient leur vie en l'utilisant pour le transport des marchandises et des passagers. Par voie de conséquence, ce nom est aussi donné aux grands armateurs possesseurs de véritables flottes commerciales, ainsi qu'aux capitaines de navires qui commandaient un bateau pour le compte d'un armateur. À Athènes*, c'était aussi le nom de ceux qui vivaient de la location de maisons et d'immeubles.

naucrarie, système d'administration locale établi en Attique* par les eupatrides* à la suite du synœcisme*.

La naucrarie était un district capable de fournir le gréement et l'équipage d'un navire, et le naucrare était l'eupatride qui mettait le navire à la disposition de l'État et le commandait ; chefs du service maritime, les naucrares fournissaient en outre chacun deux cavaliers et une troupe de fantassins. Par ailleurs, ils tenaient une caisse alimentée par un impôt réparti sur la population de la naucrarie. Chaque tribu* était divisée en douze naucraries, et comme il y avait alors quatre tribus, cela donnait un total de quarante-huit naucraries. Solon* laissa subsister les naucraries, et si Clisthène* ne les supprima pas, elles furent en fait remplacées par les dèmes*. Leur nombre fut alors porté à cinquante, soit cinq pour chacune des dix tribus ; pendant quelques années encore, elles fournirent les vaisseaux et subvinrent aux frais des théories*. Après 500, la boulê* et les stratèges ayant concentré entre leurs mains les pouvoirs militaires et l'administration navale, les naucraries disparurent.

navigation. Avec les Phéniciens dont ils furent peut-être les élèves et ensuite les rivaux, les Grecs étaient le plus grand peuple de marins de l'Antiquité. Ils resteront les maîtres de la Méditerranée orientale à l'époque hellénistique. Ignorant la boussole, connue en Chine au IIe s., les navigateurs grecs se dirigeaient en observant le soleil et les étoiles ; mais ils pratiquaient de préférence la navigation côtière, pour laquelle ils disposaient d'instructions nautiques → **géographie.**

À l'époque homérique, on naviguait de jour, et, la nuit, on tirait le vaisseau sur le rivage lorsque c'était possible. Les navires de l'époque historique, plus lourds et pourvus d'un ou deux mâts équipés de voiles carrées et de focs, connus à l'époque hellénique, avaient un déplacement de 200 à 400 tonnes et naviguaient jour et nuit, parcourant une moyenne de 500 stades (environ 50 milles marins) par jour. Il fallait à peu près seize semaines pour aller d'Italie aux Indes et trois à quatre semaines pour se rendre d'Italie à Alexandrie*. Cependant, en Méditerranée, la navigation était ralentie, sinon interrompue, par le mauvais temps d'octobre à avril. Dès la fin de l'époque archaïque, la Méditerranée et la mer Noire étaient complètement explorées par les Grecs, à la suite des Phéniciens. Ces derniers, fourriers de l'étain, allaient le chercher vers l'Angleterre par l'Atlantique. Au VIe s. av. J.-C., les Phocéens tentèrent de les suivre en forçant les Colonnes d'Héraclès (Gibraltar), jalousement défendues par les Phéniciens ; un Phocéen, Midacrite, semble avoir atteint les Cassitérides → **métaux**. Au IVe s. av. J.-C., le Massaliote Pythéas força lui aussi les Colonnes d'Héraclès, navigua le long des côtes de la Gaule et il s'aventura probablement dans la mer du Nord, où il découvrit l'île de Thulé (Islande ou Norvège), tandis que son compatriote Euthyménès suivait les côtes d'Afrique jusqu'au Sénégal. Avant lui, les Carthaginois, dirigés par Hannon, à la tête de soixante vaisseaux, avaient établi des comptoirs le long des côtes marocaines et poussé leur expédition jusqu'au sud du Sénégal, voire jusqu'au Cameroun, au fond du golfe de Guinée.

Mais c'est vers les mers du Sud que les Grecs orientèrent surtout leurs recherches. Vers 520 av. J.-C., sous le règne de Darios, Scylax, de Caryanda (Asie Mineure), descendit l'Indus, suivit les côtes de Perse et d'Arabie, et parvint en Égypte après un périple de deux ans et demi. Ce n'est cependant qu'à partir d'Alexandre* le Grand que les Grecs allaient explorer systématiquement ces régions. Le Crétois Néarque commanda la flotte d'Alexandre qui suivit depuis les bouches de l'Indus la côte de Perse jusqu'en Susiane. Alexandre envoya ensuite trois expéditions chargées d'explorer les côtes de l'Arabie : Archias atteignit Tylos (Bahrein) ; Androsthènes parvint jusqu'au cap Masandam, à la sortie du golfe Persique ; Hiéron le doubla, mais, effrayé par l'aridité de la côte, il revint en arrière. Sous le premier Ptolémée*, son amiral, Philon, parcourut la mer Rouge et découvrit l'île Zebirget ; sous Ptolémée II, Satyros explora la côte des Troglodytes (Érythrée, Somalie), où il établit des comptoirs ; Ariston et Pythagoras explorèrent les côtes de l'Arabie baignées par la mer Rouge. Plus actif encore, Ptolémée III chassa la piraterie de la mer Rouge, envoya Simmias explorer les côtes africaines et ne cessa ensuite d'organiser des expéditions en mer Rouge.

Sous le règne de Ptolémée VII Èvergète II, Eudoxe* de Cyzique effectua la circumnavigation de l'Afrique. Il paraît acquis que cet exploit fut accompli une première fois par les Phéniciens, envoyés par le pharaon Néchao au VIIe s. av. J.-C.. Cependant, les navigateurs grecs ne descendirent qu'exceptionnellement au sud du cap Gardafui. En rentrant des Indes, Diogène perdit sa route et fut entraîné jusqu'au canal de Mozambique. Un certain Théophile navigua aussi le long des côtes de l'Afrique orientale et fut le premier à signaler les hautes montagnes du Kenya; après lui, Dioscoros parvint jusqu'au cap Delgado, au nord du Mozambique.

La route maritime des Indes s'ouvrit à la suite de nombreuses tentatives. Après les explorations de la mer Rouge sous les premiers Ptolémées, ce n'est que sous Ptolémée XI que fut découverte l'île de Socotora. Vers 50 av. J.-C., un marchand grec ouvrit la route du golfe d'Aden vers Muziris (actuelle Cranganor) et, dès lors, le commerce* avec l'Inde et le sud de la mer Rouge se développa au point que, sous Auguste, cent vingt navires partaient chaque année de Myos Hermos et de Bérénice sur le golfe de Suez. Au Ier s. un navigateur grec, Hippalos, utilisa le régime des moussons, qui reçurent le nom de « vents d'Hippalos », pour aller et revenir des Indes en navigation directe. À sa suite, les marchands grecs naviguèrent jusqu'à Trapobane (Ceylan ou Sumatra) et, au IIe s., ils allèrent chercher leurs marchandises jusqu'en Indonésie, en Indochine et en Chine méridionale.

C'est à l'un de ces navigateurs qu'est dû ce guide très précieux, le *Périple de la mer Érythrée,* qui donne un itinéraire maritime où sont mentionnés de nombreux ports africains de l'océan Indien, ceux de l'Arabie et de l'Inde avec les diverses marchandises qu'on y exportait et qu'on y importait dans ce trafic en partie fondé sur le troc. De nombreux trésors de monnaies (romaines) et des objets d'origine alexandrine (mais d'époque romaine), trouvés jusqu'au sud du Viêt-nam, confirment l'étendue des navigations dans ces mers du Sud à l'époque romaine, mais sans doute accomplies par des navigateurs alexandrins.

Il conviendrait encore de citer ce Iambulos dont parle Diodore de Sicile et qui, jeté à la dérive dans l'océan Indien par des pirates, atteignit après quatre mois une vaste île au climat agréable (peut-être Madagascar), voisine de sept petites îles d'où il fut expulsé pour dériver encore pendant quatre mois avant d'arriver aux Indes et à Palibothra (Patna), d'où il rentra en Grèce par la Perse. Rappelons aussi cet Euphémos de Carie, connu par Pausanias*; au cours d'un voyage en Italie, Euphémos fut entraîné par les vents dans l'océan Atlantique, où il parvint aux îles Satyrides; certaines étaient inhabitées mais d'autres étaient occupées par des hommes sauvages qui avaient des cheveux rouges coiffés en queue de cheval; ils auraient capturé une femme du vaisseau et l'auraient sodomisée, ce qui a valu à leurs îles, de la part des Grecs, le nom de Satyrides. Les premiers navigateurs espagnols ayant décrit les indigènes des Antilles comme portant des queues de cheval et révélant des mœurs singulières, on a voulu voir dans les Satyrides ces îles américaines.

nécropoles. Ce sont nos cimetières. Alors qu'à certaines époques préhelléniques on a enterré les morts dans le soussol des maisons, aux périodes suivantes il était interdit de les inhumer à l'intérieur des murs des cités. À Délos* l'interdiction frappait toute l'île, au point qu'il fallut, lorsque le décret fut passé, purifier l'île, dont on avait retiré les tombes pour les porter dans l'îlot voisin de Rhénéa. Seules Sparte* et Pinara, en Lycie, où l'on trouve des sépultures de grands personnages, font exception. En général, les tombes étaient groupées dans des nécropoles situées le long des voies, près des portes des villes. Chaque ville possédait plusieurs nécropoles. La plus connue est le Céramique extérieur à Athènes, devant la porte dite « du Dipylon », dont certaines tombes remontent à l'époque Géométrique. On disposait, au-dessus des tombes, des stèles représentant le personnage enterré là, avec un animal familier, un esclave, des parents, au cours d'un banquet; son nom est en général inscrit et souvent accompagné d'une épigramme funéraire, dont l'anthologie nous a conservé quelques morceaux à côté des inscriptions rendues par l'archéologie.

Néléides, descendants de Nélée, prince thessalien devenu roi de Pylos, en Messénie*, et père de douze enfants, dont Nestor est le plus célèbre.

Après la destruction du royaume de Pylos, les Néléides se réfugièrent en Attique. Codros, roi d'Athènes, appartenait à leur génos*, ainsi que ses descendants, les Médontides. À Athènes*, Pisistrate* se prétendait descendant des Néléides. Ils furent en général les chefs de la migration ionienne, et on les trouve disséminés dans les cités des Cyclades et de l'Ionie, et plus particulièrement à Milet*, dont ils furent les rois.

Néméens (jeux). D'une origine très ancienne, les jeux Néméens avaient, à l'époque historique, perdu beaucoup de leur importance. Ils étaient célébrés deux fois en quatre ans : ceux d'été dans la première année de chaque olympiade, ceux d'hiver dans la quatrième année. À l'origine, c'étaient sans doute des jeux funèbres pour célébrer Archémore, divinité de la nature. Une autre tradition veut qu'ils aient été fondés par Héraclès en l'honneur d'Opheltès. Les Doriens* substituèrent à ce culte celui de Zeus, qu'ils honorèrent dans son temple, situé près de Cléonæ, dans le vallon de Némée. Les jeux Néméens devinrent alors panhelléniques*, leur direction ayant été confiée d'abord à Cléonæ, puis à Argos*, et enfin restituée à Cléonae. Des exercices gymniques, des courses de chevaux et des concours de cithare se déroulaient à cette occasion.

neurospaston, sortes de marionnettes dont les membres et la tête étaient mus par des fils ténus.

Les Grecs les utilisaient pour donner des représentations lors des fêtes publiques ; ils étaient parvenus à une grande maîtrise dans leur confection et leur maniement au point que certaines bougeaient même les yeux et se mouvaient avec un grand naturel. Ces marionnettes devaient mimer des histoires mythiques ou légendaires, et semblent avoir été une forme des théâtres d'ombres dont on peut trouver la tradition dans le mythe de la caverne de Platon*, où l'on voit des spectateurs regarder des ombres défiler sur une paroi éclairée par une lumière venant de derrière eux.

Nicias, homme d'État (Athènes v. 470-Syracuse 413 av. J.-C.).

Cet homme, d'une riche famille, était profondément religieux, modéré, généreux, et brillait par l'éclat de ses richesses, qu'il savait distribuer sans ostentation. Après la mort de Périclès*, le parti aristocratique le poussa en avant et il parvint à de hautes fonctions tout en se faisant aimer du peuple malgré sa position politique. Secondé par sa sagesse et sa prudence, ne choisissant que ce qu'il se croyait sûr de réussir, il s'empara de Cythère (424), enleva l'îlot de Minoa et le port de Niséa aux Mégariens, d'où il ravagea le territoire de Corinthe*. Ennemi de Cléon*, il était cependant partisan de la paix avec les Spartiates. Comme il avait abandonné à Cléon le commandement de l'expédition contre les Spartiates installés dans l'îlot de Sphactérie, près de Pylos de Messénie, la réussite de cette expédition lui porta tort aux yeux des Athéniens, mais la mort et la défaite de Cléon à Amphipolis tourna les esprits vers la paix. Nicias fut chargé de la préparer, et Sparte* et Athènes* signèrent en 421 la paix qui porte son nom. La guerre se ralluma bientôt et, en 415, Alcibiade* fit voter l'expédition de Sicile* ; Nicias fut chargé de la commander avec Alcibiade aussitôt rappelé à Athènes. Il dut assumer seul le commandement lorsque son autre collègue Lamachos fut tué. Ses indécisions causèrent sa perte ; n'ayant pas osé attaquer rapidement, malgré quelques victoires et sa vigilance infatigable, il éprouva des défaites qui abattirent le moral de ses troupes, lui-même devant lutter contre la maladie. L'arrivée de renforts avec Démosthène* ayant trop tardé, il ne put rétablir la situation. Il dut se décider à la retraite, mais ses hommes furent presque tous massacrés par les Syracusains au passage de l'Asinaros, et lui-même capturé et mis à mort.

Nicias, peintre (Athènes, seconde moitié du IVᵉ s. av. J.-C.), fils de Nicomède.

Il était élève d'Antidote, lui-même élève d'Euphranor*. On sait qu'il peignit des statues sculptées par Praxitèle*, à la plus grande satisfaction de ce dernier. Sur le plan technique, il excellait à rendre les ombres et les reliefs ; pour cela, il utilisait l'*usta*, céruse brûlée qu'il avait découverte par hasard. Quant à ses sujets il affectionnait les grands thèmes, les actions violentes ou pleines de majesté, et méprisait les sujets délicats ou isolés. On peut lui attribuer plusieurs tableaux, dont on possède des copies dans les peintures de Pompéi : parmi ces dernières, on peut citer une Io gardée par Argos, une Andromède délivrée par Persée. Il s'attachait aux traditions et, d'autre part, il aimait à représenter des personnages jeunes. Il avait acquis une grande réputation en peignant la déesse Némée assise sur un lion, une palme à la main. Il était l'auteur d'une *Nékyia* inspirée par un épisode de l'*Odyssée* d'Homère, que Ptolémée* Sôter (ou Attale* de Pergame) voulut acheter pour un prix élevé ; Nicias refusa et offrit la toile à la ville d'Athènes. Il exécutait souvent ses œuvres à l'encaustique. Il était aussi très habile à représenter les chiens. Nombre de ses ouvrages furent transportés à Rome.

Nicomaque, peintre (Thèbes, première moitié du IVe s. av. J.-C.) fils et élève d'Arisodème.

On sait peu de chose de lui sinon que par goût de l'archaïsme il ne peignit qu'avec les quatre couleurs utilisées par les potiers (le blanc, le jaune, le rouge et le noir) comme le firent après lui Apelle*, Échion et Mélanthios. Il semble par ailleurs qu'il travaillait très vite, ce dont ses ouvrages devaient souffrir et ce qui explique peut-être pourquoi, avec autant de talent que ses contemporains, il ne jouit pas d'une aussi grande réputation. Il paraît avoir eu une prédilection pour les sujets mythologiques et allégoriques, ce que justifie son goût pour l'archaïsme. Plusieurs de ses tableaux furent emmenés à Rome. Le premier il a eu l'idée de coiffer Ulysse d'un chapeau. De ses deux œuvres les plus célèbres, l'une représentait des Bacchantes et des Satyres, l'autre les Tyndarides (Castor et Pollux), tableau inachevé. Il eut pour élèves son frère Aristide et Philoxène d'Érétrie, qui peignit pour Cassandre* une admirable bataille entre Alexandre* et Darios ; c'est elle qui servit peut-être de modèle à la célèbre mosaïque de Pompéi.

Nicosthène, potier (v. 530-510 av. J.-C.).

Il partage avec Andokidès* la gloire de l'invention des vases à figure rouge et il semble, plus que son rival, être un initiateur. Sa production est vaste ; l'amphore est sa forme de prédilection bien qu'il ne se soit pas contenté de celle-ci. Il a aussi essayé toutes les techniques : figures rouges, noires, blanches ; fond d'argile à couverte noire ou blanche. L'influence ionienne est sensible dans la prédominance des motifs végétaux et les yeux peints sur les coupes. Ses peintures sont relâchées, conséquence de sa grande fécondité. Il a traité les sujets les plus divers : mythologiques, guerriers, traditionnels (exploits d'Héraclès, sphinx, cavaliers, nikés ailées, chars) ; mais il a aussi utilisé les anses des plats pour les orner de motifs originaux (figures, femmes, armes, oiseaux, trépieds). Dans son atelier il a employé des peintres de tempéraments différents, mais dans cette variété on retrouve toujours le même génie curieux et novateur.

nom. L'enfant recevait son nom le septième ou le dixième jour suivant la naissance*. À Athènes, on donnait en général au fils aîné le nom de son grand-père paternel, ce qui n'était cependant pas une loi impérieuse. Les noms étaient parfois dépourvus de sens, mais en général ils étaient formés à partir d'un ou de plusieurs mots porteurs de sens à moins que ce ne fussent des noms théophores ; ainsi : Philippos, « ami des chevaux » ; Démétrios, forme masculine de Déméter ; Appolodoros, « don d'Apollon » ; Lysandre, « qui lie les hommes », etc. Pour distinguer un homme d'un autre qui portait le même nom, on ajoutait le nom de son père : Un tel fils d'Un tel, et, à Athènes, on précisait son dème*. Le patronyme était propre aux citoyens ; les étrangers domiciliés ne portaient qu'un seul nom. On employait aussi des surnoms ; ainsi Thémistocle était-il appelé « Néoclès » pour marquer que c'était un homme nouveau, c'est-à-dire sorti du peuple. Enfin on recevait parfois des titres honorifiques ; les rois issus des successeurs d'Alexandre portèrent tous de tels titres : Sôter, « sauveur » ; Philadelphe, « qui aime son frère » ; Philomêtôr, « qui aime sa mère » (noms parfois donnés par dérision au meurtrier du parent qu'il est censé aimer !).

nomophylaques. Afin d'affaiblir l'Aréopage* conservateur, qui s'était opposé souvent à Périclès*, Ephialte, bras droit du grand homme politique, retira à cette assemblée sa haute surveillance sur l'administration de l'État et créa un collègue de sept nomophylaques (gardiens des lois) chargés de surveiller les magistrats, la boulê* et l'ecclésia*. On ne sait rien sur l'administration de ce collège ni s'il parvint à servir les intérêts politiques du parti de Périclès. Il subsista cependant près d'un demi-siècle et ne fut supprimé qu'après le rétablissement de la démocratie par Thrasybule*, l'Aréopage ayant récupéré une partie de ses anciennes attributions de surveillance administrative. Cette institution fut rétablie par Démétrios* de Phalère à la fin du IVe s. av. J.-C. Il semble qu'il y ait eu aussi des nomophylaques à Sparte* ; ceux-ci sont signalés dans cette cité par un auteur du IIe s. mais on ne sait rien de leurs attributions. On donne aussi ce nom aux fonctionnaires chargés d'instruire les hellanodices* à Élis pendant les huit mois qui précédaient les grands jeux*.

nomos (« loi »). Pendant les premiers siècles de l'époque archaïque, les lois ne constituaient pas un code écrit. La loi se confondait avec la volonté du souverain ou de la noblesse dirigeante et les jugements n'étaient pas rendus d'après un code déterminé, mais laissé à l'arbitraire des juges*. Sans doute trente mille génies et Zeus Horkos étaient-ils chargés de dénoncer les iniquités et de venger les parjures et l'injustice, mais c'était une mince consolation pour les malheureux abandonnés à l'arbitraire des lois des génos* et des basileus*. Dès le VIIe s. av. J.-C. se fit sentir l'impérieuse nécessité de lois écrites ; diverses villes chargèrent des législateurs* d'établir un corps de lois en adaptant l'ancien droit coutumier aux exigences nouvelles. Lorsque les anciennes institutions commencèrent à se démocratiser, on ne put plus concevoir un État dépourvu de lois stables pour régir les relations entre citoyens. Les lois furent gravées sur des matériaux immuables, le bronze, des stèles de pierre ou un édifice public comme celui de Gortyne sur les murs duquel fut inscrit le code de lois le plus complet que nous connaissions, et dont les pierres furent réutilisées pour la construction de l'odéon* d'époque tardive. Mais les lois elles-mêmes n'étaient pas immuables et chaque citoyen pouvait proposer d'y introduire des changements si l'expérience révélait leur imperfection. On connaît ainsi les lois grecques par des inscriptions et par les textes, surtout ceux des orateurs athéniens ; mais contrairement aux Romains, les Grecs n'ont pas laissé de manuels de droit où sont classées et commentées les lois.

Ce sont les lois athéniennes que nous connaissons le mieux parmi celles des cités grecques. Chaque année, lors de la première réunion de l'ecclésia*, les citoyens pouvaient proposer des réformes législatives ; les propositions étaient soumises à la boulê* qui décidait de l'opportunité de les porter devant le conseil des nomothètes* ; les synégores*, désignés par l'ecclésia, devaient alors défendre devant les nomothètes les projets de réforme et, si ceux-ci étaient adoptés par les nomothètes, ils avaient aussitôt force de loi. La loi représentait la règle suprême des rapports entre les citoyens ; tous les actes des hommes publics ou des particuliers devaient rester dans le cadre des lois et les magistrats n'étaient jamais que les agents des lois. Le décret *(psêphisma)*, décision prise par l'ecclésia ou la boulê, devait s'inscrire dans le cadre de la loi au risque d'être attaqué par une *graphê* paranomon* et, naturellement, ne pouvait prévaloir contre la loi. Les Grecs concevaient les lois humaines comme une réplique des lois divines, auxquelles étaient soumis et les hommes et les dieux.

nomothètes, magistrats créés à Athènes* par Solon* et chargés d'instituer les lois*.

Pris parmi les héliastes → **héliée**, ils étaient élus ou tirés au sort par le peuple qui fixait la durée de leur charge et leur nombre, qui varia jusqu'à mille un. Une fois par an, n'importe quel citoyen pouvait, devant les nomothètes, proposer une modification ou une abolition des lois. Ils approuvaient en levant la main. Mais leur décision pouvait être cassée par la *graphe* paranomon*. Les nomothètes était âgés de plus de trente ans et assermentés. Les thesmothètes* étaient chargés de soumettre au peuple, sur des listes affichées publiquement, les modifications ou arrangements des lois à proposer aux nomothètes.

O

Odéon, édifice destiné aux auditions de musique* et de chant (de *ôdé*, chant).

De nombreuses cités grecques possédaient à côté du théâtre* un odéon, qui n'était cependant pas toujours désigné par ce nom. Les odéons dont la destination est certaine sont ceux de Gortyne, Sparte*, Corinthe*, Patras et Athènes*. Cette dernière cité en possédait quatre : le plus ancien était près de la fontaine Callirrhoé ; Périclès* en fit élever un nouveau au sud-est de l'Acropole*, en 445 av. J.-C. ; il était de forme rectangulaire et couvert, surmonté d'une coupole supportée par les atlantes qu'on peut encore voir dans le *proscenion* du théâtre de Dionysos.

Les odéons étaient en général semi-circulaires, contrairement à celui de Périclès (assez identique aux théâtres), et composés d'une *cavea* et d'un *orchestra*, ainsi qu'il apparaît dans l'odéon d'Hérode Atticus, élevé à Athènes au IIe s. ; ce dernier pouvait contenir cinq mille spectateurs et était couvert d'un toit en bois de cèdre. Le quatrième odéon d'Athènes était celui d'Agrippa, lui aussi d'époque romaine, élevé dans le quartier du Céramique. À l'époque de Périclès, l'odéon n'était pas seulement destiné aux auditions musicales ; il servait encore de siège au tribunal de l'archonte*-roi ; l'ecclésia* s'y réunissait à certains moments et on y faisait aussi les distributions publiques de blé.

oligarchie, gouvernement d'un petit nombre, en fait la classe des nobles, c'est-à-dire l'aristocratie guerrière installée à la suite d'une invasion — celle des Doriens* en général, sauf dans l'Attique et en Ionie — et maîtresse des terres les plus fertiles.

Les gouvernements oligarchiques se caractérisaient par des conseils restreints, appelés en général « gérousia* » du fait qu'ils rassemblaient les vieillards *(gérontes)*, chefs des grandes familles — mais ce n'était pas une règle générale —, et par la réunion des pouvoirs exécutifs entre les mains d'un ou de plusieurs hommes élus par la gérousia et choisis parmi les plus grandes familles, souvent dans la même, comme les archontes* de l'Athènes* primitive, pris dans le génos* des Médontides*. Presque toutes les cités* grecques passèrent par le stade oligarchique à l'époque archaïque, avant de se donner une démocratie* — avec un temps intermédiaire de tyrannie* — ; en effet, l'époque archaïque connut de violentes luttes de classes, entre, d'une part, les pauvres et les petits propriétaires et, d'autre part, les grands propriétaires terriens ; en général, et surtout chez les Ioniens*, les petits l'emportèrent et sanctionnèrent leur victoire par l'installation de la démocratie. Par contre, de nombreuses cités doriennes conservèrent très tardivement leur régime aristocratique ; Sparte* reste, à cet égard, une exception, car elle sut ménager dans le même temps la royauté* par l'institution des deux rois, l'oligarchie par son système de la gérousia, la démocratie par l'institution des éphores*, par l'apella*, et par l'accession à toutes les charges, permise à tous les citoyens.

Olympiques (jeux). Ce furent les plus importants des jeux panhelléniques. Leur origine remonte fort haut, sans doute à l'époque préhellénique. L'Altis (bois sacré de Zeus, où s'élevait son temple) d'Olympie était sis près du mont Kronion, où l'on célébrait en automne une fête agraire en rapport avec une déesse de la Terre et une divinité préhellénique nommée Kronos, assimilées par un jeu de mots à Chronos à l'époque historique. On attribuait l'invention des jeux à plusieurs personnages, et plus particulièrement à deux Héraclès et à Pélops. Le premier Héraclès serait un Crétois venu de l'Ida avec ses frères, les Dactyles; l'autre Héraclès est le célèbre auteur des *Travaux*, originaire de Thèbes; Pélops est ce Phrygien qui établit sa domination sur le nord du Péloponnèse* et dont les descendants régnèrent sur la Mycènes des Achéens*. Les trois traditions peuvent être ainsi conciliées : l'Héraclès de l'Ida représente la domination culturelle des Minoens, grands amateurs de gymnastique et de concours gymniques; l'Héraclès thébain — ou, selon la tradition rapportée par Strabon, les Héraclides et Oxylus avec ses Étoliens — aurait, après l'invasion dorienne, rétabli les jeux crétois au profit des nouveaux maîtres doriens*; avec Pélops, on retrouve l'aspect des jeux funèbres propres aux grands jeux, qui remontent sans doute à l'époque mycénienne. Lorsque Pélops vint d'Asie, Œnomaüs régnait sur Olympie; il offrait la main de sa fille et son trône à celui qui le vaincrait à la course de char; Pélops soudoya Myrtil, cocher d'Œnomäüs, pour qu'il scie l'essieu du char de son maître, qui fut ainsi tué dans la course. C'est d'ailleurs à Pélops qu'on attribuait l''intégration de la course de char dans les jeux.

Ce n'est qu'à partir de 776 av. J.-C., avec la victoire de l'Éléen Corœbos, que nous possédons des certitudes sur les jeux; cette année marque le début de l'ère des Olympiades → **calendrier**; depuis cette date jusqu'en 393, année où l'empereur romain chrétien Théodose interdit les jeux, ceux-ci seront célébrés sans discontinuer. Ils avaient lieu tous les quatre ans, à la fin de l'été. Ils étaient ouverts à tous les Grecs, mais les cités n'y envoyaient que des candidats valables. L'organisation des jeux appartenait aux Pisates, puis, après la destruction de leur cité en 572 av. J.-C., elle fut confiée aux Éléens. Avant l'ouverture des jeux, des hérauts partaient d'Olympie annoncer à travers le monde grec la trêve sacrée; pendant toute cette période, les pèlerins qui se rendaient à Olympie étaient sacrés, et même la guerre* ne prévalait pas sur ce droit religieux; à partir du IVe s. av. J.-C., Olympie et son territoire devinrent aussi inviolables et on ne pouvait y pénétrer en armes*. L'organisation des détails des fêtes était confiée aux hellanodices*. Deux mois avant l'ouverture des jeux, les candidats dont on avait accepté l'inscription venaient se présenter aux hellanodices, qui leur faisaient connaître les règlements des jeux et leur faisaient subir un entraînement spécial, à la suite duquel ils étaient répartis selon leur âge et leur force.

Les jeux ne commençaient qu'après un certain nombre de sacrifices et de cérémonies religieuses en l'honneur de Zeus, de Kronos, des autres dieux, de Pélops et de divers héros; les officiants étaient les Éléens et les théores → **théories**, envoyés par les diverses cités. On connaît mal l'aspect religieux des fêtes, mais le grand sacrifice de Zeus, point culminant de la solennité, avait lieu au milieu des jeux. Les jeux eux-mêmes commençaient par un serment — horkos* — que prêtaient les concurrents sur l'autel de Zeus Horkios de ne commettre aucune fraude.

Le premier jour étant occupé par les sacrifices préliminaires, les six autres étaient consacrés aux concours. Les épreuves ont varié selon les époques, ainsi que l'ordre dans lequel elles étaient subies. Pour l'époque hellénique, elles étaient ainsi disposées : premier jour, course à pied; deuxième jour, pentathlon (course, saut, lutte, javelot, disque); troisième jour, lutte, pugilat, pancrace; quatrième jour, course de chevaux et de chars. Les athlètes se présentaient dévêtus, et un héraut* les nommait ainsi que leur patrie ; l'ordre dans lequel ils passaient se faisait par tirage au sort. Les enfants étaient admis à concourir dans leur catégorie. Les hellanodices désignaient les gagnants, dont les noms étaient proclamés par les hérauts ; les vainqueurs recevaient en récompense une palme ou une couronne* d'olivier. Leur cité leur réservait ensuite un accueil triomphal ; pour eux, on érigeait des statues, et les poètes écrivaient des odes triomphales. Les femmes* n'étaient pas admises aux jeux, la seule femme de l'assistance étant la prêtresse de Déméter Khamyné ; en revanche, les esclaves et les Barbares y étaient admis comme spectateurs.

Cette réunion de Grecs venus de toutes les parties du monde hellénique attirait aussi les hommes de lettres désireux de faire connaître leurs œuvres ; c'est ainsi que, si l'on en croit la tradition, devant l'assemblée des Hellènes, lors des jeux, Hérodote* lut quelques livres de ses *Histoires*, Empédocle d'Agrigente déclama les vers de ses *Purifications*, Gorgias de Léontinum éblouit les spectateurs par ses merveilleux sophismes. Par ailleurs, les peintres y exposaient leurs tableaux et les villes y déposaient les portraits des athlètes vainqueurs commandés aux plus illustres sculpteurs de la Grèce. Dans ses chapitres consacrés à Olympie, Pausanias* nous a ainsi donné la description d'un nombre considérable de sculptures. Deux d'entres elles ont été retrouvées, la Niké de Paionios* et l'Hermès de Praxitèle*. Les fêtes olympiques ont sans doute été pour les Grecs la panégyrie* au cours de laquelle ils se sont le mieux connus et où ils ont le plus profondément ressenti leur unité et leur grandeur.

oracle, prophétie donnée par un devin* indépendant ou par un prophète attaché à un sanctuaire oraculaire ; le prophète lui-même, enfin, sanctuaire ou lieu où se prononcent les oracles. → Pour ce qui est de la divination ordinaire, v. ce mot.

Aux oracles était attaché un être inspirateur, dieu, héros ou mort. Les grands dieux oraculaires étaient Zeus et Apollon, à côté desquels on trouve des sanctuaires oraculaires présidés par des dieux secondaires. Néanmoins, le véritable inspirateur des oracles, le seul à percevoir le futur était Zeus, et c'est par sa seule volonté que d'autres divinités pouvaient prophétiser. À Thalamæ, en Laconie*, les éphores* allaient s'endormir dans le temple de Pasiphaé qui leur envoyait des songes prophétiques ; on révélait l'avenir par des songes dans le temple de Gaïa à Olympie*, par l'oracle de la Nuit à Mégare*, par l'oracle de Brizo à Délos*, consulté surtout pour les questions de pêche et de navigation*. Ce moyen prophétique était encore utilisé dans les asclêpieion*.

Les principaux oracles de Zeus étaient ceux d'Olympie, de Dodone et de Zeus Ammon, en Égypte. Celui d'Olympie avait un caractère secondaire ; la famille des Iamides, attachée au culte de Zeus, y présidait l'avenir, en particulier par l'observation des entrailles des victimes ; ils apparaissaient plus comme des devins indépendants que comme des prophètes inspirés par le dieu.

Dodone est située en Épire, et son oracle passait pour le plus ancien de la Grèce. Ses desservants, dès l'époque homérique, les Selles, semblent avoir appartenu à un génos* sacerdotal, et leur nom est rapproché de celui des Hellènes → **Hellade**. C'est un sanctuaire d'origine mycénienne, occupé par les Hellènes, qui l'annexèrent à leur profit. La divination était rendue par une (ou trois, selon les époques) prophétesse, appelée « péliade* » ; elle se plaçait sous le chêne de Zeus et écoutait la voix du dieu dans le bruissement des feuillages. Comme la pythie delphique, il semble qu'elle ait aussi bu l'eau d'une fontaine sacrée. On lui posait les questions par écrit sur des lamelles de plomb, et la réponse devait se faire oralement. L'oracle de Dodone, qu'on vint consulter de toutes les parties du monde hellénique, rivalisa avec celui de Delphes* sans cependant pouvoir l'égaler.

L'oracle de Zeus Ammon, situé dans une oasis libyenne, fut connu des Grecs au moment de l'installation de leurs premiers comptoirs en Égypte. La divinité oraculaire, Ammon, était un dieu indigène hellénisé sous le nom de Zeus. Les Athéniens le consultèrent souvent pendant la guerre du Péloponnèse*, et il est surtout célèbre pour la visite que lui fit Alexandre* le Grand. La statue du dieu, portée sur une nacelle dorée, bougeait la tête pendant les processions et les prêtres interprétaient ces signes ; par ailleurs, il y avait une source miraculeuse dont on vendait l'eau par-delà les mers pour être utilisée dans les conjurations et les lustrations.

Apollon est le dieu de la mantique par excellence, mais, en réalité, il ne fait qu'interpréter la pensée de son père, Zeus, le vrai maître de toutes choses. Son oracle le plus connu est celui de Delphes. Les autres oracles d'Apollon en Grèce étaient celui d'Abæ, en Phocide, dont le temple était rempli d'ex-votos, renommé à la fin de l'époque archaïque, mais qui déclina ensuite bien vite. En Béotie*, Apollon possédait plusieurs sanctuaires divinatoires, dont le plus important était celui situé sur le Ptoôn, près d'Acræphiæ ; les prophéties étaient rendues par un prêtre, le promantis ; Xerxès le consulta lorsqu'il envahit la Grèce ; il cessa d'exister après le sac de Thèbes* par Alexandre. Les autres oracles apolliniens de Béotie étaient celui de Tégyre, qui promit la victoire aux Grecs lors de la deuxième guerre médique, celui d'Eutrésis, celui d'Hysiæ, où une source donnait l'ivresse prophétique ; enfin, à Thèbes, dans le sanctuaire d'Apollon Isménios, le dieu avait institué la mantique avec son fils Ténéros. Apollon possédait aussi de nombreux oracles en Asie Mineure. Près de Milet*, l'oracle de Didyme, desservi par les Branchides, rivalisa avec celui de Delphes ; la légende d'Apollon y instituant Branchos comme son prophète recouvre l'occupation par ce dieu ionien d'un sanctuaire prophétique préhellénique dont Branchos était la divinité. Près de Colophon, l'oracle de Claros avait été établi par Manto, fille de Tirésias ; un prêtre descendait dans la crypte du sanctuaire, buvait l'eau d'un puits qui l'inspirait et lui faisait donner des réponses en vers ; les fouilles archéologiques ont rendu la crypte et le puits.

Le plus important des oracles de héros était celui de Trophonios à Lébadia, en Béotie, qui possédait un temple et un bois* sacré. Aux confins de l'Attique et de la Béotie, celui d'Amphiaraüs, le héros d'Argos*, fut consulté par le Perse Mardonios avant la bataille de Platées*. Le dieu envoyait des songes prophétiques à ceux qui venaient coucher dans son sanctuaire.

Le pouvoir oraculaire des morts se rattache à la nécromancie, et on en voit une forme dans la *Nékya* de l'*Odyssée*, où Ulysse va évoquer les morts chez les Cimmériens. Les morts apparaissaient aussi en songe ; ainsi devait-il en être dans les oracles de Tirésias en Béotie, et plus particulièrement dans l'oracle situé dans le voisinage de son tombeau près d'Haliarte, ou celui de son petit-fils Mopsos, à Mallos. Près de Cumes en Italie, une entrée des Enfers se trouvait près du lac Averne, considéré comme un lieu propice pour l'évocation des morts.

Si l'on consultait les grands oracles pour de grandes affaires : déclaration de guerre, fondation de cité, etc., les particuliers allaient interroger les dieux, et surtout les oracles locaux pour la moindre affaire personnelle, comme pour retrouver un objet perdu. On peut voir par là l'importance des oracles non seulement dans la vie internationale des Grecs et dans leur vie publique, mais aussi dans leur vie privée. On allait d'autant plus volontiers consulter les oracles, et surtout les oracles locaux, qu'on en trouvait toujours un dans le voisinage, et que les prêtres* ne se faisaient payer qu'en fonction de l'importance du service demandé et de la fortune du demandeur.

ordres. Nom donné aux types architecturaux des temples* grecs.

Les caractéristiques essentielles des ordres grecs se trouvent dans les types de colonnes. La Grèce classique a ainsi déterminé trois ordres, appliqués à tous les monuments du monde hellénique. Ces colonnes présentent cependant un caractère commun, elles sont toutes cannelées. On ne connait qu'une exception dans le temple dorique de Ségeste (en Sicile*), ville qui n'était pas grecque. Il semble que si ses colonnes sont restées lisses, c'est parce que, le cannelage se faisant une fois les colonnes mises en place, ce travail n'a pas pu être réalisé, soit faute de temps, soit faute de moyens.

— 1. Le **dorique** est le plus ancien. La colonne va en se rétrécissant vers le haut. Elle repose directement sur le sol (stylobate) en pierre. Son chapiteau est simple, de forme oblongue, surmonté d'une abaque*, dalle de pierre sur laquelle repose l'architrave. — **2.** La colonne **ionique**, plus gracieuse, alors que la colonne dorique est plus trapue, repose sur une base formant des bourrelets annulaires. (en termes techniques, il s'agit d'une plinthe et de deux tores séparés par une scotie). Le chapiteau est constitué par deux volutes tournées vers le bas, surmontées par un tailloir orné d'oves, et portant l'architrave. — **3.** L'ordre **corinthien** aurait été inventé, selon Vitruve, par Callimaque* à la vue d'un panier couvert d'une pierre plate autour duquel aurait poussée une acanthe. Sa base est similaire à celle de la colonne ionique, mais son chapiteau est constitué par un assemblage de feuilles d'acanthe surmontées par des volutes qui servent de support au tailloir.

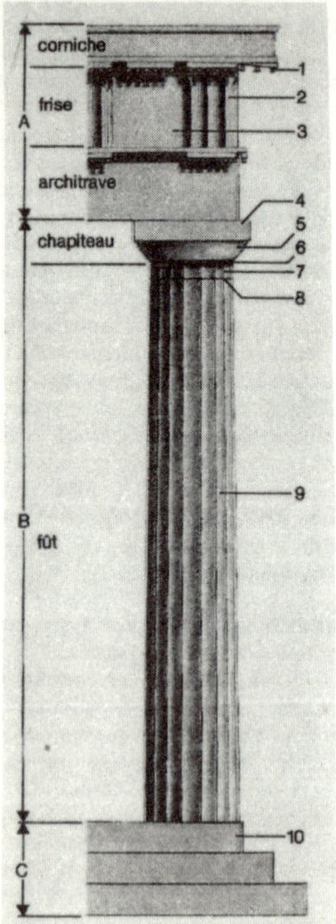

Ordre dorique grec classique
A. Entablement :
1. Mutules et gouttes ;
2. Triglyphe ;
3. Métope.
B. Colonne :
4. Abaque ;
5. Échine ;
6. Annelets ;
7. Gorgerin ;
8. Entaille ;
9. Cannelure.
C. Crépis :
10. Stylobate.

Pour les éléments de l'architecture propre à chacun des ordres et aux aspects chronologiques, → **voir temple.**

orphisme, nom donné à un courant religieux qui pénétra en Grèce dès l'époque archaïque et dont on ne connaît pas l'origine.

Ce qui est certain, c'est que, alors qu'Homère* ignore l'existence de l'orphisme (mais peut-être n'a-t-il pas eu l'occasion de le mentionner ou d'y faire allusion), celui-ci est solidement établi en Grèce au VIe s. av. J.-C. Ses adeptes le faisaient remonter à Orphée, le musicien mythique de la Thrace. L'orphisme possédait une théogonie et une cosmogonie qu'on a voulu rapprocher à tort de celle d'Hésiode. On y retrouve de nombreux dieux du panthéon hellénique, mais ils prennent un caractère cosmique et symbolique. L'orphisme révèle une tendance en faveur d'une notion de divinité unique et panthéistique, où Zeus devient le premier et le dernier (en d'autres termes l'alpha et l'oméga), la tête et la queue, le tout, la source de tout ce qui est et de toute vie. Le mythe central de l'orphisme est celui de Zagreus : fils de Zeus et de Déméter, il avait reçu de son père l'empire du monde ; les Titans, jaloux, se saisirent de lui alors qu'il s'était transformé en taureau, le déchirèrent et le dévorèrent. Athéna sauva l'âme (ou le cœur) de Zagreus, que Zeus ressuscita sous le nom de Dionysos ; quant aux Titans, il les foudroya, et de leurs cendres naquirent les hommes, formés de deux éléments, l'un provenant des Titans, terrestre et périssable, l'autre issu de Zagreus, qu'ils avaient ingéré, divin et éternel.

L'autre aspect de la cosmogonie orphique réside dans le mythe de l'œuf d'argent né du Chaos ; de la division de l'œuf seraient nés les êtres porteurs des germes de toute chose et, ensuite, le ciel et la terre. L'eschatologie de l'orphisme consistait dans la croyance que l'homme possédait une âme immortelle qui avait été déchue à la suite d'un péché originel et qui, par de successives incarnations, se purifiait en tendant vers le bien pour retourner au Zeus-Tout par des purifications et surtout par l'initiation ; c'est d'ailleurs celle-ci qui est la véritable voie du salut. À ce titre, plus encore que les mystères* d'Éleusis*, qui ont, sans nul doute, subi son influence, l'orphisme est une doctrine de salut. Les initiés orphiques étaient ensevelis avec des tablettes ou des lamelles d'or sur lesquelles étaient inscrites des phrases rituelles et des paroles d'espoir, où ils prétendaient appartenir à la race bienheureuse des immortels et que leur âme était fille du ciel étoilé.

L'orphisme fut prêché dès l'époque archaïque par des prêtres ou des initiés qui pratiquaient les jeûnes, les macérations, et, comme les pythagoriciens, avec lesquels ils avaient d'étroits rapports, ils s'abstenaient de manger la chair animale.

Les premiers orphiques connus se trouvent en Grèce d'Occident à la même époque que les pythagoriciens* ; ce sont Orphée de Camarina en Sicile*, Orphée de Crotone, Zopyros d'Héracléia en Grande-Grèce*. De nombreux écrits furent ensuite placés sous le nom d'Orphée ; le plus ancien serait dû à Onomacrite, chresmologue* de la cour des Pisistratides* à Athènes*, qui recueillit les oracles de Musée, poète mythique, également d'origine thrace ; il avait aussi été chargé de réunir les poèmes d'Orphée et fut chassé d'Athènes pour y avoir inséré quelques-uns de ses propres vers. L'orphisme a imprégné toutes les générations postérieures. Pindare reprend le dogme de la réincarnation, Eschyle* et Sophocle* en subissent l'influence, et l'idée qui domine tout le platonisme, celle du corps tombeau de l'âme, de la chute de l'âme, immortelle et préexistante dans le monde de la génération, est d'inspiration orphique.

On ne sait comment s'accomplissait l'initiation orphique. Les orphéotélestes, qui apportèrent à la Grèce archaïque la bonne nouvelle, n'apparaissent plus à l'époque hellénique que comme des charlatans et marchands d'orviétan ; Platon* les peint comme des imposteurs qui se prévalent d'Orphée et de ses écrits, et qui, par la magie, purifient des souillures et apportent l'immortalité ; comme les métragyrtes*, ils vont de cité en cité, mendient, vendent leurs purifications et leurs tablettes d'immortalité. De la littérature orphique, dont nous connaissons beaucoup de titres, il ne nous reste que des fragments ou des ouvrages de basse époque.

Orthagorides, famille de tyrans qui régnèrent à Sicyône* de 670 à 570 env. av. J.-C..

Ils appartenaient à la tribu* pré-dorienne des Aigialéens (« gens de la côte »). Ils renversèrent le gouvernement oligarchique avec l'aide du peuple et installèrent la tyrannie* à leur profit. L'auteur de cette révolution était Orthagoras, fils d'un mageiros, sans doute un sacrificateur. Entré dans l'armée, il devint polémarque* et, muni des pouvoirs de sa fonction, il instaura la tyrannie. Son frère Myron, vainqueur aux jeux Olympiques en 648, lui succéda. Le fils de ce dernier, Aristonymos, régna peu de temps et laissa son trône à son fils Myron II, un débauché qui régna sept ans et fut assassiné ; son frère Isodème lui succéda et fut détrôné deux ans après par son autre frère Clisthène. Avec ce dernier la dynastie atteignit son apogée et s'éteignit sans qu'une seule fois le peuple se fût plaint de ces princes qui brillèrent pour leur modération et leur équité. Poursuivant la politique anti-dorienne de ses prédécesseurs, Clisthène rabaissa les Doriens* des trois tribus* en donnant à celles-ci les noms de « porcs », « gorets » et « ânes », tandis que sa tribu prenait le nom d'Archélaoi, c'est-à-dire « chefs du peuple ». Ennemi d'Argos*, il supprima à Sicyône le vieux culte du héros argien Adraste et le remplaça par celui du Thébain Mélanippos. Il équipa une flotte et participa à la guerre contre Crissa qui imposait les pèlerins de Delphes*. Il embellit sa ville, y appela des sculpteurs de Crète*, brilla par son faste et la magnificence de ses fêtes, la plus célèbre étant celle qu'il ordonna pour célébrer les noces de sa fille Agaristê avec Mégaclès, Athénien de la famille des Alcméonides*. Avec lui, Sicyône parvint à l'apogée de sa puissance et, lorsqu'il mourut sans laisser d'enfant, elle perdit toute son importance politique.

ostracisme, **bannissement.**
Le mot vient d'*ostrakon*, qui signifie « coquille » et désigne aussi le tesson de poterie, car les noms des ostraciés étaient marqués sur un tesson par les votants. Il fut institué dans les démocraties* pour permettre, par simple vote du peuple et sur proposition d'un citoyen, d'éloigner, temporairement ou définitivement, certains hommes politiques dont on craignait les ambitions. L'institution fut établie par Clisthène*, afin d'éloigner d'Athènes le tyran Hipparque, fils de Pisistrate*. L'ostracisme existait hors d'Athènes, à Mégare*, Argos*, Éphèse, Milet*, Syracuse, où il s'appelait « pétalisme », et ne subsista que peu de temps; mais c'est surtout la démocratie athénienne qui nous le fait connaître. Chaque année, à la sixième prytanie*, l'ecclésia*, lors de son assemblée, examinait la question de l'ostracisme. Si une victime était désignée, on décidait par vote qu'il y aurait lieu à une ostracophorie ; dans ce cas, celle-ci était remise à six mois plus tard ; alors se tenait l'ostracophorie, assemblée extraordinaire présidée par les neuf archontes* et tenue sur l'agora*. On inscrivait le nom du personnage sur un ostracon et il fallait qu'il eût plus de six mille suffrages, c'est-à-dire certainement les deux tiers, pour qu'il fût ostracié. Le banni pouvait d'ailleurs être rappelé peu après ; ainsi en fut-il pour Aristide*. L'ostracié résidait où il voulait et conservait ses biens. Les partis l'utilisèrent pour éloigner leurs adversaires politiques, mais, à la fin du ve s. av. J.-C., on ne recourut plus à l'ostracisme ; on lui préférait l'atimie*.

P

Paionios, **sculpteur (Mendé, en Macédoine*, seconde moitié du ve s. av. J.-C.).**

Contemporain de Phidias*, il collabora avec lui et avec Alcamène* à la décoration des frontons du temples* de Zeus à d'Olympie*. Mais ce qu'on peut lui attribuer est tout à fait incertain. On a pensé aussi qu'il aurait pu être l'auteur de certaines Néréides de Xanthos (Lycie, Asie-Mineure), et même de quelques *Niké* (« Victoires ») de la balustrade du temple d'Athéna Niké, ce qui est une pure supposition. La seule œuvre signée de lui que nous possédions est l'original d'une Niké trouvé à Olympie ; sans doute érigé par les Messéniens de Naupacte après la prise de Sphactérie en 425 av. J.-C. D'inspiration ionienne, cette Niké est vêtue d'une sorte de péplos* à demi-mouillé et dessine un mouvement vif en avant, qui gonfle les draperies en arrière. On sent dans cette œuvre l'influence de Phidias.

paix (traités de) Les cités grecques passèrent souvent entre elles des traités de paix qui, s'ils n'étaient pas perpétuels, représentaient un engagement pour une longue durée de temps. Ainsi, les gens d'Héraia, en Arcadie, signèrent-ils un traité de paix de cent ans avec les Éléens et, pendant la guerre du Péloponnèse*, les Acarnaniens et les Ambraciotes passèrent-ils un traité semblable. On ne sait combien de temps furent observés ces traités, mais les Grecs étaient aussi peu respectueux de leurs conventions que les peuples modernes, et la paix de Trente ans signée par les Athéniens et les Spartiates en 455 av. J.-C. ne fut observée que pendant vingt-quatre ans, ce qui était un record, puisque la paix de cinquante ans qui fut signée en 421 entre les deux mêmes cités, dite « paix de Nicias* », ne dura que trois ans.

Il existait deux sortes de traités de paix : ceux qui étaient passés entre deux parties, à égalité, et ceux qui étaient conclus entre un vainqueur et un vaincu. Un orateur grec, Andocide, prétend que la première forme de paix s'appelle *eirênê*, la seconde *spondê*, mais, en réalité, le nom de *spondê* vient des sacrifices* qui étaient faits lors de la signature du traité de paix. Les ambassadeurs des deux cités, une fois d'accord sur les termes du traité, le faisaient inscrire sur des tables de pierre avec les clauses qui l'accompagnaient. On prêtait ensuite serment de respecter le traité. Ou bien l'horkos* était prêté par des plénipotentiaires envoyés au nom du peuple, dans la cité voisine, ou encore une assemblée ou le peuple lui-même prêtait serment devant les ambassadeurs envoyés par l'autre cité. Des sacrifices et des libations accompagnaient ces promesses, et les accords étaient contresignés par les deux parties. Les serments pouvaient être renouvelés chaque année ou tous les quatre ans, ou encore on se contentait de relire publiquement chaque année les termes du traité. Les pierres ou les colonnes sur lesquelles ils étaient gravés étaient déposées dans les temples, sur les places publiques et parfois dans les temples panhelléniques d'Olympie ou de Delphes*. Lorsqu'un traité était dénoncé, on y faisait mention de la rupture ou on retirait la stèle. Des échanges d'otages pris parmi les gens importants ou leur famille étaient faits entre les États, à moins que seule la cité vaincue ne donnât des otages.

palestre, **lieu plus spécialement destiné aux exercices physiques.**

Des palestres étaient attachées aux gymnases*, mais il y en avait d'indépendantes en plus grand nombre dans toutes les cités grecques. C'est à Athènes* qu'on en trouvait le plus. Pour la plupart, elles avaient été bâties aux frais du Trésor*, mais des particuliers en avaient fait construire pour y exercer eux-mêmes la fonction de pédotribe (maître de palestre). Les pédotribes des palestres d'État étaient aussi des particuliers rétribués par les élèves. Ces palestres étaient distinguées par des noms d'hommes, Hippocrate, Sibyrtios, Taureas, dont on ne sait si c'étaient les noms des pédotribes ou les noms de ceux qui avaient fait construire la palestre. Les pédotribes d'Athènes étaient les plus réputés et, si l'on en croit Pindare, on les appelait de toute la Grèce pour former les pédotribes étrangers, comme cet Ariston d'Argos dont Platon* avait visité la palestre. Une tradition attribuait d'ailleurs à Thésée ou à son maître Phorbas l'invention des exercices de la palestre.

Pamphilos, **peintre (Amphipolis, en Macédoine, début du IVe s. av. J.-C.).**

Il fut le maître d'Apelle*, de Mélanthios et de Pausias*. Il travailla surtout à Sicyône*. Très intéressé par les sciences exactes, il étudia l'arithmétique et la géométrie qu'il disait être indispensables à la pratique de l'art. Il fit rendre obligatoire dans les écoles de Sicyône l'enseignement du dessin et de la peinture sur buis, discipline qui fut par la suite, généralisée dans l'éducation* scolaire. Théoricien de son art, il faisait payer cher ses leçons mais il n'a pas laissé personnellement d'œuvre illustre.

Panainos, **peintre (Athènes, v. 456 av. J.-C.), neveu (ou frère ?) de Phidias*.**

Il participa à l'ornement du portique du Pœcile en représentant la bataille de Marathon*, avec Polygnote* et Micon*. Collaborateur de Phidias, il prit en charge la décoration du trône de Zeus Olympien et y représenta Héraclès dans différents travaux, Thésée et Pirithoüs, Hippodamie, la mort de Penthésilée, etc. Il avait peint surtout en Élide*, dans le temple d'Athéna, qu'il avait par ailleurs revêtu d'un enduit composé, paraît-il, de lait et de safran. C'est à son époque que s'ouvrirent à l'occasion des grands jeux les premiers concours de peinture. À Delphes*, il concourut contre Timagoras, qui le vainquit, à l'occasion des jeux Pythiques*.

Panathénées, **fêtes célébrées par les Athéniens en l'honneur d'Athéna.**

Elles sont parmi les plus importantes des fêtes grecques, surtout lorsque, après 566 av. J.-C., elles furent ouvertes à tous les Grecs, ce qui leur donna un caractère de grande fête panhellénique. On célébrait des Panathénées annuelles et, tous les quatre ans, les Grandes Panathénées, auxquelles venaient assister des gens de tout le monde grec. On faisait remonter leur institution au roi mythique Érichthonios et à Thésée, qui en fit la fête des dèmes* de l'Attique*. C'est à partir des Pisistratides* que la fête revêtit tout son éclat, surtout lors des Grandes Panathénées, dont Pisistrate fut l'initiateur. On ne sait, dans le détail, ce qui distinguait les panathénéens annuelles de la grande fête pentétérique (c'est-à-dire quadriennale) ; sans doute, les premières étaient beaucoup plus simples. Nous décrirons ici brièvement les Grandes Panathénées.

La raison première de la solennité était la remise à la déesse d'un péplos* neuf. Pour cela, neuf mois avant la fête, deux des quatre arrhéphores (ou erséphores), jeunes filles de la noblesse âgées de sept à douze ans, se retiraient dans le temple d'Athéna et commençaient à tisser le péplos ; elles étaient aidées dans ce travail par d'autres jeunes filles, les Ergastines.

Sur le péplos teint au safran, on représentait en broderie le combat d'Athéna et des dieux contre les Géants.

Les Grandes Panathénées avaient lieu la troisième année des Olympiades, au mois d'Hécatombéon (juillet-août). En prélude aux fêtes se déroulaient, le 16, les *synoikia*, en commémoration du synœcisme*. Les cérémonies commençaient cinq ou six jours plus tard. Elles étaient organisées par les magistrats de la ville, assistés des hiéropes (collège de dix magistrats tirés au sort et chargés de préparer les sacrifices), des athlètes (également au nombre de dix, élus pour quatre ans et chargés des concours) et, à partir du IIe s. av. J.-C., d'un agonothète*.

Après les sacrifices* habituels, les fêtes s'ouvraient par des concours. Il semble qu'il y ait eu d'abord les agôn* musicaux : des rhapsodes s'affrontaient, récitant des vers d'Homère en s'accompagnant de la cithare ; ils avaient été institués par Pisistrate et ses fils, ainsi que les concours musicaux qui suivaient et qui eurent lieu dans l'Odéon* à partir de Périclès* ; les épreuves consistaient en récitation de poèmes avec accompagnement de cithare et de flûte, solos de cithare et solos de flûte. Les prix étaient des couronnes et de l'argent. Suivaient les épreuves gymniques, réparties entre trois catégories (enfants, jeunes gens et hommes), qui se déroulaient à Ékhélidai, près du Pirée, jusqu'à la construction du stade panathénaïque d'Athènes par Lycurgue*, à la fin du IVe s. av. J.-C.. Les vainqueurs recevaient des amphores aux formes élégantes, contenant de l'huile et appelées amphores « panathénaïques ». Les concours hippiques, qui duraient deux jours, étaient les plus importants de toute la Grèce. À côté des épreuves de courses à cheval et en char, on rivalisait dans des exercices à cheval de haute voltige et de lancer de javelot. Étaient également organisés des concours de danse* pyrrhique, et, après des sacrifices à Poséidon, se déroulaient au cap Sounion des courses de trières chers à ce peuple maître des mers. Enfin, un soir de nuit noire (la fête étant programmée avant la nouvelle lune), avaient lieu les lampadédromies, courses aux flambeaux, où des éphèbes* partis de l'Académie*, avec des flambeaux allumés, effectuaient une sorte de course de relais.

Ces festivités étaient closes le 8 par la procession qui, partie du Céramique*, suivait la voie sacrée et se rendait à l'Acropole* en passant par l'agora*. On portait le péplos (sur un vaisseau à une époque tardive) au sanctuaire d'Athéna dans un cortège où, derrière les bœufs conduits au sacrifice, s'avançaient les Ergastines, les magistrats, les métèques* avec des bassins remplis des objets du sacrifice, leurs femmes avec des ombrelles, des porteurs de sièges, les plus beaux vieillards des dèmes*, tenant des branches d'olivier, des jeunes gens, des hoplites, de nobles éphèbes à cheval, des chars, des délégations des cités étrangères et enfin tout le peuple d'Athènes qui, d'abord massé sur le passage du cortège, devait en partie s'y intégrer. Des haltes et des sacrifices ponctuaient la progression du cortège avant qu'il ne parvienne à l'autel* d'Athéna Polias, où l'on procédait aux sacrifices de bœufs et de brebis. Les viandes des sacrifices étaient réparties entre les habitants des divers dèmes.

panégyrie, assemblée de tout le peuple.

C'est le nom donné à toutes les manifestations de la vie publique qui réunissaient une grande partie du peuple : marchés importants, foires, spectacles. C'est aussi le nom des grandes fêtes de caractère religieux : Gymnopédies*, Lénéennes*, les quatre grands jeux* panhelléniques, les Panathénées* ou les grandes fêtes d'Apollon organisées à Délos* par les Athéniens.

panhellénisme, ensemble de tous les Grecs.

Les Grecs* ont employé ce terme dès la plus haute époque. On le trouve chez Homère, bien que le passage où il est mentionné soit sans doute une interpolation plus récente, chez Hésiode, Pindare, Euripide*... Au IVe s., Isocrate* sera l'un des prestigieux porte-parole du panhellénisme, sans que, pour autant, la majesté et le pathétique de ses discours aient pu exercer une action efficace ; peut-être ontils toutefois permis aux Grecs de sentir plus vivement les liens qui auraient dû les unir. Car si les Hellènes ont eu le sentiment de leur unité ethnique et surtout linguistique malgré les variétés dialectales, s'ils sentaient les différences qui les opposaient aux *barbaroi*, le cadre de la polis* dans lequel ils se trouvaient enfermés, les ambitions hégémoniques des cités, mais aussi des particularismes locaux, de profondes différences dans les conceptions de la vie et de son cadre, de la liberté et de l'idéal politique, et enfin un sentiment de l'existence d'un antagonisme entre les groupes doriens*, ioniens* et éoliens* (pour ces derniers à un moindre degré), opposèrent toujours une barrière infranchissable à toute volonté d'unification politique.

Devant le danger perse, lors des guerres Médiques*, ils ont certes marqué leur unité, en opposant à l'ennemi barbare le front commun de plusieurs cités, mais il ne faut pas oublier qu'une grande partie des Grecs (soit de force, comme ceux d'Asie Mineure, soumis par Darios, soit de plus ou moins bon gré, comme les Macédoniens, les Thessaliens, les Béotiens) resta neutre ou combattit au côté des envahisseurs contre les confédérés.

C'est dans les symmachies*, et surtout dans les amphictyonies* que les Grecs tendirent vers un panhellénisme politique. Mais la seule amphictyonie de caractère panhellénique, celle de Delphes*, n'eut jamais une bien grande autorité.

Les grands jeux, surtout les jeux Olympiques*, et des fêtes comme les Panathénées*, auxquels participaient tous les Grecs, ou encore l'unité religieuse dont témoignait le recours aux grands sanctuaires* tels que Délos* ou Delphes* ont fortifié leurs sentiments panhelléniques, mais les intérêts et les ambitions des cités sont toujours restés une barrière infranchissable.

Philippe de Macédoine, après Chéronée*, constituera par la force à Corinthe* une ligue panhellénique, à laquelle manqueront d'ailleurs Sparte* et toutes les cités grecques d'Occident, de la mer Noire, de l'Afrique et de l'Asie ; mais après la mort de son fils Alexandre*, les luttes allaient reprendre et, finalement, les Grecs ne seront unis que contre leur volonté, lorsque les Romains auront réduit le monde hellénique à l'état de provinces de leur empire.

Paralie, littoral du sud de l'Attique, qui s'étend sur près de 180 km.

La culture y étant impossible, les habitants de cette région côtière, appelés Paraliens, vivaient de la pêche et de l'exploitation des marais salants.

À l'époque de Solon*, ils formèrent un parti de gens groupés autour des Alcméonides* et tirant leur subsistance de la pêche, de la navigation* et du commerce*.

Parrhasios, peintre (Éphèse, v. 400 av. J.-C.).

Il était le fils et l'élève d'Évenor. Il vint très tôt à Athènes*, où il se fit naturaliser. Ses sujets sont extrêmement variés. La tragédie* lui procura des thèmes (Prométhée, Philoctète, Télèphe) ; il utilisa aussi les sujets allégoriques avec beaucoup d'habileté ; sa peinture du peuple athénien jouissait d'une grande renommée, car il avait su en exprimer tous les caractères : grandeur, bassesse, versatilité. Il ne méprisa pas non plus les sujets familiers ni les sujets mythologiques. Il avait peint aussi des petits tableaux érotiques, qui firent les délices de l'empereur romain Tibère.

Mais ce n'est pas tant par le choix de ses sujets qu'il a brillé que par sa technique et son style : il a véritablement libéré l'art de la peinture en lui donnant toute la force de la vérité. Il rendit merveilleusement les ombres, les contours, les modelés et les reliefs, et soigna particulièrement la symétrie de ses sujets. On peut même parler, à propos de sa technique, des éclairages de clair-obscur. On connaît l'anecdote selon laquelle Zeuxis, son rival, ayant peint des raisins, les oiseaux vinrent pour les manger, tandis que, Parrhasios ayant peint un rideau, Zeuxis lui demanda de le tirer pour voir ce qu'il cachait ; Zeuxis s'avoua vaincu car lui-même n'avait trompé que des oiseaux. Parrhasios était d'une vanité démesurée ; il affirmait avoir atteint le sommet de l'art et prétendait descendre d'Apollon. Il ne peignait que pour de très riches amateurs et surtout pour des villes comme Rhodes et Lindos. Vivant dans le plus grand luxe, il était toujours vêtu de pourpre et couronné de bandeaux d'or. Il fut l'un des plus grands peintres de la Grèce.

Parthénon (le), **célèbre sanctuaire* d'Athéna Parthénos, sur l'Acropole d'Athènes.**

Le terme de parthénon (de *parthenos*, vierge) désignait la chambre ou l'appartement d'une jeune fille, d'où il a été étendu à des sanctuaires où officiaient des vierges. Ainsi plusieurs temples portaient-ils ce nom dans le monde hellénique ; ils étaient consacrés à des divinités vierges comme Artémis Leucophryné (à Magnésie du Méandre), mais aussi à des déesses-mères comme Déméter ou Cybèle (à Hermioné en Argolide, à Cyzique en Asie Mineure). Le nom de Parthénon ne fut d'ailleurs donné au temple d'Athéna à Athènes qu'au IVe s. av. J.-C. : on le trouve pour la première fois dans un discours de Démosthène* daté de 355. Auparavant, on le désignait sous l'expression de « grand temple », le terme de parthénon étant réservé à la grande salle de 19,19 m × 13,37 m, avec ses quatre colonnes ioniques centrales, située à l'ouest du naos, contiguë au portique arrière, fermé par des grilles, appelé opisthodome. Il semblerait que ce fût dans cette salle que les arréphores → **Panathénées** se tenaient pour tisser le péplos* de la déesse. On pense aussi que, avec l'opisthodome, il abritait le trésor d'Athéna.

Le grand temple* dont il nous reste les ruines, chef-d'œuvre de l'architecture dorique → **ordres**, construit entre 447 et 432 par les architectes* Ictinos et Callicratès, sans doute sous la direction de Phidias*, a été précédé par d'autres sanctuaires consacrés à la divinité protectrice d'Athènes. Cette Athéna Médeoussa possédait sur l'Acropole* un petit sanctuaire* vers l'emplacement de l'actuel Érechthéion, mentionné par Homère. Vers le milieu du VIIe s., ce petit temple d'époque géométrique fut remplacé par un édifice plus vaste, présentant pour la première fois un fronton (mais un seul, à l'est), décoré de deux lionnes attaquant deux bœufs, dont des fragments sont conservés dans le musée de l'acropole. Cet édifice est entièrement remanié et agrandi au cours des premières décennies du siècle suivant. Il est fait de tuf et présente deux frontons, et une colonnade qui l'entoure complètement. Vers 525, les Pisistratides* vont encore construire le temple dans lequel le marbre fut utilisé pour les frontons et les métopes. De cet « hécatompédon » (une appellation de ce temple qui mesurait cent pieds, d'où ce nom) proviennent de nombreux reliefs et sculptures exposés au musée de l'acropole. C'est lui qui fut incendié par les Perses lorsqu'ils prirent et ravagèrent Athènes en 480. Fut aussi détruit le nouveau temple d'Athéna Polias que les Athéniens avaient commencé à ériger près de l'Hécatompédon après 490.

Le nouveau temple de Périclès*, l'actuel Parthénon, fut enfin reconstruit plus au sud, et d'une taille plus grande encore. Au niveau du stylobate (assise sur laquelle repose la colonnade), il mesure 69,51 m × 30,86 m. Entièrement bâti en

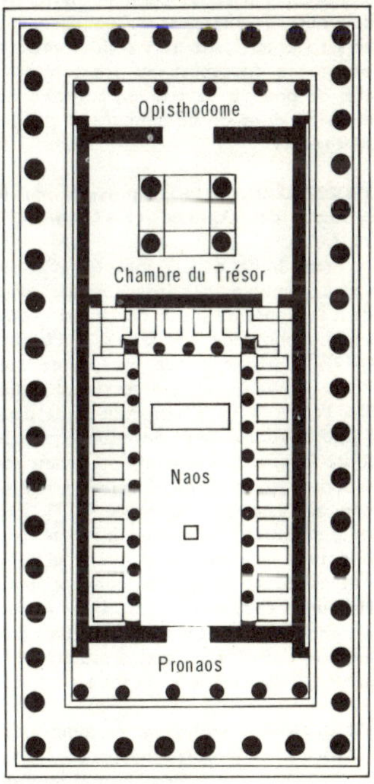

Plan du Parthénon.

marbre du Pentélique, il est entouré d'une colonnade en style dorique, de 8 colonnes sur les façades et 17 colonnes sur les côtés. Les sculptures étaient dues à Phidias et à son atelier; constituées par 14 métopes (parties pleines, et sculptées de bas-reliefs) et 15 triglyphes sur les façades, et 32 métopes et 33 triglyphes sur les côtés, elles figuraient la préparation des Panathénées. Le fronton Est représentait la naissance d'Athéna qui se tenait tout armée auprès de Zeus (il n'en subsiste plus que des fragments et en particulier des têtes des chevaux tirant le char d'Hélios et des personnages couchés) et le fronton Ouest figurait la dispute d'Athéna et de Poséidon pour la possession de l'Attique.

passeport. En principe, on n'avait pas besoin de passeport pour les voyages* à travers le monde grec. Cependant, lorsqu'une cité était en état de guerre, elle délivrait, aux étrangers qui voulaient traverser son territoire ou y résider quelque temps, un passeport ou laissez-passer, afin de pouvoir exercer un contrôle sur des gens dont on ne connaissait pas les sentiments.

Pausanias, prince spartiate de la branche des Agides* († 471 ou 470 av. J.-C.).

Il était le fils de Cléombrotos et le neveu de Léonidas*. Il dirigea Sparte* pendant l'enfance du fils de ce dernier. Après avoir commandé les Grecs à Platées* (479), il prit Byzance et Chypre aux Perses. Enhardi par ses succès, il s'allia aux Perses, dont il demanda l'aide dans l'ambitieux dessein de devenir le tyran de toute la Grèce. Ses complots ayant été soupçonnés, on envoya Cimon* contre lui pour le chasser de Byzance (477), à la suite de quoi il fut rappelé à Sparte. Fortuitement, on obtint la preuve de sa trahison; il fut arrêté par les éphores* pour être jugé. Mais, avant même d'être saisi, il se réfugia dans le temple d'Athéna Chalkiœkos, dont les Spartiates murèrent les portes; il mourut ainsi de faim.

Pausanias, voyageur et géographe (Lydie ? IIe s. de notre ère).

On ne sait que peu de chose de ce Pausanias, sinon qu'il vécut à Rome sous les règnes d'Antonin le Pieux et de Marc-Aurèle et qu'il y mourut assez âgé. Il nous a laissé un ouvrage des plus précieux, une *Description de la Grèce* à la suite de voyages* dans l'Hellade occupée par les Romains mais qui conservait encore à peu près intacts tous les trésors accumulés depuis des siècles. L'Attique* et la Mégaride (Livre I), la Corinthie, la Sicyônie, la Phliasie et l'Argolide* (II), la Laconie* (III), la Messénie* (IV), l'Élide* (V et VI), l'Achaïe (VII), l'Arcadie* (VIII), la Béotie* (IX), la Phocide (X), y sont décrites en détail. Cet ensemble nous a conservé encore une quantité de traditions mythiques et légendaires, des éléments importants sur l'histoire*, les cultes, les croyances, etc. qui en font l'un des documents les plus précieux pour notre connaissance de la Grèce.

Pausias, peintre (Sicyône, seconde moitié du IVe s. av. J.-C.).

Fils de Bryes, il fut l'élève de Pamphilos*, de qui il apprit la peinture à l'encaustique, art dans lequel il excella. Il est le premier à avoir peint des lambris, des plafonds, de motifs délicats comme les Éros, ou de motifs végétaux ou floraux. Ses sujets favoris étaient les enfants; c'est lui qui introduisit le goût, qui se développera surtout dans la période hellénistique*, des petits Éros : Éros dansants, Éros musiciens, Éros au milieu des fleurs, montés sur des chars... On peut en trouver des copies, sans doute assez fidèles, dans les délicates peintures de Pompéi. Dans ce même genre, il s'était exercé à peindre des fleurs à l'encaustique et il avait représenté sa compatriote Glycère, une tresseuse ou marchande de couronnes de fleurs, couronnée de fleurs très ressemblantes. Il savait admirablement rendre les reflets et le volume et avait peint un bœuf énorme, de face, dont on voyait cependant la taille par l'impression des clairs et des sombres. Un de ses tableaux allégoriques représentant l'« Ivresse » causa une sorte de révolution, car il avait peint le visage de l'Ivresse à travers la coupe de verre dans laquelle elle buvait. Après lui, l'école de Sicyône* ne fit que décliner. Beaucoup de ses tableaux furent vendus pour payer les dettes de la cité.

péan, chant religieux dans lequel le refrain *Paian* revenait en leitmotiv.

Ce fut d'abord un chant adressé à des dieux guérisseurs pour obtenir la santé ou la fin d'une épidémie ; il est alors plus particulièrement consacré à Asclépios et surtout à Apollon. Il devient ensuite un chant de joie et de victoire. Il est chanté à l'unisson lors du départ d'une flotte ou d'une armée*, et par les combattants avant de se lancer dans la mêlée. Après la bataille les vainqueurs le chantent encore comme hymne de triomphe. On retrouve le péan dans toutes les fêtes d'Apollon et, même lorsqu'il est chanté en l'honneur d'autres dieux, Apollon y est toujours évoqué. Chanté en général par des chœurs d'hommes, il peut aussi bien l'être par des femmes, à Délos*. Accompagnant les libations, il sera par la suite chanté aussi à table lors des festins et des symposia* et surtout dans les repas publics à Sparte* et en Crète*. Plus particulièrement consacré à Apollon, malgré son caractère de joie il reste mesuré et majestueux, s'opposant à l'ivresse dionysiaque du dithyrambe*.

pédagogue, esclave, en général un vieillard, chargé de s'occuper des enfants* dans les familles grecques aisées.

Le pédagogue accompagnait l'enfant à l'école ou au gymnase* en lui portant ses livres et il le surveillait lors de ses sorties. Dépositaire d'une partie du droit paternel, il était souvent muni d'une badine avec laquelle il corrigeait son pupille lorsqu'il se conduisait mal. Il est possible, par ailleurs, que plus tardivement le pédagogue ait été chargé d'une partie de l'instruction des enfants chez de riches particuliers.

pédérastie, amour d'un adulte pour un jeune garçon mais qui peut rester pur, encore qu'il implique un sentiment plus fort que l'amitié *(philia).*

Selon que les États fussent doriens ou ioniens, la pédérastie était érigée en institution comme à Sparte* et surtout en Crète*, ou sévèrement condamnée comme à Athènes* ; mais dans ce dernier cas les lois restaient lettre morte et la pédérastie était généralisée en Grèce. Il est certain que cette pureté, que dans le principe les Grecs désiraient voir triompher dans leurs relations pédérastiques, restait souvent un vœu pieux ; c'est la raison pour laquelle à Athènes l'entrée des gymnases* était interdite aux adultes de mœurs dépravées, et qu'à Sparte les éphores* veillaient à ce que la jeunesse ne fût pas corrompue par des adultes peu scrupuleux. Cependant les institutions antiques, qui reléguaient les femmes* dans les gynécées*, favorisèrent les relations entre les hommes, d'autant plus qu'ils passaient une grande partie de leur temps à s'exercer nus dans les gymnases*. Aristote* pensait d'ailleurs que c'était pour éviter la surpopulation que les législateurs avaient légalisé la pédérastie.

En réalité c'est un état de fait largement répandu dans toutes les sociétés et, à la différence de la majorité des autres peuples, les Grecs l'acceptaient comme une chose naturelle qu'on pouvait révéler au grand jour ; elle n'était sans doute pas plus répandue que dans les autres nations. Et c'est parce que nulle contrainte sociale ne les forçait à l'hypocrisie que les Grecs ont montré leurs amours avec tant de naturel.

C'est à de jeunes garçons qu'Anacréon consacre une partie de ses *Odes*, Pindare ne chante que les vainqueurs aux jeux et meurt la tête appuyée sur l'épaule de son ami en écoutant ses propres poèmes ; quelques-uns des plus beaux poèmes de Théocrite sont pédérastiques. Il est vrai que les dieux ont donné l'exemple : Zeus enlève Ganymède ; Apollon aime Hyacinthe, et même le puissant Héraclès s'éprend du bel Hyllos. Les hommes les imitent. La révolution d'Harmodios* et Aristogiton part d'une amitié passionnée et c'est sur une amitié semblable qu'est fondée l'idée du bataillon* sacré des Thébains. Même les hommes qui nous paraissent les plus graves n'ont pas ignoré les grâces de l'amitié et il semble que ce ne soit pas une calomnie lorsque les Anciens eux-mêmes ont accusé Aristote d'avoir été le « giton » d'Hermias d'Atarnée.

Le modèle des institutions pédérastiques nous est donné par la Crète. Lorsqu'un homme avait choisi un adolescent, il en avertissait les parents et un enlèvement était simulé ; les parents défendaient leur enfant avec plus ou moins de véhémence, mais ils le laissaient emporter. Avec ceux qui avaient participé au rapt, l'amant vivait alors pendant deux mois dans les plaisirs et la chasse ; le jeune garçon était ensuite ramené chez lui avec des présents et un anneau qui était consacré à Zeus. Suivait un banquet accompagné de sacrifices puis on demandait à l'aimé s'il avait à se plaindre de l'amant ; en cas de réponse positive, les relations étaient rompues entre eux. Il paraît que c'étaient les qualités morales plus que physiques qui dirigeaient le choix de l'amant. Les jeunes garçons ainsi élus étaient honorés, les meilleures places leur étaient réservées dans les gymnases et les repas publics et ils portaient les habits qui leur avaient été donnés par leur amant afin de se distinguer. Devenus adultes, ils continuaient à jouir d'honneurs et étaient appelés *kleinos*, ce qui signifie « illustre », « glorieux ». Ces jeunes gens aimés s'appelaient aussi « érastes » et leurs amants recevaient le nom de *philêtêr*, peut-être pour marquer que, dans le principe, leur lien devait être plus fait d'amitié que d'amour.

Sans avoir à porter un jugement, il ressort que ces institutions n'ont jamais conduit à un efféminement des mœurs. Les Lacédémoniens de Léonidas* avant la bataille des Thermopyles* passaient leur temps à chanter, à coiffer longuement leur chevelure, à s'oindre de parfums. Averti, le roi des Perses s'étonna et pensa ne trouver devant lui que des lâches ; on sait que cette poignée d'hommes ne put être entamée par les assauts répétés des Perses et que Xerxès perdit dans ces combats l'élite de sa garde d'Immortels. Les jeunes Thébains qui constituaient le bataillon sacré périrent aussi tous à Chéronée* sans qu'un seul ait reçu une blessure dans le dos. Alexandre* le Grand, qui par ses exploits individuels voulait égaler Achille et qui ignorait la peur dans les combats, était lié de la plus profonde amitié avec Héphestion et on sait que ses rudes compagnons ne dédaignaient pas les agréments de certaines amitiés. On pourrait même dire sans paradoxe, avec certain personnage du *Banquet* de Platon*, que, chez les Grecs, cet amour fortifia les âmes et qu'une armée formée de couples serait invincible, ce qu'a, peu après, démontré le bataillon sacré, l'un des principaux artisans de la grandeur de Thèbes.

peinture. Pour les Grecs, elle fut tout aussi importante que la sculpture* ou la musique* mais, tandis qu'il nous a été conservé une multitude de copies des grandes œuvres de la sculpture ainsi qu'un grand nombre d'originaux, il ne nous a quasiment rien été conservé de la peinture. Nous connaissons les grands peintres par ce que nous en ont rapporté les Grecs et plus particulièrement Pline l'Ancien et Pausanias*, et nous ne pouvons nous faire une vague idée de leurs œuvres que par les peintures de poteries qui s'inspiraient des grands peintres à la mode, quelques rares fragments de peintures sur pierre ou sur terre cuite, et à travers les peintures de Campanie (Pompéi, Herculanum) qui ne sont souvent que l'écho affaibli de grandes œuvres grecques ; à quoi il faut ajouter les portraits du Fayoum, en Égypte qui appartiennent à la peinture grecque, quoique datant de l'occupation romaine.

Après l'invasion dorienne les conquêtes de la peinture préhellénique furent oubliées et la peinture réapparut modestement comme auxiliaire de la poterie*, de la sculpture et de l'architecture. Si les vases étaient peints de couleurs mates, certaines parties des temples (chapiteaux, corniches, triglyphes, fond des métopes...) étaient peintes de vives couleurs et d'or ; il en était de même pour les statues, et la sculpture archaïque a rendu un certain nombre d'œuvres peintes.

Selon la tradition antique, la peinture aurait commencé avec Cléanthe de Corinthe et Philoclès l'Égyptien, qui auraient indiqué le relief du corps par les traits de pinceau. Aridikês de Corinthe* et Têléphanês de Sicyône* marquèrent les lignes intérieures sur un fond noir, auquel Ecphantos de Corinthe ajouta des touches de rouge. Cette technique est celle de la peinture sur poterie et il est possible que ce soit plus particulièrement d'elle que soit née la peinture indépendante. Le premier peintre dont on connaisse une œuvre est Boularkhos, qui peignit un tableau pour le roi Candaule (Lydie, fin du VIIIe s. av. J.-C.) ; c'était une peinture mo-

nochrome. Craton de Sicyône, un peu plus tard, peindra sur un fond blanc, technique que va reprendre Eumarês d'Athènes*, qui brilla sous les Pisistratides*. La peinture archaïque atteint sa perfection une génération plus tard avec Cimon de Cléonæ, qui, le premier, observe la nature, peint des athlètes nus ou des personnages drapés, invente le raccourci, souligne l'expression des corps.

La grande peinture de l'époque hellénique s'ouvre magnifiquement avec l'école attique, illustrée par le grand Polygnote* de Thasos, Micon*, Panainos*, Apollodore* et Agatharque de Samos. Ce dernier, contemporain d'Eschyle* (première moitié du ve s.), exécuta pour la première fois une décoration peinte pour une tragédie du grand poète ; il paraît que ce décor à plusieurs plans offrait un premier essai de perspective. L'école ionienne est représentée par Zeuxis*, Parrhasios* et Timanthe*. Le fondateur de l'école de Sicyône est Eupompos, le maître de Pamphilos* d'Amphipolis. Ses élèves furent Mélanthios qui, paraît-il, surpassait Apelle pour la composition et l'art de grouper les personnages, et surtout Pausias*. L'école thébaine brilla d'un éclat particulier avec Nicomaque*, Aristide* Euphranor* et Nicias* auxquels il faut joindre Philoxène d'Érétrie, élève de Nicomaque*. Le règne d'Alexandre* fut illustré par deux des plus grands peintres grecs, Apelle* et Protogène*, et l'époque hellénistique* s'ouvrira avec Aétion*.

Mais cette époque, pas plus que celle de l'occupation romaine, ne va plus donner de grande œuvre originale.

Apelle laissa bien un disciple, Ctésilochos ; Alexandrie* donna surtout Antiphile* (né d'ailleurs à Naucratis) et les portraits du Fayoum sont des chefs-d'œuvre de réalisme. Somas donna encore Théon et Dioscouridès, auteur d'admirables mosaïques à Pompéi ; l'école de Pergame* est illustrée par le peintre de mosaïques Sôsos ; Timomaque de Byzance est connu par la copie de sa Médée et d'une Iphigénie retrouvées sur les murs d'une maison d'Herculanum. Les peintures de Campanie nous font aussi connaître une copie de l'Achille à Skyros d'Athénion de Maronée, élève de Glaukion de Corinthe, et sans doute contemporain de Nicias.

Les couleurs utilisées par les peintres grecs jusqu'au IVe s. av. J.-C. étaient le blanc (terre de Mélos), le jaune (sil attique, ocre), le rouge (sinopis pontique), le noir *(atramentum,* noir de fumée et matière agglutinante). Pline nous dit que, avec ces quatre couleurs, Apelle, Échion, Mélanthios et Nicomaque ont exécuté des œuvres immortelles. Cependant, c'était là une volonté de simplicité, car, avant eux, les peintres disposaient du bleu et du vert, qu'on trouve dans la polychromie des lécythes contemporains ; ils pouvaient ainsi décliner toute la gamme des couleurs, comme en témoignent les peintures de Campanie. Les peintres créèrent d'ailleurs des couleurs diverses à partir d'autres procédés ; on avait des variétés de jaune avec les terres de Skyros ou le jaune lydien ; Polygnote faisait du violet foncé avec de la lie-de-vin cuite ; Kydias de Kythnos, à l'époque hellénistique, obtint du vermillon en brûlant du jaune. L'un des procédés de peinture était la détrempe : on délayait les couleurs dans une substance liante (colle, gomme, blanc d'œuf) et on les étalait sur une surface préparée avec une substance identique. Le procédé de l'encaustique fut inventé par Polygnote ou par Aristide ; Pamphilos y excella. Ce procédé délicat consistait à utiliser des pains de cire qu'on liquéfiait dans des godets ; on étalait au pinceau la cire mêlée de couleur puis on retouchait et on précisait les traits et les teintes à l'aide d'un fer chaud. Cette technique était surtout employée pour les petits tableaux, et une femme peintre, Laia de Cyzique, installée à Rome au Ier s. av. J.-C., se fit une réputation dans la peinture à l'encaustique de miniatures sur ivoire.

La peinture murale utilisait le procédé à la fresque, c'est-à-dire qu'on diluait les couleurs dans de l'eau avant de les étendre sur un fond préparé. C'est ce procédé qu'utilisèrent les peintres du ve s. av. J.-C., dont les œuvres ornaient les monuments publics ou les intérieurs de maisons, comme cet Agathaclos qu'Alcibiade* paya pour peindre les murs de sa maison, ce qui était alors une grande nouveauté. Les peintures libres étaient exécutées sur bois, en général du buis. Ce

n'est qu'à une époque tardive qu'on fit des peintures sur toile. Les tableaux étaient insérés dans les cadres de bois et, à partir du IVe s. av. J.-C., posés sur chevalet. C'est sur un chevalet que devait être placé le tableau de Protogène, qu'Apelle aperçut en lui rendant visite. Les tableaux étaient exposés dans les temples* ; dans les maisons* et les pinacothèques*, dans les rues et sur les places publiques. C'est bien sur une place qu'Apelle exposait ses peintures, qu'il laissait corriger par les passants.

Pélopidas, général (Thèbes v. 420-Cynoscéphales 364 av. J.-C.).

D'une famille noble thébaine, il devint chef du parti populaire. Son nom est toujours associé à celui d'Épaminondas*, qui fut jusqu'à la mort son ami intime et fidèle. Après que Phoibidas, avec ses Lacédémoniens, eut pris la Cadmée (382), Pélopidas fut banni et s'enfuit à Athènes* ; le gouvernement resta alors aux mains d'Archias et de Léontidas. En 379, grâce à la complicité d'Épaminondas, demeuré à Thèbes*, et d'amis restés fidèles, il peut rentrer avec d'autres bannis et renversa le gouvernement des Lacédémoniens après avoir tué Archias et Léontidas.

Nommé béotarque et luttant sans cesse contre les Spartiates qui avaient envahi la Béotie*, Pélopidas les vainquit à Platées, à Thespies, à Tanagra et surtout à Tégyre, lors d'une tentative pour prendre Orchomène; pour la première fois, les Spartiates se voyaient mis en fuite par un ennemi très inférieur en nombre. À la tête du bataillon* sacré qu'il avait réformé, et avec l'aide d'Épaminondas, il infligea aux Spartiates la défaite de Leuctres* (371), anéantissant définitivement leur puissance. Il entra ensuite en Laconie*, où il prit Élis et Argos*, ravagea tout le territoire et, en remontant vers Thèbes, battit les Athéniens. De retour à Thèbes, il fut traduit en justice sous un prétexte futile puis acquitté. Il dirigea une expédition contre Alexandre de Phères, en Thessalie, puis intervint dans les affaires de Macédoine* avant d'être fait prisonnier lors d'une nouvelle expédition contre Alexandre de Phères (367). Délivré par les Thébains, après avoir été envoyé en ambassade auprès du roi de Perse, il marcha à nouveau contre Alexandre, mais fut tué à la bataille de Cynoscéphales en le poursuivant.

Péloponnèse, vaste péninsule formant l'extrémité sud de la Grèce, que l'étroit isthme de Corinthe* reliait au continent.

Elle était baignée au nord par le golfe de Corinthe et le golfe Saronique, à l'est par la mer de Myrto (mer Égée), au sud par la mer de Sicile, à l'ouest par la mer Ionienne. Elle possédait des côtes très découpées et pourvues de golfes profonds, comme ceux de Corinthe, d'Argos, de Laconie et de Messénie. Au sud, elle se terminait en forme de trident dessinant les trois caps Malée, Ténare et Acrias. Les côtes vers la Laconie étaient abruptes et rocheuses, tandis que sur la mer Ionienne, vers l'Élide, elles étaient basses et marécageuses. Très montagneux, le Péloponnèse possédait quelques vallées fertiles. Politiquement, il était divisé en diverses provinces : la Corinthie, domaine de Corinthe*, l'Argolide*, l'Arcadie*, la Laconie*, la Messénie*, l'Élide*, l'Achaïe et la Triphylie ; cette dernière, en fait, se trouvait à cheval sur la Messénie, l'Élide et l'Arcadie. Son nom lui vint de Pélops, fils de Tantale, originaire d'Asie Mineure, où il succéda à Œnomaüs, roi d'Élide. Occupé par diverses populations dont les Anciens nous ont conservé les noms : Pélasges, Cariens, Lélèges, Dolopes, etc., au IIIe millénaire, le Péloponnèse vit s'installer les Achéens* au milieu du IIe millénaire, puis les Éoliens*, qui s'établirent à l'est avec les Myniens, et enfin les Ioniens*, qui occupèrent le nord. Vers le XVIIe s. av. J.-C., les Crétois prirent pied dans l'île de Cythère, au sud-est de la péninsule et diffusèrent leur civilisation à travers le Péloponnèse : de là naquit la civilisation dite « mycénienne », du fait que ce fut à Mycènes qu'elle apparut avec le plus d'éclat. Les Doriens* envahirent le Péloponnèse en s'embarquant de Naupacte sur des radeaux pour traverser le golfe de Corinthe. Ils se rendirent maître de la presqu'île en refoulant les Achéens non soumis en Arcadie, où ceux-ci avaient déjà rejeté les peuples primitifs de la péninsule, et en Achaïe d'où les Achéens chassèrent les Ioniens qui eux-mêmes

s'enfuirent vers l'Attique*. Les grands centres doriens devinrent la Laconie, la Messénie après la conquête spartiate, l'Argolide et Corinthe. Tandis que Corinthe se tournait vers la mer, toute l'histoire d'Argos* et de Sparte* fut celle de leur rivalité pour la domination du Péloponnèse. Après la mort de Phidon d'Argos, les Spartiates vont exercer une influence prépondérante sur le Péloponnèse, qu'ils uniront en une symmachie*; leur hégémonie durera jusqu'à la bataille de Leuctres* (371 av. J.-C.), après quoi la domination de la péninsule sera disputée entre les Macédoniens, la ligue Étolienne → **Étolie**, la ligue Achéenne*, pour se terminer, en 146 av. J.-C., par la formation de la province romaine d'Achaïe.

Péloponnèse (guerre du), **nom donné traditionnellement à la guerre qui mit aux prises Athènes* et Sparte* entre 431 et 404 av. J.-C., chacune des deux cités étant soutenue par des cités alliées (parfois contre leur gré comme certaines cités de la ligue* de Délos soumise à Athènes).**

Elle était la conséquence de l'impérialisme athénien, qui menaçait l'hégémonie spartiate jusque dans le Péloponnèse. La cause première en fut l'intervention d'Athènes dans la querelle qui opposait Corinthe* à Corcyre, sa colonie*; celle-ci avait appelé les Athéniens à son aide, et c'est grâce à leur présence que Corcyre fut sauvée de la menace d'une flotte corinthienne (bataille des îles Sybota, 433). Par ailleurs, Potidée, ancienne colonie corinthienne entrée dans la ligue* athénienne, reçut l'ordre de rompre toute relation avec sa métropole et de raser ses murailles. Corinthe et les alliés de Sparte poussèrent cette dernière à intervenir; on esquissa des pourparlers, mais, au printemps de 431, ils furent rompus et la guerre éclata. Les alliés d'Athènes, membres de son empire, étaient Corcyre, une partie de l'Acarnanie, Naupacte, Platées* en Béotie, Rhégion en Grande-Grèce*, et Léontinoi en Sicile*. Derrière Sparte se tenaient les Péloponnésiens, excepté l'Achaïe et Argos, qui inclina bientôt vers Athènes, la Béotie*, Mégare*, la Phocide, la Locride, Syracuse en Sicile.

Pendant une période de dix ans, la guerre se poursuivit avec des fortunes diverses. Chaque année, les Spartiates ravageaient l'Attique, et les Athéniens envoyaient en retour une flotte ravager le Péloponnèse. En 430, la peste s'abattit sur Athènes, qui en fut fort éprouvée, mais sa plus grande perte fut celle de Périclès*, mort en 429. La cité fut déchirée entre les partisans de la guerre à outrance, dirigés par Cléon*, et ceux de la guerre défensive, représentés par Nicias*. La révolte de Mytilène (428-427) lui porta un nouveau préjudice. Les victoires navales de Phormion, dans le golfe de Corinthe, compensèrent ces échecs, mais ceux-ci se multiplièrent; les Athéniens ne purent prendre Mégare et furent battus à Délion, en Béotie (424). Ils réussirent cependant à capturer, grâce à Cléon, cent vingt Spartiates enfermés dans l'îlot de Sphactérie, et qui avaient espéré chasser le général Démosthène, installé en face, à Pylos de Messénie. En Thrace, Brasidas* détruisit l'influence athénienne, et sa mort, au cours de la bataille d'Amphipolis, où Cléon trouva aussi la mort, inclina les esprits à la paix qui fut signée à l'instigation de Nicias* (421). Mais une guerre sourde se poursuivait, entretenue par Alcibiade*. Il souleva les Péloponnésiens, mais l'alliance d'Argos, des Arcadiens et des Éléens fut détruite par Sparte à la bataille de Mantinée (418). Déçu de ce côté, Alcibiade profita de ce que, en Sicile, les gens de Ségeste et de Léontinoi appelaient les Athéniens contre Sélinonte et Syracuse, pour faire voter l'envoi d'un corps expéditionnaire (415). Alcibiade, sous le coup d'une accusation, dut rentrer pour se disculper et l'expédition se poursuivit sous le commandement de Nicias et de Lamachos, tué dès le début de la campagne; Nicias, incapable de vaincre les Syracusains aidés par le Spartiate Gylippe, demanda du secours; on lui envoya Démosthène* avec des renforts mais toute cette jeunesse partie d'Athènes dans l'enthousiasme fut vaincue sur les bords de l'Asinaros et périt dans les combats ou dans les latomies (carrières de Syracuse) [413-412]. Le rappel d'Alcibiade et la victoire des Arginuses (406) rétablirent les affaires d'Athènes, que les plus cruelles pertes n'avaient pas réussi à abattre. La défaite d'Ægos-Potamos* fut l'ultime désastre pour Athènes, qui demanda la paix ; Lysandre* pénétra dans la cité, que les Béotiens voulaient raser ; ce grand Spartiate s'opposa à la destruction d'une si glorieuse cité et il se contenta d'abattre ses murs, de lui prendre ses vaisseaux, d'instaurer un gouvernement aristocratique (tyrannie* des Trente) et d'imposer une garnison spartiate (404).

pentacosiomédimnes, classe de citoyens, à Athènes*, formée à l'origine des plus riches eupatrides*.

C'étaient des propriétaires fonciers qui récoltaient annuellement au moins 500 médimnes de grain (environ 260 hl). Leur origine est très ancienne bien qu'on ne la fasse remonter qu'à Solon*, qui établit les quatre classes, dont les pentacosiomédimnes formaient la première. Après la constitution de Solon, les 500 médimnes de grain purent être donnés dans une mesure* équivalente d'orge, de vin ou d'huile. À eux seuls était permis d'élire certains magistrats et en particulier les archontes* et ils avaient aussi des privilèges dans l'armée, comme celui de servir dans la cavalerie*, pouvant toutefois être hoplites s'ils le préféraient.

péplos, vêtement réservé à l'usage des femmes*.

Il enveloppe tout le corps. Les femmes spartiates le portaient court et ouvert sur le côté, sans ceinture et agrafé sur les épaules par des fibules. Dans le reste de la Grèce, on le portait long, tantôt ouvert, tantôt entièrement fermé sur le côté gauche par des agrafes, ce qui donnait au vêtement plus de symétrie et ce qui, d'autre part, l'empêchait de découvrir la jambe pendant la marche. Il se portait avec ou sans ceinture. Parfois il possédait un grand repli qui tombait jusqu'à la taille et qui, quand il était fermé, pouvait servir de voile dont on se couvrait la tête. Ce péplos dorien était toujours de laine. Le péplos ionien, introduit plus tard, vers le Ve s. av. J.-C., était de lin et entièrement cousu. Mais ce n'était pas un vêtement porté très couramment, le lin étant une étoffe chère.

Perdiccas, général macédonien († en Égypte, 321 av. J.-C.).

À la mort d'Alexandre* le Grand (323), il reçut l'anneau du conquérant. Après avoir conquis la Cappadoce au profit d'Eumènês, il rentra en Macédoine, où il devint régent pour Philippe Arrhidaios (demi-frère d'Alexandre), ce qui excita contre lui la haine de Cratère*, d'Antipatros* et de Ptolémée*, qui se liguèrent pour lui déclarer la guerre. Il organisa immédiatement une expédition vers l'Égypte contre Ptolémée, laissant le gouvernement de l'Asie à Eumènês. Mais, à Péluse, sur le bord du Nil, il fut assassiné par ses officiers à l'instigation de Séleucos*.

Pergame, ville de Mysie, en Asie Mineure, près du Cacos.

Suivant la tradition antique elle aurait été fondée par un fils de Pyrrhos et d'Andromaque ou par des Grecs venus d'Épidaure. Elle resta une bourgade obscure jusqu'à ce que Lysimaque*, considérant la force de sa position, en eût fait son « trésor ». Elle s'élevait, en effet, au haut d'une puissante colline escarpée, qui devint l'acropole* lorsque la cité prit de l'extension. Le gouverneur de la citadelle, Philétaire, installé par Lysimaque, se rendit indépendant en 280 av. J.-C. et fonda la dynastie des Attalides*, qui régna sur Pergame jusqu'en 133 av. J.-C. C'est à ces rois que la cité dut tout son lustre. Sous Eumènês* II (197-159), Pergame parvint au sommet de sa puissance, l'autorité des Attalides s'exerçant jusqu'au Taurus. Élaia servait de port et d'arsenal à la cité, devenue un puissant centre industriel, d'où l'on exportait des parfums, des poteries*, des parchemins... Eumènês II fonda une bibliothèque*, la plus importante après celle d'Alexandrie*, embellit et agrandit la ville. Sous son règne fleurit l'école de sculpture* dite de Pergame ; à la suite de la victoire remportée en 239 av. J.-C. par Attalos, son père, sur les Galates (Gaulois), qui s'étaient aventurés en Grèce et en Asie Mineure, Eumènês appela à Pergame des sculpteurs, Antigonos Isigonos, Phyromakhos et Stratonikos (qui fut aussi un excellent graveur), pour construire un autel monumental commémoratif. La frise monumentale de 2, 30 m de haut et se développant sur 144 m représente une « gigantomachie », combat de Zeus et d'Athéna contre les Géants, motif banal mais traité avec une grande originalité. Devant la puissance de ces corps convulsés, les expressions terrifiées et contractées des visages des combattants, la violence des mouvements et le souffle épique qui anime ces personnages d'une vie surhumaine, on se sent loin de la sérénité des dieux dont le XIXe siècle a voulu faire le type de l'art grec. Toujours à la gloire du vainqueur des Galates, l'école de Pergame est à l'origine de ces « gladiateurs » mourants qui ne sont autres que des Gaulois. Pergame exerça une influence profonde sur la sculpture postérieure ; sans doute est-ce son style qui a influencé les auteurs de la frise du temple de Priène, et la cité, que les Romains reçurent en héritage en 133 av. J.-C., marqua de sa personnalité certains courants de la sculpture qui vont éclore en Italie aux siècles suivants. Pergame fut la patrie du rhéteur Apollodore et des médecins Galien* et Oribase.

Périclès, homme d'État (Athènes v. 495-429 av. J.-C.).

Il était le fils de Xanthippos l'un des vainqueurs de Mycale, et d'Agariste, une Alcméonide*. D'origine noble, il reçut une éducation soignée ; Zénon* d'Élée et Anaxagore* furent ses maîtres à penser. Dans sa jeunesse, il se tint éloigné des affaires publiques par crainte du peuple, dit-on, mais plutôt pour se former, pour acquérir la connaissance du peuple en suivant les débats de l'assemblée ; cette vie obscure, qui était une préparation, répondait à sa nature méditative, calme, pondérée, mais aussi active, puissante et sûre d'elle une fois qu'une certitude était acquise. Il entra dans la politique vers 469 ; malgré l'éclat que Cimon* donnait au parti aristocratique, Périclès avait entrevu que l'avenir appartenait au parti démocratique, et c'est à la tête de ce parti que se trouva presque aussitôt cet aristocrate. Pendant neuf ans, il lutta avec son ami Éphialte pour faire triompher son parti. En 463, il brisa la puissance de l'Aréopage* avec l'aide d'Éphialte. La conséquence fut l'assassinat d'Éphialte et Périclès resta seul chef du parti démocratique. En 461, il fit ostracier son seul adversaire, Cimon, et pendant trente ans il fut réélu stratège* presque chaque année. En 459, il envoya une flotte pour soutenir la révolte des Égyptiens contre les Perses, mais, par ailleurs, l'installation des Messéniens à Naupacte, comme poste avancé d'Athènes pour commander le golfe de Corinthe, provoqua un conflit avec Corinthe*. L'année suivante, Égine* se joignit à Corinthe, puis à Sparte*. Périclès investit Égine et repoussa les Spartiates : battu par les alliés à Tanagra, il compensa cette défaite par la victoire de Myrônidès sur les Béotiens à Oinophyta (juillet 457) et prit lui-même Égine (456). Dans le même temps, à l'intérieur il ouvrit l'archontat aux zeugites*, puis aux thètes*, auxquels il fit verser une indemnité de présence, et poursuivit ses réformes démocratiques. S'étant allié avec Argos, il prit le commandement d'une flotte avec laquelle il fit le tour du Péloponnèse*. Il défit les Sicyôniens, qui s'étaient alliés à Sparte, ravagea l'Acarnanie, favorable aux Péloponnésiens, et rentra victorieux dans Athènes (454). Cependant, la même année, l'expédition d'Égypte se solda par un échec ; les Perses battirent les insurgés et les Athéniens, qui se réfugièrent à Cyrène. Ces événements ne l'empêchèrent pas de songer à la ligue* de Délos ; afin d'apaiser les mécontents, il consentit (450-449) un dégrèvement des tributs. L'année 447 voit Périclès chef incontesté de la démocratie athénienne et maître de la politique grecque, aux prises avec de nouvelles difficultés ; les gouvernements démocratiques placés en Béotie* après la victoire d'Oinophyta sont renversés ; Tolmidès, envoyé à leur secours, est battu à Coronée ; les Athéniens se retirent et leur défaite est à l'origine de la menaçante ligue Béotienne. Mais l'Eubée se révolte et Mégare repousse la domination économique d'Athènes, tandis que Plistonax pénètre en Attique à la tête d'une armée spartiate. Périclès, par la diplomatie, contraint les Spartiates à quitter l'Attique et, par la force, reconquiert l'Eubée et installe des clérouquies* à Érétrie et à Oréos.

Mais Périclès comprit que l'impérialisme armé d'Athènes était voué à l'échec ; conscient désormais que la Grèce ne pourrait être soumise par la force, il va transformer toute sa politique pour unir

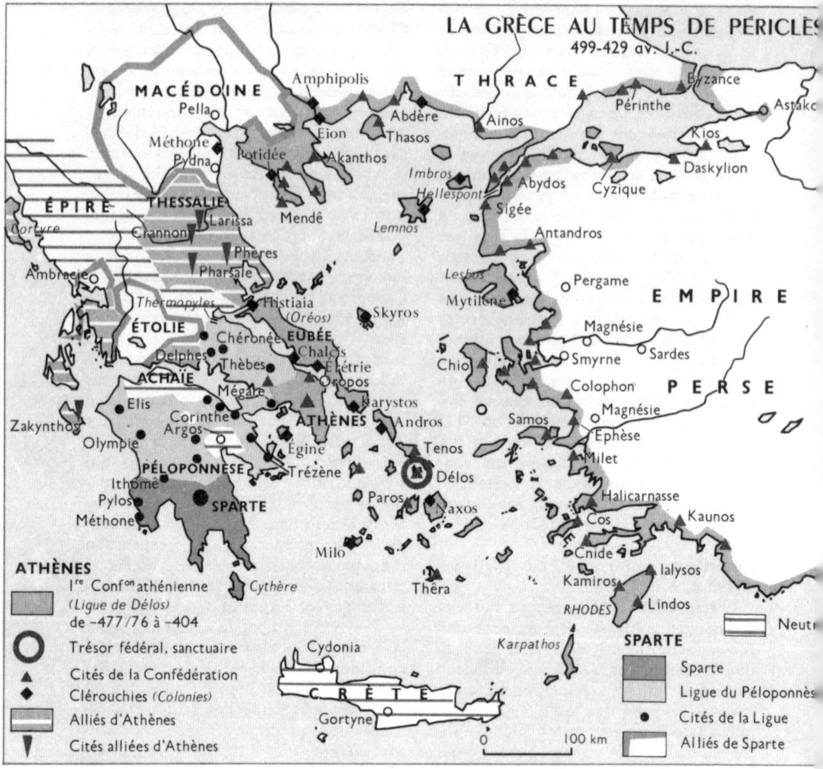

les Grecs par la persuasion et pour donner à Athènes un empire spirituel et intellectuel. À la fin de 446 il fait décider l'envoi à Sparte de dix ambassadeurs pour traiter de la paix* : ce sera la paix de Trente Ans, qui, si elle ne dure que la moitié de ce temps, lui permettra de faire de sa cité « l'Athènes de Périclès ». Les clauses du traité sont la reconnaissance par Sparte de la ligue de Délos, tandis qu'Athènes, qui conserve Égine et Naupacte, s'engage à ne plus intervenir dans le Péloponnèse et laisse à Mégare son autonomie. Inaugurant aussitôt sa nouvelle politique panhellénique, Périclès, la même année, convoque les Grecs au pied de l'Acropole* pour discuter de l'organisation de la paix, de l'union des Hellènes et de la reconstruction à frais communs des temples détruits par les Perses. Sparte s'oppose à ce rêve généreux, qui échoue. Périclès se tourne alors vers la ligue, qu'il transforme en empire et dont les tributs, devenus inutiles pour la guerre, vont servir à embellir Athènes. C'est pendant ces années que vont s'élever l'Odéon*, le Parthénon*, les Propylées, l'Érechthéion, le temple d'Éleusis. La politique panhellénique de Périclès va encore se montrer en 443 lorsqu'il invite tous les Grecs à venir participer à la fondation de Thurium, en Grande-Grèce*, près des ruines de Sybaris. Mais, en 440, Samos se révolte. Avec quarante-quatre trières, près de Tragie, Périclès défait soixante-dix vaisseaux ennemis, occupe le port de Samos et met le siège devant la ville qu'il prend neuf mois plus tard. En 437, il dirige une expédition vers la mer Noire. Il installe des clérouquies à Sinope, où il laisse Lamachos avec une garnison, à Amisos, à Astacos en Propontide, et en Crimée : la route et le pays du blé sont désormais aux mains des Athéniens. L'année suivante, il négocie avec Perdiccas II de Macédoine et avec Térès, roi des Odryses, en Thrace, et il envoie Hagnon occuper solidement Amphipolis ; par ces accords et ce débouché, il se rend maître des mines d'or du Pangée et sait où se procurer le bois nécessaire à la flotte. Ce sera son dernier succès. En 431 éclate la guerre du Péloponnèse*. À la tête d'une flotte, il assiège en vain Épidaure. Pour la première fois, il tombe en disgrâce, mais, avant lui, ses amis Anaxagore et Phidias* ont connu les caprices du peuple. Il est éprouvé par la peste d'Athènes, où il perd ses deux fils Xanthippos et Paralos. Réélu stratège en 429, il meurt la même année.

Périclès s'impose comme l'un des plus grands parmi les Grecs ; mais il devançait trop son temps pour être compris de l'ombrageuse démocratie athénienne, dont il fit la grandeur. Il mena toujours une vie simple et retirée, au milieu de ses amis, Anaxagore, Phidias, Protagoras, le musicien Damon.

périégèse, description détaillée, guide.

Il y avait dans le monde antique, en Grèce, en Égypte, des guides (périégètes), sortes de cicérones qui faisaient visiter les temples, les monuments et les cités aux touristes ; ils expliquaient les mythes et les légendes locales. Une foule de paresseux vivait de ce commerce, surtout à partir de l'époque romaine. Certains voyageurs rassemblaient les notes qu'ils avaient prises, et ils en faisaient des ouvrages qui correspondent à nos modernes guides touristiques. Les plus anciens sont ceux de Polémon d'Ilion et de Dicéarque, dont il nous reste des fragments, et le plus connu est la *Description de la Grèce* que nous a laissée Pausanias*. Certains ouvrages plus ambitieux décrivaient à l'intention des voyageurs la terre habitée, tel le *Tour du monde (Oikoumènès periêgêsis)* de Denys d'Alexandrie* (Susiane, IIe s.), qui, pour cela, est appelé « le Périégète ». Dans cette catégorie, on peut faire encore entrer les *Étapes parthiques* d'Isidore de Charax, qui décrivent une route de l'Euphrate vers l'Asie Centrale. Dès la plus haute antiquité, il exista aussi des instructions nautiques, guides maritimes pour les navigateurs, dont, selon Victor Bérard, l'*Odyssée*, dans la description des voyages d'Ulysse, serait un écho → **navigation et voyages.**

périèque *(perioikos,* **« ceux qui habitent autour »).** On désigne plus particulièrement par ce nom les habitants libres de la Laconie* et des régions voisines (Cynurie, Messénie*, île de Cythère) soumis aux Spartiates. Leur origine et leur intégration successive dans le domaine lacédémonien posent des problèmes non résolus. Il est certain qu'ils constituaient une partie de l'ancienne population laconienne avant l'arrivée des Doriens*, mais étaient-ce les descendants des Achéens* ou de plus anciens occupants ? Sans doute y avait-il un mélange, et c'est plutôt la difficulté pour les Spartiates de soumettre les uns ou les autres qui fut cause de la distinction entre les hilotes* et les périèques. Les gens d'Amyclées (ville d'origine pré-hellénique), soumis plus tardivement, devinrent des périèques et conservèrent leurs droits et leurs libertés, excepté les droits politiques ; les habitants de la Cynurie, conquise sur Argos*, étaient des Ioniens dorianisés qui furent périèques sous la domination spartiate. Lorsque, vers 700 av. J.-C., les Spartiates conquirent Gythéion, une partie des habitants fut chassée pour laisser la place à des Spartiates, mais le reste fut réduit à l'état de périèques. Ils possédaient une centaine de kômê*, et formaient une classe bourgeoise d'artisans, de marchands et de petits cultivateurs, les Spartiates leur ayant abandonné une grande partie des terres.

Les périèques sont les représentants et les artisans de l'éclat de la civilisation industrielle de la Sparte archaïque. Si les droits politiques leurs étaient refusés, ils étaient libres d'eux-mêmes et de leurs biens, pouvaient participer aux jeux Olympiques*, servaient dans l'armée comme hoplites, accédaient à des grades subalternes et recevaient même des commandements importants dans la marine : on vit ainsi des périèques commander une flotte alliée pendant la guerre du Péloponnèse*. Ils possédaient leur propre administration municipale, mais ils étaient surveillés par les harmostes* lacédémoniens et contraints de payer une redevance, variant sans doute selon les villes et les personnes. Il leur était interdit d'épouser une Spartiate. Ils possédaient des esclaves, mais non des hilotes. Ils ne semblent pas avoir été mécontents de leur sort, car on n'enregistre guère de révoltes. Certaines villes périèques se libérèrent après la bataille de Leuctres*. Ce n'est qu'à l'époque romaine qu'Auguste les sépara de Sparte et unit les villes périèques sous le nom d'Éleuthéro-Laconiens.

D'autres États doriens connaissaient des institutions en partie identiques. En Argolide, ils s'appelaient périèques ou ornéates (d'Ornées, en Argolide). En Thessalie, les Perrhèbes, Magnètes, Maliens, Ænianes, Dolopes, Œtéens, Achéens de Phthiotide, soumis aux Doriens thessaliens, avaient la condition de périèques, mais avec plus de libertés encore envers leurs maîtres. Les *hypekooi* (« sujets »), en Crète*, étaient aussi des périèques ; certains auteurs anciens leurs donnent ce nom.

phalange ***(phalanx)*****, terme qui désigne avant tout la ligne de bataille, le front ou l'ordre de bataille et a finalement pris le sens d'armée*, et plus particulièrement la troupe de fantassins, les hoplites.**

Malgré tout ce que l'on a pu écrire sur la phalange à l'époque archaïque, on en est réduit à des hypothèses à partir de minces éléments. Si la panoplie hoplitique est attestée aux environs du IXe s. av. J.-C., la formation de la phalange, en revanche, daterait du VIIe s., comme semble en témoigner le vase de Chigi (env. 650) qui représente effectivement des hoplites combattant côte à côte derrière leur bouclier. On a souvent associé ce changement dans l'organisation de l'armée à une innovation technique de la fin du VIIe s. : l'*antilabê*, seconde poignée du bouclier. Assurant une meilleure prise, elle permettait aussi à l'hoplite de protéger son voisin de gauche. D'où l'idée d'attribuer à cette innovation la formation en rangs serrés — ce mur de boucliers — qui caractérise la phalange hoplitique, en conséquence de quoi il n'aurait plus été question d'abandonner son bouclier, de rompre la ligne, pour prendre la fuite. Cela dit, même les Spartiates, malgré l'exhortation de leurs mères et de leurs femmes qui assuraient qu'ils devaient rentrer avec leur bouclier sinon sur le bouclier (qui, en l'occurrence, servait de brancard pour porter morts et blessés), n'hésitèrent pas à prendre la fuite : ils se sont rendus aux Athéniens à Sphactérie pendant la guerre du Péloponnèse*, ils ont fui à Leuctres*, à Mantinée* ; Cléomène* prit la fuite à Sellasie, pour ne citer que quelques exemples...

On a aussi souvent mis en relation la formation de la phalange avec la crise sociale qui secoue les cités aristocratiques du VIIIe et VIIe s. La transformation des méthodes de combat serait ainsi liée à l'affirmation de la cité, à la conquête et la défense du territoire qui la compose, par ses citoyens. Le problème demeure en fait quant à savoir si ce sont les innovations techniques qui ont contribué à la création de la phalange ou si cette création est le produit ou la conséquence des transformations sociales. Ce qu'il importe de souligner, c'est que l'armée, assimilée à la phalange hoplitique, a été comprise par les Anciens eux-mêmes comme une armée de citoyens (la réquisition des esclaves à Athènes par exemple n'a été dictée que par l'urgence de la situation), et peut donc en ce sens se lire en relation avec l'évolution de la cité. Il n'empêche que cette cohésion des combattants-citoyens ne se manifeste réellement que dans les corps d'élite, tels les « 300 Spartiates » ou le bataillon* sacré thébain, puis plus tard, entre les paysans de la phalange macédonienne.

La grande révolution apportée dans la tactique, et, partant, dans le maniement de la phalange, apparaît au début du IVe s. avec, précisément, l'élaboration d'une véritable stratégie par Pélopidas* et Épaminondas* : la tactique dite du « front refusé » où on laisse un front faible qui recule devant l'adversaire et désagrège ses rangs, tandis qu'une aile, renforcée par plusieurs rangs, constitue un coin qui s'enfonce dans l'ennemi et finalement le prend de revers. Ainsi les Thébains ont-ils été chaque fois vainqueurs des Spartiates, considérés jusqu'alors comme invincibles, à Leuctres et Mantinée.

L'armée macédonienne constitue véritablement l'aboutissement du perfectionnement de la phalange grecque. Instrument de conquête, aussi bien face aux armées des cités grecques qu'aux troupes immenses du Grand Roi de Perse, la phalange macédonienne avait été créée par Archélaos qui y intégra les paysans macédoniens tenus au service militaire et encadrés par les nobles. C'est Philippe II*, inspiré par le modèle thébain, qui lui donnera son caractère définitif. Il groupa son infanterie en formation massive sur seize rangs de profondeur (la phalange grecque se disposait sur quatre rangs), les novices étant encadrés par les vétérans. Les cinq premiers rangs pointaient la sarisse en avant et, à partir du sixième, chaque soldat l'appuyait sur l'épaule de celui qui était devant lui, l'ennemi se trouvait ainsi devant un rempart de boucliers hérissés de pointes. Le tout formait une masse formidable en plaine, mais difficilement maniable en terrain accidenté. Alexandre* l'allégea en réduisant les rangs à huit hommes en profondeur.

Phidias, statuaire, sculpteur, peintre (Athènes v. 490-431 av. J.-C.).

Fils de Charmidès, élève d'Hippias et d'Agéladas*, il est considéré comme le plus grand sculpteur de la Grèce. Il commença par faire de la peinture et décora le temple de Zeus Olympien. Périclès* lui confia la partie sculpturale du Parthénon*, avec une équipe d'artistes. Bien que toutes les sculptures que l'on possède ne puissent pas être de lui, il est certain qu'il se chargea de dessiner les plans d'ensemble et de détail, et de tailler certaines figures. Dans la frise des Panathénées*, il eut l'idée originale de représenter le moment où le cortège n'est pas encore formé, de sorte qu'on assiste à des scènes très vivantes : un Athénien passe sa tunique, des éphèbes* coupent le cortège qui se prépare à s'avancer, un cheval tente de chasser une mouche importune...

Les métopes se caractérisent par le sens des proportions, la recherche artistique, mais cependant naturelle, des sujets disposés de façon que le solennel côtoie le familier. Aucune uniformité, aucune monotonie dans ces groupements de figures diverses : canéphores, cavaliers, vieillards. Les frontons, avec leurs figures divines, sont considérés souvent comme le chef-d'œuvre du maître ; nous devons cependant déplorer la perte du groupe central qui représentait la naissance d'Athéna.

Sur ce qui reste, on peut reconnaître Héraclès, les Charites, l'Ilissos (ou le Céphise), Déméter et Coré, d'admirables têtes de chevaux. Les proportions des corps nus, l'harmonie des drapés donnent une impression de grâce, mais aussi de magnificence et de sérénité.

Cependant ce n'est pas la décoration du Parthénon qui rendit Phidias célèbre, mais l'exécution de quelques statues chryséléphantines*, considérées à leur époque, et même plus tard, comme le sommet de l'art. Au début de sa carrière il avait fait pour le sanctuaire de Platées* une statue d'Athéna colossale, tout en bois doré, à l'exception du visage, des pieds et des mains, qu'il avait faits en marbre, technique difficile. L'Athéna Promachos, statue de bronze de l'Acropole, est aussi l'une de ses premières œuvres, avec une Athéna chryséléphantine exécutée pour le temple de Pellène (Achaïe). Les deux statues, chryséléphantines et colossales, qui lui ont rapporté le plus de gloire étaient l'Athéna Parthénos et le Zeus Olympien assis sur un trône d'or et d'ivoire. Ses statues étaient travaillées jusque dans les moindres détails. Il ne nous en reste rien si ce n'est quelques vagues rappels sur des monnaies d'Élide*.

Vers 433, Phidias fut accusé d'avoir détourné de l'or et on lui intenta un procès ; selon certains auteurs anciens, il aurait été condamné et emprisonné jusqu'à sa mort ; selon d'autres, il fut acquitté et retourna définitivement en Élide. En réalité, cette accusation visait surtout Périclès, son ami.

On sait qu'il eut pour élèves Alcamène* et Agoracrite* de Paros, qu'il aima et au nom duquel il mit quelques-unes de ses œuvres.

Philippe II, **roi de Macédoine (Pella v. 382-Aigai, Macédoine, 336 av. J.-C.).**
Il était le troisième fils d'Amyntas III et d'Eurydice. En 367, il fut emmené en otage à Thèbes* par Pélopidas* et il resta trois ans en Béotie, où, auprès d'Épaminondas*, il apprit les éléments de la politique et de la stratégie qui allaient lui soumettre la Grèce. Il ne semblait pas destiné à régner, mais son frère aîné Alexandre II mourut après un court règne et son autre frère Perdiccas III subit le même sort, ne laissant qu'un enfant, Amyntas. Philippe fut nommé régent en 359 et, en 356, il prit le titre de roi. Aussitôt, il inaugura une active politique de conquête. Il repoussa les Thraces et battit les Péoniens et les Illyriens, qui pressaient trop ses frontières. Puis il s'allia au roi d'Épire (Molosses) dont il épousa la nièce Olympias (356). Entre-temps, il s'était emparé d'Amphipolis (358). En 356, il fonda en Thrace la cité* de Philippes, qui le rendit maître des mines d'or du Pangée (Philippes était d'ailleurs déjà une bourgade, appelée Crénides). Cette même année, il lui naquit un fils, Alexandre*. Il prit un temps de repos pour réorganiser son empire. Il fonda la phalange* macédonienne, forma la maison du roi avec les hétaires* et les gardes du corps *(hypaspistès)*, assembla autour de lui la noblesse vassale (Parménion, Perdiccas*, Antipatros*), embellit Pella, où il attira le Crétois Néarque pour s'occuper de la marine, et Eumènês* de Cardie pour diriger son secrétariat.

Il reprit en 355 son offensive en enlevant Pydna et Méthone, et s'ouvrit des ports sur la mer Égée. En 354, il pénétra en Thessalie et se heurta à l'allié du tyran Lycophron, le général phocidien Onomarchos ; Philippe fut d'abord battu, mais, l'année suivante, il captura Onomarchos dans la plaine du Crocos et fit crucifier le Phocidien comme sacrilège (il avait pillé le temple de Delphes*). Il s'élança aussitôt après vers les Thermopyles* pour en déloger l'autre chef phocidien Phayllos, mais Athènes* avait compris la menace ; elle envoya des troupes occuper les Thermopyles, et Philippe rentra en Macédoine. Il se tourna de nouveau vers la Thrace, s'allia avec Byzance et Périnthe (352), puis, en 349, il attaqua Olynthe et les villes athéniennes de la Chalcidique ; Olynthe fut prise en 348 avec trente-deux autres villes. Philippe célébra son triomphe à Dion, puis il se joua de trois ambassades athéniennes venues signer la paix, d'une part en retenant les Athéniens, d'autre part en poursuivant ses conquêtes. Puis il s'empara des Thermopyles et obtint d'être représenté à l'amphictyonie* de Delphes. Il porta ensuite ses armes vers la Thrace et la Chersonèse. Athènes ayant constitué une ligue contre lui (340), il répondit en assiégeant Byzance, puis il marcha vers le sud, contourna les Thermopyles et s'empara d'Élatée. Philippe se heurta aux Grecs coalisés à Chéronée* : la victoire qu'il y remporta lui livra la Grèce (338). Il constitua la ligue* panhellénique de Corinthe, dont il fut hégémon. Libre de ce côté, il songeait à la conquête de la Perse, lorsqu'il fut assassiné au cours de fêtes à Aigai, par l'hétaire Pausanias.

On a retrouvé, dans la nécropole d'une capitale royale de la Macédoine près de l'actuelle Verghina, un hypogée monumental qui contenait des objets précieux et des parties de statuettes qui semblent avoir représenté le roi et son fils Alexandre. On a supposé que c'était là la tombe de Philippe II. Néanmoins, certains archéologues pensent que ce serait plutôt la tombe d'Antipatros.*

Philopœmen, **stratège de la ligue Achéenne (Mégalopolis 253-Messène 184 av. J.-C.).**
Chassé de sa patrie par Cléomène* III, il se mit à la tête de ses concitoyens pour s'unir au roi de Macédoine Antigonos, qu'il aida à remporter sur Cléomène et ses Spartiates la victoire de Sellasie (222). Il alla ensuite servir en Crète, où des guerres s'étaient allumées entre les cités, puis, de retour dans sa patrie, il fut élu stratège*. Il tua de sa main Machanidas, tyran de Sparte, à la bataille de Mantinée* (207). Il fit un nouveau voyage en Crète et fut réélu stratège à son retour pour lutter contre Nabis, nouveau tyran de Sparte. D'abord battu dans un combat naval, il surprit Nabis dans un chemin difficile, où celui-ci trouva la mort. Profitant du

trouble des Lacédémoniens, il les contraignit à entrer dans la ligue Achéenne. Ayant eu à se plaindre des Spartiates, il renversa leur gouvernement et supprima l'ancienne éducation spartiate (188). Élu stratège pour la huitième fois, et bien qu'il eût contracté une maladie à Argos, il marchait contre Dinocrate, qui avait séparé Messène de la ligue Achéenne, lorsqu'il fut fait prisonnier par ses ennemis et obligé de s'empoisonner.

philosophie. Les Grecs les premiers se sont détachés des croyances religieuses traditionnelles pour réfléchir d'une manière rationnelle sur le monde, ses phénomènes et leurs causes. Ainsi sont-ils les créateurs aussi bien des sciences* que de la philosophie. Si l'influence de l'Orient, et plus précisément des cosmogonies hittites sont sensibles dans la *Théogonie* d'Hésiode, elle se manifeste encore chez les premiers penseurs, ceux de l'école de Milet* : Thalès*, Anaximandre* et Anaximène* qui posent aussi les bases d'un embryon de science. Dans ce même esprit peut être situé Pythagore* dont l'école érigea les mathématiques* en moyen d'investigation du réel. L'école dite éléate, de la ville d'Élée, en Grande-Grèce*, patrie de Parménide (fin VIe-début Ve s. av. J.-C.) et de Zénon (Ve s.), développe une philosophie de l'être et pose les bases rationnelles de la science. À cette école est rattaché Xénophane de Colophon (VIe s.) qui a largement inspiré Parménide, et Mélissos de Samos (Ve s.) ; ce dernier utilise les méthodes de raisonnement des Éléates, mais au lieu de raisonner dans l'abstrait, il applique cette méthode au réel, introduisant la physique et l'expérience en philosophie. Héraclite d'Éphèse (milieu du Ve s.) illustre ce qu'on a pu appeler la philosophie du mouvant et du devenir, tandis que son contemporain Empédocle d'Agrigente inaugure une philosophie dualiste où le monde s'explique par l'antagonisme de l'amour et de la haine, et où s'exprime une vision de l'un et du multiple. Il a peut-être subi l'influence de l'atomisme de Leucippe (de Milet ou d'Élée), fondateur de l'école d'Abdère. Cette dernière est représentée dans tout son éclat par Démocrite, qui développe une mécanique atomistique. Anaxagore* n'oubliera pas la leçon.

Des œuvres multiples de ces premiers philosophes dont certains (Empédocle, Parménide) écrivaient en vers, il ne subsiste que des fragments ou des analyses des doctrines. Prédécesseurs de Socrate*, qui va constituer un tournant de la pensée grecque, voire de la pensée tout court, on les a appelés « présocratiques » et Socrate, tout autant que son disciple Platon*, lequel va reprendre ses idées et ses méthodes pour en faire les fondements d'une philosophie idéaliste, n'ont pas été sans subir l'influence de plusieurs de ces penseurs.

Parallèlement à ces présocratiques, il convient de citer les sophistes. Ces derniers vont utiliser les méthodes du raisonnement philosophique dont sera issue la dialectique avec précisément Platon et ensuite Aristote* qui en sera le législateur, pour démontrer les propositions qui leur convenaient, sans souci des concepts de bien et de mal ; la rhétorique utilisera les mêmes méthodes pour défendre les causes les plus indéfendables, c'est tout le jugement que Platon portait sur eux. Ces sophistes, qui avaient cependant une vaste culture et un véritable bon sens, allaient de ville en ville à travers le monde grec et professaient sur les places publiques, se faisant ainsi de nombreux disciples, en particulier parmi les jeunes gens. Les plus célèbres (en particulier grâce à Platon qui a mis en scène certains d'entre eux dans ses dialogues) sont Protagoras d'Abdère, Gorgias de Léontion (Sicile), Prodicos de Céos, Hippias d'Élis, tous plus ou moins contemporains de Socrate.

En opposition avec l'idéalisme platonicien vient son disciple Aristote qui, à partir de données de caractère scientifique, fonde une philosophie réaliste dans laquelle le monde est mû par un premier moteur. Aristote a eu des disciples qui furent plus des savants que des penseurs, parmi lesquels domine Théophraste, fondateur de la science des plantes. La postérité de Platon sera représentée dans sa lignée directe par l'Académie, l'Ancienne et surtout la Nouvelle Académie, fondée dans la première moitié du IIIe s. av. J.-C. par Arcésilas de Pitane, et dont, chez les

Latins, se prévaudra Cicéron. Quoique n'appartenant pas à l'Académie, Plutarque* a fortement subi l'influence du platonisme.

L'époque hellénistique* est marquée par une diversité de courants issus souvent d'un désenchantement en suite des spéculations des penseurs antérieurs qui semblaient avoir exploré tous les domaines de la pensée et utilisé toutes les méthodes permettant l'exercice de la pensée. Épicure (342-270), originaire de Samos mais installé à Athènes, où il avait acheté un jardin, influencé par l'atomisme de Démocrite, défend une morale du juste milieu, éloignée de tout excès, fondée sur une métaphysique qu'on peut dire athée dans la mesure où le monde n'est qu'un accident, que l'âme est mortelle et que les dieux, s'ils existent, ne se soucient aucunement des humains. Il trouve des antécédents dans l'école de Cyrène, fondée par Aristippe au début du IVe s., lequel prônait une philosophie du plaisir à laquelle on a donné le nom d'hédonisme. Fondée par Antisthène, sophiste contemporain de Platon, l'école cynique est surtout représentée par Diogène de Sinope. L'appellation de cynique vient du fait qu'Antisthène professait sur la place de Cynosarge (« le chien d'argile ») à Athènes, sa doctrine d'un caractère moral fondée sur le mépris des biens matériels. Ce mépris des biens et de la souffrance se retrouve chez les stoïciens. Vers 300 av. J.-C., Zénon de Kittion (Chypre), ouvrit son école dans le pœcile *(stoa poikilê)*, qui donna son nom au stoïcisme, doctrine du portique. Cet ancien stoïcisme est représenté par les disciples de Zénon : Cléanthe d'Assos, Chrysippe de Soles (sud de l'Asie Mineure), Aratos de Soles qui adapta en vers les *Phénomènes* d'Eudoxe*. En métaphysique, les stoïciens admettaient l'existence d'une âme du monde et niaient le libre-arbitre. Les écrits des stoïciens qui ont été conservés ne remontent qu'à l'époque romaine. Le *Tableau* attribué à Cébès (lequel était contemporain de Socrate) est sans doute dû à un stoïcien de Cyzique vivant au IIe s. de notre ère. Épictète d'Hiérapolis (Phrygie, Asie Mineure), venu comme esclave à Rome, affranchi et chassé de Rome sous Domitien, s'établit à la fin du Ier s. à Nicopolis, en Épire. Il a laissé un court *Manuel*, mais son disciple, Arrien de Nicomédie, a recueilli une grande partie de ses discours. Le dernier représentant du stoïcisme qui écrivait en grec est l'empereur Marc-Aurèle, qui a laissé ses célèbres *Pensées*.

La philosophie grecque trouve son éclat final dans la synthèse mystique que tente Plotin au IIIe s. en utilisant les données du platonisme, de l'arisotélisme, et des mystiques orientales. Cette vision religieuse du monde, qui s'inscrit dans les mouvements d'un univers en mutation où commence à triompher le christianisme, est traduite dans une série de traités réunis sous le nom d'*Ennéades*, Plotin est le plus remarquable représentant du néoplatonisme, doctrine professée par un portefaix d'Alexandrie, Ammonios Saccas, qui professait à la fin du IIe s. Avec Plotin son autre disciple fut Origène qui, converti au christianisme, fut l'un des premiers à conférer à la religion nouvelle un véritable statut philosophique.

Phocion, homme d'État (Athènes v. 402-*id.* 318 av. J.-C.).

Réputé pour sa vertu et son intégrité, il reçut une éducation soignée, bien que, peut-être, de basse origine, apprit la philosophie à l'Académie* sous Platon* et Xénocrate, et la stratégie en combattant sous Chabrias*. Appartenant par sa sensibilité au parti aristocratique, il fut toujours opposé à Démosthène* en tant que chef du parti de la paix, mais jamais il ne prêcha pour la Macédoine*. Il fut élu stratège* quarante-cinq fois. Il évita que l'Eubée* (350) et Mégare* (341) ne fussent occupées par Philippe* II de Macédoine, et c'est lui qui, en 340, commandait la flotte athénienne qui sauva Byzance assiégée par ce même Philippe. Il se trouvait à la tête de la flotte de l'Hellespont lors de la journée de Chéronée* (338) et, en 336, il s'opposa au mouvement de soulèvement contre Alexandre*. Il resta le chef du parti de la paix pendant tout le règne d'Alexandre et continua de se faire aimer par sa vertu et son austérité. Le parti de la guerre reprit alors le pouvoir, mais après l'échec de la guerre lamiaque (322), Phocion fut envoyé en ambassade auprès d'Antipatros*, qui exigea la proscription de Démosthène et des chefs du parti démocratique. Phocion s'était déclaré pour Cassandre*, fils d'Antipatros, qui fit occuper par Nicanor la citadelle de Munychie, près du Pirée. Mais Alexandre, fils de Polysperchon*, adversaire de Cassandre, s'empara du Pirée et mit au pouvoir les ennemis de Phocion, qui s'enfuit auprès de Polysperchon ; il fut livré à ses adversaires, qui le condamnèrent à boire la ciguë. Peu après, Cassandre s'emparait d'Athènes et rétablissait le régime oligarchique, qui fit faire des funérailles publiques à Phocion.

phoros → tribut.

phratrie, groupement de clan et division de la tribu chez les Grecs ioniens et doriens.

Elle est formée par l'union de plusieurs génos*. À Athènes*, la division de la population, attribuée à Thésée, en quatre phylai, douze phratries et trois cent soixante génê* est une vue arbitraire. On ne sait combien il y avait en réalité de phratries (on ne connaît que les noms de huit phratries) et, bien que plusieurs phratries entrent dans la composition d'une phylê*, elles n'en sont pas une subdivision fixe. La phratrie apparaît comme une association de caractère religieux, mais elle a une grande importance pour le droit civil. En effet, la grande fête de la phratrie était les Apaturies* ; au troisième jour de cette fête, appelé « Kouréotis », on présentait les enfants nés dans l'année ; les pères faisaient des sacrifices et prêtaient serment sur la légitimité de l'enfant. Lors de la puberté, l'enfant, accompagné de deux témoins, était présenté une nouvelle fois pour renouveler son titre de phratrie ; il consacrait alors sa chevelure sur l'autel. C'est donc le registre de la phratrie qui donnait la preuve de la légitimité. L'épouse était aussi présentée à la phratrie, ainsi que les enfants adoptifs. Les divinités de la phratrie étaient Zeus Phratrios, Athéna Phratria, Dionysos Mélanaigis ; en outre, chaque phratrie avait sa divinité propre et son sanctuaire. Elle était dirigée par le phratriarque et possédait des biens sacrés. On retrouve ailleurs qu'à Athènes l'institution de la phratrie ; elle correspond aux hétairies de Crète, et les trois tribus spartiates auraient été divisées en trois phratries chacune.

phylê → tribu.

physique. La base de la physique était la croyance dans l'existence des quatre éléments : air, terre, eau, feu. Selon les théories, ces éléments procéderaient d'une substance primordiale *(apeiron* selon Anaximandre*), ou bien de l'un d'entre eux procèdent les autres : pour Thalès*, c'est l'eau ; pour Anaximène*, c'est l'air, qui n'est qu'une sorte de vapeur ; pour Héraclite, c'est le feu mobile, source du devenir universel, se transformant en toutes choses. Cette physique possède d'ailleurs un caractère spéculatif et fait partie intégrante d'un système philosophique et cosmogonique. Ce sont les problèmes posés par l'unité ou la multiplicité de la matière, le fini et l'infini, le mobile et l'immobile, la continuité et la discontinuité des éléments constitutifs de l'univers qui furent la cause de la querelle entre les pythagoriciens et l'école d'Élée, représentée surtout par Parménide et Zénon, qui sont à la source des théories atomiques de l'Antiquité. On en trouve une ébauche dans les *Homéomères* d'Anaxagore*, mais c'est surtout chez Leucippe et Démocrite que cette conception prend une forme physique. Elle est l'aboutissement logique de la dialectique de Zénon et n'a aucun rapport avec les théories atomiques de la science moderne. Ce n'est qu'à partir de la fin de l'époque hellénique que la physique commence à se détacher de l'argumentation philosophique. Les Grecs savaient que l'air était un état particulier de la matière et ils en connaissaient la compressibilité ; c'est sur ces bases que Ctésibios* et Héron* construisirent leurs machines à air comprimé. Ils savaient aussi que l'air tend à monter ou à descendre selon qu'il est chaud ou froid. En acoustique, Aristote* soutenait que le son se propageait par le mouvement de l'air, et de nombreux théoriciens admettaient que le son se propage par ondes sphériques, par quoi ils expliquaient l'écho comme le renvoi des ondes se heurtant à un obstacle. La pesanteur était expliquée par l'appétit des corps à tendre vers le bas, et lorsqu'on admit la rotondité de la Terre, on expliqua le phénomène par la tendance des corps à se mouvoir vers le centre de la Terre.

La transmission de la chaleur par conductibilité était connue, ainsi que la chaleur rayonnante, c'est-à-dire la transmission de la chaleur à des corps éloignés. Les travaux d'Archimède* sur la propriété des miroirs concaves de réfléchir la chaleur sont restés célèbres. Aristote savait aussi que l'eau au point d'ébullition demeure à une température constante. En optique, les Grecs, dès l'époque hellénique, connaissaient les lentilles et le pouvoir qu'elles ont de concentrer la chaleur solaire ; ils connaissaient aussi la propriété qu'ont les miroirs concaves de donner l'image agrandie d'un objet. Le grossissement par les lentilles avait été observé, mais les Grecs n'ont jamais su les combiner de manière à construire des lunettes ou des lorgnons. Euclide* — et peut-être déjà Platon* — leur connaissait cette propriété ; il énonce le principe de la propagation de la lumière d'une façon rectiligne et les lois de réflexion. Ptolémée* décrit les phénomènes de la réfraction.

En électricité, on avait expérimenté dès Thalès la propriété qu'acquiert l'ambre (électron) d'attirer les corps lorsqu'il est frotté ; on savait aussi que certains poissons se défendent par un choc dont on ignorait le caractère électrique. Thalès mentionne la pierre d'Héraclée, qu'Euripide* appelle « magnétique » du fait qu'on la trouvait en Lydie, près de Magnésie du Méandre ; cette pierre d'aimant (oxyde de fer) représentait la seule expérience du magnétisme qu'avaient les Grecs.

Dans sa physique, Aristote a émis des théories de l'équilibre et du mouvement non dépourvues d'intérêt, bien que sa mécanique reposât sur des doctrines philosophiques qui en gâtent souvent la valeur et qui l'ont empêché de tirer des conséquences scientifiques de principes valables.

Archimède résolut quelques-uns des plus intéressants problèmes de l'hydrostatique et inspira les progrès de la mécanique réalisés par Archytas*, Ctésibios et Hiéron. Signalons comme invention pratique que, à l'époque d'Aristote, on équipait les plongeurs — pêcheurs d'éponges ou de perles — d'instruments qui leur permettaient de respirer sous l'eau en allant chercher l'air à l'a surface.

pinacothèque, **galerie de tableaux.**

Les Grecs pouvaient admirer les tableaux et les statues de leurs artistes, exposés dans les temples, sur les places publiques, aux carrefours des rues. Les statues des athlètes étaient dressées autour des sanctuaires d'Olympie et elles bordaient la route qui conduisait de Corinthe* à l'isthme, où avaient lieu les grands jeux*. Cependant, à l'époque hellénistique*, les particuliers opulents se faisaient construire des pinacothèques dans leurs demeures pour y enfermer leurs tableaux et leurs œuvres d'art. À côté de cela, on bâtit des pinacothèques publiques, comme celle qui se trouvait sur l'Acropole* d'Athènes*, sur la droite des Propylées, du côté opposé au temple d'Athéna Niké. Il arriva aussi que certains temples désaffectés servissent de pinacothèque publique : ainsi, l'Héraion (temple d'Héra) de Samos fut transformé en musée, où étaient exposés des tableaux en grand nombre et, sans doute, des copies de chefs-d'œuvre contenus dans d'autres temples ou galeries.

Pisistrate → Pisistratides.

Pisistratides, **dynastie issue de Pisistrate.**

Pisistrate (v. 600-527 av. J.-C.), tyran d'Athènes*, était fils d'un eupatride*, Hippocratès. Il était cousin de Solon* par sa mère. Après la réforme de Solon, Athènes était partagée entre deux partis : les Pédiens, gens de la plaine, qui étaient les eupatrides et les paysans enrichis (leur chef était Lycourgos et ils voulaient rétablir le gouvernement oligarchique) ; les Paraliens, gens de la côte, marins et commerçants, groupés autour de l'Alcméonide* Mégaclès, et qui tenaient à conserver les lois de Solon*. Pisistrate fonda un troisième parti ; il réunit les Diacriens, gens des montagnes, bergers et paysans pauvres, petites gens qu'il grossit des mécontents. Il profita de la guerre avec Mégare* pour s'emparer de son port Nisaia, ce qui lui valut la notoriété. Pisistrate se montra ensuite sur l'agora* couvert de sang en prétendant avoir été attaqué et il se fit donner une garde du corps, avec laquelle il s'empara de l'Acropole* et instaura la tyrannie à Athènes (561). Solon mourut peu après. Lycourgos et Mégaclès s'étant unis, il fut forcé de fuir (v. 556), puis, les vainqueurs s'étant brouillés, Mégaclès offrit à Pisistrate son alliance et la main de sa fille. Pisistrate revint ainsi au pouvoir (v. 551), mais, ayant refusé d'avoir des enfants de sa nouvelle épouse parce qu'il ne voulait pas léser les deux premiers qu'il avait eus d'un autre lit, il se brouilla avec Mégaclès, qui se rapprocha de Lycourgos, et Pisistrate dut s'exiler une seconde fois (v. 550-549). Il resta dix ans en exil, s'enrichit en exploitant les mines du Pangée, recruta des mercenaires* et vint s'installer en Eubée*, à Érétrie, où il noua des alliances en attendant le moment favorable. Enfin, il débarqua à Marathon*, battit ses ennemis à Pallène et reprit définitivement le pouvoir (539-538). Les meilleurs auteurs anciens ont loué la modération de Pisistrate, sa justice, ses hautes qualités et la grandeur de son œuvre. Il laissa subsister les anciennes institutions et lui-même se soumit aux lois en continuant de vivre modestement. Il procéda à des réformes agraires, favorisa le retour à la terre, entreprit de grands travaux publics. Il organisa les finances* et frappa des monnaies*. Sous son règne, les grandes fêtes, Panathénées*, Dionysies*, prirent tout leur éclat et il appela à Athènes poètes et artistes. À l'extérieur, Pisistrate étendit l'influence d'Athènes et pratiqua une politique d'alliance avec les autres tyrans, Lygdamis de Naxos et Polycrate* de Samos.

Hippias succéda à son père, dont il continua la politique; il s'associa son frère Hipparque, auquel il laissa les affaires du culte et des monuments. Les échecs subis à l'extérieur (mésentente avec Thèbes*, occupation de la Chersonèse par les Perses) amenèrent une désaffection du peuple. Après le meurtre d'Hipparque par Harmodios* et Aristogiton (514), Hippias devint un tyran sombre et soupçonneux, sans doute autant par crainte que par vengeance. Les Alcméonides profitèrent du mécontentement pour soulever le peuple et appeler les Spartiates, qui, sous le commandement de Cléomène*, pénétrèrent en Attique (510). Hippias se réfugia sur l'Acropole puis il capitula et se retira avec sa famille à Sigée, auprès des Perses. Il se rendit ensuite à la cour de Darios et, espérant revenir au pouvoir avec l'aide des Perses, il conduisit ceux-ci à Marathon (490). Il périt soit lors de la bataille, soit à son retour, à Lemnos.

Pittacos, **homme d'État (Mytilène v. 650-v. 569 av. J.-C.).**

Mytilène était déchirée entre les partis et surtout entre les deux grandes familles des Penthilides et des Cléanactides; deux tyrans, Mélanchros et Myrsilos, sont successivement assassinés quand, enfin, un parti populaire chasse les oligarques et appelle Pittacos. On ne sait que peu de chose de lui; peut-être était-il d'origine thrace, mais il avait épousé une Penthilide, et il semble s'être distingué par sa sagesse et sa modération. Il était déjà connu pour avoir remporté en 606 une victoire sur les Athéniens, lors de la querelle des deux cités pour Sigée. Il fut nommé aisymnète* avec des pouvoirs illimités (v. 595 ou 589). Tout en conservant l'ancienne constitution, il promulgua des lois nouvelles, il modéra le luxe des funérailles*, interdit les manifestations collectives, apaisa les passions et, après dix ans de magistrature, lorsqu'il eut rétabli solidement l'ordre, il proclama une amnistie et rappela les bannis avant de se retirer des affaires publiques. On le mit au nombre des Sept Sages* de la Grèce.

Platées, **ville de Béotie, au nord du Cithéron.**

Très tôt elle se tourna vers Athènes*, ce qui lui valut l'inimitié implacable des Thébains. Lors de la bataille de Marathon*, les Platéens avaient envoyé mille hommes combattre avec les Athéniens. En 480 av. J.-C., leur ville fut rasée par Xerxès à l'instigation des Thébains. Après la défaite de Salamine*, Xerxès avait laissé une forte armée sous le commandement de Mardonios, qui s'était engagé à lui soumettre la Grèce. Les Perses vinrent camper dans la plaine de Platées. L'armée confédérée des Grecs, sous le commandement du Spartiate Pausanias*, vint au-devant des Perses, qui auraient pu remporter la victoire, s'ils avaient fait intervenir leur infanterie et si la fougue de certains Grecs, et plus particulièrement des Tégéates, n'avait entraîné les autres Hellènes pour renverser l'armée de Mardonios (août 479) ; dès lors, la Grèce était délivrée de la menace perse. Le territoire de Platées fut déclaré inviolable par les Lacédémoniens, mais ce sont eux qui, un demi-siècle plus tard, poussés par les Thébains, s'emparèrent de la ville après un siège de deux ans (427), pendant la guerre du Péloponnèse*. Rebâtie après la paix d'Antalcidas* et toujours fidèle alliée d'Athènes, elle fut à nouveau détruite par les Thébains (374) avant d'être rebâtie sur l'ordre d'Alexandre* le Grand.

Platon, **philosophe (Athènes 428-347 av. J.-C.).**

Il était le fils d'Ariston et de Périctioné. Son vrai nom était Aristoclès, mais la largeur de ses épaules l'avait fait surnommer Platon. Il reçut une éducation des plus soignées et s'exerça d'abord à la tragédie* et à la poésie. À vingt ans, il s'attacha à Socrate*, brûla ses écrits et s'adonna à l'étude de la philosophie* avec passion. Il resta auprès de Socrate jusqu'à la mort de ce dernier (399), puis il se rendit à Mégare*, où il étudia sous Euclide le dialecticien, voyagea en Égypte (v. 396), en Sicile* (v. 390), où il vécut à la cour de Denys* de Syracuse, et peut-être en Asie Mineure et en Crète*. Il visita aussi l'Italie du Sud, où il connut le pythagorisme avec Archytas* de Tarente. Il eut des démêlés avec Denys de Syracuse, qui l'aurait fait vendre comme esclave, et il fut racheté par Dion, mais cette tradition est sujette à caution. De retour à Athènes v. 387, il commença à enseigner la philosophie dans les jardins de l'Académie*. Appelé par Dion, il revint en Sicile en 367, mais, Dion ayant été exilé par Denys le jeune, il rentra à Athènes (365), puis retourna une nouvelle fois auprès de Denys dans l'espoir de faire rappeler Dion (361). Il rentra déçu, pour ne plus quitter sa patrie. Il légua sa fortune et la direction de l'Académie à son neveu et disciple Speusippe.

Plutarque, **historien et philosophe (Chéronée 46-120).**

Il étudia les mathématiques* et la philosophie* avec Ammonios, qui enseignait à Delphes*. Il voyagea ensuite en Grèce et en Égypte puis il s'installa à Rome à l'époque de Domitien et y ouvrit une école. L'empereur Trajan, qui l'admirait, lui conféra la charge de consul et lui donna ensuite le gouvernement de l'Illyrie. Après la mort de cet empereur (117), Plutarque se retira dans sa ville natale où il termina ses jours. Il a laissé un nombre considérable de traités de caractère moral, et un précieux ouvrage sur *Isis et Osiris* dans lequel il a accumulé toute la tradition concernant ce mythe égyptien. Néanmoins, son œuvre capitale et qui a assuré sa célébrité en histoire* est sa série de *Vies parallèles* où il nous a conservé de très précieux renseignements sur quelques-uns des hommes politiques les plus célèbres de la Grèce et de Rome.

poids. Comme les mesures* de longueur, les poids ont varié en Grèce selon les époques et les cités. À l'époque archaïque les systèmes de base étaient l'éginétique, peut-être une adaptation des mesures pondérales phéniciennes, et l'euboïque, emprunté par les Eubéens aux poids utilisés en Mésopotamie. L'unité pondérale était la drachme, et ses multiples la mine *(mnâ)*, qui valait 100 drachmes, et le talent, qui valait 60 mines. Dans le système éginétique, la drachme valait 6,18 g, la mine 618 g, le talent 37,011 kg. Dans le système euboïque, la drachme valait 4,32 g. Dans le système attique primitif, la drachme équivalait à 6 g. La mine euboïque valait ainsi 432 g et l'attique 599 g, le talent éginétique 25,92 kg et l'attique 35,937 kg. Solon* réforma le système pondéral ; il utilisa le système euboïque pour le poids des monnaies, et le système éginétique modifié pour le poids ordinaire ; ainsi, dans le système ordinaire ou marchand, la drachme valait 6 g, la mine 606 g, le talent 36,39 kg, à quoi il ajouta un sous-multiple, l'obole, du sixième de la drachme, soit 1 g environ.

Dans les poids monétaires, où la drachme valait donc 4,32 g, les sous-multiples étaient : l'obole, de 1/6 de drachme, soit 0,72 g, l'hémiobole (1/2 obole), de 0,36 g, le chalque *(khalkous)*, de 1/4 d'obole, soit 0,09 g. En pharmacie, on employait le poids monétaire ; il y avait : le *gramma*, de 2 oboles, soit 1,44 g ; le *thermos*, de 2/3 d'obole, soit 0, 48 g ; le *kération*, de 1/3 d'obole, soit 0,24 g.

À l'époque hellénique, le système solonien prévalut en général ; mais, à l'époque hellénistique*, on adopta de préférence le système alexandrin, issu de l'adaptation que les Lagides* avaient faite de l'ancien système égyptien. Dans les poids monétaires le talent valait 20,47 kg, la mine 341 g, la drachme 3,41 g, l'obole 0,57 g, l'hémiobole 0,28 g, le chalque 0,07 g ; dans les poids marchands, l'obole *encrion* 1 g, la drachme 6,55 g, la mine 655 g, le talent 39,29 kg. Le talent représentant le poids d'un pied cubique d'eau, il est aisé de calculer les poids étalons pour les cités dont on connaît la valeur du pied.

Les poids offraient des formes diverses : disques bombés, pyramides tronquées, etc. À Athènes, les types courants étaient le dauphin (plaque carrée portant un dauphin sculpté), la tortue, le croissant, l'amphore, l'osselet. Ils étaient en général en terre cuite ou en bronze. La mesure étalon était conservée avec les autres mesures dans la chapelle du stéphanéphore, sous la garde des métronomes*.

polémarque, chef militaire.

À Sparte*, le polémarque était le commandant d'une mora, « bataillon » ; on retrouve ce titre dans plusieurs cités grecques. Cette magistrature, à laquelle incombait le commandement suprême de l'armée, servit souvent de point de départ à l'établissement des tyrannies* ; ainsi, Panaitios à Léontinoi, Cypsélos à Corinthe*, Orthagoras à Sicyône* profitèrent-ils de la puissance que leur conférait leur autorité militaire pour s'emparer de la tyrannie. Cette fonction, militaire dans l'Athènes* archaïque, fut dévolue aux stratèges* lors des réformes démocratiques, et le polémarque, compté parmi les archontes*, n'eut plus que des attributions judiciaires et civiles.

polis → cité.

Polyclète, statuaire (Sicyône v. 480 av. J.-C.-Argos ?).

Il fut l'élève d'Agéladas* et le contemporain de Phidias*. Il fut toujours considéré comme argien car c'est surtout à Argos* qu'il travailla et qu'il devint célèbre. Il résida aussi à Athènes* (v. 430), où il fit le portrait d'Artémon, ingénieur de l'entourage de Périclès*. On découvre dans toute son œuvre une grande unité de sujets, car, à de rares exceptions près, il représenta toujours des corps virils nus. Son œuvre la plus célèbre est le *Doryphore* (« porteur de lance »), qui mérita d'être appelé *kanon* (la « règle ») pour la perfection des proportions et de l'attitude. Elle fut exécutée vers 440 tandis que Phidias travaillait au Parthénon*. Le *Discophore* (« porteur de disque ») est aussi caractéristique de son œuvre par la position souple et harmonieuse du corps. Ce qui se dégage de ces figures est surtout une expression de rythme, d'harmonie, les sujets étant fortement idéalisés. Le *Kynistos*, statue d'adolescent vainqueur au pugilat, fut exécuté vers 450 et consacré à Olympie ; le *Diadumène*, jeune homme posant sur son front la bandelette du vainqueur, a été sculpté vers 425. Ces œuvres nous rappellent, par le développement des corps et leurs belles proportions, l'importance qu'avait, chez les Grecs, l'éducation* physique. Les Anciens connaissaient aussi de cet artiste des représentations d'Hermès, d'Héraclès, de deux enfants nus qui jouent aux osselets ; cette dernière œuvre, très réputée, fut placée dans l'atrium de Titus (Ier s.). Pour rivaliser avec Phidias, il avait fait une statue chryséléphantine* d'Héra assise, qui fut placée dans le temple d'Argos : c'est, avec une Amazone blessée, la seule représentation qui soit un peu différente, quant à son sujet, des autres œuvres du maître. Il eut de nombreux élèves, parmi lesquels on peut citer Canachos, Aristide, Alexis.

Polycrate, tyran (Samos ?-Magnésie du Méandre 522 av. J.-C.).

Il était le fils d'Aiakês et s'était enrichi par la fabrication de couvertures et de vaisselle de bronze. Vers 533, aidé par ses frères Pantagnotos et Syloson, il s'empara de la tyrannie* en renversant le gouvernement oligarchique qui dominait Samos. Il tua un de ses frères, exila l'autre et resta seul maître de l'île. Contrairement aux autres tyrans, il eut une politique agressive, dota sa patrie d'une armée et d'une flotte redoutables, battit les vaisseaux de Milet* et de Lesbos*, et domina toutes les Cyclades. Allié avec Amasis, roi d'Égypte, et avec Arcésilas III de Cyrène contre les Perses, il renversa ses alliances pour s'allier en 526 à Cambyse contre Amasis. Les aristocrates bannis appelèrent à l'aide les Spartiates, qui assiégèrent en vain Samos (524). Bien que vassal des Perses, Polycrate leur parut dangereux, et ils voulurent se débarrasser de lui. Appelé par le satrape Oroitês, il vint à Magnésie du Méandre pour y recevoir de l'or destiné à l'aider à prendre l'hégémonie sur l'ensemble des Grecs, mais il fut pris et mis en croix. Polycrate resta célèbre pour sa fortune et sa magnificence ; il embellit et agrandit Samos, l'alimenta en eau grâce à un aqueduc construit par Eupalinos de Mégare*, fortifia son port et la cité elle-même, termina la construction de l'Héraion. S'il contraignit Pythagore* à s'exiler, il appela à sa cour le poète de Téos Anacréon et Ibycos de Rhégion.

Polygnote, **peintre (île de Thasos, ve s. av. J.-C.-† Athènes).**

Fils d'Aglaophon, peintre célèbre, il avait un frère, Aristophon, également peintre et son fils Aglaophon suivit aussi ses traces. Venu très jeune à Athènes*, il y reçut droit de cité. Introduit dans la famille de Miltiade*, il s'attacha à son fils Cimon*, dont il resta l'ami. Il vécut toujours dans la riche société athénienne et travailla gratuitement, ce qui lui valut la faveur de toute la cité. Son œuvre est très vaste et son rôle important pour les progrès de la peinture, car il fut le premier à avoir donné de la vie à ses personnages en dessinant des visages mobiles : yeux, lèvres entrouvertes, expression des traits. Son œuvre la plus importante est la décoration du *Pœcile* sur l'agora* d'Athènes, où il avait représenté la prise de Troie, tableau central, entre les compositions de Panainos* et de Micon*. Mais il avait travaillé aussi très habilement à la décoration du portique de Delphes* ; un tableau représente Troie après sa défaite, tombée aux mains des Grecs ; l'autre était une scène de descente aux Enfers. Dans le temple d'Athéna à Platées*, il avait représenté le massacre des prétendants par Ulysse. À Athènes, mis à part le *Pœcile*, il décora le Théséion, le temple des Dioscures (avec Micon*), la pinacothèque*, dans laquelle on pouvait voir de nombreuses compositions de lui, et plus particulièrement des sujets mythologiques ; il travailla aussi dans un temple de Thespies. Sur le plan technique, il n'utilise que la polychromie courante : blanc, jaune, rouge, noir. Mais sa plus grande originalité est d'avoir su traduire admirablement les sentiments sur les physionomies. Il fut le premier à rendre la transparence des étoffes, à dessiner des personnages en partie cachés. Nombre de ses peintures furent imitées par les potiers, grâce à quoi on peut se faire une idée de ce qu'a pu être son art. Il était aussi statuaire.

Polysperchon, **général macédonien (v. 380-v. 301 av. J.-C.).**

Ancien officier d'Alexandre*, Antipatros*, en mourant, lui confia la régence de la Macédoine* et la tutelle des successeurs légitimes du conquérant, Arrhidée et Alexandre Aigus (319 av. J.-C.). Il lui subordonnait son propre fils, Cassandre*, avec le titre de chiliarque*. Ce dernier se dressa contre Polysperchon et s'allia à Antigonos* et à Ptolémée*, tandis que, de son côté, Polysperchon se rapprochait d'Eumènês*. Il pratiqua une politique libérale envers les villes grecques ; il leur permit de chasser les gouvernements oligarchiques installés par Antipatros, ce qui causa la mort de Phocion*. Mais Cassandre s'empara de l'Attique* et marcha sur la Macédoine ; Polysperchon ayant fait revenir d'Épire Olympias, la mère d'Alexandre le Grand, celle-ci fit massacrer Philippe Arrhidée et sa famille (317). Vaincu par Cassandre, Polysperchon ne posséda plus que quelques places dans le Péloponnèse*. Il se présenta ensuite comme le défenseur d'Héraclès, fils d'Alexandre le Grand et de Barsine, princesse perse (310), mais, poussé par Cassandre, il les empoisonna et s'allia à ce dernier contre Démétrios* Poliorcète.

poterie. Les récipients, les assiettes, les boîtes à fards ou à bijoux étaient très souvent en terre cuite, bien qu'on en ait fait en bronze ou en métal (plus particulièrement les cratères), en bois (les assiettes, les gobelets), en verre (les coupes et les flacons), en ivoire, en métal précieux (boîtes à bijoux, à fards), en albâtre ; c'est cette dernière matière qui a donné son nom à l'*alabastron*, vase à parfum de forme allongée taillé dans l'albâtre.

Les récipients de terre cuite sont les suivants : l'*aryballe*, vase à parfum à panse ronde, qui a emprunté son nom à une bourse à cordons oblongue ; l'amphore, dont le nom vient de ce qu'elle était pourvue de deux anses pour être portée des deux côtés (elle servait à contenir de l'huile, du vin, des céréales, et à leur transport ; l'amphore panathénaïque contenait l'huile donnée en prix aux vainqueurs des jeux lors des Panathénées*) ; le *cratère*, dont le nom vient d'un verbe signifiant « mêler », et qui servait à mélanger le vin avec l'eau et à le préparer avec des ingrédients en certains cas (il épousait des formes diverses, en calice, à colonnettes, à volutes) ; l'*hydrie*, munie de trois anses, qui servait à transporter l'eau destinée aux usages domestiques ; le *lécythe*, vase à parfum de forme allongée (certains lécythes étaient placés près des morts lors de leur exposition et enterrés avec eux ; aux Ve et IVe s. av. J.-C., les potiers athéniens exécutèrent des lécythes blancs destinés à cet usage funéraire ; le lécythe contenait aussi l'huile utilisée dans les palestres et pour les bains ; une variété de lécythe à panse arrondie est appelée *aryballistique)* ; le *lagyne*, sorte de carafe qui n'apparaît qu'à l'époque hellénistique ; l'*œnochoé* (« vase à vin »), qui recevait le vin du cratère pour qu'on puisse le verser dans les coupes (c'est pourquoi il était en général pourvu d'un orifice de forme trilobée servant de bec verseur) ; le *péliké*, sorte d'amphore évasée vers le bas ; la *phiale*, coupe sans pied pourvue d'un ombilic à l'intérieur et servant à faire les libations ; la *pyxis*, qui était à l'origine une boîte en buis, d'où son nom *(pyxos*, buis) : utilisée pour conserver les remèdes, on y plaçait aussi les parures et les bijoux ; elle était façonnée dans des matériaux divers, mais plus souvent en terre cuite ; le *stamnos*, vase dans lequel on conservait le vin.

Les vases à boire, également en terre cuite, étaient : le *canthare*, pourvu d'un pied et de deux grandes anses ; la *kylix*,coupe à pied ; le *rhyton*, en forme de corne et orné dans le bas d'une tête d'animal munie d'un trou par où on laissait couler le filet de liquide dans la gorge (sa forme remonte à l'époque minoenne, en Crète) ; le *skyphos*, sorte de timbale à anses ; enfin le *plemokhoê*, boîte oblongue à pied et pourvue d'un couvercle, employée lors des rites des mystères* d'éleusis* le dernier jour des cérémonies. Utilisés couramment, ces récipients étaient en terre souvent grossière et dépourvus d'ornements. Cependant, dès la plus haute époque, les Grecs connurent une poterie de luxe pourvue de riches décorations peintes.

Nous n'aborderons pas ici la question de la technique de la fabrication, qui ressortit plutôt au domaine de l'archéologie. De nombreuses cités grecques eurent leurs ateliers de potiers et leurs styles particuliers ; cependant, selon les époques, certains styles prédominent, originaires de cités* ou de régions différentes. Après la disparition de la civilisation mycénienne se développe dès le Xe s. av. J.-C. le style dit « géométrique ». Les poteries géométriques sont peintes en noir sur fond d'argile ; les motifs ornementaux sont inspirés du cercle ou de la ligne, et dans les poteries évoluées, apparaît souvent le motif dit « de la grecque » (méandre) ; par la suite, ces motifs géométriques seront souvent unis, surtout dans les poteries attiques du cimetière du Céramique (Dipylon), à des frises d'animaux ou à des représentations humaines. Le style orientalisant, qui apparaît au VIIe s. av. J.-C., tend à remplacer le style géométrique, dont il conserve la technique de la silhouette noire ; venu d'Asie, il vulgarise des motifs orientaux (ornements en torsades, palmettes, motifs végétaux, animaux disposés en files ou affrontés, êtres hybrides à corps d'animaux, à ailes d'oiseaux et à figures humaines). Sous cette influence se développent les céramiques ioniennes et rhodiennes, celles des Cyclades, de Milo, de Crète et surtout de Corinthe*, où fleurit la belle céramique corinthienne ; celle-ci commence par le protocorinthien, issu du géométrique ; on trouve de cette période des vases de petite taille, et surtout des *lécythes aryballistiques ;* le fond est une argile jaune pâle, avec des teintes lie-de-vin et du vernis noir ; le blanc est aussi utilisé ; les motifs d'animaux sont dominants. Le style corinthien, né de l'épanouissement de l'influence orientale, s'étend à toutes les séries de vases et il présente souvent des scènes mythologiques, tel le cratère figurant le banquet d'Héraclès et d'Eurytios (Louvre) daté des environs de 600 av. J.-C.

À partir du VIe s. av. J.-C. se développe la céramique attique issue du géométrique. C'est la figure noire (ainsi appelée du fait que les personnages sont peints en noir sur le fond rouge de la terre cuite) qui sera utilisée pendant tout le siècle, à la fin duquel (v. 530 av. J.-C.) lui sera substituée la figure rouge, où les figures, faites au pochoir, se détacheront en rouge sur le fond noir de la poterie vernie. La première époque est dite « de style sévère » du fait de la sobriété et de la simplicité de la représentation figurée. Le style libre lui succédera, pour aboutir, au Ve s. av. J.-C., au style chargé, dit « fleuri », dont un Meidias, avec ses Éros voletant dans un décor végétal surchargé, est le principal représentant. La céramique attique fut imitée à travers tout le monde grec et surtout en Italie où fleurirent les écoles ; mais jamais ces potiers ne parvinrent à la perfection des maîtres athéniens. Les potiers attiques signèrent leurs œuvres trop rarement cependant, mais on en a identifié une assez grande quantité, parmi lesquels quelques-uns peuvent être considérés comme de grands artistes. Voici la liste de ceux dont il est traité dans ce dictionnaire : Amasis, Andokidès, Brygos, Chachrylion, Douris, Épictète, Épilykos, Ergotimos, Euphronios, Euthymidès, Exékias, Hiéron, Nicosthène. Outre ceux qu'on connaît ainsi par leurs signatures, la méthode comparée a permis de déterminer les styles de maîtres qu'on retrouve dans divers vases sortant du même atelier, et auxquels on a donné un nom (afin de les classer) à partir d'une œuvre maîtresse ; ainsi connaît-on, par exemple, le peintre de Berlin, de Boston, de Copenhague, etc., ou encore des groupes de Leagros, de Médée, du Dauphin...

Praxitèle, statuaire et sculpteur (Athènes, dème d'Éresidæ, v. 390 av. J.-C.-*id.* v. 330 [?]).

Fils de Céphisodote et petit-fils de Praxitèle l'Ancien, statuaires eux aussi, il fut l'un des plus grands artistes de la Grèce. On ne sait presque rien de sa vie, qui fut tout entière tournée vers la création artistique. De ses œuvres les plus connues, il n'est pas besoin de parler longuement, car l'*Aphrodite de Cnide* et l'*Hermès d'Olympie* ont été trop largement décrits pour qu'on ait à le refaire. Mais il ne faut pas oublier non plus l'*Apollon Sauroctone* (au lézard), le *Satyre au repos* et le *Satyre verseur*, pour ne citer que des œuvres dont nous possédons des copies. Tout l'« atticisme » de Praxitèle est versé dans ces ouvrages, qui ne sont pas des représentations spontanées, mais bien plutôt des idéalisations de sujets classiquement traités, travaillés et affinés par le génie de l'artiste. Le naturel est absent de ces créations, seule la beauté pure y domine ; les attitudes sont recherchées pour faire ressortir la grâce et l'élégance des personnages, mais elles sont parfaitement apprêtées et s'éloignent des attitudes réelles des mouvements de la vie. Il avait travaillé aussi le bronze. Ses sujets étaient presque toujours des personnages divins. On sait que ses marbres étaient peints par Nicias*. C'est lui qui, le premier, représenta en sculpture la femme dans sa nudité, sous l'aspect de la célèbre Aphrodite qui lui fut commandée pour le temple de cette déesse à Cnide. Il eut deux fils, célèbres aussi dans le même art : Céphisodote et Timarchos.

prêtres. Les Grecs n'ont pas connu un clergé constitué, comme le nôtre. Les prêtres étaient attachés à un sanctuaire* mais ils n'étaient nullement chargés de préserver des dogmes intangibles. Par ailleurs, il n'existait pas d'opposition entre le laïque et le prêtre. Le père de famille qui sacrifiait aux divinités domestiques devenait prêtre en cet instant, et de nombreux magistrats, qui étaient des citoyens élus, recevaient souvent des fonctions religieuses. La royauté* de l'époque homérique possédait de nombreuses attributions religieuses, et même lorsque les rois eurent perdu leur puissance politique, la dernière prérogative qu'ils conservèrent concernait leurs attributions religieuses : ainsi à Athènes* l'archonte*-roi, à Sparte* les deux rois. Cette fonction religieuse des rois est apparentée au caractère religieux des chefs des grands génê : le génos* était groupé autour d'un sanctuaire dont le prêtre était le roi du génos ; ainsi s'explique l'existence des familles sacerdotales. L'Attique* conserva un grand nombre de sanctuaires dont la prêtrise appartenait héréditairement à une même famille : les Amynandrides détenaient le culte de Cécrops sur l'Acropole*, les Etéoboutades donnaient les prêtres de Poséidon-Erechthée et les prêtresses d'Athéna Polias. Le principe de l'hérédité était appliqué soit de père en fils, soit par élection parmi les membres du génos. Lorsqu'une famille n'était pas attachée à un temple, le prêtre était nommé par la voie de l'élection.

La prêtrise ne requérait aucune aptitude particulière, sinon de ne pas avoir de tare ou d'infirmité et d'être citoyen. Il n'y avait pas non plus de condition d'âge ni de sexe : à Ægion, le prêtre de Zeus était choisi parmi les plus beaux enfants de la cité, ainsi que le daphnéphore, prêtre du temple d'Apollon Isménien à Thèbes* ; seuls les garçons impubères pouvaient être prêtres du temple d'Athéna Alea à Tégée et de celui d'Élatée, dédié à Athéna Cranaia ; d'autre part, le temple de Poséidon de l'île de Calaurie, ceux d'Artémis à Ægire et à Patras, ne pouvaient être desservis que par de très jeunes filles. Il arrivait souvent que les divinités mâles fussent servies par des prêtres, et les divinités femelles par des prêtresses ; cette règle souffre cependant un grand nombre d'exceptions, car on voyait aussi des temples desservis en même temps par des prêtres et des prêtresses. Dans certains cas, le sacerdoce pouvait s'acheter ; ainsi, à Halicarnasse, une femme acheta le sacerdoce du temple d'Artémis qu'elle fit construire à ses frais en se réservant les revenus du sanctuaire. Les prêtres pouvaient se marier ; cependant, l'hiérophante d'Éleusis* était tenu de garder le célibat, et le prêtre d'Héraclès Misogyne, en Phocide, devait rester chaste pendant son ministère, qui durait un an. Les prêtresses de déesses vierges, Athéna et Artémis, devaient en général être vierges, ou du moins observer la chasteté ; c'est pourquoi on choisissait pour ce ministère des adolescentes ou des vieilles femmes. Par ailleurs, certains sacerdoces étaient régis par un rituel d'interdictions : à Mégare*, le prêtre de Poséidon ne pouvait manger de poisson ; à Orchomène d'Arcadie*, le prêtre et la prêtresse d'Artémis Hymnia devaient sélectionner leurs vêtements et leurs aliments et ils ne pouvaient entrer chez des particuliers, afin d'éviter toute souillure. Le sacerdoce pouvait s'exercer à vie ou temporairement.

Les fonctions du prêtre étaient de trois sortes : 1° *liturgiques*, c'est lui qui consacrait la victime à sacrifier et qui prononçait la prière, tandis que le sacrifice* lui-même était consommé en général par le fidèle ; 2° *administratives*, il gérait les biens du dieu, soit sous le contrôle de commissions spéciales s'il desservait un sanctuaire d'État, soit seulement aidé par des subalternes s'il avait acheté sa fonction ou si le sanctuaire appartenait à sa famille ; 3° *diaconales*, il entretenait la statue du dieu et le sanctuaire, aidé par les hiérodules* et par divers fonctionnaires. Ces derniers, employés dans les temples importants, pouvaient être nombreux, ainsi, les néocores ou les zacores assistaient le prêtre dans les cérémonies du culte et veillaient à la décoration et à la propreté du temple ; à côté de ceux-ci, on trouve dans certains temples une quantité de fonctions subalternes : parasites, chargés de recevoir les grains ; échansons ; « épithymiatoies », conservateurs des reliques ; porteurs de van mystique *(licnophores)*, des vases *(canéphores)*. Le *xyleus* était chargé de fournir le bois du temple d'Olympie.

La fonction de prêtre conférait d'appréciables avantages. D'abord honorifiques, car ils jouissaient d'une haute considération, recevaient des places d'honneur ; matériels ensuite, car ils étaient souvent exemptés d'impôts et de liturgies*, gardaient pour eux une part des offrandes, recevaient de l'argent pour assister aux sacrifices, mais surtout la plupart d'entre eux avaient la jouissance des biens-fonds appartenant au temple et devenaient ainsi les banquiers du monde grec.

prison. Le problème de l'incarcération et des prisons est fort mal connu. Comme peine, la prison n'était pas infligée aux citoyens, mais on pouvait en punir les étrangers ou les citoyens frappés d'atimie* ; c'était aussi une mesure préventive : on emprisonnait des étrangers assignés en justice afin qu'ils ne puissent s'enfuir, alors qu'on laissait libres les citoyens afin qu'ils puissent volontairement s'exiler ; en outre, les débiteurs du trésor public pouvaient être emprisonnés jusqu'à remboursement de leurs dettes, enfin les condamnés à mort étaient enfermés jusqu'au moment de l'exécution de la sentence, comme on le voit pour Socrate*. Ces lois, valables à Athènes*, l'étaient probablement dans les autres cités. On ne sait où étaient situées les prisons d'Athènes, placées sous la surveillance du conseil des Onze. À Syracuse, les prisonniers étaient jetés dans les « latomies », anciennes carrières de la ville, situées près du théâtre.

En général, les prisonniers de guerre étaient réduits en esclavage* ou, plus souvent, gardés afin d'être échangés soit contre rançon, soit contre des prisonniers détenus par l'adversaire ; ils pouvaient aussi être utilisés comme moyen de pression pour contraindre à signer la paix*.

probolê, action judiciaire qui visait à donner un caractère public à une injure personnelle dirigée contre un homme dans une fonction officielle.

Ainsi en fut-il pour Démosthène* : alors qu'il était chorège* de sa tribu, il fut insulté en plein théâtre par Midias ; il utilisa la probolê pour venger cette injure faite au caractère public de sa fonction, qui, par cela même, intéressait le peuple dans son ensemble. L'action était portée devant l'ecclésia* par l'intermédiaire des prytanes*. Le vote se faisait à main levée et, s'il était contraire à l'accusateur, l'affaire s'arrêtait là. Dans le cas contraire, le procès était instruit régulièrement, mais il pouvait arriver que les juges acquittent le coupable. Pour ne pas s'exposer aux chances incertaines d'un procès, le plaignant se contentait souvent de l'assentiment de l'assemblée, qui restait une sanction morale, et il ne poursuivait pas plus loin son action, comme le fit Démosthène avec Midias.

procès → dikê, graphê, juges, logographe, tribunaux.

proèdres, présidents de la boulê* et de l'ecclésia* à Athènes*.

Il y avait neuf proèdres, tirés au sort, un par tribu*, sauf dans celle qui avait la prytanie. Ils formaient le bureau des deux assemblées. Parmi eux était tiré au sort l'épistate* des proèdres, qui présidait les deux assemblées. Cette charge donnait le droit d'occuper une place d'honneur dans les jeux, les concours et les représentations diverses. Au théâtre*, les proèdres occupaient les premiers rangs, et des fauteuils spéciaux leur étaient réservés.

propriété. À l'origine, chaque *génos** possède des terres, sur lesquelles il vit ; cette propriété est inaliénable, indivisible et collective. Peu à peu, à la suite de l'évolution des idées, et surtout en raison du caractère individuel naturel de la propriété mobilière, de la formation de nouveaux domaines sur les terres en friche, de l'affaiblissement de la solidarité familiale et de la puissance des familles nobles, devant la montée des classes populaires enrichies par le commerce*, la navigation* et l'artisanat, la propriété immobilière des génê commença à se morceler, sans, toutefois, que les partages entre membres d'un même génos autorisent l'aliénation de l'antique patrimoine au profit d'un acquéreur étranger au génos. Les grands domaines subsistèrent plus longtemps dans les États oligarchiques, mais l'évolution fut rapide dans les cités démocratiques ; la confiscation par l'État et la mise en vente des biens appartenant aux bannis, les nouveaux riches qui, par mariage, entraient dans des familles nobles dont ils renversaient les traditions, les réformes agraires, hâtèrent le morcellement de la propriété foncière, qui, dès l'époque classique, était accessible à tous les citoyens dans à peu près toutes les cités de la Grèce. Seule Sparte*, où l'État, propriétaire de la terre civique, la distribuait par lots *(kléros)* aux citoyens, qui les faisaient exploiter par les hilotes*, conserva encore pendant quelques siècles la tradition d'une propriété inaliénable. Ainsi, la Grèce n'a connu qu'un régime de petite propriété pendant toute sa grande période historique, et il faut attendre l'époque romaine pour y rencontrer de vastes domaines, semblables à ceux des eupatrides* du début de l'époque archaïque.

À la propriété foncière était aussi lié le concept de droits civiques, raison pour laquelle chaque citoyen grec s'attachait d'autant plus à son petit lopin de terre. La propriété immobilière était interdite aux métèques*, qui obtenaient rarement le privilège d'y accéder. De nombreuses cités possédaient un cadastre. En Attique, Solon* fit dresser le premier cadastre, qui, à partir de Clisthène*, fut tenu pour chaque dème par le démarque. Un recensement effectué en Attique en 401 av. J.-C. donne un chiffre global de quinze mille propriétaires fonciers pour vingt mille citoyens. Les champs étaient marqués par des haies et des bornes, et, lorsqu'un terrain était vendu, une copie du contrat passé entre l'acheteur et le vendeur était déposée dans les archives de la cité *(arkhia, khréophylokion),* conservées par un magistrat *(hiéromnêmon, grammatophylaque, damosiophylaque)* qui apparaît comme le gardien officiel de la propriété foncière.

Ces biens-fonds pouvaient être hypothéqués ; afin de préserver ses droits, le prêteur disposait d'une borne hypothécaire dans le champ hypothéqué, ou bien celle-ci était mentionnée sur le cadastre. Athènes disposait d'un bureau des hypothèques.

prostate (« président, patron »). — 1. chef de parti dans les États démocratiques *(dêmou prostatês)* ; — 2. chacun des magistrats qui administraient le comptoir iono-éolien de Naucratis en Égypte ; — 3. à Athènes, patron d'un métèque*. C'est lui qui faisait inscrire sur le registre de son propre dème* l'étranger domicilié ; le métèque n'avait aucune obligation envers son prostate, mais la négligence de s'en donner un pouvait entraîner la confiscation des biens, voire la réduction en esclavage*.

Protogène, peintre (Carie, fin du IVe s. av. J.-C.).

Il vécut surtout à Rhodes, où il travailla dans la pauvreté jusqu'à environ cinquante ans. Il peignit en particulier des vaisseaux, dont deux trières sacrées des Athéniens, la *Paralos* et l'*Ammonias*. Il vivait modestement dans une petite maison au fond d'un jardin, dans un faubourg, jusqu'à ce qu'Apelle* vienne à Rhodes et, ayant acheté très cher une de ses œuvres, le rende ainsi célèbre et considéré. C'était un artiste extrêmement soigneux et méticuleux, qui n'hésitait pas à passer plusieurs années sur une même œuvre, la perfectionnant sans cesse. Il lui arriva de donner quatre couches de peinture à un tableau comme son *Ialysos* (héros éponyme d'une cité rhodienne) ; quand Apelle vit cette œuvre, il demeura stupéfait d'admiration. On cite une anecdote caractéristique du sérieux avec lequel il pratiquait son art : alors que Démétrios* Poliorcète, v. 304, assiégeait Rhodes, Protogène peignait dans son jardin sans s'interrompre en dépit de la violence des combats ; Démétrios, qui était venu lui rendre visite, s'en étonnant, l'artiste lui répondit qu'il croyait que ce dernier faisait la guerre aux Rhodiens et non pas aux arts. Démétrios ne prit pas la ville, mais protégea et encouragea le peintre. Il exécuta encore un satyre une flûte à la main, un Tlépolème, le roi Antigonos, la mère d'Aristote. Il était aussi statuaire et fondit des bronzes d'athlètes, d'hommes armés et de chasseurs.

Sa rencontre avec Apelle est demeurée célèbre : lors de sa visite à l'artiste, qui était absent, Apelle, pour laisser une sorte de signature, traça un trait extrêmement fin sur une planchette laissée sur un chevalet et gardée par une servante ; à son retour, Protogène vit ce trait et reconnut là la main du grand artiste ; il traça au-dessus une ligne plus fine encore. Étant revenu de nouveau, Apelle partagea les deux lignes par un trait d'une finesse incroyable, de telle sorte que Protogène s'avoua vaincu. Cette planchette fut conservée et fit longtemps l'admiration et l'étonnement des Grecs, puis des Romains, qui la transportèrent à Rome.

proxène. Il correspondait au consul actuel, avec cette différence qu'il était citoyen de la cité où étaient installés les étrangers dont il était le protecteur ; ainsi, Alcibiade* qui était athénien, était proxène de Sparte* à Athènes*. Le proxène était désigné officiellement par l'État dont il devait défendre les intérêts dans sa propre patrie, désignation faite par décret de l'assemblée du peuple. Cette charge était onéreuse du fait qu'il logeait souvent chez lui les étrangers de passage dont il était proxène, et surtout les ambassadeurs, qu'il présentait aux magistrats et à l'assemblée du peuple. Il recevait en dépôt l'argent de ses protégés, se portait caution pour eux en toute circonstance, défendait leurs intérêts. Ces devoirs étaient d'ailleurs en général stipulés dans les décrets de proxénie. En retour, le proxène jouissait de maints avantages dans la cité qu'il représentait ; il n'y était plus considéré comme un métèque*, pouvait y posséder des domaines ou des immeubles, n'avait pas besoin de représentant en justice, avait droit à une place au prytanée* ; ces avantages faisaient rechercher la proxénie par les riches citoyens, qui savaient ainsi pouvoir trouver un refuge dans la cité dont ils étaient proxènes, en cas de revers de fortune.

prytane, titre des magistrats suprêmes dans les cités grecques.

C'est souvent le nom qu'on donnait à certains tyrans, comme le fait Pindare pour Hiéron de Syracuse, mais c'est surtout une magistrature, souvent issue de la royauté*, et qui se retrouve dans de nombreuses cités grecques. Ainsi, à Corinthe*, c'est dans la famille des Bacchiades qu'était choisi chaque année le magistrat suprême appelé « prytane » ; il en était de même à Corcyre. Cependant, dans les États démocratiques, les prytanes étaient deux, comme à Rhodes, où ils exerçaient leur puissance chacun pendant six mois et où ils remplaçaient le prytane unique, choisi auparavant dans la famille des Ératides, branche cadette des Héraclides. On connaît des prytanes à Ténédos, Cos, Astypalée, Milet*, Éphèse, Smyrne, Téos... Les prytanes étaient souvent des magistrats éponymes*, comme il apparaît à Mytilène ou à Pergame*. C'est cependant à Athènes* que l'institution de la prytanie est la plus connue. Dans la boulê*, les cinquante membres de chaque tribu étaient tous ensemble prytanes pendant un dixième de l'année, soit pendant trente-cinq ou trente-six jours, chaque tribu exerçant ainsi la prytanie à tour de rôle par tirage au sort. Chaque collège de prytanes tirait au sort un épistate* (président), dont la fonction durait un jour complet et qui ne pouvait être nommé deux fois. Il avait la garde des sceaux et de la clef du trésor public et des archives, et, pendant une journée, il était en quelque sorte le chef du gouvernement, présidait la boulê et l'ecclésia*. Les prytanes préparaient et dirigeaient les réunions de la boulê et de l'ecclésia, recevaient les ambassadeurs et pouvaient décerner et recevoir des couronnes*. Ils prenaient leurs repas en commun aux frais du trésor public dans le prytanée. Au IVe s. av. J.-C., la présidence des assemblées fut retirée aux prytanes pour être donnée aux proèdres*.

prytanée, édifice public qui correspond, dans une certaine mesure, à nos hôtels de ville.

Le prytanée était comme le centre spirituel de la cité, où se trouvait l'autel d'Hestia avec son feu perpétuel, foyer de la cité. À Athènes*, c'est au Prytanée, situé au nord de l'Acropole*, que se réunissaient les prytanes et où ils prenaient leurs repas en commun, avant de s'établir dans la Tholos. C'est dans le Prytanée que siégeait l'archonte-éponyme* et où se réunissait parfois le tribunal des éphètes* sous la présidence de l'archonte*-roi. Des étrangers de marque et certains citoyens de mérite étaient aussi nourris au Prytanée aux frais de l'État.

Ptolémée (Claude), **astronome, mathématicien et géographe (Ptolémaïs Hermiu ? v. 90-Canope v. 168).**

On ne sait rien de sa vie, sinon qu'il effectuait ses observations à Alexandrie* en 128. De formation philosophique péripatéticienne, il défend la physique aristotélicienne. Son œuvre principale est l'*Hémégisté*, dont les Arabes ont fait l'*Almageste*. C'est un ouvrage d'astronomie* composé de treize livres, où l'auteur expose la trigonométrie plane et sphérique, tente d'expliquer les phénomènes résultant de la sphéricité de la terre, interprète par les épicycles et les excentriques les mouvements du Soleil et de la Lune, donne, en le complétant, le catalogue des étoiles d'Hipparque*, enfin énumère les phénomènes sidéraux annuels. L'ouvrage se termine par une table astronomique permettant de déterminer les éclipses et les heures suivant les jours et les saisons. Cet ouvrage, synthèse des connaissances astronomiques de l'Antiquité, a été longtemps utilisé. Cependant, Ptolémée a rejeté le système héliocentrique d'Aristarque* pour refaire de la Terre le centre des mouvements du Soleil et des étoiles, et s'il émet l'hypothèse de la rotation terrestre, qui expliquerait bien des phénomènes, il la repousse pour des raisons dogmatiques. Dans sa *Catoptrique*, il fait des expériences capitales sur la réfraction et établit les lois relatives aux angles d'incidence et de réflexion. Dans son *Optique*, dont on possède le premier livre dans une traduction arabe, il traite de la perspective à la suite d'Euclide* et reprend, pour la perception, les idées de Platon*, selon lesquelles la vue est produite par la rencontre des rayons qui sortent de l'œil avec ceux qui viennent de l'objet. Le *Tétrabiblon* est un traité d'astrologie en quatre livres. Dans la *Géographie**, ouvrage en huit livres, Ptolémée donne une nomenclature de noms de lieux suivis de leur longitude et de leur latitude, où les marges d'erreur sont souvent très faibles ; par ailleurs, il y résout habilement le problème de la projection d'une aire sphérique sur une surface plane.

Ptolémées (les) → Lagides.

Pyrgotéles, graveur sur pierre (IVe s. av. J.-C.).

Sa célébrité était immense et Alexandre* le Grand ne voulut que lui pour graver son portrait sur pierres précieuses. On ne sait rien d'autre de cet artiste.

Pyrrhos, roi d'Épire (v. 318 av. J.-C.-Argos 272), fils d'Eacidas, roi des Molosses, et de Phthia.

Son père ayant été renversé par son cousin Néoptolème, Pyrrhos, encore enfant, fut recueilli par Glaucias, roi d'Illyrie. Il reprit son trône à douze ans, mais il en fut de nouveau chassé cinq ans après ; il s'attacha alors à Démétrios* Poliorcète, auprès duquel il combattit vaillamment à Ipsos* (301). Envoyé en otage en Égypte à la place de Démétrios, Ptolémée* Sôter l'aida à reconquérir son royaume d'Épire (295). Il s'empara alors de la Macédoine* où il régna quelques mois avant d'en être chassé par Lysimaque*, puis il passa en Italie, à l'appel des Tarentins en lutte contre les Romains. Il battit ces derniers à Héraclée (280) et, l'année suivante, à Ausculum. Appelé par les Siciliens contre les Carthaginois, il lutta contre ceux-ci de 278 à 276, puis repassa en Italie à la suite de complots tramés contre lui par les Grecs de Sicile*. L'année suivante, il fut battu à Bénévent par le consul Curius Dentatus et dut rentrer en Épire. Afin de payer son armée de mercenaires*, il marcha contre Antigonos* Gonatas et lui enleva la Macédoine. À la demande du Spartiate Cléonyme, il guerroya contre Sparte* et ravagea la Laconie sans pouvoir s'emparer de la ville. En voulant prendre Argos*, il fut tué lors du siège de la ville par une tuile lancée du haut d'une maison.

Pythagore, philosophe et mystique (Samos v. 580 av. J.-C.-Métaponte ? v. 500).

Il quitta son pays sous le tyran Polycrate* et on lui attribue une série de voyages* en Ionie — ce qui est possible —, en Égypte, à Babylone, voire aux Indes, où naturellement, il aurait reçu le secret de la sagesse de cette nation ; il revint en Crète*, puis s'établit en Grande-Grèce*, à Crotone ; on n'a de certitude que sur ce dernier point, car il y ouvrit une école vers 530. On ne sait comment il devint un des chefs du parti aristocratique, qui régnait sur cette cité, à laquelle il aurait donné une partie de ses lois. Son école était comme une sorte de couvent. Pendant deux années de noviciat, les nouveaux adeptes devaient rester silencieux et n'entendaient le maître qu'à travers une cloison, sans le voir ; ils exerçaient leur mémoire, recevaient les bases de la morale du maître et des éléments de connaissances mathématiques* qui apparaissaient comme une ascèse purificatoire. Après ce noviciat, les disciples entraient dans la confrérie pythagoricienne, dont le caractère religieux était très accusé, et conservaient secrets l'enseignement de la secte et ses découvertes mathématiques. Ils étaient soumis à un régime végétarien et observaient des interdits sévères, refusant même de se couvrir avec tout vêtement d'origine animale.

Les dogmes fondamentaux étaient la croyance en la transmigration des âmes, qu'on abrégeait par la purification et l'ascèse, dans la recherche scientifique, et la conception de l'unité du monde, dans lequel la matière est un accident et où seul revêt quelque importance le principe formel qui est régi par des proportions mathématiques, l'univers étant dans son essence une harmonie géométrique dirigée par des lois intelligibles. Après trois ans d'études, certains disciples allaient fonder ailleurs de nouvelles confréries où était dispensé l'enseignement du maître. À Crotone, le parti démocratique ayant pris le pouvoir avec un certain Cylon, la populace détruisit le « couvent » des pythagoriciens, dont plusieurs furent massacrés. Selon diverses traditions, Pythagore périt dans ces émeutes, mais il est plus certain qu'il se réfugia à Métaponte, où il mourut peu après au milieu de ses disciples. → **philosophie.**

Pythiques (jeux), **jeux de Delphes*, les plus importants après les jeux Olympiques*.**

Ils auraient été institués par Apollon lui-même pour commémorer sa victoire sur le serpent Python. À l'origine, ils ne comportaient qu'un concours musical, qui consistait à chanter un hymne en l'honneur du dieu en s'accompagnant de la cithare.

Ce n'est qu'en 582 av. J.-C. qu'ils devinrent de grands jeux. Ils avaient lieu tous les quatre ans, la troisième année de chaque olympiade au mois de Boukatios (août-septembre) ; à l'origine, ils avaient lieu tous les huit ans et on revint à ce cycle à l'époque romaine. Les amphictyons étaient responsables de l'organisation des jeux, mais, pour s'en occuper directement, ils déléguaient les *hiéromnémons*, dont la charge était à peu près identique à celle des hellanodices* aux jeux Olympiques.

Les jeux s'ouvraient par des sacrifices et une procession, dans laquelle les représentants de chaque cité suivaient la voie sacrée pour se rendre au temple d'Apollon. Les concours commençaient par les épreuves musicales, suivies des épreuves gymniques, qui comprenaient des courses à pied et le pancrace, et se terminaient par les courses de chars. Les concours musicaux → **musique, instruments de** revêtaient plus d'importance que les autres jeux. À côté de l'hymne à Apollon, il y avait un concours d'aulétique (flûte en solo), d'aulodie (chant accompagné de flûte), de cithare, des concours poétiques et dramatiques, et peut-être un concours de peinture, si l'on en croit Pline. Le prix était une couronne de lauriers cueilli dans le val de Tempé, en Thessalie.

r

Religion. Les Grecs, et plus particulièrement les Athéniens, étaient profondément religieux et la religion a tenu la plus grande place dans leur vie. Sans doute, la mythologie dont s'est emparée la poésie alexandrine et latine pour en faire des thèmes légers ou des exercices poétiques n'a pas occupé dans l'existence des Grecs la place que nous tendrions à lui accorder, et, bien souvent, les mythes n'apparaissent plus que comme des contes qu'on débitait aux enfants. Si la religion grecque présente une certaine unité, elle se manifeste cependant sous des formes diverses et souvent opposées du fait que nul dogme ne la structurait intangiblement et que nul clergé n'en préservait l'intégrité. Le culte des cités* était l'un des ciments de la société ; chaque cité possédait ses divinités protectrices auxquelles on vouait un culte particulier dans les sanctuaires qui leur étaient réservés, et aux fêtes qui leur étaient propres ; des magistrats élus parmi les citoyens étaient chargés de l'organisation des fêtes* et des sacrifices*, et c'est contre ceux qui risquaient, par leur enseignement, de désagréger cette religion « politique » qu'étaient dirigés les procès d'impiété. Le culte domestique dont le père de famille était le prêtre, représentait pour la famille ce que le culte de la divinité poliade signifiait pour la cité. Comme le feu qui brûlait dans le temple d'Hestia ou dans le prytanée* de la cité, un feu couvait en permanence sur le foyer domestique et le père effectuait libations et sacrifices sur l'autel domestique en l'honneur des divinités protectrices de la maison.

À côté de ces cultes de la cité et de la famille, il existait toute une religion de caractère populaire (cultes agraires dans les campagnes, cultes de héros, cultes des morts), qui connaissait les rites et les fêtes les plus variés, accompagnés de sacrifices et d'adoration de reliques (ossements de Thésée à Athènes*, omoplate de Pélops à Olympie*, etc.). Les cultes à mystères* représentaient un autre aspect de la religion grecque ; avec des mystères comme ceux d'Éleusis* et un courant religieux comme l'orphisme* apparaît une religion de salut qui va préparer le monde antique à recevoir le message chrétien. Mais comme on doit chercher la plus haute expression de la religion hébraïque et du christianisme dans les prophètes d'Israël et chez les docteurs de l'Église, c'est à travers ses grands poètes, ses penseurs et ses artistes qu'il faut évaluer l'élévation du sentiment religieux du peuple grec. Les chantres de la grandeur des dieux, ce sont Hésiode, les auteurs anonymes des *Hymnes homériques*, Pindare, Simonide, Eschyle*, Sophocle* ; même un poète raisonneur comme Euripide* exprime souvent la plus profonde sensibilité religieuse → **littérature** ; les théoriciens de la religion qui vont épurer le sentiment du divin au point de le porter à une conception bien proche de celle des penseurs chrétiens antiques, ce sont Parménide, Empédocle, Pythagore*, Platon*, les stoïciens, Plotin; ou encore le Cléanthe et l'Aristote* des *Hymnes philosophiques* → **philosophie.** Enfin, ceux qui ont montré au peuple grec les dieux dans toute leur beauté morale et leur sereine majesté, ce sont les grands sculpteurs et les grands peintres du ve s. av. J.-C., les Phidias*, les Polygnote* et ces architectes* qui ont dressé dans le ciel du monde grec ces temples que nous pouvons encore admirer, expression toujours vivante d'une religion qui, dans ses plus hautes manifestations, exprima la majesté et la grandeur des dieux, la beauté du monde et la noblesse de l'homme. → **agon, autel, bois sacré, déification, devin, divination, fêtes, imprécations, métragyrte, mystères, oracles, orphisme, sacerdoce, sacrifice, sanctuaire, temple.**

repas. À l'époque homérique, on prenait trois repas : l'*ariston,* repas léger au lever; le *deipnon,* repas pris au milieu du jour et le plus copieux; le *dorpon,* souper. La viande était préparée par le maître de maison et ses serviteurs; on invoquait les dieux avant d'égorger l'animal, on le préparait aussitôt et on le mettait à la broche; le maître de maison offrait leurs parts aux dieux, faisait des libations de vin pur et on mangeait la viande avec une galette de blé ou d'orge, les hôtes ayant droit à la meilleure part. On mangeait assis. Les femmes pouvaient assister au repas, mais elles ne semblent pas y avoir pris part; elles mangeaient de leur côté dans le gynécée*.

À l'époque classique, on continua de prendre trois repas : au lever, l'*acratismos,* composé de pain trempé dans du vin, et de figues; à midi, l'*ariston,* collation sommaire, contrairement à celle de l'époque homérique; le soir, le *deipnon,* pris vers la tombée de la nuit, et qui devint le principal repas. L'après-midi était parfois coupé par une collation, l'*hesperisma.* Les hommes mangeaient étendus sur des lits, devant lesquels on dressait de petites tables; les femmes et les enfants mangeaient assis, soit dans le gynécée, soit avec les hommes de la famille. En Crète*, dans la Macédoine* primitive, tous les convives étaient assis et il est certain que cette coutume de s'étendre pour prendre les repas n'était que peu suivie dans les campagnes, surtout chez les pauvres cultivateurs et les bergers. Les mets étaient servis en portions toutes préparées pour chaque convive, dans des plats en général en bois ou en terre cuite, car les vaisselles en matières précieuses étaient fort rares. On mangeait avec les doigts, mais on utilisait des couteaux pour couper la viande, et des cuillères pour les sauces et les soupes. Certains jours, le repas du soir prenait le caractère d'un banquet et on l'appelait « symposion* ». En Crète et à Sparte* les repas, pris en commun, portaient le nom de syssities*. Enfin, il y avait des banquets donnés en diverses occasions où étaient mêlés hommes et femmes : banquets de noces ou lors de diverses fêtes familiales; banquets funéraires à la suite d'un enterrement ou en l'honneur de morts; festins organisés par les tribus lors des grandes solennités à Athènes* (Dionysies*, Panathénées*); repas de phratries*, réservés aux hommes inscrits à la phratrie et offerts souvent par l'un des membres pour un mariage ou une paternité; repas communs de dèmes*, réservés aux femmes* lors des Thesmophories*; repas communs des prytanes* pendant leur charge, des étrangers et des citoyens nourris au prytanée*. Ces repas pris en commun aux occasions les plus diverses, et qui, pour chaque citoyen, se reproduisaient plusieurs fois chaque année, sont caractéristiques de la civilisation grecque, où la vie publique tenait une part prépondérante.

rhètres — 1. réponse donnée par un oracle*; — 2. chacune des lois non écrites qui régissaient les génê* → génos et la société grecque à l'époque archaïque.

Les premiers codes écrits furent d'anciennes rhètres qu'on avait réunies pour former un corps de lois. La plus ancienne rhètre écrite est celle que les Éléens firent graver sur une tablette de bronze et consacrèrent dans le temple de Zeus Olympien (à Olympie*). La constitution de Lycurgue*, qui régissait Sparte* et qui n'était pas écrite, mais tacitement consentie par tous les citoyens, était constituée par un ensemble de rhètres. → **législateurs, nomos.**

royauté spartiate. La double royauté lacédémonienne est une originalité de cette cité, déjà très originale. Selon la légende, Aristodème ayant été tué à Naupacte alors qu'il s'apprêtait à retourner dans le Péloponnèse* avec les autres Héraclides, ses deux fils jumeaux Eurysthène et Proclès, auraient reçu à sa place la royauté de Laconie. C'est à eux que remonterait la double royauté spartiate, mais, ayant appelé des étrangers à leur aide, ils ne méritèrent pas le titre d'archégète, c'est-à-dire de « fondateur », et ce furent leurs fils Agis, fils d'Eurysthène, et Eurypon, fils de Proclès, qui donnèrent leurs noms aux deux grandes familles royales, les Agides* et les Eurypontides*. En réalité, deux génê → **génos** semblent avoir exercé à l'époque archaïque la prépondérance en Laconie*, les Agides au nord-ouest, les Eurypontides au sud-est. Au lieu de se combattre, ils s'unirent pour régner sur la contrée unifiée, sans cependant se mêler par le mariage. Comme les rois homériques, ils étaient les chefs militaires, rendaient la justice, et le caractère divin de leur fonction était marqué par leurs prérogatives sacerdotales. Chaque mois, ils venaient avec leur sceptre présider l'assemblée (apella*) qui se tenait entre le pont de Babyka et le torrent du Knakion. Les rois, déjà rivaux, se heurtaient à l'aristocratie, comme dans les autres cités grecques. De même qu'elle abaissa l'apella*, elle réduisit lentement les prérogatives royales pour réunir les pouvoirs politiques entre les mains de la gérousia*.

À l'époque classique, les rois conservèrent leurs privilèges honorifiques et religieux ; ils occupaient un palais, avaient droit aux meilleures places dans les manifestations publiques, recevaient une double part dans les syssities*, offraient les sacrifices publics à Zeus et à Apollon ; en tant que juges, ils n'intervenaient plus que dans les questions de droit familial et religieux. En temps de guerre ils avaient droit à une petite garde et dirigeaient l'armée, mais c'étaient les éphores* qui désignaient le roi qui partirait et celui qui resterait à Sparte, et ce chef d'armée n'était qu'un officier qui exécutait les ordres reçus de plus haut ; il avait l'initiative de la bataille, mais pas celle de la guerre ni de la campagne militaire à effectuer. Pour le reste, le pouvoir exécutif et législatif passa entièrement entre les mains de la gérousia et des éphores, qui avaient la haute main sur le roi et sur le règlement de la succession (pour les autres formes de royautés, → **basileus, monarchie).**

S

Sacerdoce → prêtre.

sacrifice. Les sacrifices étaient de deux sortes : sanglants et non sanglants.

Dans les sacrifices sanglants, on immolait un être vivant. Il n'y a pas de doute que les sacrifices humains aient été pratiqués à une haute époque, les exemples mythologiques abondent. Durant la période historique, il est possible que, tous les neuf ans, ait eu lieu un sacrifice humain à Zeus Lykaios en Arcadie*, qu'à Rhodes on ait sacrifié parfois un homme à Kronos (peut-être le Moloch phénicien), qu'à Leucade on ait précipité une victime du haut de la falaise dans la mer ; c'étaient là des reliquats de sacrifices expiatoires à rattacher aux croyances magiques dans un bouc émissaire. Un exemple très particulier et unique de sacrifice humain, historiquement attesté, est celui de trois Perses capturés par les Grecs et sacrifiés avant la bataille de Salamine*, sur l'initiative du devin Euphrantidès, malgré l'opposition de Thémistocle*.

On immolait toutes sortes d'animaux* aux dieux ; ces animaux devaient être vivants, c'est pourquoi on ne faisait présent que d'une partie du butin de la chasse à Artémis. Quelques dieux avaient leurs animaux de prédilection et il arrivait qu'on puisse les offenser en leur offrant des animaux qu'ils ne pouvaient souffrir. En général, on sacrifiait surtout des animaux domestiques, ce qui se comprend si l'on songe que la chair de l'animal était consommée par les fidèles et par le prêtre après qu'on en avait abandonné la moins bonne part aux dieux.

Le sacrifice sanglant apparaît comme la consécration d'un animal qu'on va consommer et dont on assimilera la puissance vitale. En principe la victime devait être saine et sans défaut physique ; cependant l'Artémis d'Amarynthos et certaines divinités à Sparte* acceptaient des animaux malvenus ; les divinités chthoniennes* ne recevaient que des mâles, et l'âge de l'animal pouvait aussi intervenir. La victime, ornée de guirlandes et de bandelettes, les cornes parfois dorées, tenue en laisse, voire, dans certains cas, portée sur les épaules, était conduite près de l'autel qu'on avait aspergé d'eau consacrée en y plongeant un tison ardent ; on répandait de l'orge sur la tête de la victime, puis on coupait quelques poils de son crâne que les gens réunis pour le sacrifice jetaient dans le feu brûlant sur l'autel. Le sacrificateur était vêtu de blanc et couronné de feuillage. Si le sacrifice était destiné à une divinité céleste, on relevait la tête de la bête, et on la lui baissait pour une divinité souterraine ; dans le premier cas, les sacrifices se faisaient le matin, et le soir avaient lieu ceux qu'on destinait aux dieux chthoniens. On sacrifiait une ou plusieurs bêtes, et les participants emportaient chez eux chacun une part des chairs de la victime, le prêtre en recevant une partie si le sacrifice avait eu lieu dans un temple et sous sa présidence.

Les sacrifices non sanglants s'adressaient aux divinités agraires, mais non exclusivement. La Mère des dieux recevait des pavots, de l'orge, du froment, des lentilles... Sur l'autel d'Héraclès à Mykalessos, en Béotie, on déposait les fruits de saison. Dionysos recevait des grappes de raisin ainsi qu'Athéna aux Oschophories → **Dionysies** ; à Pan et aux Nymphes, on portait du lait et du fromage. Les gâteaux étaient aussi une offrande agréée par les dieux : la galaxia, bouillie de lait et de farine d'orge, était consacrée à la Mère des dieux. Les gâteaux grillés affectaient des formes particulières : en forme de lune pour Artémis, d'arc ou de lyre pour Apollon. Pour remplacer les sacrifices d'animaux, on faisait aussi des dons épousant des formes animales ; ainsi, les Thébains offraient à Héraclès des pommes auxquelles on donnait l'apparence de béliers en y plantant des bouts de bois pour simuler les pattes et les cornes, et les Locriens, de cette manière, substituaient des concombres à des bœufs. Bien entendu, les prêtres profitaient de ces offrandes, soit d'un commun accord, soit comme ce prêtre d'Asclépios qui, dans une comédie* d'Aristophane*, profitait de l'obscurité pendant laquelle les malades attendaient la visite du dieu pour aller dérober les figues et les gâteaux déposés sur l'autel.

N'importe qui pouvait effectuer des sacrifices, mais on devait être propre et pur ; cette pureté extérieure et rituelle devint bientôt une pureté intérieure ; ainsi, selon une inscription d'un temple d'Asclépios, on aurait exigé une pureté qui devait se manifester par une conscience irréprochable. Les sacrifices se divisaient en sacrifices honorifiques et en sacrifices intéressés. Dans les premiers, on sacrifiait une victime en l'honneur d'une divinité et on en mangeait la chair ; ces sacrifices étaient souvent suivis de banquets. Les sacrifices intéressés avaient un but précis. Les sacrifices divinatoires consistaient à lire l'avenir ; les armées ne se livraient jamais de bataille sans procéder à un semblable sacrifice, et les guerriers recevaient imperturbablement la pluie des flèches adverses tant que les auspices ne se révélaient pas favorables, à la suite de quoi on procédait au sacrifice de plus d'une victime. Les sacrifices sacramentaux accompagnaient les serments et les traités ; lors d'un contrat de peu d'importance on se contentait de consacrer des gâteaux et de faire des libations ; mais, lors de traités entre cités ou lorsqu'un contrat impliquait un grave serment, on recourait au sacrifice sanglant.

Les offrandes funéraires consistaient en gâteaux ou en animaux immolés en l'honneur des morts ; ils étaient accomplis sur la fosse funèbre le troisième, le neuvième et le trentième jour qui suivait l'enterrement. Enfin, aux sacrifices expiatoires se rattachent les sacrifices humains, auxquels on substitua des animaux, comme à Ténédos où le veau nouveau-né, chaussé de cothurnes, était immolé à Dionysos. À ce type de sacrifice par substitution peut être rattachée la *diamastigosis* spartiate : les jeunes Spartiates étaient flagellés jusqu'au sang dans le temple d'Artémis Orthia, encore que ce puisse être simplement là un rite initiatique de passage.

sages. Les Grecs aimaient les classifications à propos de personnages ou de choses exceptionnelles, dans lesquelles le chiffre de sept avait une certaine importance. On connaît ainsi, sans généralement les citer, les sept merveilles du monde, les sept tragiques alexandrins, et les sept sages qui sont les seuls à présenter pour nous un quelconque intérêt pour notre propos. On ne sait d'ailleurs que peu de choses de ces sages sur lesquels Diogène Laërce, qui vécut sans doute à l'époque romaine (on ne peut même pas préciser son siècle), nous a laissé de courtes notices dans son ouvrage sur la *Vie et doctrines des philosophes illustres*. Le premier est Thalès* ; viennent ensuite Solon*, Chilon*, Pittacos*, Périandre → **Cypsélides**. Les autres, que nous n'avons pas eu l'occasion de citer, sont : Bias, fils de Teutamos, considéré comme le plus grand des sept sages par Satyros ; il était de Priène, vivait au milieu du VIe s. av. J.-C. et fut un grand orateur. Il serait mort au cours d'une plaidoirie. Cléobule, fils d'Évagoras, originaire de Lindos, à Rhodes, ou de Carie ; il a vécu dans la première moitié du VIe s. ; il était célèbre pour son habileté à composer des énigmes, célébrité qu'il partagea d'ailleurs avec sa sœur Cléobuline. Anacharsis, Scythe de famille princière, serait venu séjourner à Athènes vers 594 et y aurait rencontré Solon. Il voulut introduire chez les Scythes les dieux et les lois des Grecs et fut tué par son frère le roi Saulios. Myson, fils de Strymon, originaire de Chénée, près de l'Œta ; à Anacharsis venu la consulter pour savoir qui était le plus sage des Grecs, la pythie désigna ce Myson qui vécut aussi à Sparte. Épiménide, un Crétois originaire de Cnossos ou de Phæstos ; il vint à Athènes vers 596, appelé par les Athéniens pour purifier la ville de la peste qui s'y était déclarée en punition du sacrilège commis lors de la sédition de Cylon*. Phérécyde, fils de Babys, originaire de l'île de Scyros, vivait au milieu du VIe s. ; il aurait été le maître de Pythagore* et lui aurait enseigné la doctrine de la migration des âmes. Il est à remarquer qu'au lieu de sept sages annoncés, Diogène Laërce a ainsi établi une liste de onze personnages qui, tous, ont vécu à l'époque archaïque et n'ont laissé que peu de témoignages de leur sagesse, Solon et Chilon exceptés.

Salamine, île du golfe Saronique, face à Éleusis* et à la côte de l'Attique et de la Mégaride.

Disputée entre Mégare* et Athènes*, elle fut définitivement rattachée par Solon* à Athènes au VIe s. av. J.-C. Lors des guerres Médiques*, lorsque les Perses eurent forcé le passage des Thermopyles* et que la flotte grecque, stationnée près du cap Artémision en Eubée*, eut quitté cette position devenue inutile, les trières grecques vinrent se réfugier dans le chenal situé entre l'île et la côte d'Éleusis. La flotte grecque était conduite par le Spartiate Eurybiade, quoique les Athéniens eussent fourni près de la moitié des vaisseaux et que les Éginètes eussent tenu le deuxième rang. La flotte des Perses de Xerxès, très supérieure en nombre, s'avança dans le golfe Saronique, tandis que l'infanterie perse occupait l'Attique et incendiait Athènes, à peu près vidée de ses habitants. Thémistocle*, qui allait être l'artisan de la victoire, envoya avertir les Perses que les Grecs voulaient fuir et qu'il fallait les encercler pour les défaire d'un seul coup. Aussitôt Xerxès ferma avec ses vaisseaux les deux issues du chenal de Salamine. Les Athéniens et les Éginètes, qui brûlaient de combattre, lancèrent leurs vaisseaux légers contre les vaisseaux perses avec tant de fougue que ces derniers, gênés dans leurs manœuvres par leur trop grand nombre, se laissèrent éperonner, non sans résister. La flotte perse fut entièrement défaite et Xerxès prit la fuite avec les débris de sa formidable armada (29 septembre 480 av. J.-C.).

sanctuaire. À l'époque homérique, les cultes se pratiquaient généralement en plein air, dans un bois sacré ou autour d'un autel, continuation de la tradition crétoise. Cependant, des temples sont signalés dans l'*Iliade* et l'*Odyssée :* ceux d'Apollon à Chrysa, à Troie et à Delphes*, ceux d'Athéna à Troie et à Athènes* ; les Phéaciens possèdent des temples, et Ulysse promet d'en dédier un s'il rentre à Ithaque. À l'époque historique, on trouve deux sortes de cultes : les cultes domestiques, qui se déroulent autour de l'autel de la maison, et les cultes publics, qui se déroulent dans des sanctuaires. Les grottes* sacrées formaient des sortes de sanctuaires.

Le sanctuaire est constitué par un espace consacré, le téménos. Ce nom désigne à l'époque homérique le domaine royal ; après l'invasion dorienne, il devient le domaine du dieu, comme les acropoles*, anciennes résidences des rois mycéniens, deviennent les demeures des dieux. Le téménos est déterminé par des bornes, une enceinte en bois ou en pierre *(péribole)*, ou par une plantation d'arbres *(alsos)*, cependant que l'alsos peut aussi être un bois enfermé à l'intérieur du téménos. Dans les grands sanctuaires, le péribole est souvent flanqué de portiques, et un monument à colonnes (propylées) donne accès à l'intérieur. Le sanctuaire doit comporter au minimum un autel sur lequel sont pratiqués les sacrifices, une statue du culte censée représenter la divinité maîtresse ; celle-ci peut n'être qu'une simple pierre (bétyle) qui symbolise la divinité, ou une grossière statue de bois ; cependant, à l'époque classique, si ces symboles primitifs sont encore conservés, ils sont doublés par une statue due au ciseau d'un grand maître.

Les statues sont en général placées dans les temples*, qui sont les demeures des dieux. Et la différence est ici bien marquée avec les cultes modernes, pour lesquels le temple est le lieu sacré où se déroulent les cérémonies du culte devant les fidèles; dans la religion grecque, c'est à l'extérieur qu'ont lieu les cérémonies, autour de l'autel situé hors du temple. Le temple *(naos)*, qui est une partie du sanctuaire (hiéron), est la chambre du dieu *(thalamos)*, et son accès est souvent interdit au profane; c'est un « adyton » : il en allait ainsi pour le temple de Poséidon à Mantinée ou celui des Cabires à Thèbes, où le profane qui s'y glissait risquait la mort. Cependant, l'accès de la plupart des temples était permis aux fidèles, bien que, dans certains d'entre eux, la statue de la divinité fut cachée, seuls prêtres et prêtresses pouvant l'approcher. À côté de la statue du dieu on plaçait souvent des groupes de statues formant en quelque sorte la suite de la divinité; c'est ce qui nous a valu les koré et kouroi de la sculpture archaïque. Un temple peut d'ailleurs contenir de nombreuses statues, qui deviennent de véritables ornements; des peintures, des couronnes*, des guirlandes, des boucliers, toutes sortes d'ex-voto couvrent les murs, et sur des tables et des étagères sont disposées les offrandes : plats, vases, écrins portant les objets précieux et les monnaies, et surtout des phiales d'or et d'argent, sans oublier les trépieds, qui sont un des mobiliers les plus courants des temples.

La forme primitive du temple dorique est directement dérivée du *mégaron*, partie centrale du palais mycénien dont Homère nous donne une description, confirmée par l'archéologie. Le plus ancien temple dont nous ayons quelques éléments, le premier temple d'Artémis Orthia à Sparte, qui remonte sans doute à la fin du IXe s. av. J.-C., était fait de terre crue; il se composait d'un vestibule et d'une salle divisée en deux nefs par une colonnade en bois.

C'est par un lent cheminement que de ces modestes monuments, continuant humblement une grande tradition, vont naître les grands temples doriques en pierre et en marbre, qui couvriront le monde grec entre le VIIe et le Ve s. av. J.-C. Un téménos pouvait contenir un temple, mais, dans les grands sanctuaires on érigeait plusieurs naos, à côté desquels se pressaient les trésors, les statues, les monuments les plus variés, les bases votives, les portiques, la voie sacrée cheminant au milieu de cet enchevêtrement architectural. Les théâtres*, monuments cultuels, se trouvaient souvent à l'intérieur de l'enceinte sacrée. Dans les grands sanctuaires hors du téménos, se trouvaient les habitations des prêtres et des desservants, les bains, les hôtels des pèlerins, le stade, l'hippodrome*...

Les sanctuaires peuvent se répartir en sept types : le téménos simple, comportant seulement l'autel et la statue du dieu; le téménos enfermant un temple; le sanctuaire panhellénique, où se déroulaient les grands jeux; le sanctuaire de cité, en général établi sur l'acropole; le *manteion*, ou oracle, et ici il faut signaler le *Télestèrion* d'Éleusis, qui, contrairement aux temples ordinaires, abritait une foule d'initiés répartis sur des gradins pour assister aux spectacles des mystères*; l'asclêpieion*; les grottes* sacrées.

sciences. C'est de l'Orient que la Grèce reçut les éléments de sa science. Mais elle s'empara de ces connaissances empiriques et, avec le rationalisme caractéristique de leur pensée, les Grecs les classifièrent et les systématisèrent afin de les élever au rang de science; en fait, les Grecs sont les inventeurs de la science telle que nous la concevons, et les initiateurs de la science occidentale.

La science se développa d'abord dans les écoles de philosophie*. Elle naquit en Ionie, à Milet* avec Thalès*, Anaximène* et Anaximandre*, à Éphèse avec Héraclite, à Samos avec Pythagore*, qui établit son école en Grande-Grèce* et posa les bases de la géométrie et de l'astronomie. Au IVe s. av. J.-C. la science poursuivit ses conquêtes, mais toujours au sein des écoles de philosophie; elle restait encore un moyen théorique d'explication de l'univers, enfermé dans le cadre d'une doctrine philosophique : ainsi en fut-il de la science de Platon*; mais déjà chez Aristote* apparaît un effort pour séparer la recherche scientifique de la spéculation philosophique; c'est dans son école du

Lycée* que naquirent la botanique et la zoologie.

Ce n'est cependant qu'à partir de l'époque hellénistique* que les sciences vont prendre une grande extension et se développer d'une manière autonome sans se teinter d'un aspect philosophique ; à partir de cette époque, elles prendront aussi un aspect pratique, et les savants, éloignés de toute préoccupation philosophique, s'appliqueront à l'observation et à la recherche expérimentale. Dès l'époque de Platon, cette tendance s'était développée chez les savants de Syracuse et le grand philosophe athénien leur reprochait déjà de se tourner vers l'aspect pratique et expérimental de la science. Cependant, s'ils entrevirent certaines possibilités de disciplines nouvelles — par exemple la géologie, car de nombreux auteurs anciens avaient signalé l'existence de fossiles marins à l'intérieur des terres, d'où ils soupçonnèrent les révolutions géologiques —, les grandes disciplines scientifiques restaient circonscrites aux mathématiques*, à la physique* (et à la mécanique), à l'astronomie*, à la géographie*, à la botanique*, à la zoologie → **animaux** et à la médecine*. Leurs notions de chimie* restèrent élémentaires, et on trouve quelques éléments de minéralogie (surtout chez Théophraste, le disciple d'Aristote). Les Grecs ont connu par ailleurs des principes mécaniques (force de la vapeur), qu'ils ne cherchèrent jamais à utiliser pratiquement, peut-être du fait que l'abondance de la main-d'œuvre servile ne leur imposait pas la nécessité de l'utilisation pratique de l'énergie.

Scopas, statuaire et sculpteur (Paros, IVe s. av. J.-C.).

Il était sans doute fils de sculpteur, et son œuvre fut aussi variée qu'abondante. Vers 375, on sait qu'il vint s'établir à Athènes*, mais il travailla aussi en Troade et dans le Péloponnèse*. Il est le premier à avoir fait vivre le marbre, avec un style réellement personnel ; ses sujets traduisent tous les sentiments, soit par leur attitude, soit par l'expression de leurs traits. La *Ménade* du musée de Dresde en est un exemple caractéristique. Il travailla au Mausolée* d'Halicarnasse (côté est), et on peut lui attribuer avec plus ou moins de certitude quelques figures de la frise de l'*Amazonomachie.* À Tégée, dans le temple d'Athéna Aléa, il exécuta avec son atelier (v. 365) la sculpture de douze métopes et de deux frontons : on y reconnaît, en particulier, la chasse au sanglier de Calydon et la bataille du Caïque. À Tégée, on a retrouvé plusieurs têtes masculines qui semblent assez originales et typiques de son style ; leur expression pathétique ou attentive est accusée par l'enfoncement de l'arcade sourcilière, ce qui confère au regard une nouvelle profondeur. Son œuvre de statuaire, très vaste et très dispersée dans le temps et l'espace, présente cependant les mêmes caractères : la passion dans les attitudes et le naturel des expressions. Cela est vrai autant pour l'*Héraclès* de Sicyône* que pour le *Pothos* et l'*Himéros* de Mégare, ou les *Érinyes* d'Athènes. Son *Aphrodite Pandémos* d'Élide* était, à ce que dit Pline, plus belle que la Cnidienne de Praxitèle*, car elle exprimait mieux les sentiments de l'âme. Ces personnages ont souvent en eux quelque chose qu'on pourrait qualifier de romantique, ce qui, face à la sérénité classique, est une révolution. Il est aussi l'un des rares sculpteurs à avoir porté son regard même sur les animaux et les végétaux. On lui attribue encore l'*Arès Ludovisi* et les bases de colonnes trouvées à Éphèse. Scopas apparaît comme l'un des maîtres les plus originaux de la sculpture.

sculpture. La sculpture est considérée comme un art grec par excellence, et c'est sans doute dans cet art que les Grecs ont le plus brillé et celui pour lequel nous possédons le plus d'éléments. Religieuse à l'origine, la statuaire a un aspect magique et se distingue de la sculpture décorative des temples*, de caractère noble, qui retrace l'histoire des dieux et des héros. Aux époques primitives les Grecs sont passés par un stade d'aniconisme, où l'on ne représentait pas les divinités, mais où on les symbolisait avec des pierres (bétyles). Cependant, dès le début de l'époque archaïque, les Grecs travaillèrent le bronze (par exemple, les boucliers de l'antre de l'Ida, en Crète*), l'ivoire (statuettes et tablettes ciselées de Sparte* et d'Éphèse), et, surtout, ils modelèrent la terre cuite. Les plus anciens objets dans ces matériaux datent des IXe et VIIIe s. av. J.-C. Les premières statues furent taillées dans le bois, les membres étaient collés au corps et les yeux fermés *(xoanon)*; puis on travailla vite les *xoana* dans la pierre, ainsi que des « Hermès » façonnés avec une technique identique, piliers dont le haut seul était taillé pour donner le sentiment d'une forme humaine. La tradition attribuait au mythique Dédale l'idée de détacher les membres du corps, ou tout au moins de souligner leur forme et d'ouvrir les yeux des statues ; de là est né le type du kouros (jeune homme) et de la korê (jeune fille) archaïques, l'un nu, l'autre drapée dans ses lourds voiles, qui vont peu à peu s'alléger. Peut-être doit-on voir dans cette création l'influence de l'Égypte, sensible dans les plus anciennes statues archaïques, tels « la dame d'Auxerre », sans doute d'origine crétoise, et le kouros de bronze trouvé à Delphes* (VIIe s. av. J.-C.).

Au VIe s., la sculpture se développe et les écoles se multiplient : écoles continentales, où domine la force dorienne parfois un peu lourde (Sparte, Argos*, Corinthe*, Thèbes*) ; écoles ioniennes (Cnide, Samos, Siphnos, Naxos, Milet*, Éphèse) ; à la fin du siècle et au début du Ve s. av. J.-C., ce sont l'Attique*, Égine* avec le fronton de son temple d'Athéna Aphaia, Xanthos avec le tombeau des Harpies, Delphes avec ses trésors* qui offrent les plus beaux exemplaires de l'art archaïque. Vers l'Occident, les écoles italiques et siciliennes parviennent à la perfection de l'art archaïque dans les métopes du temple E de Sélinonte. La fin de l'époque archaïque est marquée en sculpture par Pythagoras, originaire d'Ionie et installé à Rhégion, en Italie, premier sculpteur à tendre vers l'expression réaliste du corps tout en recherchant le rythme et la symétrie (l'aurige de Delphes pourrait bien représenter l'expression de son génie) ; par Critios, chef d'école à Athènes*, dont on possède un éphèbe et qui, avec Nésiotès, sculpta le groupe d'*Harmodios et Aristogiton*, connu par une réplique ; enfin par les métopes d'Olympie, dont le maître nous est inconnu, chefs-d'œuvre de la sculpture ornementale grecque, où passe le souffle épique et dramatique qui caractérisait son contemporain le peintre Polygnote* et qu'on retrouve chez Eschyle*.

Le Ve s. av. J.-C., au cours duquel s'éteint le courant archaïque, voit la sculpture atteindre la perfection de son objet avec Polyclète*, Myron* et Phidias*, élèves d'Agéladas* ; Calamis*, de son côté, termine la liaison entre l'archaïsme et le classicisme (si l'on peut employer ces expressions trop abruptes), amorcée par Pythagoras, Nésiotès et Critios. Les œuvres d'Agoracrite*, élève de Phidias*, et Paionos* annoncent déjà le siècle suivant, où vont triompher le mouvement et le réalisme dans la beauté des expressions, en opposition avec la recherche de la perfection, qui a marqué le grand siècle classique. Cette période est illustrée par Céphisodote* et son fils Praxitèle*, par Scopas*, Lysippe*, Léocharès*, Bryaxis* et Timothée*. La période hellénistique* ne connaît pas de grands noms, mais elle donne cependant de grandes œuvres et d'honorables artistes ; selon les cités où certaines des œuvres capitales ont été sculptées, on les classe par écoles, dont les plus remarquables sont celles de Pergame*, l'école de Rhodes, qui donna le célèbre *Laocoon* sculpté par Agésandros, Polydoros et Athénodoros, l'école de Tralles, cité d'Asie Mineure, dont le chef-d'œuvre est le *Taureau Farnèse*. La *Victoire de Samothrace* et la *Vénus de Milo* sont les deux œuvres de l'époque hellénistique les plus connues du public. À côté de cette grande sculpture qui utilisait le marbre, la pierre ou le bronze (mis à part les œuvres chryséléphantines*), on ne peut que citer : les stèles, pour la plupart funéraires, qui sont souvent des chefs-d'œuvre de maîtres inconnus ; les petites sculptures sur bronze, qu'on utilisait en général pour l'ornement des maisons ; enfin, les sculptures en terre cuite *(coroplastie)*, dont celles des nécropoles de Myrrhina, en Asie Mineure, et de Tanagra, en Béotie, sont les plus célèbres.

scytale. Lorsqu'un roi ou un général spartiate se mettait en campagne, les éphores* lui remettaient un bâton (skytalë) dont ils possédaient un double de même dimension. Lorsqu'ils voulaient lui faire parvenir un message secret, ils enroulaient en serpentin autour du bâton une lanière de peau sur laquelle ils rédigeaient l'ordre ; la bande déroulée n'offrait qu'une suite de lettres dépourvues de sens. Il suffisait au destinataire de l'enrouler sur son propre bâton pour pouvoir effectuer la lecture.

Séleucides, **famille qui régna sur la Syrie de 312 à 65 av. J.-C.**

Séleucos Ier Nicatôr, né vers 358, était officier de Philippe* II et d'Alexandre* le Grand auprès duquel il se distingua dans l'Inde. À la mort d'Alexandre (323), il suivit Perdiccas* en Égypte, mais, s'étant retourné contre ce dernier avec les autres diadoques* (321), il reçut la satrapie de Babylone. Vaincu d'abord par Antigonos*, il reprit Babylone à ce dernier et c'est de cette date qu'on fait débuter la monarchie syrienne et l'ère des Séleucides (312). Séleucos s'appliqua alors à reconstituer l'empire asiatique d'Alexandre. Avec une poignée de Grecs et des troupes perses, aidé du prestige de sa femme Apaméa, une Perse, il étendit sa suzeraineté nominale jusqu'à l'Inde. En 306, comme les autres diadoques, il prit officiellement le titre de roi. La victoire d'Ipsos*, en 301, lui donna une partie de l'Asie Mineure et assit définitivement sa domination sur la Syrie. Il installa sa capitale à Antioche et, vers 293, il associa au trône son fils Antiochos, né d'Apaméa. En 286, il captura Démétrios* Poliorcète et cinq ans après, sa victoire du Couropédion sur Lysimaque* vit l'apogée de sa puissance. Il fut assassiné en 281 par Ptolémée Kéraunos, fils de Ptolémée Ier, qu'il avait pris sous sa protection.

Après Séleucos, sa dynastie ne connaîtra qu'un seul homme de valeur, Antiochos III. À Séleucos Ier succéda son fils Antiochos Ier Sôter (324-261). Ce médiocre, trop célèbre pour l'amour qu'il vouait à Stratonice, sa belle-mère, périt en combattant les Celtes. Antiochos II (261-246), son fils, lui succéda ; il avait été surnommé Théos par les Milésiens pour les avoir délivrés de leur tyran Timarque. Il fit la guerre à Ptolémée* Philadelphe, dont il épousa la fille, et laissa deux enfants : Séleucos Kallinikos (265-226) et Antiochos Hiérax, qui disputa en vain le trône à son frère. Ptolémée Évergète envahit ses États et prit Antioche* sans qu'il lui résistât ; le roi d'Égypte ayant été rappelé dans ses États pour des affaires intérieures, Séleucos reprit sa capitale ; il marcha alors contre Tiridate fils d'Arsace, roi des Parthes, qui s'était taillé son royaume au détriment des provinces syriennes. Séleucos périt au cours d'une campagne contre les Attalides de Pergame*. Séleucos III Kéraunos (226-223), son fils aîné, fut assassiné par ses officiers.

Son frère Antiochos III le Grand lui succéda (223-187). Il commença par mater les révoltes de ses satrapes de Perse et de Susiane, et par raffermir son empire. En 217, il fut battu par Ptolémée IV à Raphia, près de Gaza, et il dut lui abandonner la Phénicie et la Palestine. De 212 à 204, il entreprit une ronde armée qui le conduisit jusqu'aux Indes, ce qui lui valut de rétablir une partie de son autorité sur les marches orientales de l'empire. Reprenant la guerre contre les Lagides*, il leur enleva la Phénicie et la Palestine, tandis que, en Occident, il portait ses armes jusqu'en Thrace. Vers 198, il était au sommet de sa puissance. En 192, il passa en Grèce, mais se heurta aux Romains et fut battu aux Thermopyles. En 190, L. Scipion lui infligea une nouvelle défaite près de Magnésie, en Asie Mineure, et, en 188, contraint de signer la paix, il perdit toutes ses possessions d'Asie Mineure. Pour payer l'amende imposée par les Romains, il alla piller un temple d'Élymaïde, près de la Perse, et fut tué dans cette expédition.

Son fils Séleucos IV Philopatôr (187-175) lui succéda et périt assassiné par un de ses ministres. Le frère de ce dernier, Antiochos IV Épiphane (175-164), envahit l'Égypte en 171 et il aurait peut-être pris Alexandrie* si les Romains ne l'avaient forcé à lever le siège. Il est célèbre pour ses guerres contre les Juifs, conduits par les Maccabées, qui se libérèrent de la domination séleucide ; comme son père, il perdit la vie en voulant piller un temple d'Élymaïde. Le trône des Séleucides va voir se succéder alors en quelques décennies deux Séleucos, deux Démétrios et neuf Antiochos. Le dernier, Antiochos XIII Asiaticus, mis sur le trône en 69 av. J.-C. par Lucullus, fut dépouillé par Pompée, qui fit de la Syrie une province romaine.

serment → horkos.

servage. La conquête dorienne est en général à l'origine du servage en Grèce. Ce sont les anciens habitants des pays conquis par les Doriens* qui sont restés attachés à la terre pour la cultiver au profit des nouveaux maîtres. On ne sait cependant s'ils étaient déjà exploitants de ces terres sous la domination achéenne ou si ce sont les anciens maîtres achéens eux-mêmes qui ont été réduits à cet état après leur défaite.

Les plus connus de ces serfs sont les hilotes* de Laconie. En Argolide, ils s'appelaient « gymnètes », du fait qu'ils s'armaient légèrement pour suivre leurs maîtres dans les expéditions militaires ; il en était de même à Sicyône*, où ils se nommaient « korynéphores » et combattaient avec des massues, mais on les appelait aussi « catonacophores » parce qu'ils se vêtaient de peaux de mouton. À Héraclée Trachinienne, près des Thermopyles*, ils portaient le nom de « kylicranes ». En Italie et en Sicile* certaines populations furent aussi asservies, les plus connues étant les Cillicyriens de Syracuse.

Leur condition est mal éclaircie, mais on peut voir qu'ils étaient astreints au service militaire, contrainte qui, cependant, leur permettait de porter des armes, qu'ils semblent avoir rarement dirigées contre leurs maîtres, ce qui permet de penser que leur condition était très supportable. On le voit d'ailleurs avec les pénestes de Thessalie et les mnoïtes et klarotes de Crète*, que nous connaissons mieux.

Les pénestes, dont le nom signifie peut-être les « travailleurs », étaient attachés à la terre et payaient une rente à leurs maîtres pour cultiver le sol en paix ; ils pouvaient aussi être requis pour le service militaire. En revanche, les maîtres n'avaient ni le droit de les déporter ni celui de les mettre à mort. Il semble que la part qui leur restait était assez large, car il paraît que plusieurs d'entre eux devinrent plus riches que leurs maîtres. En Crète, les mnoïtes étaient attachés aux terres de l'État et les klarotes, ou aphamiotes, à celles des particuliers. Ils devaient payer une redevance assez faible et avaient le droit de propriété mobilière ; ils pouvaient se marier même avec des femmes libres et se libéraient soit en se rachetant avec leur pécule, soit si leur maître mourait sans laisser d'héritier.

À côté de ces serfs nés en servage, on peut évoquer en Attique l'exemple de ces thêtes*, petits propriétaires qui, ayant dû emprunter et ne pouvant rembourser leurs dettes, voyaient leurs terres saisies par leurs créanciers et continuaient de les cultiver pour le compte du nouveau propriétaire ; les auteurs anciens les appellent « pélates », et leur condition semble avoir été pire que celle des pénestes, auxquels on les comparait. Cependant, les réformes de Solon* et son décret d'abolition des dettes empêchèrent qu'il ne se crée en Attique un véritable servage. → **esclavage.**

Sicile, grande île de la Méditerranée occidentale, au sud-ouest de l'Italie.

Sa forme triangulaire lui fit donner à une haute époque le nom de Trinacrie. Quoique l'intérieur soit montagneux, la salubrité de son climat chaud et sa fertilité attirèrent de bonne heure les colons de la Méditerranée orientale. Elle possédait des carrières de marbre, des gisements métallifères, des mines de soufre, des sources thermales ; l'élevage des chevaux et des bestiaux y était florissant et on y cultivait les céréales, les oliviers, la vigne, les arbres fruitiers ; les pêcheries étaient encore une richesse des régions côtières.

L'île fut occupée au IIIe millénaire par les Sicanes, venus du continent (Italie ou Ibérie), suivis, un millénaire plus tard, par les Sicules (sans doute des Indo-Européens), qui donnèrent leur nom à l'île. Il paraît acquis que les Crétois minoens, puis les Mycéniens eurent des contacts, au moins commerciaux, avec eux. Ensuite les Phéniciens abordèrent l'île, où ils établirent des emporia → **emporion**, avant l'arrivée des Grecs. Ceux-ci connaissaient la Sicile, au moins par ouï-dire, dès l'époque homérique ; cependant, c'est seulement en 734 av. J.-C. que les Chalcidiens d'Eubée* installèrent le premier comptoir à Naxos, au pied de l'Etna. L'année suivante, les Corinthiens s'établirent dans l'îlot d'Ortygie, qui deviendra Syracuse. En 730 av. J. C. les gens de Cumes, en Grande-Grèce*, fondèrent Zancle pour contrôler le détroit qui sépare la Sicile de l'Italie ; un apport de colons messéniens lui donnera le nom de Messine, qu'elle porte encore. Vers la même époque, les colons de Naxos montrent une telle activité qu'ils fondent Catane et Léontinoi ; en 727 av. J.-C., les Mégariens fondent Mégare Hyblaia, un moment rivale de Syracuse, qui l'absorbera. Sur la côte méridionale, Géla fut fondée en 690 av. J.-C. par les Rhodiens et les Crétois, et ce sont les gens de Géla qui, cent dix ans plus tard, fondèrent Agrigente. Syracuse se rendit maîtresse de la partie sud-est de l'île par la fondation d'Acrae (663 av. J.-C.), de Camarine (598 av. J.-C.) et d'Héloros (à une date inconnue). Les Phéniciens et ensuite les Carthaginois occupaient, face aux Grecs, l'extrémité occidentale de l'île avec les places de Motyé, Éryx, Panorme, Solonte et, au milieu, Ségeste, capitale de leurs alliés Élymes. Vers les possessions sémitiques, les établissements extrêmes des Grecs sont : au nord, Himère, fondée en 668 av. J.-C. par les Zancléens, au sud, Sélinonte, établie en 627 av. J.-C. par les gens de Mégare Hyblaia. → **colonies.**

On connaît mal les formes de gouvernement et l'histoire de ces cités coloniales dans leur période primitive, mais, dès le Ve s. av. J.-C., elles sont presque toutes gouvernées par des tyrans et sans cesse en guerre les unes contre les autres. Une union se fera en 480 av. J.-C. devant la menace carthaginoise. Théron, tyran d'Agrigente, allié à son beau-frère Gélon, originaire de Géla, qui venait de se rendre maître de Syracuse, défit à Himère les armées carthaginoises d'Hamilcar. Profitant de cette victoire, Syracuse va étendre son empire. Hiéron Ier, frère de Gélon, lui succède en 478 av. J.-C. et étend la domination de Syracuse jusqu'à Catane. Cette première tyrannie syracusaine se termine en 466 av. J.-C. avec Thrasybule, successeur d'Hiéron. Comme la plupart des cités grecques de Sicile, Syracuse se donne un gouvernement démocratique, mais c'est surtout la démocratie d'Agrigente qui brille alors avec Empédocle. En 414 av. J.-C., l'expédition athénienne en Sicile, dirigée par Nicias*, menace Syracuse, qui appelle à l'aide les Doriens de Sparte*. La cité a à peine repoussé cette attaque, venue de la mer, qu'elle est menacée par les Carthaginois qui, en 408 av. J.-C., détruisent Sélinonte et dans les années qui suivent, abattent Agrigente et démantèlent Géla et Camarine. Denys* s'empare alors de la tyrannie et rétablit les affaires de Syracuse, qui doit appeler le Corinthien Timoléon pour se débarrasser de Denys le Jeune, fils du tyran. La menace carthaginoise, toujours présente, favorise l'établissement de la tyrannie et, après une brève période démocratique, Agathocle* s'empare du pouvoir. En 270 av. J.-C., c'est un descendant de Gélon, Hiéron, qui est nommé roi par ses concitoyens. D'abord allié des Carthaginois, il conclut en 263 av. J.-C. un traité d'alliance avec les Romains et leur reste fidèle jusqu'à sa mort (216 av. J.-C.). Son petit-fils Hiéronyme est assassiné et remplacé par des partisans de Carthage, ce qui provoque l'intervention romaine et la prise de Syracuse par Marcellus (212). Après Zama (201 av. J.-C.), la Sicile est réduite en province romaine, mais chaque cité conserve ses lois propres.

Entre le VIe et le IVe s. av. J.-C., la Sicile se couvre de théâtres (Syracuse, Catane, Acrae, Ségeste) et de temples doriques parmi les plus beaux que l'hellénisme nous ait légués (Agrigente, Sélinonte, Ségeste, Syracuse). La Sicile fut féconde en grands hommes, parmi lesquels on doit citer le philosophe Empédocle d'Agrigente, le poète Stésichore d'Himère, le poète comique Épicharme, Sophron, inventeur du mime, le sophiste Gorgias de Léontinoi, Théocrite de Syracuse, le maître de la poésie idyllique, les historiens Antiochos de Syracuse et Diodore d'Argyrium. C'est aussi en Sicile, et en particulier à Syracuse, que naquit une science* pratique dont le plus remarquable représentant est Archimède*.

Sicyône, ville du nord du Péloponnèse* près du golfe de Corinthe*, sur lequel elle possédait un port.

Elle était maîtresse d'un petit territoire qui confinait à la Corinthie, à l'est, à l'Achaïe, à l'ouest, et à l'Arcadie*, au sud. Elle s'élevait sur une hauteur, dans une grasse plaine riche en céréales, en vergers, en vignes et en olivettes ; cette position est celle que lui avait donnée Démétrios* Poliorcète, qui avait détruit en 303 av. J.-C. l'ancienne ville, située sur la mer et qui, reconstruite, servit de port et d'arsenal à la nouvelle cité. Elle s'appelait primitivement Ægialée, du nom de son premier roi, qui l'avait fondée; elle prit ensuite le nom de Méconé et enfin celui de Sicyôn, venu de l'Attique et descendant soit d'Érechthée, soit d'Épopeus. On peut voir dans cette légende l'établissement de peuples successifs, dont les derniers seraient les Ioniens*, auxquels se rattache le nom de Sicyôn. Homère* la montre comme dépendant du royaume d'Agamemnon, puis elle fut soumise par les Doriens*, commandés par Phalcés, fils de Téménos. On retrouve alors les trois tribus* doriennes qui ont réduit en servage* l'ancienne population, les korynéphores. La lutte entre l'aristocratie dorienne et les classes inférieures se manifeste comme partout ailleurs en Grèce, mais, ici, elle se double de haines ethniques et religieuses : les maîtres héraclides se rattachent à l'Argos* homérique et vouent un culte à l'Argien Adrastos, alors que les descendants des anciens occupants conservent certains aspects des anciens cultes mycéniens. Cette querelle se dénouera par le triomphe du peuple avec la tyrannie des Orthagorides* (670-570 env.). Après la chute des Orthagorides, on revient à une oligarchie modérée, et la tribu de Clisthène* subsistera sous le nom d'« Ægialéens », dans lequel on retrouve l'appellation primitive de la cité. Sicyône ne joue qu'un rôle secondaire dans l'histoire de la Grèce classique. Fidèle alliée de Sparte* contre Athènes*, puis contre Corinthe* et enfin contre Thèbes*, elle ne reprend un peu d'importance que lorsqu'un de ses enfants, Aratos*, la met à la tête de la ligue Achéenne*.

À côté de son agriculture, elle possédait une industrie* prospère; elle exportait à travers le monde grec ses articles de toilette et ses chaussures délicates. Cependant, la gloire de Sicyône réside dans ses écoles de peinture* et de sculpture*.

Socrate, philosophe et sage (Alôpekê, près d'Athènes, v. 470-Athènes 399 av. J.-C.).

Son père, Sophronisque, était statuaire, et sa mère, Phainaretê, sage-femme. Élève de son père, il apprit d'abord la sculpture et on lui attribuait un groupe de Kharites (Grâces) vêtues, placé sur l'Acropole*. Criton, qui resta son ami et son disciple fidèle jusqu'à sa mort, l'aida à se libérer de sa profession après la mort de son père et à étudier auprès des sophistes et des philosophes. On ne sait quand, ayant découvert sa propre voie, il commença à parcourir Athènes*, allant dans les gymnases*, sur les places publiques, dans les boutiques des artisans, s'entretenant avec chacun de son métier, de ses idées, de tout ce qui pouvait concerner autrui et lui-même, comme pour parvenir à une plus complète connaissance de l'humain. Jamais il n'ouvrit d'école, car il réservait son activité au vaste champ de la cité entière et s'il passa sa vie à se mêler à la vie publique, il ne prit guère de part à la vie politique. En 432-430, il participa au siège de Potidée et sauva Alcibiade*, blessé; dès cette époque, il avait déjà commencé sa nouvelle vie en quête des autres et de lui-même. Il servit encore comme hoplite en 424 à Délion et en 423 à Amphipolis.

Par sa dialectique, il conduisait ses adversaires à se contredire et, par ses discours, il exhortait les jeunes gens à se tourner vers le bien en éveillant en eux la conscience morale. Il était célèbre pour l'austérité de ses mœurs, allant nu-pieds et portant le même manteau par tous les temps, mais, au lieu d'affecter une sévérité qui aurait rebuté ses auditeurs, il s'exprimait avec une bonhomie et une sorte d'humour qui lui ralliaient les suffrages de la jeunesse tout en lui aliénant les conservateurs et les pédants, dont il dévoilait la pauvreté intellectuelle. En 406, il fut nommé bouleute; étant prytane* lorsqu'on jugea les généraux après la bataille des îles Arginuses*, il fut le seul à s'opposer à leur condamnation. Sous le gouvernement des Trente → **conseil**, il refusa d'obéir à Critias et à Chariclès, qui voulaient l'envoyer arrêter leur ennemi Léon à Salamine. Adversaire de toute tyrannie, qu'elle vînt de l'aristocratie ou du peuple, il avait des ennemis et des amis dans tous les partis. Cependant, alors que la tyrannie des Trente l'épargna, ce fut lorsque la démocratie* fut réinstallée à Athènes qu'il se vit accusé par Lycon, par Mélétos et par le démagogue Anytos d'impiété et de corruption de la jeunesse. Socrate n'ayant pas voulu fuir, il comparut devant l'héliée*, et, bien que Lysias lui eût préparé un brillant plaidoyer, il se défendit par un discours plein de noblesse et de fierté, dont Platon nous a conservé la substance. À la honte des juges et de la démocratie athénienne, il fut condamné à mort.

Solon, **législateur athénien (Athènes v. 640-v. 558 av. J.-C.).**

Par son père Execestidês, il appartenait au génos* royal des Médontides et, par sa mère, il était cousin de Pisistrate*. Bien que de famille très noble, il n'hérita qu'une petite fortune de son père et passa la première partie de sa vie à voyager en se livrant au commerce; il alla sans doute en Ionie, peut-être plus loin, jusqu'en Égypte. De retour dans sa patrie, il se distingua par ses talents de poète et bientôt il écrivit ses élégies pour entraîner ses concitoyens vers l'entente, sa patrie étant déchirée plus que jamais entre les factions. Les Athéniens ayant renoncé à conquérir Salamine* sur les Mégariens, il les stimula par ses vers et obtint peut-être le commandement de l'armée qui reprit cette île à Mégare*. Solon devint par la suite un héros national de l'île, où il reçut les honneurs rendus aux oikistês (« fondateurs »). Peu après, vers 607, les Athéniens, après avoir occupé Sigée, en Asie Mineure, se heurtèrent aux Mytiléniens; l'arbitrage des Spartiates donna Sigée à Athènes*, comme ils avaient, peu auparavant, sanctionné l'établissement des Athéniens à Salamine (597). Il fut ensuite un des promoteurs de la guerre sacrée, qui, sur décret des amphictyons*, fut déclarée aux gens de Cirrha pour défendre les droits de Delphes* (595). L'année suivante, Solon fut nommé archonte*, et les partis acceptèrent son arbitrage* pour la promulgation d'une nouvelle constitution. Il commença par rendre leur force aux lois de Dracon* tout en réduisant les cas de peines de mort, et il fit passer une loi d'épitimie qui amnistiait les bannis, ce qui permit aux Alcméonides*, exilés à la suite de l'affaire de Cylon*, de rentrer à Athènes. Il résolut le problème agraire par la *seisachtheia* (« action de secouer le fardeau »), c'est-à-dire par l'abolition des dettes qui maintenaient liés à la terre les anciens petits propriétaires → **servage**, et par l'abolition de la contrainte par corps. Il put alors promulguer ses lois, inscrites sur des tablettes en bois mobiles *(axones)*; elles parvinrent à l'époque classique sous forme de copies sur pierre *(kyrbeis)*. Ses réformes embrassent trop de domaines pour être analysées ici; elles portèrent sur le plan économique, individuel et surtout politique, car, en fait, ce fut cet aristocrate qui donna à Athènes sa constitution démocratique, bien que sa politique du juste milieu lui ait interdit de s'attaquer de front à tous les privilèges des nobles. → **boulê, constitution, dèmes, ecclésia, héliée, mesures, poids**. Une fois sa constitution promulguée, il fit jurer aux archontes et au peuple de l'observer, ce qui serait à l'origine du serment — horkos* — prêté par les magistrats à leur entrée en charge. Il voyagea ensuite pendant dix ans, en Égypte, à Chypre, où il ne fut pas étranger à la fondation de Soli (à qui il aurait donné son nom) par Philocypros, roi d'Æpea, en Lydie, où son entrevue avec Crésus est restée célèbre. De retour dans sa patrie, il la trouva encore partagée par les querelles, car il n'avait satisfait ni les riches ni les pauvres par sa constitution modérée, ce qui lui fit dire que dans les grandes choses il est difficile de plaire à tous. Il mourut peu de temps après l'établissement de la tyrannie de Pisistrate*.

Sophocle, **un des trois poètes tragiques athéniens (Colone, près d'Athènes, v. 495-Athènes 406 av. J.-C.).**

Fils de Sophillos, il était d'une riche famille et reçut une éducation soignée. Après la bataille de Salamine*, il conduisit le chœur* des enfants qui chantaient le péan*. En 468, âgé de vingt-sept ans, il présenta sa première trilogie contre Eschyle* et fut couronné par Cimon* qui revenait de son expédition à Scyros, à la suite de quoi Eschyle se retira en Sicile*. Jusqu'en 441, date de la première victoire d'Euripide*, il resta le maître de la scène à Athènes. En 440, son *Antigone* lui valut un tel succès que les Athéniens l'élurent stratège, et il suivit Périclès* dans la guerre contre Samos. Il avait eu, de deux femmes successives, deux fils, Iophon et Aristion, qui mourut jeune et laissa un fils, Sophocle le Jeune, qui fut le favori de son grand-père. Redoutant que son père ne favorisât son petit-fils dans son testament, Iophon le traduisit devant les gens de sa phratrie en prétendant que son grand âge (Sophocle avait presque quatre-vingt-dix ans) avait altéré ses facultés mentales. Le poète répondit en lisant le début d'*Œdipe à Colone*, un de ses chefs-d'œuvre qu'il venait d'écrire, et les phratores (membres de la phratrie) renvoyèrent Iophon en le réprimandant pour son ingratitude. Sophocle mourut peu après. Les Anciens lui attribuent cent trente tragédies* ; il nous en reste sept et un drame satyrique que la papyrologie nous a en grande partie rendu.

Sparte (Lacédémone), **avec Athènes la plus importante cité* de la Grèce, située au centre de la Laconie*, dans une étroite plaine fertile, au bord de l'Eurotas et au pied du Taygète.**

La première cité fut fondée sans doute par les Achéens* au milieu du IIe millénaire, au début de l'époque mycénienne. Homère* nous a laissé le souvenir de cette ville riche et puissante sous les règnes de Tyndare et de son beau-fils Ménélas. C'est en pleine splendeur qu'elle fut incendiée, peut-être par les Doriens* ; ceux-ci, selon une tradition, étaient commandés par l'Héraclide Aristodème, qui, après s'être rendu maître de la haute vallée de l'Eurotas, soumit toute la Laconie. Il laissa son royaume à ses deux fils Eurysthénès et Proclès, desquels procède la double royauté* spartiate. On attribue à Proclès la fondation de Sparte. Au reste, il se contenta de réunir quatre kômê*, Pitanè, Limnai, Mésoa et Kynosoura, qui restèrent toujours séparées, formant des sortes de quartiers : on ne sait si le nom de Sparte qui fut donné à l'ensemble était l'appellation d'une cinquième kômê unie aux autres ou si c'est un nom, dont on ne connaît pas l'origine, qui coiffa le tout.

Cette cité semble s'être élevée sur l'emplacement de la Lacédémone achéenne, dont elle reprit le nom, car le titre officiel du royaume était « la cité des Lacédémoniens » *(hê polis hê Lakedaimôniôn).* Il semble cependant qu'il n'y eut jamais d'équivalence absolue entre Lacédémoniens et Spartiates, et peut-être reste valable, non sans quelques réserves, la distinction qu'ont voulu faire certains historiens en réservant le nom de Spartiates aux citoyens, qui, pour la plupart, descendaient des doriens, tandis que celui de Lacédémoniens aurait désigné l'ensemble des Spartiates, des hypoméiones* et des périèques*, les hilotes* étant toujours exclus de cette communauté.

Les Doriens avaient apporté en Laconie leur division en trois tribus* gentilices, qui s'augmentèrent de deux tribus pour former cinq tribus territoriales, les *ôbai :* les citoyens appartenaient à une *ôba* par leur résidence et à une des trois *phylê*, ou tribus, par la naissance. Il serait faux de croire que tous les citoyens spartiates aient été doriens ; après la soumission d'Amyclées (vers le IXe s. av. J.-C.), ses habitants, qui étaient de souche achéenne, eurent le droit de bourgeoisie ; des deux grandes familles spartiates, l'une, les Ægides, descendait de Cadmos, l'autre, les Thalthybiades, qui conservait dans son sein la dignité de héraut, descendait de Thalthybios, héraut des Pélopides ; le roi de Sparte lui-même, Cléomène* Ier, se disait achéen. Après avoir assuré leur domination sur la Laconie, les Lacédémoniens s'élancèrent à la conquête de la contrée voisine, la Messénie*, au VIIIe s. av. J.-C.. Ces nouveaux territoires agrandirent le kléros de chaque citoyen → **constitution**, et la population en fut asservie.

Au siècle suivant, Sparte va connaître une grande floraison artistique et littéraire, de grands concours d'étrangers vont assister à ses fêtes brillantes, les poètes de la Grèce se retrouvent dans la glorieuse cité pour en être l'ornement. Et soudain, au VIe s. av. J.-C., Lacédémone se replie sur elle-même et prétend vivre selon ses institutions militaires qu'on attribua à Lycurgue*. Quelles furent les raisons de cette réforme, unique dans l'histoire du monde ? En réalité, on les ignore ; peut-être fut-elle le fait d'une aristocratie militaire jalouse de ses prérogatives et qui redoutait la puissance croissante des serfs, dont le nombre avait augmenté d'une façon menaçante depuis l'annexion de la Messénie. Sparte devint inhospitalière, répudia les arts et vit péricliter son industrie* et son commerce*. En revanche, son hégémonie militaire devint incontestée et après qu'elle eut formé la symmachie* péloponnésienne, elle était, à la veille des guerres Médiques*, la cité la plus puissante de la Grèce. C'est elle qui reçut le commandement des armées panhelléniques lors de l'invasion des Perses de Xerxès, mais Athènes*, artisan des victoires contre les Perses, lui succéda pour mener la guerre contre l'ennemi asiatique. Pendant les premières décennies du ve s. av. J.-C., elle se heurta à l'impérialisme athénien, tandis que, dans le Péloponnèse, elle avait à lutter sans cesse contre Argos*. La guerre du Péloponnèse* (431-404) qu'elle soutint contre Athènes et dont elle ressortit victorieuse, lui donna pendant trente ans la prééminence sur toute la Grèce jusqu'à la bataille de Leuctres* (371) qui lui arrache cette hégémonie.

Sparte se tiendra hors de la lutte menée par Athènes et Thèbes* contre les Macédoniens ; ceux-ci resteront cependant ses irréductibles ennemis, même si les Macédoniens eurent plutôt tendance à la mépriser. Sparte se mourait de son manque de citoyens (oliganthropie) : 700 homoioi* au milieu d'un peuple d'hypoméiones, de périèques et d'hilotes. Agis* IV, aidé de l'éphore* Lysandre, songe à des réformes et à une nouvelle répartition des terres en 19 500 lots. Accusé par les oligarques de violer la constitution, il sera mis à mort (241 av. J.-C.). Cléomène* III fils de Léonidas, collègue et accusateur d'Agis, après s'être illustré par des victoires sur les Achéens, massacre et bannit ses adversaires et réalise les réformes d'Agis : il partage la terre en 4 000 lots (227), donne l'isotimie* aux hypoméiones et à des périèques, libère 6 000 hilotes ; il entoure Sparte de murs et rend à sa cité un certain lustre. Mais les Achéens, unis aux Macédoniens, le battent à Sellasie (222). Sparte est occupée pour la première fois et doit subir le joug de ses tyrans, Machanidas et Nabis. Au IIe s. av. J.-C., Philopœmen* fait entrer Sparte dans la ligue Achéenne*, mais les Romains l'en détachent et, après la conquête, la laissent s'administrer elle-même. Auguste porte le dernier coup à son autorité en lui retirant son hégémonie sur les autres villes de Laconie, qui forment les cités des Éleuthéro-Laconiens, c'est-à-dire des Laconiens libres.

stade, mesure de longueur de 600 pieds → mesures.

Les courses à pied se faisant sur une longueur d'un stade, la piste elle-même prit le nom de « stade ». Les limites de la piste étaient marquées par des dalles effleurant le sol, et les spectateurs se plaçaient tout autour. Sparte* ne connut pas d'autre stade. Pour qu'un plus grand nombre de spectateurs pût être assemblé, on établit le stade entre deux hauteurs naturelles, au flanc desquelles on creusait des gradins, ou bien on le tailla au flanc d'une seule colline, les spectateurs ne s'assemblant que d'un côté. Souvent on remplaça les gradins couverts d'herbe ou de bois par des gradins de pierre, et des fauteuils en pierre furent placés aux premiers rangs. Quelques stades furent pourvus de portiques afin de protéger les assistants de la pluie et du soleil. C'est dans les stades qu'avaient lieu les concours gymniques.

Strabon, géographe (Amasias, Pont, 54 av. J.-C.-25 de notre ère).

Il étudia auprès du philosophe péripatéticien Xénarque puis embrassa le stoïcisme. Il passa une grande partie de sa vie à voyager et, en 24 av. J.-C., il séjourna en Égypte auprès du préfet romain Aelius Gallus qui était son ami. Il a laissé un ouvrage monumental, une *Géographie* en XVII livres, dont il ne manque qu'une partie du VIIe. On y trouve en ouverture une longue critique de nombre de ses devanciers, l'esprit critique de l'auteur étant l'une de ses principales qualités qui ne lui font accueillir qu'avec circonspection un certain nombre de données et analyser avec rigueur les ouvrages de ses devanciers. La bibliothèque* d'Alexandrie* lui a sans doute été d'une grande utilité pour la collation de ses sources. Car dans cette description du monde qu'il nous donne, il fait preuve d'une prodigieuse érudition, traitant d'aspects historiques, géographiques, économiques, ethnologiques, religieux, etc. Ce qui fait de sa *Géographie* l'un des ouvrages les plus passionnants à lire, et les plus enrichissants pour notre connaissance du monde antique. → **géographie.**

stratège. Dans divers États grecs, les stratèges étaient les chefs de l'armée*, mais c'est à Athènes* que l'institution prit le plus d'importance, le stratège y apparaissant comme le premier magistrat. Ils formaient un collège de dix membres élus à main levée par l'ecclésia* et renouvelés chaque année; les stratèges étaient rééligibles; Phocion* fut quarante-cinq fois stratège. La stratégie a donné à Périclès* un pouvoir quasi tyrannique de 454 à 430 av. J.-C. L'institution fut établie par Clisthène*, mais les attributions militaires primitives prirent de plus en plus d'importance; ils veillaient sur le recrutement de l'armée, sur la désignation des triérarques et sur la répartition des vaisseaux; en campagne, ils commandaient l'armée, soit à tour de rôle (comme à Marathon*), soit qu'un seul ou deux, ou trois, ou plus, aient été désignés pour exercer ensemble le commandement. Ils décidaient des traités qu'ils signaient, autant que de la paix. En temps de paix ils avaient les fonctions de ministres des Affaires étrangères et, ayant en main le budget de la guerre et des affaires étrangères, ils avaient un important rôle de trésoriers. Leurs attributions judiciaires s'étendaient sur les questions de discipline militaire et dans les matières concernant la sûreté de l'État. Quoique exceptionnel, le cas de Périclès, qui dirigea Athènes avec le seul titre de stratège, révèle l'importance de cette magistrature au ve s. av. J.-C.

sycophante. L'origine du mot (« révélateur de figue ») viendrait, selon les Anciens, du fait que, l'exportation des figues ayant été interdite en Attique*, on donnait ce nom à ceux qui dénonçaient ce trafic. Le mot lui-même prit ensuite le sens de « délateur » et de « maître chanteur ». En effet, toute action publique étant entreprise par les citoyens, des individus peu scrupuleux intentaient des actions contre des riches du fait que, dans certaines accusations, une partie de la fortune du condamné pouvait revenir à l'accusateur. Il est vrai que cela n'allait pas sans risques, car si l'accusateur n'obtenait pas un cinquième des suffrages, il était lui-même condamné à une forte amende et frappé d'atimie* partielle. C'est pourquoi certains sycophantes se contentaient d'exercer un chantage auprès des riches en les menaçant de les accuser s'ils ne leur versaient pas une somme d'argent. Afin de se protéger contre ces manœuvres, il existait l'action dite *graphê* sycophontias.*

symbolon, signe de reconnaissance, jeton.

Lorsque deux hommes se liaient, en conséquence des lois de l'hospitalité, ils partageaient en deux un objet, souvent un tesson de poterie, et conservaient chacun une moitié dans leur famille; ainsi, lorsque leurs descendants se retrouvaient, ils prouvaient, en unissant les deux morceaux, qu'ils étaient bien unis par les liens d'hospitalité. C'était aussi un signe de reconnaissance que les parents laissaient aux enfants qu'ils abandonnaient à leur naissance* afin de les reconnaître plus tard s'ils les retrouvaient. On donnait aussi ce nom aux jetons de présence lors des réunions de l'ecclésia* et de la boulê* à Athènes*. Le porteur y inscrivait son nom et sa tribu, et le déposait dans une urne à l'entrée. Cette preuve de sa présence était nécessaire pour recevoir son indemnité de participation à l'assemblée. D'autres espèces de jetons étaient les tessères de bronze ou de terre cuite qu'on distribuait aux citoyens pour leur permettre d'assister gratuitement aux pièces de théâtre et d'avoir leur place réservée. Enfin, ce nom était encore donné aux passeports et aux conventions commerciales passées entre cités pour que chacune soumît à son propre tribunal de commerce les litiges survenus sur son propre territoire entre les commerçants citoyens de l'une ou de l'autre cité. → **commerce.**

symmachie, traité d'alliance de caractère militaire passé entre diverses cités.

Les contractants devaient en principe se secourir mutuellement et ne faire ni guerre ni paix sans un accord commun. Les deux ligues* athéniennes, la ligue Béotienne → **Béotie**, les confédérations Étolienne → **Étolie** et Achéenne* avaient un caractère de symmachie. Ces symmachies ayant été étudiées sous d'autres rubriques, nous n'envisageons ici que la symmachie lacédémonienne *(oi symmakhoi tôn Lakedaimoniôn)*, appelée abusivement ligue Péloponnésienne. Elle se constitua dans la seconde moitié du VIe s. av. J.-C. sous l'impulsion des Spartiates. Tégée et Corinthe* y entrèrent les premières, suivies des villes de l'Argolide qui se trouvaient en lutte contre Argos*, puis de Mégare* et d'Égine*. Les États confédérés conservaient leur autonomie, mais ils abandonnaient à Sparte la conduite de la guerre et fournissaient un contingent militaire ou une indemnité en remplacement. Les assemblées fédérales se tenaient à Sparte, où chaque cité envoyait son représentant. Les décisions étaient prises à la majorité, mais les Lacédémoniens parlaient les premiers et savaient en général faire prévaloir leur avis. La symmachie fut dissoute après la fin de l'hégémonie spartiate à la suite des batailles de Leuctres* et Mantinée* (362 av. J.-C.).

symmorie, à Athènes*, collège de citoyens riches qui devaient supporter certaines liturgies et faire l'avance de certains impôts.

Afin de percevoir l'eisphora*, la population de l'Attique fut partagée en une centaine de symmories en 378 av. J.-C., pour faciliter la perception de l'impôt*. Une vingtaine d'années plus tard, afin de distribuer les triérarchies → **liturgie**, on répartit les douze cents plus riches citoyens en une vingtaine de symmories, chacune ayant en charge un certain nombre de vaisseaux, chaque *syntélie* (sous-division de la symmorie, constituée par quelques riches citoyens) devant équiper sa trière. La liste des citoyens versés dans chaque symmorie était établie par les stratèges*, un épimélète* étant placé à la tête de chaque symmorie. Démosthène* fit réformer les symmories pour que les charges fussent équitablement réparties selon la fortune de chacun des citoyens inscrits dans les syntélies.

symposion, banquet, ou plus précisément « réunion de buveurs ».

Les banquets entre amis avaient une grande importance, soit qu'ils fussent offerts par l'un d'entre eux, soit que les membres d'une thiase* se réunissent chez l'un d'entre eux pour manger à frais communs (éranes). À Sybaris, les invitations étaient lancées parfois un an à l'avance, mais, en général, le symposion était improvisé ; on invitait quelques amis rencontrés sur l'Agora* pour le soir même, et ceux-ci amenaient quelques-unes de leurs relations, auxquelles s'ajoutaient les parasites, qui, apprenant qu'on donnait un repas chez un tel, s'y invitaient d'office sans que le maître de maison songeât à s'en fâcher. Une fois chez l'hôte, on se déchaussait, des esclaves lavaient les pieds des invités, qui, après s'être couronnés de fleurs ou de feuillages, venaient s'étendre sur les lits disposés autour de la table (ou des tables), les places les plus honorifiques étant celles qui se trouvaient aux côtés du maître de maison. Les esclaves présentaient ensuite les aiguières et les bassins où les convives allaient se laver les mains, et comme il n'y avait pas de serviettes, on s'essuyait les mains où l'on pouvait au cours du repas : sur la mie de pain, mais aussi sur les vêtements, à moins qu'on ne ramenât les aiguières.

Le repas débutait par le *propoma*, qui consistait à faire passer entre les convives une coupe de vin aromatisé où ils buvaient à tour de rôle. On buvait peu pendant le repas qui suivait, et on parlait peu aussi ; c'était un *deipnon* ordinaire, qu'on terminait rapidement pour apaiser la faim. Le symposion commençait ensuite et, souvent, c'était à ce moment qu'arrivaient de nouveaux invités. On retirait les plats vides, puis on procédait à des libations en l'honneur de Dionysos ; on buvait pour cela un peu de vin et on en répandait quelques gouttes en invoquant le dieu, pour lequel on chantait ensuite un hymne. Le symposion commençait après qu'on avait élu le symposiarque, chef du banquet, qui en réglait l'ordonnance. Celui qui ne voulait pas boire devait se retirer et celui qui désobéissait au symposiarque était soumis à des punitions joyeuses. Ces beuveries, au cours desquelles on vidait le plus possible de coupes de vin en jouant au cottabe → **jeux** et en devisant, étaient accompagnées en général de spectacles de danseurs et de baladins, et on louait des joueuses de flûtes qui accompagnaient de leur musique les danses et les chansons à boire des convives. Il devait cependant arriver souvent qu'on renvoyât flûtistes et histrions pour s'abandonner au plaisir de la conversation, dont les Grecs étaient particulièrement friands, à moins que le symposiarque ne proposât un thème, que chaque convive développait à son tour.

synégores, **à la fois avocats et accusateurs publics.**

Le synégore était un défenseur que les citoyens pouvaient s'adjoindre pour se défendre devant certains tribunaux. Tandis que le logographe* préparait le discours de la défense ou de l'accusation qui était lu par le client, le synégore se tenait à ses côtés. Cette coutume, peu courante au ve s. av. J.-C., semble s'être vulgarisée au siècle suivant, et Hypéride* paraît avoir occupé un emploi semblable. Les synégores étaient aussi des avocats publics désignés par le peuple dans diverses circonstances : par exemple, lorsque des citoyens proposaient des amendements aux lois, on désignait des synégores pour défendre ces lois, et le débat se déroulait devant les nomothètes*. Un collège de dix synégores était aussi attaché aux logistes*.

syngraphê, **traité, contrat.**

On désignait sous ce nom toutes sortes d'actes légaux. On appelait ainsi les traités passés entre deux ou plusieurs cités : traités de paix*, d'alliance, accords commerciaux. C'était aussi un des noms donnés aux passeports*, aux contrats commerciaux signés entre particuliers, et aux assurances maritimes contractées par les armateurs.

synœcisme, **union de plusieurs bourgs pour constituer une cité.**

Le plus célèbre exemple de synœcisme politique fut celui qu'on attribuait à Thésée. Des diverses agglomérations de l'Attique*, dominées par de puissants génê → **génos**, le législateur fit une seule cité* (cité morale, religieuse et politique qui dépassait les murs d'Athènes*), c'est-à-dire un État dont Athènes devint la capitale politique et dont les citoyens étaient tous athéniens, même s'ils étaient nés à Éleusis* ou à Marathon*. Un autre synœcisme était celui de Rhodes où les trois villes primitives, Lindos, Camiros et Ialysos, s'étant unies en un seul État, fondèrent la cité de Rhodes qui devint leur capitale. De nombreuses cités furent édifiées par le synœcisme de plusieurs bourgs, *kômê** : ce fut le cas de Sparte*, de Mantinée*, constituées par l'union de cinq dèmes, qui s'entourèrent de murs entre 464 et 461 av. J.-C. Mégalopolis, fondée sous l'impulsion d'Épaminondas* pour être la capitale de l'Arcadie (371-368), réunit la population de quarante villages. Ces deux cités, Mantinée et Mégalopolis, donnèrent des exemples inverses de diœcisme lorsque, un peu plus tard, les villes furent détruites, et la population dispersée dans divers villages.

Syracuse → Sicile.

syssities, **repas communs des Spartiates.**

On leur donnait aussi le nom d'*andreia* du fait que seuls les hommes y participaient, et c'est sous ce nom que sont connus les repas communs des Crétois. À Sparte*, si la présence des homoioi* était obligatoire aux syssities, celles-ci n'avaient certainement pas lieu tous les jours et, par ailleurs, on pouvait s'en faire dispenser.

Les rois → **royauté** participaient aux syssities, mais ils étaient nourris aux frais de l'État et recevaient double portion. Les autres citoyens étaient tenus de fournir leur contribution en farine, en vin, en fromage et en figues ; celui qui ne pouvait ou ne voulait apporter sa quote-part était déchu de ses droits de citoyen. On se réunissait par tables d'une quinzaine de convives et, pour être admis à une table, il fallait être agréé par les autres convives, qui votaient avec un morceau de pain déposé dans un vase placé sur la tête d'un esclave. Les compagnons de table se retrouvaient dans la même tente lors des campagnes, à la suite de quoi les tables s'appelaient, comme les tentes, *skênai*. Les repas étaient pris assis, mais, à basse époque, les Spartiates s'étendirent non sur des lits, mais sur des planches. C'est dans ces banquets qu'ils mangeaient le célèbre brouet → **cuisine**.

t

Temple. Le temple, comme d'ailleurs dans toutes les grandes civilisations, reste en Grèce le modèle de son architecture et c'est aussi le type de monument dont il subsiste les ruines les mieux conservées, avec les théâtres* et les fortifications*. Des premiers temples de l'époque géométrique et du début de l'archaïsme, il ne subsiste rien que des traces et des témoignages écrits. Ils étaient d'ailleurs généralement faits de matériaux légers, bois, argile, moellons. Ce n'est qu'au VIe s. que sera utilisée la pierre soigneusement équarrie, et surtout le marbre, ce qui permettra d'élever des monuments susceptibles de durer.

Les plus anciens temples connus entrent dans l'ordre* dorique, mais il n'en subsiste que quelques éléments ; ce sont : celui d'Apollon Ismenios à Thèbes* (le second temple), daté du début du VIIe s., celui d'Apollon à Thermon, en Acarnanie, et celui d'Athéna Pronaia, à Delphes (Marmaria), tous deux érigés au milieu du VIIe s. Les plus anciens qui subsistent encore sont ceux de Grande-Grèce* et de Sicile* : Sélinonte (temple C daté des environs de 570), Pæstum (« Basilique », datée de 565 env.). Les autres temples de Pæstum et de Sélinonte, ceux d'Agrigente, de Syracuse (temple d'Athéna transformé en église), de Ségeste, de Métaponte, de Cyrène en Libye (où le premier temple d'Apollon date des environs de 600), de Corinthe (son temple d'Apollon, dont il subsiste encore d'importants éléments, est le plus ancien de Grèce), d'Égine, de Tégée, de Delphes, de Bassæ, d'Athènes (« Théséion », Parthénon*, etc.) sont doriques. Les temples ioniques sont relativement plus récents. Le plus ancien qu'on connaisse, mais dont il ne reste que peu de choses, est celui d'Apollon à Naucratis (v. 565), puis viennent ceux d'Artémis à Éphèse et d'Héra à Samos (v. 560). On possède cependant des éléments plus importants grâce aux trésors* de Delphes*, celui des Cnidiens étant daté aussi des environs de 565. Le style ionique ne sera utilisé que dans les îles de l'Égée et en Asie Mineure, si l'on excepte les trésors de Delphes (mais érigés par des villes ioniennes), quelques parties de monuments à Athènes et le Philippeum d'Olympie (daté de 335 env.). Les plus remarquables, et dont il subsiste des ruines importantes, sont : celui d'Artémis à Sarde (v. 325), d'Asclépios et d'Athéna Polias à Priène (fin IVe s.), le Didymeon près de Milet*, le temple D d'Artémis ?) de Délos*, daté de 175 env., celui de Messa à Lesbos (v. 280). L'ordre corinthien a, généralement, été employé avec le dorique ou le ionique, pour constituer des colonnades intérieures ou des semi-colonnes intégrées. On le trouve, avec le dorique, à Bassæ (v. 420, c'est le plus ancien exemple connu), dans la grande tholos de Delphes, à Tégée (v. 400), dans la tholos d'Épidaure (v. 350), à Némée (v. 330), à Samothrace (v. 280) ; et avec le ionique, à Olympie (Philippeum), dans le monument choragique de Lysicrate à Athènes (v. 334), dans le Bouleutérion de Milet (c'est-à-dire dans des monuments publics et non plus des temples). Il est utilisé comme élément dominant dans le temple de Zeus Olbios de Diocésarée en Cilicie (début du IIIe s.) et dans celui de Zeus Olympios (l'Olympieion) d'Athènes (v. 170).

Sur la crépis, assise de pierre établie sur les assises de base, sont dressées les colonnes et bâtie la cella *(naos)* destinée à abriter la statue du dieu. Les temples les plus simples consistent en une salle dont les murs latéraux se poursuivent pour constituer un portique fermé par deux colonnes disposées dans l'alignement de l'extrémité des deux murs extérieurs. C'est le temple dit *in antis*, dont la forme rappelle celle du mégaron des demeures mycéniennes → **sanctuaire**. Si la colonnade est placée en avant des extrémités des murs (les colonnes sont alors généralement au nombre de quatre), le monument est dit prostyle tétrastyle. Lorsque la colonnade enferme le naos comme une cage, et c'est le style le plus communément employé dans les temples doriques aussi bien que ioniques, il est dit périptère. Le naos lui-même peut offrir une salle ouverte par une colonnade et constituant un ante (petit portique), de part et d'autre de la cella. L'une est l'opisthodome ; située à l'arrière, elle était destinée à recevoir le trésor du temple. L'autre n'est jamais qu'une sorte de porche.

Les toits en double pente, faits souvent de dalles de pierre, présentaient sur les façades des frontons triangulaires, ornés de reliefs. Entre le fronton et les architraves posées sur les chapiteaux des colonnes, se développe la frise, laquelle peut aussi se retrouver au haut des murs du naos. La frise dorique est caractérisée par son alternance de triglyphes et de métopes. Les triglyphes conserveraient le souvenir de fenêtres pourvues de barreaux, et les métopes sont couvertes de bas-reliefs, où sont souvent figurés des motifs classiques : gigantomachie (combat des Géants contre les dieux), amazonomachie (combat de héros contre les Amazones), combat des Lapithes contre les Centaures, scènes de la vie d'Héraclès... Les frises du Parthénon où sont représentées des scènes des Panathénées* sont une remarquable exception. La frise ionique diffère de la dorique dans la mesure où elle est continue et ne présente pas de triglyphes.

Les temples grecs étaient généralement de forme rectangulaire, construits sur des lignes géométriques pures, se coupant toujours en angles soigneusement calculés. Exceptionnels sont les monuments circulaires, appelés *tholoï* (sing. : *tholoïs*). La seule tholos importante est celle de la Marmaria à Delphes.

testament. On attribuait à Solon* l'institution du testament à Athènes* ; à Sparte*, elle n'apparaît qu'au IVe s. av. J.-C. Auparavant, le régime du génos*, où la propriété était inaliénable, rendait inutile le testament puisqu'on ne pouvait user librement de ses biens. Tout citoyen majeur en pleine possession de ses facultés était apte à tester ; les femmes* ne pouvaient établir de testament qu'avec l'assistance de leur tuteur. Le testament pouvait être écrit, mais il pouvait aussi se faire verbalement devant des témoins, parents ou amis. Il arrivait cependant qu'on le déposât entre les mains d'un astynome* ou d'un archonte*. D'après une loi attribuée à Solon*, le testateur ne pouvait disposer de sa fortune envers des tiers que s'il ne possédait pas d'enfants mâles, mais cette loi était tombée en désuétude à l'époque classique, car chacun pouvait disposer librement de son bien au détriment des enfants légitimes. Naturellement, les créanciers avaient droit de saisie pour remboursement de leurs prêts ; le testateur nommait alors des exécuteurs testamentaires chargés du règlement de la succession ou bien il laissait à ses héritiers le soin de payer les dettes attachées à la succession. Cependant, un héritier avait le droit de refuser la succession, ce qui paraît probable à Athènes et qu'on trouve stipulé dans les lois de Gortyne.

Outre la distribution de ses biens, le testateur utilisait la voie testamentaire pour procéder aux adoptions, aux affranchissements d'esclaves, à la nomination de tuteurs. Les temples, l'État, une communauté pouvaient être constitués héritiers. Lorsque le défunt ne laissait pas de

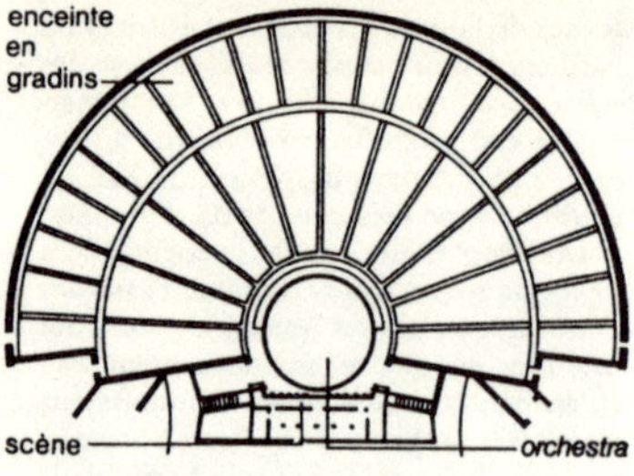

Plan d'un théâtre grec (Epidaure).

testament, le ou les héritiers de la succession *ab intestat* étaient désignés selon leur rang dans la parenté : d'abord les fils et leur descendance (le droit d'aînesse n'ayant de valeur que morale ou religieuse et non civile) ; dans le droit attique, les filles « épiclères* » et leur descendance, les héritiers mâles ayant toujours la priorité, enfin les père et mère du défunt et les collatéraux, ceux du côté paternel venant avant ceux du côté maternel. Les métèques* étaient soumis aux mêmes lois que les citoyens, et c'est le maître ou le patron qui restait héritier des esclaves et des affranchis dépourvus d'héritiers directs.

textiles. La laine était le textile le plus couramment utilisé. L'élevage des moutons se pratiquait sur presque tout le pourtour de la Méditerranée. Cependant, certaines régions étaient réputées pour leurs laines. Celles de l'Attique* étaient parmi les plus célèbres, avec celles de Milet. En Achaïe, Pellène produisait des laines particulièrement fines et, en Asie Mineure, les laines de Laodicée, aussi fines que celles de Milet*, d'une belle teinte noire naturelle, étaient appelées coraxine. La Gazélonitide, proche du Pont, possédait des moutons donnant la laine « hypodiphthère », particulièrement douce et moelleuse. La laine, travaillée d'abord par les femmes de chaque maison, engendra rapidement toute une industrie* qui fit la richesse de certaines cités. Elle était plus particulièrement utilisée pour la fabrication des vêtements et des tapis.

Le lin était surtout cultivé en Orient : Égypte, Babylonie, Colchide, Asie Mineure, Chypre ; en Grèce, on en produisait en Élide*, en Thrace, en Macédoine*, en Crète* ; on en trouvait aussi en Sicile* et en Grande-Grèce*. La partie de la plante, proche de l'écorce, appelée *stupa* (« étoupe ») chez les Latins, servait à faire les mèches des lampes à huile ; les fibres intérieures étaient tissées ; on en fabriquait des filets, des cordes et des cordages, des voiles pour les navires et, d'autre part, des tissus de luxe, souvent d'une grande finesse.

Le chanvre, cultivé à l'époque d'Hérodote* (ve s. av. J.-C.) chez les Scythes et les Thraces, était surtout produit en Asie Mineure, et plus particulièrement en Carie ; il ne fut introduit en Grèce qu'à l'époque romaine. Il servait à la fabrication des cordages et des filets. Le coton est originaire de l'Inde ; les Grecs lui donnaient le nom de lin ou de laine, et appelaient le cotonnier *(Gossypium herbaceum)* « arbre à lin » ou « à laine ». Il est mentionné par Hérodote. Les Indiens en faisaient une toile d'une trame très fine et y taillaient leurs vêtements. Il semble que les Grecs ne l'aient guère utilisé ; seuls les Macédoniens s'en servaient pour bourrer leurs matelas et leurs selles à bâts.

La soie ne semble avoir été importée qu'à l'époque romaine. Cependant, Aristote* signale les étoffes fabriquées avec du fil de chenilles ; malgré cette remarque, les Grecs crurent très longtemps qu'elle provenait de l'écorce de certains arbustes. Il est pourtant possible que l'étoffe appelée *byssos* par les Grecs ait été tissée, dans certains cas, à base de soie. Cela paraît certain pour la bysse dont parle Strabon*, faite avec des fils des *sêres* ; *sêre* est le nom grec du ver à soie, et l'emploi de ce mot au pluriel désigne l'étoffe tissée avec des fils de soie. Selon Strabon, cette bysse était utilisée aux Indes. La bysse qu'on employait en Grèce était un tissu très fin et délicat, blanc à l'état naturel et teint en général en pourpre ou en jaune d'or. Pausanias* nous apprend que la *bysse* d'Élide* était moins jaune que celle des Hébreux. Les principaux ateliers de tissage de la bysse étaient situés à Patras, dont c'était une des richesses. L'île de Cos était aussi réputée pour un tissu très fin, souvent même un voile, comme il semble que la bysse l'ait été parfois.

D'autres cités étaient encore réputées pour leur industrie textile ; Mégare* fabriquait en grand nombre les vêtements destinés aux petites bourses, les *éxomis* → **chiton**. Milet vendait cher ses tissus de pourpre et ses tapis, et Corinthe s'était spécialisée dans la fabrication des couvertures, des rideaux et des tapis.

Thalès, philosophe (Milet v. 624-v. 547 av. J.-C.).

Nous ne savons rien de certain ni sur sa vie ni sur sa pensée, et, comme Socrate*, il n'a jamais rien écrit. Il aurait acquis ses connaissances en astronomie* et en mathématiques* lors d'un séjour en Égypte. Il aurait ainsi prévu une éclipse de Soleil qui se produisit lors d'un combat entre les Mèdes et les Lydiens, sur les bords de l'Halys (act. Kizil Irmak), en Asie Mineure. Il voyait dans l'eau le principe de toute chose. C'est sur elle que reposerait la Terre, ce qui n'est jamais qu'une transposition de caractère rationalisant des anciennes cosmogonies orientales. Le monde était selon lui un tout, un et sphérique, et Dieu était l'intelligence organisatrice du monde à partir de l'eau. Il avait discerné la nature des éclipses qu'il disait produites lorsque la Lune passait entre la Terre et le Soleil. Il s'impose comme le premier penseur de caractère rationaliste et le fondateur de l'école de philosophie* de Milet*.

Thargélies, fêtes en l'honneur d'Apollon et d'Artémis.

Elles avaient lieu dans le mois de Thargélion → **calendrier** à Athènes* ou dans les cités ioniennes, où l'on honorait parfois en même temps Pandore. Elles étaient organisées par le premier archonte* (éponyme), aidé des épimélètes*. Fêtes* d'origine agraire, elles consistaient d'une part en l'offrande de prémices des récoltes (fruits mûrs) et aussi de pain frais. Elles comportaient d'autre part une cérémonie expiatoire pour supplier le dieu de ne pas, par trop d'ardeur, faire périr les récoltes. À l'origine, on sacrifiait pour cela un homme et une femme (ou deux hommes), qui étaient des sortes de boucs émissaires. Après avoir été promenés à travers la ville et frappés, on les immolait hors de la cité et on brûlait leurs corps, dont on jetait les cendres à la mer ; les sacrifiés étaient toujours des condamnés ou des individus qui, par leurs méfaits, ne méritaient pas de vivre, si l'on en croit les Anciens. Par la suite, on se contenta de les précipiter à la mer, de les recueillir et de les envoyer à l'étranger. Les Thargélies offraient aussi l'occasion de jeux au cours desquels se produisaient des chœurs d'hommes et de jeunes garçons.

théâtre. Le théâtre est une des principales manifestations de la vie publique grecque. Depuis ses origines, au VIe s. av. J.-C., jusqu'à l'époque hellénistique le théâtre resta une manifestation religieuse avant de devenir un délassement profane.

À l'origine, le théâtre se composait uniquement de l'*orkhêstra*, place circulaire sur laquelle évoluaient les chœurs autour de l'autel de Dionysos *(thymelê)*. Les spectateurs se rangeaient tout autour, mais l'introduction d'un acteur, au VIe s. av. J.-C., fit qu'il se tint face au chœur et aux spectateurs, et qu'il eut derrière lui la *skênê*, estrade sur laquelle les acteurs semblent n'être montés qu'à l'époque hellénistique. Pour contenir un plus grand nombre d'acteurs par-delà le cercle de l'*orkhêstra*, on établit des gradins en demi-cercle, qui formèrent le *theatron* (la *cavea* des Latins), c'est-à-dire l'endroit d'où l'on regarde. C'est ainsi que se constitua l'architecture du théâtre ; cependant, ce n'est qu'à l'époque hellénistique qu'on éleva les beaux monuments de pierre qu'on peut admirer encore de nos jours ; les théâtres classiques étaient généralement en bois.

On jouait dans les théâtres les tragédies*, les comédies* et les drames satyriques, mais on y donnait aussi des auditions lyriques et musicales → **musique** ; c'est par l'acoustique nécessaire dans ces occasions qu'on explique la grande hauteur des murs du *proskênion*. Manifestations religieuses, les représentations théâtrales, à l'époque hellénistique, avaient lieu à Athènes* lors des grandes fêtes de Dionysos : aux Lénéennes*, aux Dionysies* urbaines et champêtres.

Les poètes qui voulaient concourir se présentaient à l'archonte* qui sélectionnait les œuvres représentées ; même des poètes étrangers avaient le droit de concourir. Les acteurs* étaient choisis par les poètes, mais on organisa des concours d'acteurs à partir de 449 av. J.-C. Les frais d'organisation des chœurs revenaient aux chorèges*.

Les femmes étaient admises aux représentations, qui commençaient avec le lever du jour et se terminaient dans le courant de l'après-midi, ce qui fait qu'on buvait et qu'on mangeait dans le théâtre ; les chorèges faisaient parfois les frais des rafraîchissements publics. Le prix des places était de 2 oboles, mais le théoricon*, sur lequel on prélevait le prix de leur entrée, permettait aux pauvres d'assister aux représentations ; chaque spectateur recevait un jeton (*symbolon**), sur lequel était marquée sa place. Des places d'honneur étaient réservées aux prêtres* et aux prêtresses de Dionysos, aux archontes, aux proèdres*, à des étrangers et à des citoyens qu'on voulait honorer. Comme les représentations ne se passaient pas sans disputes et sans cris, des rhabdouques, armés de bâtons, étaient chargés d'assurer la police.

Trois prix étaient distribués, aux chorèges, aux poètes et aux acteurs, ces derniers, poètes et acteurs, recevant une somme d'argent à côté de la couronne* de lierre. Les prix étaient tout d'abord décernés par l'ensemble des spectateurs, mais, par la suite, la boulê et les chorèges furent chargés de dresser une liste de juges qui devaient choisir les vainqueurs à la majorité des voix. Les noms du poète victorieux, des acteurs et de l'archonte, les titres des pièces primées, étaient inscrits sur des procès-verbaux (didascalies) qui étaient conservés dans des archives ; on les gravait aussi sur des stèles de pierre ou de marbre, dont on a retrouvé un grand nombre d'exemplaires au voisinage des théâtres.

Thèbes, ville de Béotie*, située au centre d'une plaine très fertile, à peu de distance de Platées*.

Selon la légende, elle aurait été fondée par le « Phénicien » Cadmos, qui aurait établi la cité primitive sur une colline arrondie, qui forma plus tard l'acropole de la Thèbes classique sous le nom de « Cadmée ». En réalité, on connaît mal les origines de la Thèbes préhellénique, mais elle fut l'un des grands centres de la civilisation mycénienne. Le nom de « Thèbes » n'apparaît qu'après l'invasion des Béotiens, venus de Thessalie vers le XIe s. av. J.-C.

Au début de l'époque archaïque, Thèbes avait perdu de son importance, mais elle renoua bientôt avec son ancienne tradition d'impérialisme panbéotien : pendant toute la période qui allait suivre, elle travailla à unir la Béotie sous son hégémonie et y parvint dans une certaine mesure, grâce à la ligue Béotienne → **Béotie**, mais ne put jamais unir la Béotie en un État comme Athènes* l'avait fait pour l'Attique. Gouvernée par une aristocratie foncière, elle se trouva du côté des Perses lors des guerres Médiques*. Ennemie de la démocratique Athènes, elle dut laisser celle-ci imposer des régimes démocratiques à la Béotie, mais la bataille de Coronée (447 av. J.-C.) rendit à Thèbes son hégémonie et vit le rétablissement des régimes oligarchiques en Béotie. Alliée de Sparte pendant les guerres du Péloponnèse*, elle dut mettre fin à cette amitié lors de l'occupation de la Cadmée par les Spartiates. Peu après, Pélopidas* établit un régime démocratique après avoir chassé les Spartiates (379-378 av. J.-C.). Sous le gouvernement de cet homme de génie et d'Épaminondas*, Thèbes parvint au sommet de sa puissance. Après avoir détruit sa grande rivale Orchomène, elle exerça une hégémonie incontestée sur la Béotie et la victoire de Leuctres* fit d'elle la première cité de la Grèce. Cet éclat fut de courte durée, et la mort d'Épaminondas à Mantinée* (362 av. J.-C.) vit le début de son déclin. Alliée à Athènes contre Philippe* de Macédoine, elle perdit la bataille de Chéronée* et, deux ans après, elle fut rasée par Alexandre* pour s'être révoltée. Cassandre* la rebâtit en 316/ 315 av. J.-C., mais elle n'était plus qu'une petite ville, qui, à l'époque romaine, avait perdu toute son importance. Sa richesse consistait dans son agriculture et dans son élevage, plus particulièrement celui des chevaux : Thèbes fut le premier État grec classique à se constituer une cavalerie* stratégique. Elle fut la patrie de Pindare, produisit une école de philosophie* et fut le centre d'une importante école de peinture*.

Thémistocle, **homme d'État (Athènes v. 525-Magnésie du Méandre v. 460 av. J.-C.).**

Son père, Néoclès, était un citoyen obscur, et sa mère, sans doute une étrangère. Le caractère de Thémistocle est marqué par la fougue, la promptitude dans la décision, l'ambition, la vanité : ce sont ces qualités et ces défauts qui expliquent la vigueur et la rapidité dans l'action dont ont fait preuve les Athéniens sous son commandement, ses accointances possibles avec les Perses, la manière dont il est parvenu à se rendre odieux à ses concitoyens au point d'être ostracisé, son comportement à la cour du roi des Perses. Il entra dans la politique avec fougue et parvint à faire frapper d'ostracisme* son plus digne adversaire, Aristide* (v. 482). Artisan de la grandeur d'Athènes, dont il comprit la vocation maritime, et pressentant par ailleurs le retour offensif des Perses à la suite de Marathon*, il fit consacrer le revenu des mines du Laurion à la construction d'une flotte. Nommé archonte*-éponyme en 480, il fut choisi comme général pour commander la flotte athénienne contre les Perses de Xerxès. Quoique Eurybiade ait reçu le commandement des armées alliées, c'est Thémistocle qui fut le vainqueur de Salamine* (480), ce que reconnurent tous les Grecs et même les Lacédémoniens, qui le reçurent à Sparte* avec honneur. Cette amitié fut cependant de courte durée, car, tandis que Thémistocle amusait les Spartiates, les Athéniens sur l'initiative de Thémistocle lui-même relevaient leurs murs. On ne sait en définitive les raisons pour lesquelles il fut ostracisé (v. 472); sans doute les Athéniens redoutaient-ils ses ambitions, et la vanité avec laquelle il rappelait par la parole autant que par des constructions les services qu'il avait rendus le rendit suspect et odieux. Il se réfugia à Argos*, d'où il dut s'enfuir, accusé par les Lacédémoniens de complicité avec Pausanias* dans ses relations avec les Perses. Il alla à Corcyre, puis en Épire, chez le roi des Molosses, avant de passer en Asie et de se rendre auprès d'Artaxerxès qui avait succédé à Xerxès. Il prit un an pour apprendre le persan, puis il se présenta au roi, qu'il séduisit au point que ce dernier lui donna une résidence en Asie Mineure, avec Magnésie pour lui fournir son pain, Lampsaque, son vin, et Myonte, le reste de sa nourriture ; en réalité, ces trois cités devaient subvenir à tous ses besoins et à ceux de sa suite, qui devait être nombreuse. Le roi envisageait de lui donner le commandement d'une expédition contre les Grecs lorsque Thémistocle mourut, selon Thucydide*, de mort naturelle ; selon d'autres auteurs, il s'empoisonna pour ne pas porter les armes contre sa patrie, ce qui paraît douteux.

théoricon. À la fin du Ve s. av. J.-C., on versa une indemnité aux citoyens pauvres afin de leur permettre de payer leur place de théâtre*. Distribuée sur le trésor de l'État pour les fêtes théâtrales on la versa bientôt lors de toutes les fêtes afin de permettre aux pauvres de subsister sans travailler pendant ces jours chômés. En 354 av. J.-C., Eubule fit verser dans la caisse du théoricon tous les excédents budgétaires ; la caisse fut administrée par dix magistrats élus pour quatre ans. Cette caisse recueillait le budget des fêtes et de l'assistance publique, et il était interdit de proposer d'y puiser pour un autre emploi. Devant les nécessités militaires, Démosthène* put faire admettre en 339 av. J.-C., mais non sans mal, que désormais les excédents budgétaires iraient au *stratioticon*, caisse militaire. Cependant, le théoricon subsista, mais on ne sait jusqu'à quelle époque.

théories, **délégations que les cités envoyaient lors des grands jeux ou de certaines fêtes pour se faire représenter.**

Les membres, appelés « théores », étaient dirigés par l'archithéore, fonction honorifique qui se doublait d'une liturgie*, l'archithéore assurant une partie des frais de la théorie. La théorie était composée de magistrats, de prêtres*, des citoyens qui devaient participer aux concours, tous étant couronnés et reçus par la cité où se donnait la fête* ; des pèlerins suivaient en général les théories. Athènes* envoyait chaque année à Délos* une théorie, qui était transportée par la galère paralienne, chargée de représenter

Athènes lors de la panégyrie* d'Apollon; il arrivait que, dans ce cas, les archithéores reçussent une subvention d'un talent pour les aider à couvrir les frais de la théorie. On donnait encore le nom de théores aux hérauts* chargés d'annoncer aux autres cités les manifestations religieuses auxquelles leur propre cité les invitait, et de proclamer la trêve sacrée.

Thermopyles, étroit défilé de la Grèce centrale, entre le mont Œta et un marais au fond du golfe Maliaque.

C'était la voie d'accès de la Thessalie vers la Locride et la Grèce; il était fort étroit dans l'Antiquité, mais les alluvions du Sperchios l'ont élargi au point que ce n'est plus qu'une plaine. Son nom (« Portes chaudes ») lui vient de sources chaudes voisines, consacrées, dans l'Antiquité, à Héraclès. Les Phocidiens avaient construit un mur pour fermer le passage. Lors de l'invasion des Perses de Xerxès, les Grecs songeaient à arrêter les Perses au défilé de Tempé à l'entrée de la Thessalie. Ils abandonnèrent ce projet et se replièrent derrière les Thermopyles, où ils laissèrent le roi Léonidas* à la tête d'une petite troupe qui résista héroïquement aux envahisseurs en 480 av. J.-C. C'est près des Thermopyles que se tenait une session de l'amphictyonie* delphique. En 183 av. J.-C., le Séleucide* Antiochos III y fut battu par les Romains.

Thesmophories, fêtes de Déméter, qui se célébraient du 9 au 13 de Pyanepsion → calendrier dans diverses cités grecques.

À Athènes*, elles revêtaient une importance particulière et occupaient la quatrième place sur le calendrier attique. C'était une fête réservée aux femmes* de bonne naissance et légitimement mariées; les femmes célibataires ou de mauvaise vie et les hommes en étaient exclus. Du 9 au 11 avait lieu une procession au cap Kolias, dans le dème* d'Halimos, où se trouvait un temple consacré à Déméter et à sa fille Koré. Rentrées à Athènes, les femmes passaient la journée du 12 en jeûnes, car c'était un jour de deuil. Le dernier jour, Calligeneia, on offrait un banquet et on se livrait à des jeux et à des danses* de caractère léger et voluptueux. Un sacrifice* terminait les fêtes. Des Thesmophories étaient encore célébrées à Syracuse et près d'Argos*, en Laconie. Il existait des temples à Déméter Thesmophoros à Mégare*, à Égine*, à Paros.

thesmothètes, législateurs.

Ils formèrent à Athènes* un corps de six magistrats rattachés au collège des archontes*. Établis au VIIe s. av. J.-C. pour transcrire les lois encore orales et pour les conserver afin qu'elles tranchent les différends, ils semblent avoir été d'abord les assesseurs des trois archontes (deux par archonte) avant de devenir leurs égaux. Ils siégeaient dans le Thesmothéteion et Clisthène* leur adjoignit un secrétaire *(grammateus)* afin que le collège des archontes comportât dix membres, un par tribu. Leur premier soin était donc de recueillir toute nouvelle loi, tout jugement de l'Aréopage* qui devait faire jurisprudence; par ailleurs, ils devaient signaler les lois contradictoires et les lacunes du code. Organisateurs de la justice, ils décidaient de la convocation des tribunaux, des jours de séance, de leur répartition entre les magistrats. Ils désignaient les juges et les distribuaient dans les tribunaux. Ils présidaient à la docimasie* et étaient chargés de recevoir les comptes des stratèges*. C'étaient eux qui instruisaient les procès politiques et les actions d'illégalité *(eisangêlia** et *graphê* paranomon)*. Leur compétence s'étendait encore à des actions diverses : sycophantie*, usurpation du titre de citoyen, vénalité, etc.

thêtes, à l'époque homérique, population constituée par les gens qui ne possédaient ni terre ni connaissances artisanales qui auraient pu les situer parmi les démiurges.

Ils travaillaient dans des exploitations agricoles, qui souvent ne les louaient que pendant la belle saison. Leurs femmes étaient engagées dans les maisons comme servantes et comme nourrices. Bien que libres ils ne possédaient souvent pas de foyer ni de phratrie*, et leur condition était alors des plus misérables. On les retrouve à l'époque archaïque dans toute la Grèce et plus particulièrement en Attique* où ils se louaient dans les champs, et sur les bateaux, où on les employait en général à la chiourme. Leur nombre fut grossi par les anciens petits propriétaires qui, endettés, virent saisir leur petit bien, qu'ils cultivèrent pour leur créancier ; ils constituèrent les hectémores*. Solon* les libéra par la *seisachtheia* et fit des thêtes la quatrième classe censitaire de l'Attique. Elle comprenait tous les citoyens ne récoltant pas 200 médimnes de céréales. Ils servaient non comme hoplites, mais comme peltastes (fantassins légers) ou comme rameurs sur les trières. Leurs droits politiques étaient d'abord restreints au droit de siéger à l'ecclésia* et dans les tribunaux. Ce n'est que sous Périclès* qu'ils acquirent tous les droits politiques et, à la fin du ve s. av. J.-C., toute différence sociale avait disparu.

thiases, **associations religieuses vouées au culte d'une divinité.**

Elles étaient souvent constituées par des étrangers qui s'associaient pour honorer leurs divinités nationales, mais les Grecs eux-mêmes participèrent activement à ces cultes, qui, sans doute, répondaient à des besoins religieux que les anciens cultes grecs, usés, ne parvenaient plus à combler. Les thiases fleurirent surtout à l'époque hellénistique et se retrouvent dans tout le monde grec. Délos*, centre de commerce international, connaissait un grand nombre de thiases : hiéronautes et héracléistes de Tyr, poséidoniastes de Bérytos, thiases groupant les négociants et armateurs égyptiens ou phéniciens. Ces thiases sont en même temps des confréries de métiers. On fait d'ailleurs difficilement la différence entre les thiases, les confréries et les éranes*, sociétés de secours mutuel.

Parmi les divinités adorées dans les thiases, on trouve les divinités helléniques (Apollon, Poséidon, Dionysos, Déméter, Aphrodite) ou des divinités secondaires comme les Muses, Priape, Hygie ; mais on y rencontre surtout des divinités étrangères et orientales : Hélios rhodien, Bendis, l'Héraclès phénicien, Adonis, les Cabires de Samothrace, les dieux égyptiens Isis, Osiris, Amon, Anubis, Sérapis. Les cultes variaient selon les divinités et comportaient sacrifices, processions, banquets, etc.

Les thiases étaient fondées soit par un individu, soit par la volonté d'union de plusieurs individus. Elles pouvaient être uniquement familiales ou professionnelles, ou encore elles groupaient des concitoyens établis dans une même cité étrangère, ou enfin elles réunissaient tous ceux qui voulaient en faire partie. On n'y faisait de distinction ni d'âge, ni de sexe, ni de condition sociale, et les esclaves y étaient en général aussi bien admis que les femmes ou les enfants.

Les thiases possédaient leurs prêtres* et leurs prêtresses, leur président et leur bureau (dont les membres, secrétaires, trésorier, étaient élus annuellement), souvent leur chapelle, leurs biens, leurs revenus, qui provenaient de legs. Elles étaient le plus souvent régies par un statut et tenaient des assemblées générales. Les noms des adhérents étaient inscrits sur des stèles exposées dans un temple.

Thrasybule, **général athénien (v. 445 — Aspendos 388 av. J.-C.).**

Il était le fils de Lycos. Ardent démocrate, il commandait les hoplites athéniens à Samos en 410, soumit la côte de Thrace en 408, participa à la bataille des Arginuses* (406) et dut s'exiler à Thèbes* sous la tyrannie des Trente → **conseil**. Avec l'aide des Thébains et quelques bannis, il s'empara de la forteresse de Phylé, qui défendait un des accès de l'Attique, puis il marcha sur Athènes* et s'empara du Pirée. Il repoussa l'armée envoyée par les Trente, qui tentèrent de s'emparer de la forteresse de Munychie, dont il était maître. Les oligarques appelèrent Lysandre* à leur secours, mais, avant qu'il ne soit intervenu, Pausanias* se posa en médiateur, et Thrasybule put rétablir la démocratie tout en promulguant une loi d'amnistie pour les anciens partisans de l'oligarchie (automne 403).

Sous l'archontat d'Euclide (403-402) on révisa la constitution*, mais en définitive elle fut restaurée telle que l'avaient établie Clisthène* et Périclès*. En 395, Thrasybule entraîna Athènes dans l'alliance de Thèbes* contre les Spartiates. Il fut tué sous sa tente par les gens d'Aspendos, qu'il avait mis à contribution.

Thucydide, **historien (Athènes v. 470-460-395 env.).**

Sa vie est intimement liée à la guerre du Péloponnèse* dont il nous a laissé l'histoire*. D'une famille aristocratique, il fut peut-être l'élève d'Anaxagore* et de l'orateur Antiphon. En 424, élu stratège, il prit le commandement d'une expédition navale envoyée en Thrace par Athènes, mais il ne put empêcher la prise d'Amphipolis par le Spartiate Brasidas*. Accusé de trahison, il fut jugé et ostraciser.

C'est au cours de ces vingt années d'exil qu'il rédigea son *Histoire de la guerre du Péloponnèse;* grâce aux mines d'or de Thrace que possédait sa famille, il put voyager, enquêter sur les deux forces en présence. On ne sait s'il mourut à Athènes. Son récit s'achève en 411, mais il assista à la fin de la guerre en 404.

Timanthe, **peintre (Cythnos, Cyclades – v. 400 av. J.-C., Sicyône ?).**

Comme Zeuxis* et Parrhasios* il faisait partie de l'école ionienne, mais dans la mesure où il s'installa à Sicyône, on peut aussi le classer dans la féconde école de peinture de cette cité. Il avait acquis une grande renommée pour son habileté à utiliser des artifices très réussis pour peindre les sentiments les plus intraduisibles : par exemple, dans son tableau le plus célèbre, représentant le *Sacrifice d'Iphigénie,* il voila la tête d'Agamemnon, car il jugeait que la douleur d'un père était trop forte pour être rendue par la peinture. La vérité et le naturel éclataient dans ses personnages. À Samos, il participa à un concours et vainquit Parrhasios par son tableau représentant Ulysse et Ajax se disputant les armes d'Achille. Dans chacune de ses compositions, Timanthe réussissait à exprimer l'esprit de son sujet et à mettre en valeur par des détails matériels l'importance d'une idée; voulant insister sur la grandeur du Cyclope, il dessina auprès de lui des Satyres mesurant son pouce avec un thyrse. De nombreuses peintures de Pompéi copient des œuvres de Timanthe, et, en particulier, le *Sacrifice d'Iphigénie.*

Timothée, **sculpteur et statuaire (seconde moitié du IVᵉ s. av. J.-C.).**

On ne sait rien de ses origines. Il est surtout célèbre pour avoir participé v. 350 à la décoration du Mausolée* d'Halicarnasse (côté sud), bien qu'on ne puisse rien lui attribuer de certain dans ce monument. Il travailla aussi au temple d'Asclépios à Épidaure*, pour lequel il avait sculpté deux Néréides et une Niké. Il est aussi l'auteur d'une *Léda au cygne,* figure très expressive et pathétique, mais qui manque cependant d'un certain naturel; la perfection dans ce domaine sera atteinte par le seul Scopas*.

toilette. La religion*, qui, par la purification rituelle, exigeait une propreté élémentaire, et la médecine*, qui prescrivait une hygiène rigoureuse, ont sans doute contribué à développer chez les Grecs le goût de la propreté. Il est cependant certain que les notions d'hygiène ont notablement varié selon les époques, les cités, les classes de la société et les habitats. Le rude paysan au fond des campagnes dans un pays où l'eau faisait souvent défaut, négligeait les soins de la propreté, tandis que ceux-ci étaient un des soucis constants des habitants de Sybaris. À l'époque homérique, on prenait des bains dans des baignoires → **mobilier**; dans l'*Odyssée,* on voit même les femmes prendre des bains dans les rivières, mais à l'époque classique, pour celles-ci on ne le verra plus qu'à Sparte*. Dans les figures de vases attiques de l'époque archaïque, on voit les jeunes gens se baigner dans les fontaines publiques, lorsque celles-ci ne comportaient pas de vasques où l'eau aurait pu être polluée; le développement des palestres* et des gymnases*, ainsi que des bains publics et des salles de bains particulières fit cesser cette pratique. En général, l'accessoire des bains privés ou publics était une vasque circulaire élevée sur un pied, en fait une sorte de lavabo dans lequel tombait un jet d'eau ou qu'on remplissait à l'aide de cruches. L'usage des baignoires se développa dans les maisons à partir de l'époque hellénique*; elles étaient basses et on devait se doucher avec un vase ou une éponge.

Les Grecs ont aussi connu les établissements de bains *(balanion)* dès le Vᵉ s. av. J.-C. Comme dans les bains romains, il y avait des bains chauds et des bains froids, ainsi que des étuves et des esclaves, garçons de bains qui aidaient les baigneurs et les frottaient d'huile. Des salles étaient réservées aux femmes*, mais les femmes de la bonne société ne s'y montraient pas, ne serait-ce que parce qu'elles possédaient tout le nécessaire dans leur gynécée*. Pour les hommes, les bains publics étaient aussi un lieu de rencontre où l'on se retrouvait entre amis pour bavarder comme sur l'agora* et où, l'hiver, les pauvres trouvaient un endroit chauffé, le prix d'entrée étant très modique (2 chalques à l'époque classique). Des peintures de vases montrent des femmes se lavant sous des douches, en commun ; il semble qu'il s'agisse de bains publics qui leurs étaient réservés.

Les Grecs ont accordé une attention particulière à la toilette de leurs pieds. Chez eux, des cuvettes étaient destinées à cette fonction ; dans les gymnases* et même dans les salles de bains particulières, on a trouvé des vasques à eau courante réservées à cet usage. Cette pratique du lavage des pieds était presque caractéristique des mœurs grecques. Ulysse, se présentant à la porte de son palais comme un voyageur étranger, s'assied pour avoir les pieds lavés par sa propre nourrice ; des esclaves lavaient les pieds des invités à un symposion* ou, tout simplement, comme Socrate*, on allait tremper ses pieds dans un cours d'eau. Contrairement aux Romains, les Grecs ne connaissaient pas le savon et le remplaçaient par de l'argile, par du carbonate de sodium, peut-être même par la *konia,* solution de potasse en général utilisée pour les lessives ; on employait aussi, au moins en Sicile* à l'époque hellénistique*, une pâte molle dont nous ignorons la composition.

Comme à toutes les époques, les femmes utilisaient fards, onguents et parfums, ces derniers n'étant d'ailleurs pas dédaignés par les hommes. La céruse était utilisée comme fond de teint ; on rougissait les joues et les lèvres avec du suc d'orcanette et on passait du noir sur les paupières et les sourcils. On peut encore signaler qu'à l'époque classique les Grecs négligeaient la propreté de leurs dents.
→ **barbe, barbier.**

tragédie. Il n'entre pas dans le cadre de ce dictionnaire de discuter de l'origine de la tragédie. Nous nous contenterons de signaler l'opinion d'Aristote*, qui exprime une conception assez générale, selon laquelle la tragédie serait née du dithyrambe*. Et, en effet, celui-ci est une sorte de tragédie non dialoguée. À l'origine, la tragédie était consacrée à la geste de Dionysos, et c'est Épigènes de Sicyône* qui élargit ce cadre dionysiaque en empruntant à tous les mythes grecs la matière dramatique. C'est encore à Sicyône que se fit le pas qui, du dithyrambe, conduisit à la tragédie. En effet, dans le premier, le coryphée restait dans les rangs du chœur*, et se contentait de le diriger ; c'est à Sicyône, dans le chœur lyrique, que le coryphée se plaça face au chœur, lequel chantait les morceaux lyriques, tandis que lui-même devenait un récitant : ainsi naquit une forme du dialogue. Au milieu du VIe s. av. J.-C., cette invention passa en Attique* et Thespis, du dème d'Icaria, par l'introduction d'un acteur et par l'amplification du drame en nouant des péripéties, put passer pour le véritable créateur de la tragédie. La grande originalité d'Athènes*, due à Pisistrate*, fut d'instituer des concours tragiques lors des Dionysies* urbaines. Le premier eut lieu en 534 av. J.-C., et ce fut Thespis qui remporta le premier prix. Ce n'est cependant qu'avec Eschyle*, qui introduisit un second acteur, que la tragédie fut perfectionnée au point de mériter son nom tel que nous l'entendons aujourd'hui, et ce n'est qu'avec Sophocle*, qui introduisit un troisième acteur, qu'elle parvint à la perfection de son propos. Le nombre d'acteurs ne limitait d'ailleurs pas le nombre de personnages, car chacun jouait plusieurs rôles. C'est seulement en 433 av. J.-C. que la tragédie fut introduite aux Lénéennes*.

Dans ces concours, où un règlement fixait le nombre des auteurs, celui des pièces ainsi que leur nature, les poètes étaient tenus de présenter des tétralogies, c'est-à-dire trois tragédies suivies d'un drame satyrique. Au début ces tétralogies étaient liées, c'est-à-dire devaient traiter d'un sujet commun ; mais très rapidement, on admit la tétralogie libre, dans laquelle les quatre pièces étaient indépendantes. Chaque année on présentait de nouvelles tétralogies mais, à partir de 380 av. J.-C., on y joignit une pièce ancienne. Les pièces anciennes étaient d'ailleurs reprises souvent dans les campagnes (dans les Dionysies champêtres) et dans les autres cités où les représentations tragiques ne prenaient pas l'aspect de concours religieux, comme c'était le cas dans l'Athènes classique. Des troupes d'acteurs* ambulants allaient de cités en campagnes jouer les tragédies à succès ; déjà Thespis parcourait la campagne attique pour représenter ses propres tragédies et, à l'époque hellénistique, les acteurs donneront à travers le monde grec les œuvres des grands tragiques athéniens.

traités de paix → paix.

trapézites, banquiers dont le nom vient du fait qu'ils se tenaient derrière une table *(trapeza)*, soit dans des boutiques affectées à un autre commerce, soit dans des offices destinés aux tractations bancaires, change de monnaies, prêts, opérations financières.

Ils étaient soit de simples particuliers qui utilisaient comme capital leur propre argent et celui qu'on déposait chez eux contre intérêt, soit des sociétés privées, soit enfin des temples ou des cités. La banque de Pasion, à Athènes*, était particulièrement célèbre ; elle possédait des bureaux dans de nombreuses villes, et son crédit s'étendait sur une grande partie du monde grec ; elle délivrait de véritables lettres de change, par lesquelles on pouvait toucher dans une ville étrangère une somme déposée à Athènes. Les banques les plus importantes étaient cependant celles des grands sanctuaires*, où les prêtres* faisaient fructifier l'argent qu'ils recevaient en dépôt ; ils prêtaient aux particuliers et surtout aux cités ; le sanctuaire d'Olympie était la banque du Péloponnèse* ; celui de Delphes* prêtait aux cités de la Grèce centrale ; Athènes empruntait à son sanctuaire d'Athéna Parthénos ; Délos* servait de banque aux Cyclades. L'intérêt des prêts n'était pas réglé par l'État ; le taux habituel était d'environ 12 %, mais il allait jusqu'à 30 % sur les prêts pour l'équipement d'un navire en vue d'une aventure commerciale où les risques étaient grands. Les prêts pouvaient être couverts par des hypothèques → **propriété**, des gages ou des garants. Pour le non-paiement d'une créance à l'échéance, le prêteur avait recours à une action en justice, l'*hyperamereia*. Parmi leurs fonctionnaires, les cités possédaient souvent des trapézites, sans doute chargés des opérations bancaires de la cité ; car les cités faisaient souvent des emprunts, soit à des sanctuaires, comme on l'a dit, soit à des particuliers, comme le fit Orchomène de Béotie à une femme de Thespies. Ces emprunts s'adressaient plus généralement à l'ensemble des citoyens de la cité (Cnide, Syracuse, entre autres, recourent à l'emprunt libre), mais on a le cas de Téos, qui utilisa l'emprunt forcé. Les banques d'État se sont développées surtout à l'époque hellénistique, et plus particulièrement en Égypte, où, sous les Lagides*, chaque nome ou département administratif possédait sa banque royale *(basilikê trapeza)*, dont les capitaux provenaient des excédents de recettes, que les trapézites d'État faisaient fructifier par des opérations financières.

trésor, trésorier. Dans les sanctuaires panhelléniques (Delphes*, Olympie, Délos*), les cités grecques élevaient chacune un édifice où l'on enfermait les offrandes précieuses faites par la cité* et les citoyens. Les plus beaux de ces monuments sont des sortes de chapelles semblables à des temples en miniature ; les plus anciens remontent à la première moitié du VIe s. av. J.-C. À côté de ces trésors, les temples disposaient de leur propre trésor en monnaies et en objets précieux, qui leur servaient aux opérations de banque ; de même, chaque cité avait ses trésors, ou caisses publiques, gérées par ses collèges de trésoriers. Athènes* possédait un trésor du peuple (demosion), alimenté par les revenus du domaine public, les taxes, les frais de justice, les amendes, etc., un trésor d'Athéna, déposé sur l'Acropole* et enrichi par les dons et les offrandes des fidèles, enfin le trésor fédéral, constitué en 478 av. J.-C. après la formation de la ligue* de Délos. Ce trésor, d'abord placé à Délos*, est transporté en 453 av. J.-C. à Athènes, sur l'Acropole, et il sera un des éléments de la puissance financière de la cité.

À côté de ces caisses d'intérêt général, il existait des trésors destinés à des financements plus précis, dont les plus connus, sinon les plus importants, étaient le *stratioticon*, caisse militaire, et le *théoricon*, caisse réservée aux fêtes.

La fonction de trésorier *(tamias)* se retrouve comme magistrature et comme fonction particulière. Les associations privées possédant un trésor (éranes*, thiases*, confréries) nommaient un trésorier parmi leurs membres. Parmi les magistrats, les trésoriers d'Athéna formaient un collège de dix membres, tirés au sort annuellement dans chaque tribu* ; ils tenaient l'inventaire des biens d'Athéna, géraient son trésor et siégeaient dans le Parthénon*. Le trésor fédéral était administré par les hellénotames*. (Pour ce qui concerne les revenus publics et leur gestion, → **finances, impôts**.) Les dèmes* et les tribus possédaient aussi leurs trésoriers. On doit encore citer le trésorier du peuple, institué à la fin du ve s. av. J.-C. et qui subsista peu de temps : c'est ce trésorier qui remettait les sommes nécessaires à la gravure des décrets du peuple.

tribu *(phylê)*, **cellule élémentaire dont la formation remonte à une époque très ancienne.**

À l'origine, elle a sans doute été formée par un groupement de génos*. Les Doriens* étaient divisés en trois tribus (Hylleis, Dymanes et Pamphiloi) et les Ioniens* en quatre tribus (Géléontes, Hoplètes, Argadeis et Aigicores). À côté de ces tribus, qu'on retrouve dans les cités* doriennes et ioniennes, les indigènes soumis formaient souvent une ou plusieurs tribus → **Sicyône, Sparte.**

On trouve en Attique* les quatre tribus ioniennes, et les Anciens les rapprochaient des trois classes primitives, eupatrides, georgoi, démiourgoi. On a ainsi assimilé les tribus à des classes : Géléontes, « brillants » ou « nobles » ; Hoplètes, « soldats » ; Argadeis, « ouvriers » ; Aigicores, « bergers ». On peut aussi retenir l'explication moderne qui verrait dans les noms des tribus ioniennes la dérivation des noms de divinités primitives propres à chaque tribu. À l'époque de Solon*, la tribu était divisée en trois trittyes*, la trittye étant partagée en quatre naucraries*. Chaque tribu avait à sa tête un phylobasileus. La boulê* du temps de Solon comprenait quatre cents membres, un par tribu. Clisthène* réforma la tribu ; il supprima les quatre tribus primitives et répartit les Athéniens entre dix nouvelles tribus, dont le nom était emprunté à un héros indigène : Érechtheis, Aigeis, Pandionis, Léontis, Acamantis, Oineis, Cercopis, Ippothontis, Aiantis, Antiochis. Cette division subsista pendant toute la période hellénique. À la fin du IVe s. av. J.-C. furent créées deux nouvelles tribus : l'Antigonis et la Démétrias. Chaque tribu avait son héros éponyme avec son culte ses prêtres, ses sanctuaires*, ses bois* sacrés. Il y avait des assemblées de la tribu *(agora)*, un président *(épimélète)*, un trésorier *(tamias)* chargé de gérer les revenus des biens-fonds de la tribu. Les héros éponymes possédaient leurs statues sur l'agora* d'Athènes, et c'était à leurs pieds qu'étaient affichés les avis informant le public des décisions communes qui l'intéressaient. Les magistrats étaient choisis également dans chaque tribu, ce qui explique que la plupart des magistratures formaient des collèges de dix membres et que les conseils étendus comptaient un nombre de membres qui était toujours un multiple de dix. Selon la constitution de Clisthène, les tribus se partageaient les cent dèmes, et la trittye subsista comme division territoriale.

tribunaux. Les tribunaux sont surtout connus à Athènes*, et c'est de ceux-ci qu'il va être question. Le plus ancien tribunal est l'Aréopage*, qui avait perdu presque toute sa puissance à l'époque classique. Les éphètes* sont, avec les aréopagites, chargés de juger les cas d'homicides. À l'époque hellénique le tribunal le plus important est l'héliée* ; les autres tribunaux étaient ceux des diætètes*, ceux des juges de dèmes* et ceux des *nautodikai*, ou juges maritimes. L'ecclésia* et la boulê* revêtaient parfois des caractères de tribunaux pour les questions concernant les jugements politiques. Leurs jugements étaient rendus non sous forme de sentences mais par décrets. → **juges, justice.**

tribut *(phoros)*, **imposé par le vainqueur au peuple vaincu ou occupé.**

Plus précisément, ce fut la taxe que les membres de la ligue* de Délos payèrent à Athènes* en compensation du service militaire et de la fourniture de vaisseaux. Le tribut était perçu par les hellénotames*. Tant que la caisse fut laissée à Délos* et qu'il y eut une guerre à soutenir, les sommes perçues furent destinées à l'équipement des trières et de l'armée*. Mais, lorsque le Trésor fut déposé à Athènes et que la guerre contre les Perses fut terminée, c'est ce tribut qui permit les embellissements d'Athènes, à l'époque de Périclès*. L'*epiphora* était la taxe supplémentaire qu'il fallait payer lorsque le tribut était versé en retard.

triérarchie → liturgie.

trittye, subdivision de la tribu* attique.

Chacune des quatre tribus primitives était divisée en trois trittyes, qui représentaient chacune un district administratif, financier et militaire. Ces circonscriptions se retrouvent à Délos*, à Cos, sous les noms de *triacades* et *pentécostyes*, à Téos *(symmories)*, à Éphèse *(chiliastyes)*, à Samos, Byzance, Lampsaque *(hécatostyes)*. En Attique* après la réforme de Clisthène*, les trittyes furent ingénieusement réparties de manière à briser les partis régionaux. L'Attique fut divisée en trois régions : l'Asty, c'est-à-dire la ville d'Athènes* et sa grande banlieue, formant le district urbain; la Paralie* et la Mésogée*, unie à la Diacrie*. Chacun de ces districts fut divisé en dix trittyes, et chaque tribu (au nombre de dix), reçut une trittye dans chacun des districts : ainsi, la tribu Pandionis fut répartie entre la trittye de Kydathénaion à Athènes, la trittye de Paiania en Mésogée (dans l'Hymette) et la trittye de Myrrhinonte dans la Paralie. De cette façon, Athènes restait toujours le chef-lieu de chaque tribu. Un magistrat élu annuellement, le trittyarque, était placé à la tête de chaque trittye, mais on connaît mal son rôle. Circonscription administrative, la trittye servit à l'organisation des prytanies*, qui furent divisées en trois sections, et surtout à l'organisation maritime, chaque trittye devant équiper dix vaisseaux et disposant pour cela de ses loges à trières au Pirée.

trophée, ce qui détourne les maux envoyés par les dieux et met en fuite l'ennemi.

Si l'on voit dans l'*Iliade* Hector promettre les armes d'Ajax à Apollon pour obtenir la victoire, ou le même Hector porter les armes d'Achille qu'il a enlevées à Patrocle pour montrer sa victoire, l'érection d'un trophée comme signe de victoire sur un champ de bataille est un usage très postérieur à l'époque homérique. Le premier trophée qu'ait enregistré l'histoire est celui que les Spartiates élevèrent, au VIIIe s. av. J.-C., à la suite de leur victoire sur les Amycléens. Le vainqueur, resté maître du champ de bataille, suspendait à une colonne de bois ou à un tronc d'arbre quelques armes enlevées à l'ennemi. L'usage voulait qu'on n'érigeât pas de monuments de pierre ou d'airain pour ne pas perpétuer sur le lieu même un souvenir qui rappelait une dissension ; cependant, les Grecs n'ont pas manqué de commémorer leurs victoires par des monuments ou des temples construits dans leurs propres cités, ou par des ex-voto placés dans des sanctuaires. Plus rares étaient des trophées tumuliformes, où l'on entassait les armes abandonnées par les vaincus. Parmi les Grecs, seuls les Macédoniens n'ont pas suivi la coutume de l'érection de trophées, bien qu'on trouve mentionné une fois par l'orateur Lycurgue un trophée macédonien.

tyrannie. Les jugements des Anciens sur la tyrannie sont des plus défavorables et c'est d'eux que nous avons hérité ce sens péjoratif du mot. Il faut cependant considérer que ces jugements sont issus de l'aristocratie ou de démocrates athéniens qui ont souffert des excès d'une tyrannie ombrageuse ; or l'essence de la tyrannie est de combattre l'oligarchie*. Les tyrans ne sont venus au pouvoir que contre un régime oligarchique, appuyés par le peuple, mécontent de la domination de la noblesse.

C'est au VIIe s. av. J.-C. qu'apparaissent les premières tyrannies à Corinthe* et à Sicyône*. Elles sont contemporaines des législateurs dont les Anciens nous ont gardé le souvenir. La tyrannie, à l'époque archaïque, apparaît en effet toujours comme la conséquence des crises économiques qui sévirent à la fin de la période dite géométrique, aux VIIIe et VIIe s.; la cause de ces crises fut la croissance du nombre de pauvres qui se trouvaient en opposition avec les riches propriétaires terriens. Lorsque ceux-ci restèrent assez puissants, comme à Sparte*, la tyrannie ne put s'établir. Mais lorsque le nombre des pauvres et des déshérités fut devenu suffisamment important, un homme, en général issu des rangs de la noblesse, profita du mécontentement populaire pour se mettre à la tête du peuple et pour renverser à son profit le gouvernement oligarchique. La plupart des cités de la Grèce, de l'Égée et des colonies occidentales passèrent par le stade de la tyrannie avant de revenir à une oligarchie de caractère démocratique ou de se donner un régime démocratique.

Ce qui opposait la tyrannie à la monarchie, c'est que cette dernière était d'origine divine, tandis que la première était une institution humaine. Cependant, rarement les tyrans renversèrent les institutions et les lois pour gouverner selon leur caprice. Il est remarquable que les tyrans furent, en règle générale, des politiques habiles, qui surent enrichir leur patrie, procédèrent à des réformes nécessaires à l'avantage de l'ensemble du peuple et que les aristocraties n'auraient jamais effectuées. Ils entreprirent encore des travaux d'art de la plus haute utilité et s'entourèrent d'artistes et de poètes afin de donner le plus vif éclat à leur cour.

Les principales tyrannies furent celles des Cypsélides* à Corinthe*, des Orthagorides* à Sicyône*, des Pisistratides* à Athènes*. Le fait que ces tyrannies purent devenir héréditaires montre leur faveur auprès du peuple. À côté de ces dynasties, des tyrans brillèrent par leur éclat : Polycrate* de Samos, Théagène de Mégare*, Lygdamis de Naxos, Thrasyboulos de Milet*.

Alors que les tyrannies s'éteignirent au VIe s. av. J.-C. en Grèce, elles subsistèrent sporadiquement en Sicile* et en Grande-Grèce. Si Phalaris laissa à Agrigente* un triste souvenir, Gélon, à Géla et à Syracuse, Théron, à Agrigente, et Anaxilas, à Rhégion, donnèrent une impression de grandeur, alors que, en pleine époque classique, Denys* l'Ancien, Agathocle* et Hiéron firent la puissance de Syracuse.

À côté des tyrans établis par la force, les aisymnètes* étaient des tyrans élus d'un consentement unanime.

V

Véhicules. Le char rapide de deux roues à rayons était peu utilisé en Grèce propre, pays montagneux, auquel il était peu adapté. À l'époque classique, il servait plus particulièrement dans les courses, attelé de deux ou de quatre chevaux (bige et quadrige). Le char de combat *(harma)* qu'on trouvait couramment à l'époque homérique, fut peu à peu abandonné à cause du développement de la cavalerie*; les Eubéens l'employaient encore lors de la guerre lélantine, au milieu de la période archaïque, mais il était déjà presque partout délaissé. Il était cependant utilisé par les Perses qui armaient ses roues de faux. Mais il se révéla totalement inefficace contre les armées conquérantes d'Alexandre*, ce qui n'empêcha pas les Séleucides* de continuer de l'employer dans leurs armées*.

Ces véhicules légers, tirés par plusieurs chevaux et pourvus toujours de deux roues, différaient totalement du lourd chariot à deux ou à quatre roues *(hamaxa)* tiré par des bœufs ou par des mulets. L'*hamaxa* servait au transport des pierres ou des marchandises ; c'était aussi le char de voyage des paysans qui se rendaient à la ville ou de certains voyageurs, en particulier des femmes* ; à Athènes*, lorsqu'elles sortaient la nuit, les femmes y prenaient place, escortées d'un porteur de torches. Ces chars étaient parfois bâchés. L'*harmamaxa* (d'*harma* et d'*hamaxa*) était un char d'origine perse, de grand luxe, utilisé par les rois de Perse et les nobles orientaux, adopté par les Grecs de la haute société. Comme son nom l'indique, le *cheirarmaxia* était une voiture à bras ; les Grecs semblent avoir connu aussi sous ce nom une voiture d'infirme que l'on mouvait en poussant les roues, comme certaines de nos voitures actuelles destinées au même usage.

La litière *(phoreion)*, d'origine orientale, ne fut couramment utilisée qu'à une époque assez tardive ; elle servait au transport des statues de divinités, plus particulièrement de l'asiatique Cybèle, et des souverains. Les riches l'utilisaient dès l'époque archaïque dans les cités de l'Ionie et à Sybaris, mais, en pleine époque hellénique, se déplacer en litière était considéré comme un signe de mollesse ; on laissait ce luxe aux femmes, qui, à l'époque romaine, se déplaçaient dans de somptueuses litières portées par plusieurs robustes esclaves et fermées par des rideaux ; des philosophes et des poètes à gages les suivaient pour les distraire.

vêtements. Contrairement aux costumes préhelléniques, qui étaient cousus et ajustés, le vêtement grec consistait en un morceau d'étoffe dans lequel on se drapait et qu'on maintenait parfois sur les épaules par des fibules (agrafes) ; c'est là sans doute un apport des Doriens. Les hommes portaient un chiton* et, par temps froid, se drapaient dans un himation* pour sortir; la chlamyde*, de caractère militaire, était réservée aux cavaliers et aux éphèbes*. Les femmes* revêtaient aussi le chiton et le péplos*, sur lequel elles jetaient aussi un himation pour sortir; elles pouvaient également alors se couvrir d'un simple châle ou d'une sorte de cape ronde appelée *encyclos*. Les vêtements étaient parfois serrés à la taille, aux hanches ou sous la poitrine par une ceinture *(zonê)*.

Lorsqu'ils n'allaient pas pieds nus les Grecs portaient les chaussures* les plus diverses. Ils allaient en général tête nue. Cependant, les femmes jetaient sur leur tête un pan de leur manteau ou, encore, elles se coiffaient d'une sorte de chapeau rond à la base et se terminant en pointe, appelé *tholia*. Quant aux hommes, il arrivait qu'ils se couvrent d'un chapeau; le plus courant est celui qu'on portait généralement pour voyager et qu'on laissait souvent pendre sur les épaules; il était fait de feutre ou de paille et pourvu de larges bords : le *pétase*. Signalons encore le pilos, bonnet conique, attribut d'Hermès et des Dioscures, et aussi d'Ulysse dans certaines représentations figurées; mais il était rarement coiffé dans la vie courante.

voyages. Les Grecs ont toujours été de grands voyageurs, poussés par leur exceptionnelle curiosité autant que par diverses nécessités. Les raisons des voyages étaient des plus diverses : pour commercer on allait à travers tout le monde grec à la recherche de marchandises et de marchés; pour des raisons politiques, les bannis, les ostracisés se réfugiaient dans des cités parfois assez éloignées; pour des raisons politico-économiques, on allait fonder des colonies* en terres lointaines ou on allait s'établir dans des colonies déjà existantes. La piété faisait que rares étaient les Grecs qui ne voulaient pas, au moins une fois dans leur vie, faire le pèlerinage aux grands jeux* de Delphes* ou d'Olympie*. Pour des raisons médicales, on allait chercher la guérison dans quelque asclépieion*, à moins qu'un médecin n'ait prescrit un changement de climat pour le rétablissement de la santé; pour des raisons officielles, on était envoyé en ambassade dans une cité alliée, dans une colonie ou auprès d'anciens adversaires pour signer une paix*; pour des raisons professionnelles, les acteurs* allaient de ville en ville jouer des pièces, des prêtres* ambulants sillonnaient la Grèce en mendiant, comme les métragyrtes*, des sophistes parcouraient le monde pour s'instruire et dispenser leurs leçons. On voyageait encore pour aller consulter un oracle* important, parfois lointain, pour visiter des parents, pour prendre possession d'une clérouquie*...

Dans l'histoire grecque, on voit un grand nombre de médecins allant exercer leur métier au loin, jusqu'à la cour du roi des Perses, des artistes quittant leur patrie pour travailler dans les ateliers de maîtres réputés, d'autres venant exercer leur talent dans des cités opulentes ou auprès de princes puissants. Dès l'époque archaïque, on rencontre des hommes comme Pythagore*, Solon*, le Spartiate Lycurgue* qui voyagent dans les pays riverains de la Méditerranée orientale, des historiens comme Hécatée* de Milet ou Hérodote* qui sont en même temps d'infatigables voyageurs, comme le furent plus tard Strabon* et Pausanias*. À l'époque hellénistique*, les ambassades comme celle de Mégasthènes* ou encore celle de Déimaque auprès d'Allitochade, fils de Sandracottos, étaient des prétextes à de longs voyages d'exploration au cœur de l'Inde. Enfin, aux époques hellénistique et romaine, le tourisme se développa considérablement; l'Égypte et le Proche-Orient étaient pour les Grecs les grandes régions touristiques.

S'ils n'employaient pas les voies maritimes, les Grecs voyageaient généralement à pied, parfois à cheval ou à mulet, exceptionnellement en char. En Grèce même, la rareté des routes carrossables rendait impossible tout long voyage sur un véhicule* à roues. Le voyageur s'équipait de solides brodequins, coiffait le pétase → **vêtements** et s'enveloppait dans un épais manteau pour affronter les pluies et la fraîcheur des nuits. On allait seul, armé d'un coutelas, d'un solide bâton, un maigre bagage enfermé dans un chiffon lié à un bâton porté sur l'épaule, à moins qu'on ne confiât ce mince fardeau à un esclave. Un Grec pieux ne manquait jamais, avant de partir en voyage, d'offrir un sacrifice* aux dieux pour obtenir leur protection et trouver des signes favorables. On se mettait en route de bon matin et on allait sans hâte, en admirant le paysage, en jouissant de la douceur du jour, en parlant avec les paysans rencontrés sur la route ou en se joignant à d'autres voyageurs. Les sources ombragées étaient un lieu de halte idéal et on y prenait un repas emporté dans un sac et consistant en olives, oignons et figues, avec une part de *maza* (galette d'orge). La nuit pouvait se passer à la belle étoile ou dans des villes, sous quelque portique. Cependant, c'était là une chose rare, car l'hospitalité* était d'un usage trop répandu pour que le voyageur ne trouvât pas dans une ferme isolée, dans un village ou dans une ville un hôte bienveillant qui lui donnât « le feu et le sel ». Il arrivait souvent que le voyageur eût dans de nombreuses cités un hôte héréditaire ; il lui restait encore la solution, dans une cité étrangère, de s'adresser à son proxène*, qui se chargeait de le loger. Cependant, dès l'époque d'Aristophane*, on trouvait des auberges *(pandokion, katagôgion)*, dont le nombre se développa aux périodes suivantes ; il est vrai qu'elles étaient en général médiocres et assez mal famées, au point que les gens de la bonne société se refusaient à y descendre ; néanmoins, dans les cités, on trouvait des auberges fort convenables.

On n'avait pas besoin de passeport*, mais, en revanche, des droits de douane étaient perçus sur l'entrée des marchandises ; chaque fois qu'il traversait une cité, le voyageur subissait la visite des douaniers, qui, si l'on en croit Plutarque*, retournaient ballots et bagages pour chercher des objets cachés et semblaient fort importuns aux voyageurs antiques. À part cela, les voyageurs étaient bien reçus dans les cités, et les États démocratiques encouragèrent l'établissement chez eux des étrangers → **métèques**. Cependant, on a reproché à Sparte* sa *xénélasie* (bannissement des étrangers) ; il faut préciser que c'est contre des étrangers qui, par leurs mœurs, risquaient de porter préjudice aux lois de Lycurgue* que s'exerçait la xénophobie spartiate, car on voit que de nombreux étrangers envoyaient à Sparte leurs enfants pour y être élevés à la manière des enfants lacédémoniens, et la cité dorienne a souvent accueilli des artistes et des poètes, même après la promulgation des lois de Lycurgue. En définitive, il semble que, malgré l'insécurité des routes terrestres et maritimes (on parle souvent des brigands et des pirates, mais surtout dans les romans de basse époque), on ait largement et aisément voyagé à travers tout le monde antique et bien au-delà des frontières du monde hellénique puisque, peu après les guerres Médiques, chez les Perses, considérés comme des ennemis, Hérodote fit son grand voyage qui le conduisit à Babylone et à Memphis.

X

Xénophon, historien (Athènes v. 445-Corinthe 359 av. J.-C.).

Fils de Gryllos, il fut le disciple de Socrate* qui lui sauva la vie lors de la bataille de Délion (424). Sur l'invitation de son ami Proxènos, il s'engagea avec les nombreux mercenaires* grecs (dont beaucoup de Spartiates) recrutés par Cyrus le Jeune, frère du roi des Perses Artaxerxès, en 401. À la tête d'une grande armée, Cyrus traversa l'Asie Mineure où il avait un gouvernement et s'engagea en Mésopotamie dans l'intention de renverser le roi, son frère. Les armées d'Artaxerxès vainquirent celles de Cyrus à la bataille de Cunaxa. Le prince y ayant été tué, les Perses des deux camps s'unirent pour tenter de détruire la troupe d'une dizaine de milliers de Grecs dont faisait partie Xénophon. Les Grecs se frayèrent une route par la force, sans cesse traqués par les Perses, à travers les régions orientales de l'Asie Mineure, jusqu'au Pont-Euxin (la mer Noire), d'où ils purent s'embarquer pour rentrer dans leurs cités. Xénophon, élu par les mercenaires pour prendre le commandement de la troupe, consigna cette prodigieuse retraite dans son *Anabase*.

Banni d'Athènes pour ses amitiés spartiates, Xénophon guerroya en Asie Mineure contre les Perses avec le roi Agésilas* (dont il écrivit une biographie) et il était à ses côtés lors de la bataille de Coronée (394) contre les Athéniens.

Les Spartiates donnèrent à Xénophon une petite propriété à Scillonte, en Élide*, où le rejoignirent sa femme Philésia et ses enfants. C'est là qu'il rédigea une grande partie de son œuvre *(Mémoires sur Socrate, Banquet, Économique, Helléniques...)*. Chassé de cette retraite par les Éléens, il s'établit à Corinthe* où, sans doute, il termina ses jours. → **histoire**.

Z

Zaleucos, le premier législateur* dont les Grecs aient conservé le souvenir.

Il vivait dans la première moitié du VIIe s. av. J.-C. à Locres Épizéphyriennes (en Grande-Grèce*). Une tradition fait de lui un esclave, mais c'était plutôt un riche éleveur. Il promulgua vers 662 des lois pour une cité aristocratique, sa propre patrie. Ses lois visaient surtout à briser les rhètres* de clans pour remettre à des tribunaux* le soin de juger les délits. Comme dut l'être Dracon* après lui, il se montra d'une grande sévérité afin de donner une force à des lois imposées à une noblesse vindicative et indisciplinée.

zeugites, dans la constitution de Solon*, la troisième classe censitaire d'Athènes*.

C'étaient en général de petits propriétaires qui produisaient plus de 200 médimnes de grains. Ils servaient dans l'armée* comme hoplites, mais ils suivirent l'évolution que connurent les thêtes* dans la conquête de leurs droits politiques, qui ne furent complets qu'en 457 av. J.-C., lorsque Périclès* leur accorda l'accès à l'archontat*.

Zeuxis, peintre (Héraclée de Lucanie, seconde moitié du Ve s. av. J.-C.).

Son vrai nom était Zeuxippos. Il fut l'élève de Damophilos d'Himéra ou de Néseus de Thasos, peut-être des deux. Il vécut tantôt à Athènes*, tantôt auprès d'Archélaos de Macédoine, et longtemps à Éphèse. Il avait acquis une telle réputation et une telle richesse qu'il se promenait à Olympie avec son nom écrit en lettres d'or sur son manteau et qu'à la fin de sa carrière il ne vendait plus ses œuvres mais les donnait, car il les jugeait sans prix. On connaît sa lutte avec Parrhasios*, dans laquelle il s'avoua vaincu, ce qui dut beaucoup le blesser car sa vanité était grande. Cependant Socrate*, qui l'avait bien connu, le qualifie de kaloskagathos*. Ses sujets étaient souvent mythologiques : Pan, Borée, le supplice de Marsyas, un Héraclès enfant dont on peut se faire une idée par les peintures de Pompéi. Il avait peint avec beaucoup de talent une *Famille de Centaures*. Mais à côté de ses sujets classiques, il introduisit en grand nombre des figures de femmes* et d'enfants, auxquelles il dut surtout son succès ; une de ses œuvres les plus célèbres était un *Éros couronné de roses*. Sur le plan technique, il soigna les effets d'ombre et de lumière, et utilisa parfois le monochrome dans un ton de brun ou de gris pour plus de sobriété et comme souvenir de l'archaïsme.

Impression : Aubin Imprimeur Ligugé, Poitiers
Dépôt légal : 1992 - Dépôt légal : 1995
N° de série éditeur 18634 / L 49565
IMPRIMÉ EN FRANCE 720314 Août 1995